CHARLES R. SWINDOLL

COMENTÁRIO BÍBLICO
SWINDOLL

❊ 1&2 TIMÓTEO ❊

❊ TITO ❊

© Título original: *Swindoll's Living Insights New Testament Commentary # 11: 1&2 Timothy, Titus*

Copyright © 2014 de Charles R. Swindoll, Inc.

Publicado em associação com Yates & Yates, LLP (www.yates2.com)

Publicado sob licença da Tyndale House Publisher, Inc.

Mapas
© Andre Reinke, Atlas Bíblico Ilustrado, Hagnos, 2006. Utilizados com autorização

1ª edição: agosto de 2018
1ª reimpressão: novembro de 2023

Tradução
Regina Aranha

Revisão
Josemar de Souza Pinto
Andrea Filatro

Capa
Editora Hagnos (adaptação)

Diagramação
Sonia Peticov

Editor
Aldo Menezes

Coordenador de produção
Mauro Terrengui

Impressão e acabamento
Imprensa da Fé

As opiniões, as interpretações e os conceitos emitidos nesta obra são de responsabilidade do autor e não refletem necessariamente o ponto de vista da Hagnos.

Todos os direitos desta edição reservados à:
Editora Hagnos Ltda.
Rua Geraldo Flausino Gomes, 42, conj. 41
CEP 04575-060 — São Paulo, SP
Tel.: (11) 5990-3308

E-mail: hagnos@hagnos.com.br
Home page: www.hagnos.com.br

Editora associada à

Dados Internacionais de Catalogação na Publicação (CIP)
Angélica Ilacqua CRB-8/7057

Swindoll, Charles R.
  Comentário bíblico Swindoll: 1,2 Timóteo, Tito — Charles R. Swindoll; traduzido por Regina Aranha. — São Paulo: Hagnos, 2018.

ISBN 978-85-7742-224-1
  Título original: Swindoll's Living Insights New Testament Commentary: 1&2 Timothy, Titus

1. Bíblia N.T. Epístolas — Comentários   2. Bíblia N.T. — Tito — Comentários   3. Bíblia N.T. — Timóteo — Comentários   I. Título   II. Aranha, Regina

17-0583   CDD-227.83077

Índice para catálogo sistemático:
1. Bíblia N.T. - Timóteo, Tito - Comentários

SUMÁRIO

Prefácio do autor 7
O sistema numérico de Strong 11

INTRODUÇÃO: 1TIMÓTEO 15
DO APÓSTOLO PAULO PARA O PASTOR TIMÓTEO (1TM 1:1-20) 25
    O que um pastor faz? (1Tm 1:1-11) 25
    Grito de guerra para um soldado exaurido (1Tm 1:12-20) 35
O TRABALHO DO MINISTRO (1TM 2:1—3:16) 43
    Qual a prioridade em um ministério relevante? (1Tm 2:1-8) 45
    E quanto às mulheres na igreja? (1Tm 2:9-15) 55
    Lista de itens na escolha de líderes da igreja (1Tm 3:1-7) 65
    A dignidade de ser servo (1Tm 3:8-13) 74
    Uma esperança, um lar e um hino (1Tm 3:14-16) 82
AQUELE QUE MINISTRA (1TM 4:1—6:21) 91
    O ataque inevitável da apostasia (1Tm 4:1-6) 93
    O que fazer e o que não fazer no ministério saudável
    (1Tm 4:7-16) 101
    Respeitando e repreendendo os santos (1Tm 5:1,2) 110
    E quanto às viúvas? (1Tm 5:3-16) 116
    Uma prescrição para a saúde pastoral (1Tm 5:17-25) 126
    Respondendo corretamente à autoridade (1Tm 6:1-6) 136
    Os atos impróprios dos ministros insatisfeitos (1Tm 6:7-10) 147
    Os claros mandamentos de piedade (1Tm 6:11-19) 152
    Um tesouro digno de ser guardado (1Tm 6:20,21) 160

INTRODUÇÃO: 2TIMÓTEO 169
    Palavras ternas de um mentor (2Tm 1:1-7) 175
O PASSADO E O PRESENTE (2TM 1:8—2:26) 183
    Conversa franca com o tímido e relutante (2Tm 1:8-12) 185
    Os dois investimentos eternos (2Tm 1:13-18) 193

Percorrendo uma estrada difícil e acidentada (2Tm 2:1-13)......... 200
Lidando de forma acurada com a Palavra (2Tm 2:14-19)............. 211
Os princípios elementares da liderança cristã (2Tm 2:20-26)....... 224

O FUTURO (2TM 3:1—4:22)... 235
A depravação em exibição (2Tm 3:1-9)... 236
Fazendo a diferença duradoura (2Tm 3:10-15)............................. 245
A verdade soprada por Deus (2Tm 3:16,17) 251
O perfil de trabalho de todos os pastores (2Tm 4:1-5)................... 257
Olhando em retrospectiva — sem arrependimentos (2Tm 4:6-8). 266
Um círculo de honra e um círculo de desonra (2Tm 4:9-15)......... 274
Graça até o fim (2Tm 4:16-22) 282

INTRODUÇÃO: TITO 291
Um líder digno de ser seguido (Tt 1:1-4)....................................... 301

A LIDERANÇA DA IGREJA (TT 1:5—2:10).................................. 309
À procura de alguns homens bons (Tt 1:5-9) 310
Lidando com a dificuldade e o perigo (Tt 1:10-16)....................... 322
O caráter da igreja (Tt 2:1-10).. 334

A MISSÃO DA IGREJA (TT 2:11—3:11) 343
Graça vigorosa (Tt 2:11-15).. 343
Revelando o invisível (Tt 3:1-8) 351
O lado difícil do ministério (Tt 3:9-11) 358

Instrução final (TT 3:12-15) 367

Notas finais... 373

LISTA DE IMAGENS
Cronologia de 1Timóteo 14
Mapa do plano de viagem de despedida de Paulo 14
O livro de 1Timóteo em um relance 16
Ártemis dos efésios.. 22
A oração como uma obrigação cívica 48
Pilares antigos... 84
Éfeso: um cadinho de falsos ensinamentos 95
O gnosticismo e o ascetismo cristão primitivo 97
Trilho de debulha 127
A escravidão no Império Romano.. 139
Cronologia de 2Timóteo 168

Mapa dos planos de viagem de Paulo 168
O livro de 2Timóteo em um relance 170
Prisão Mamertina 173
Excurso: O sentido de *orthotomeō* em 2Timóteo 2:15 214
Mapa dos discípulos de Paulo espalhados 277
Cronologia de Tito 290
Viagem de Paulo a Roma 290
O livro de Tito em um relance 292
Excurso: Marido de uma só mulher e a questão do divórcio 313
As mentiras dos mentirosos sobre um mentiroso! 327
O mito dos homens-demônios de Enoque 329

PREFÁCIO DO AUTOR

Há mais de sessenta anos, amo a Bíblia. Foi esse amor pelas Escrituras junto com um claro chamado ao ministério do evangelho durante meu serviço militar nos fuzileiros navais que resultou na minha ida para o Dallas Theological Seminary a fim de me preparar para a vida de ministro. Durante aqueles quatro anos maravilhosos, tive o privilégio de estudar sob homens de Deus de destaque que também amavam a Palavra de Deus. Eles não só tinham a Palavra infalível de Deus em alta estima, como a ensinavam com cuidado, a pregavam com paixão e a modelavam de modo consistente. Não há uma semana em que não agradeça a Deus pela grande herança que tenho a reivindicar! Tenho uma dívida eterna com aqueles teólogos e mentores extraordinários que cultivaram em mim um compromisso firme com o entendimento, a exposição e a aplicação da verdade de Deus.

Por mais de cinquenta anos, fiz exatamente isso — *e como amo isso!* Confesso sem hesitar que sou dependente do exame e da proclamação das Escrituras. Por isso, os livros têm um papel importante na minha vida no ministério — em especial os volumes que explicam as verdades e aprimoram meu entendimento do que Deus escreve. Ao longo desses muitos anos, reuni uma grande biblioteca pessoal, que provou ser inestimável enquanto eu tentava permanecer um estudante fiel da Bíblia. Até o fim dos meus dias, meu principal objetivo na vida é transmitir a Palavra com exatidão, discernimento e praticabilidade. Sem livros instrutivos e confiáveis aos quais recorrer, teria esgotado meus conhecimentos décadas atrás.

Entre meus livros favoritos e mais usados estão os que me capacitam a apreender melhor o texto bíblico. Sempre estou, como a maioria dos expositores, à procura de ferramentas literárias que possa usar para aperfeiçoar meus dons e aguçar minhas habilidades. Para mim, isso significa encontrar fontes que tornem o complicado fácil e simples de entender, que ofereçam comentários perspicazes e imagens que me possibilitem ver a relevância da verdade sagrada à luz do meu mundo no século XXI, e que inculquem essas verdades no meu coração de maneira que eu não esqueça com facilidade. Quando encontro esses livros, eles terminam nas minhas mãos enquanto os devoro e, depois, os coloco na minha biblioteca para referência futura... e, acredite, volto com frequência a eles. É um alívio ter esses recursos aos quais recorrer quando não tenho percepções novas, ou quando preciso da história ou ilustração certa ou ainda quando empaco em um texto complicado e não consigo sair dele. Para o expositor sério, uma biblioteca é essencial. Como um mentor meu disse certa vez: "Onde mais há milhares de professores nas pontas dos dedos?"

Em anos recentes, descobri que não há recursos suficientes como os que acabei de descrever. Foi essa descoberta que me estimulou a pensar em me tornar parte da resposta, em vez de lamentar o problema. Mas a solução resultaria em uma tarefa imensa. Um projeto de escrita que cobre todos os livros e epístolas do Novo Testamento parecia algo devastador e intimidante. Senti uma onda de alívio quando percebi que durante os últimos mais de cinquenta anos ensinara e pregara a maioria do Novo Testamento. Em meus arquivos estavam pastas repletas de anotações dessas mensagens, à espera de serem tiradas do esconderijo, receberem um toque novo e relevante à luz das necessidades de hoje e serem aplicadas para se ajustar à vida dos homens e mulheres que anseiam por uma palavra revigorante do Senhor. *Esse foi o ponto de partida*! Comecei a trabalhar para transformar todas essas anotações nesse comentário sobre o Novo Testamento.

Tenho de expressar minha gratidão a Mark Gaither e Mike Svigel por seu esforço incansável e devotado, servindo como meus editores ativos no dia a dia. Eles fizeram um trabalho extraordinário enquanto caminhávamos pelos versículos e capítulos de todos os 27 livros do Novo Testamento. É um prazer ver como eles pegaram meu material original e me ajudaram a modelá-lo em um estilo que permanece verdadeiro em relação às Escrituras ao mesmo tempo que é desenvolvido de forma interessante e criativa, e o tempo todo permitindo que minha voz aparecesse de uma forma natural e fácil de ler.

Preciso acrescentar palavras sinceras de apreço às congregações em que servi em várias partes do Estados Unidos por mais de cinco décadas. Tive o privilégio de ser o recipiente do amor, apoio, encorajamento, da paciência e de palavras frequentes de afirmação enquanto cumpria meu chamado para manter e transmitir a mensagem de Deus ano após ano. As ovelhas de todos esses rebanhos amaram e valorizaram este pastor de mais maneiras do que consigo pôr em palavras... e ninguém mais que aqueles a quem sirvo com deleite atualmente na Stonebriar Community Church, em Frisco, Texas.

Finalmente, tenho de agradecer à minha esposa, Cynthia, por entender minha obsessão por estudar, pregar e escrever. Ela nunca me desencorajou de fazer isso. Ela nunca deixou de me incitar a tentar fazer meu melhor. Ao contrário, seu apoio pessoal afetuoso e seu próprio compromisso com a excelência na liderança do *Insight for Living* durante mais de três décadas e meia combinaram para me manter fiel ao meu chamado "a tempo e a fora de tempo". Sem a devoção dela a mim e à parte da nossa parceria mútua ao longo da nossa vida de ministério juntos, a série Percepções Vivas de Swindoll jamais seria empreendida.

Estou agradecido por esse comentário encontrar agora seu caminho para suas mãos e, em última análise, para as prateleiras de sua biblioteca. Minha esperança e oração contínuas é que você ache esses volumes úteis em seu estudo e aplicação pessoal da Bíblia. Que eles o ajudem a concluir, como concluí nesses muitos anos, que a Palavra de Deus é tão atemporal quanto verdadeira.

Seca-se a relva e cai a sua flor; mas a palavra de nosso Deus permanece para sempre (Is 40:8).

Chuck Swindoll
Frisco, Texas

O SISTEMA NUMÉRICO DE STRONG

A série Percepções Vivas de Swindoll: Comentário do Novo Testamento usa o sistema numérico do estudo da palavra de Strong para dar aos estudantes da Bíblia mais novos e mais avançados um acesso mais rápido e mais conveniente às úteis ferramentas da língua original (por exemplo, concordâncias, léxicos e dicionários teológicos). O sistema numérico de Strong, popularizado pela obra *Strong's Exhaustive Concordance of the Bible* [Concordância completa da Bíblia de Strong], é usado com a maioria das obras gregas e hebraicas de referência bíblica. Os que não estão familiarizados com os alfabetos hebraico, aramaico e grego antigos encontram rapidamente a informação de determinada palavra ao olhar no número do índice apropriado. Os estudantes avançados acham o sistema útil porque ele permite que encontrem logo a forma léxica de conjugações e inflexões obscuras.

Quando uma palavra grega é mencionada no texto, o número de Strong é incluído entre colchetes depois da palavra. Assim, no exemplo da palavra grega *agapē* [26], "amor", o número é usado com as ferramentas gregas fornecidas pelo sistema de Strong.

De vez em quando a palavra hebraica é mencionada no texto. Os números de Strong para as palavras hebraicas são completamente separados dos números para as palavras gregas, por isso os números para as palavras hebraicas são precedidos da letra "H". Assim, por exemplo, a palavra hebraica *kapporet* [H3727], "propiciatório", vem de *kopher* [H3722], "fazer expiação", "garantir o favor por meio de um presente".

PERCEPÇÕES SOBRE TIMÓTEO

Paulo, ao longo de sua epístola, manteve o olhar de Timóteo focado no prêmio derradeiro de um pastor: uma congregação piedosa. Paulo "trabalh[ou] e lut[ou]" pela piedade em toda igreja que estabeleceu e fortaleceu. Nessa epístola, o apóstolo estende seu manto de pastor sobre os ombros de seu pupilo Timóteo. Se você serve hoje como pastor ou líder espiritual, esse manto também passou para você.

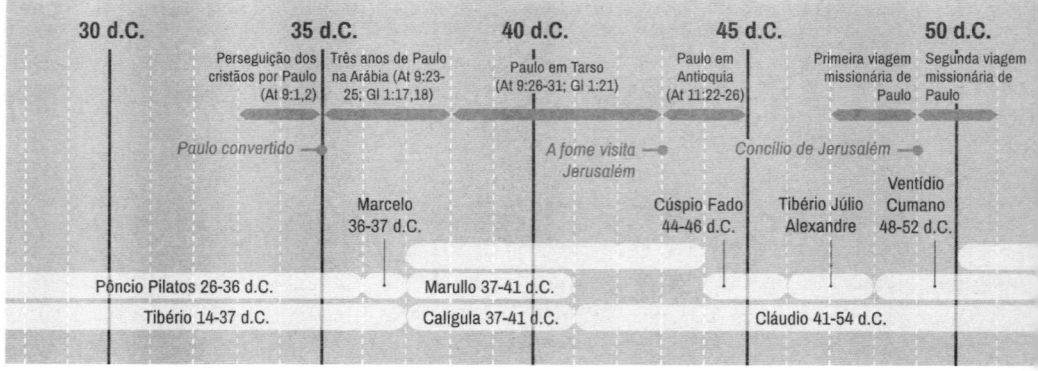

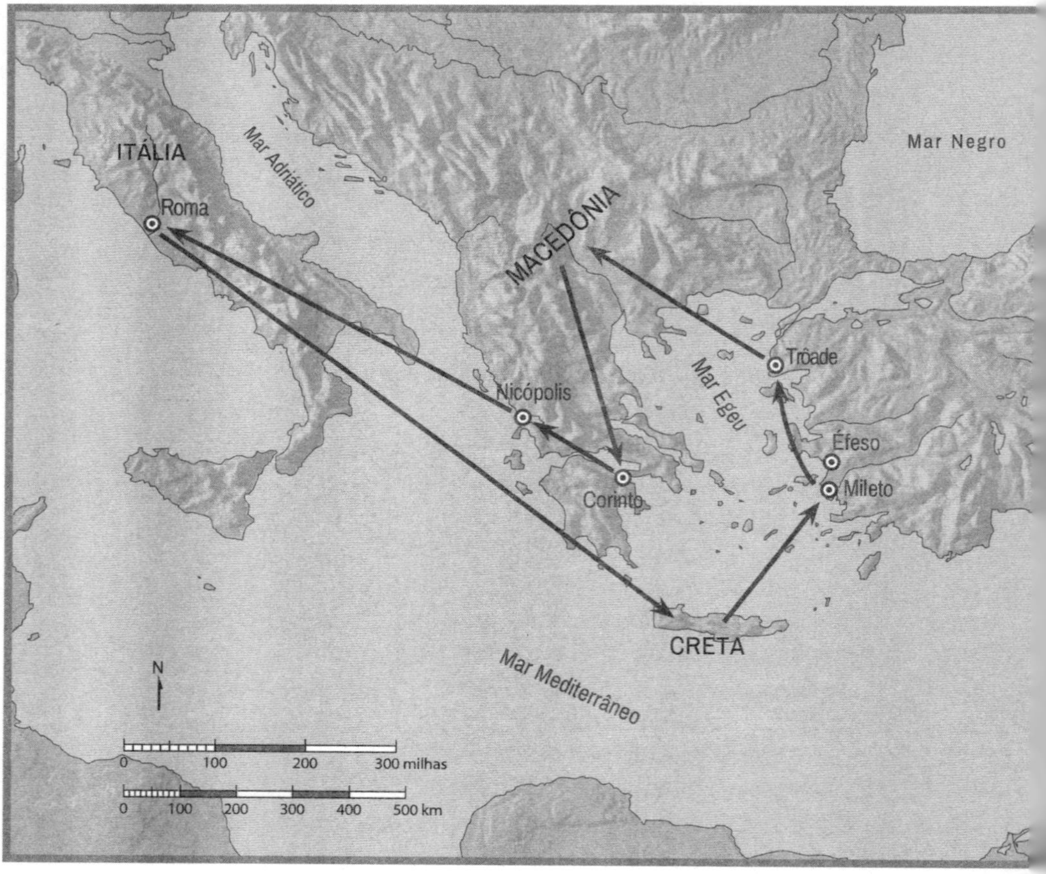

Mapa do plano de viagem de despedida de Paulo. É muito provável que Paulo, depois de ser solto da prisão em Roma, pretendesse estabilizar as igrejas em torno do mar Egeu antes de começar sua missão para evangelizar a Espanha.

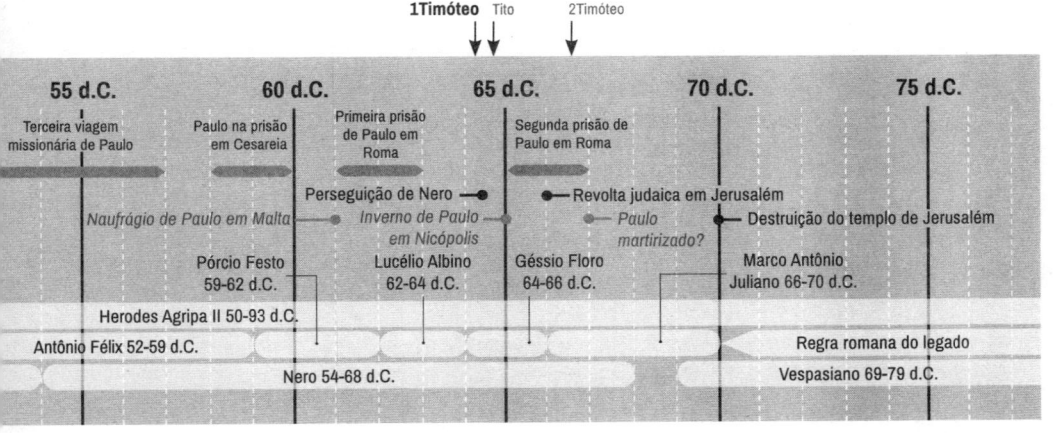

1TIMÓTEO

INTRODUÇÃO

Cinco longos anos. Pelo menos meia década marginalizado, proibido de viajar, incapaz de conduzir o ministério entre as igrejas. Cinco anos de advogados, cortes, política... e, o pior de tudo, de espera. Para um homem de ação como Paulo, a espera devia ser insuportável.

Com a prisão de Paulo em Jerusalém, de uma hora para outra sua capacidade de viajar livremente acabou. Os inimigos religiosos o acusavam — entre outras coisas — de trazer um gentio incircunciso e não convertido a uma área restrita aos hebreus. Após a prisão inicial de Paulo, um complô para matá-lo induziu sua transferência para Cesareia Marítima para sua própria proteção. Durante pelo menos dois anos, Paulo esperou em Cesareia enquanto o governador Félix provocava as autoridades judaicas com o prospecto da execução dele (At 24:27). Mais julgamentos sob o governador Festo forçaram um apelo a César, em Roma (At 25:1-12), levando a uma jornada traiçoeira e a mais dois anos de prisão domiciliar na sede do poder romano (At 27—28, 60-62 d.C.).

A despeito dos longos meses de espera, o tempo não foi desperdiçado. Na verdade, tudo aconteceu para cumprir o plano de Deus (veja At 9:15,16; 23:11). Pelo menos, o hiato forneceu ao incansável apóstolo o descanso tão necessário depois de três viagens missionárias. Com mais de dez anos e 32 mil quilômetros — alguns por mar, a maioria a pé —, qualquer viajante estaria esgotado e precisando de tempo para recarregar a bateria. Ladrões, exposição às intempéries, apedrejamento,

O LIVRO DE 1TIMÓTEO EM UM RELANCE

SEÇÃO	BÊNÇÃO E SAUDAÇÃO	ENCORAJAMENTO E EXORTAÇÃO PESSOAIS
PASSAGEM	1:1,2	1:3-20
TEMAS	• Graça, misericórdia e paz (1:2)	• Tarefa de Timóteo • Testemunho de Paulo • Confiança no evangelho
ÊNFASES	\multicolumn{2}{c}{A obra do ministério}	
ORDEM	\multicolumn{2}{c}{SEJA VERDADEIRO!}	
INTERLÚDIOS "MUSICAIS"	\multicolumn{2}{c}{Hino 1:17 — Ora, ao Rei dos séculos}	

açoitamento, prisão, revoltas, planos para matar, discípulos renegados e congregações instáveis tinham cobrado seu preço (veja 2Co 11:23-28). Mais importante, o cativeiro de Paulo no palácio do governo lhe deu muito tempo para receber visitantes e refletir sobre suas experiências, que ele descreveu livremente para os governantes de Israel (At 24—26). Assim, uma jornada relativamente confortável até Roma permitiu que ele tivesse acesso sem precedentes à elite política na corte de Nero (Fp 1:13). E Paulo, é claro, usou esses cinco anos de pausa do ministério itinerante para escrever. Ele celebrou a supremacia de Cristo em sua

O MINISTÉRIO	O MINISTRO
Capítulos 2—3	Capítulos 4—6
• Capítulo 2: Homens e mulheres (oração e submissão) • Capítulo 3: Bispos e diáconos (qualificações e liderança)	Capítulo 4: Vendo a importância de: • Ensino fiel • Doutrina sã • Piedade verdadeira • Perseverança Capítulo 5: Prestando atenção a: • Várias idades dos grupos • Viúvas • Presbíteros • Sabedoria Capítulo 6: Mantendo o equilíbrio entre: • Os senhores e os escravos • O rico e o pobre • Os internos e os externos
	Aquele que ministra
SEJA SENSATO!	SEJA FORTE E FIEL!
Hino 3:16 *Aquele que se manifestou*	Hino 6:15,16 *Bem-aventurado e único soberano*

carta aos Colossenses. Elogiou os filipenses por suas orações e generosidade constantes. Argumentou com Filemom para receber seu escravo fugitivo, Onésimo, como um novo irmão em Cristo. E incitou os efésios a afirmar sua unidade no amor de Cristo e também a permanecer firmes contra os ataques dos adversários. (quadros páginas 16 e 17)

Paulo, antes de as autoridades judaicas em Jerusalém o colocarem em custódia de proteção à força, planejava viajar para Roma e, depois, liderar uma jornada evangelística na parte ocidental do Império Romano até a Espanha (At 19:21; Rm 15:28). Durante sua ausência, no entanto, falsos mestres preencheram o vazio deixado por ele na Macedônia e Ásia, poluindo o evangelho com vários falsos ensinamentos (Rm 16:17; 2Co 11:4; Gl 1:6; 1Tm 1:3,4; 6:3; Ap 2:6,15). Além disso, sua breve visita a Creta no caminho para Roma revelou uma grande necessidade de estrutura (Tt 1:5), enquanto as congregações sem liderança caíam presas do legalismo dos judaizantes e da dissipação grega (Tt 1:10-14). Paulo, após sua libertação da prisão em Roma, teria estabilizado essas igrejas problemáticas antes de lançar qualquer jornada em direção ao Ocidente.

INDÍCIOS DO PARADEIRO DE PAULO ENTRE O PRIMEIRO E O SEGUNDO APRISIONAMENTOS EM ROMA

Após ser libertado de seu primeiro aprisionamento em Roma, Paulo escreveu:	O QUE ISSO NOS DIZ
Conforme te [Timóteo] pedi, quando partia para a Macedônia, permanece em Éfeso (1Tm 1:3).	Em algum ponto, Timóteo esteve em Éfeso quando Paulo partiu para a Macedônia.
Mesmo esperando encontrar-te em breve, escrevo-te estas coisas (1Tm 3:14).	Paulo pretendia se juntar a Timóteo em Éfeso.
Enquanto aguardas a minha chegada (1Tm 4:13).	
Foi por isso que te [Tito] deixei em Creta (Tt 1:5).	Em algum ponto, Paulo ministrou em Creta com Tito e, depois, o deixou ali.
Quando eu te enviar Ártemas ou Tíquico, vem depressa encontrar-me em Nicópolis, pois resolvi passar ali o inverno (Tt 3:12).	Depois de deixar Tito em Creta, o itinerário de Paulo o levaria para Nicópolis.

Durante seu segundo aprisionamento em Roma, Paulo escreveu:	O QUE ISSO NOS DIZ
Quando vieres, traze-me a capa que deixei em Trôade, na casa de Carpo, e os livros, principalmente os pergaminhos (2Tm 4:13).	Durante seu segundo aprisionamento, Paulo indica que passou um tempo em Trôade depois de sua primeira libertação.
Erasto ficou em Corinto. Deixei Trófimo doente em Mileto (2Tm 4:20).	O itinerário de Paulo entre os períodos na prisão o levou através de Corinto e Mileto.

O tempo entre o primeiro e o segundo períodos de Paulo na prisão em Roma permanece um mistério. Só conseguimos pegar bocados de suas cartas para Timóteo e Tito a fim de formar uma cronologia hipotética. O mais provável é que ele tenha partido de Roma para um tipo de viagem de despedida (refere-se ao mapa "do plano de viagem de despedida de Paulo") durante a qual ele distribuiu seus auxiliares para designações de longo prazo. Paulo, após várias semanas em Creta, deixou Tito (Tt 1:5), levando o resto de seus acompanhantes consigo para Mileto, onde ele deixou um Trófimo doente aos cuidados de amigos (2Tm 4:20). Paulo, antes de partir, provavelmente mandou buscar Timóteo, que enviara para Roma, para servir em Éfeso. É mais provável que ele tenha evitado visitar a cidade a fim de diminuir a probabilidade de se envolver nos assuntos locais (cf. At 20:16). Seja como for, ele "pedi[u]" a Timóteo para permanecer em Éfeso. Paulo, a seguir, foi de navio de Mileto para Trôade, onde ele provavelmente passou a maior parte do inverno de 63-64 d.C., tendo tempo para escrever sua carta a Tito. Assim que o tempo permitiu, ele partiu para a Macedônia (Filipos, Tessalônica e Bereia), deixando sua capa e livros para trás (2Tm 4:13), talvez com instrução para Carpo enviar seus pertences para Roma via navio depois de o próprio apóstolo chegar ali.

Paulo, após uma breve visita às igrejas que estabelecera durante sua terceira viagem missionária, *pretendia* passar o inverno com Tito (Tt 3:12) antes de seguir mais uma vez para Roma de navio. Mas algo interrompeu seus planos. Chegaram notícias inquietantes de Éfeso. Durante sua breve visita com Timóteo a Mileto, ele implorou ao ministro mais jovem que permanecesse em seu posto, mas as dificuldades enfrentadas por Timóteo exigiram uma carta de apoio e, depois, uma visita pessoal do apóstolo (1Tm 3:14,15; 4:13). Ele provavelmente encurtou sua visita à Macedônia e, a seguir, refez seus passos para Éfeso através de Trôade.

Depois de estabilizar a igreja em Éfeso, Paulo deixou Timóteo no comando e voltou ao seu plano original de passar o inverno em Nicópolis com Tito. Na primavera seguinte (65 d.C.), ele partiu para Roma, com a intenção de dar início à sua missão em direção ao Ocidente, mas as tensões entre Nero e os cristãos ficaram fora de controle, e Paulo foi mais uma vez para a prisão, onde um carrasco tirou sua vida por um capricho de um imperador louco — muitos cristãos tiveram o mesmo destino naquele período terrível.

VERDADEIRO FILHO NA FÉ

Paulo encontrou Timóteo pela primeira vez nos primeiros meses de sua segunda viagem missionária (50 d.C.; veja At 16:1,2). Ele chegou a Listra e ouviu os anciãos falarem com tanto entusiasmo do jovem que o apóstolo se sentiu compelido a conhecê-lo. Paulo encontrou em Timóteo, nascido de uma mãe judia cristã e um pai grego (presumivelmente descrente), um pupilo ideal, um indivíduo muito parecido com ele mesmo: um seguidor devoto de Cristo com um pé no mundo judaico e o outro no mundo gentio. Conforme os anos se passaram, ele também descobriu em Timóteo um espírito afim — estudioso (2Tm 3:14,15), emotivo (2Tm 1:4), dedicado (Fp 2:22) e resoluto (1Tm 1:18). Timóteo, desde sua juventude, fora impregnado das Escrituras do Antigo Testamento, graças à sua mãe, Eunice, e sua avó Loide (2Tm 1:5; 3:15). Em troca, Timóteo descobriu que Paulo era um modelo digno de ser imitado, um homem dotado de muitas maneiras, mas chamado para cumprir uma missão mal ajustada a suas inclinações naturais. Ele não fora treinado para falar em público, aparentemente faltava polimento à sua aparência e conduta, e sua saúde ruim transformava as viagens em um fardo (1Co 1:17; 2:3; 2Co 10:10; 11:6; 12:7; Gl 4:13,14). Os dois homens teriam de realizar seus ministérios por meio de uma dependência compartilhada com Deus para equipá-los e guiá-los.

TIMÓTEO NO NOVO TESTAMENTO
Atos 16:1-3
Atos 17:14,15
Atos 18:1-5
Atos 19:21,22
Atos 20:1-5
Romanos 16:21
1Coríntios 4:16,17
1Coríntios 16:10,11
2Coríntios 1:1
2Coríntios 1:19
Filipenses 1:1
Filipenses 2:19-24
Colossenses 1:1,2
1Tessalonicenses 1:1,2
1Tessalonicenses 3:1-6
2Tessalonicenses 1:1
Filemom 1:1
Hebreus 13:22-24

Timóteo, para passar a fazer parte do ministério de Paulo, teve de ser circuncidado (At 16:3) por motivos práticos, e não por motivos espirituais. Paulo, embora se considerasse um apóstolo aos gentios (Ef 3:1), quando chegava a uma nova região (At 13:46; 17:2,3), sempre pregava primeiro o evangelho na sinagoga e só depois disso na praça pública. Paulo pregava para os judeus primeiro porque era o correto a fazer, e não porque era mais fácil ou até mesmo mais eficaz. Timóteo ouvira as histórias da primeira visita de Paulo à região inferior da Galácia. Os judeus em Derbe, Listra e Icônio perseguiram Paulo e Barnabé, acabando por fim por apedrejar Paulo e o deixar jogado ali para morrer (At 14:19). Não obstante, Paulo voltou, usando os mesmos métodos que lhe renderam tal dificuldade antes. Timóteo, agora um judeu obedientemente circuncidado, permanecia ao lado de seu mentor nas sinagogas.

Com o tempo, Paulo passou a ver Timóteo como uma extensão de si mesmo, enviando seu "verdadeiro filho na fé" para resolver problemas que ele normalmente resolveria. Em sua segunda viagem missionária, quando Paulo ficou preocupado que as igrejas da Macedônia — de Tessalônica em particular — sucumbissem à perseguição judaica, ele enviou Timóteo para [...] *fortalecer e* [...] *dar ânimo* aos membros da igreja (1Ts 3:1,2). Durante sua terceira viagem missionária, Paulo enviou Timóteo (e Erasto) à frente de Éfeso para preparar as igrejas na Macedônia e Grécia para sua visita (At 19:21,22). Então, na preparação final para sua viagem para a Espanha há muito antecipada, Paulo — que não esperava ver a maioria de seus pupilos de novo — colocou Timóteo no comando da igreja em Éfeso, a congregação estrategicamente mais importante na Ásia e a igreja, situada em um centro da filosofia pagã, mais suscetível à corrupção.

PERMANECE EM ÉFESO

Éfeso, de todas as cidades do Império Romano, seria um dos lugares mais difíceis para levar uma *vida tranquila e serena* (1Tm 2:2), que dirá liderar uma igreja tranquila e serena. Essa cidade portuária ficava ao lado do mar Egeu, na foz do rio Caístro, perto da interseção de duas importantes passagens na montanha. Éfeso, portanto, tinha uma posição estratégica, oferecendo acesso ao mar em todas as direções, tornando a cidade um movimentado e influente centro econômico para a província romana da Ásia. Os materiais e conhecimento fluíam do mundo inteiro para a cidade, alimentando seu apetite voraz por mais riqueza e novas filosofias.

Éfeso era conhecida por seu paganismo — cinquenta deuses e deusas diferentes eram adorados ali.[1] No entanto, ninguém questionava o poder econômico e místico do alto templo de Ártemis, uma das sete maravilhas do mundo antigo. A adoração da mãe Terra passara a ser uma atração imensa, combinando turismo e idolatria sensual com tal sucesso que estimulou o coração da economia da cidade (At 19), a despeito do comércio já desenvolvido de Éfeso de importação-exportação. As autoridades da cidade reservavam um mês de cada ano para honrar a deusa com uma grande celebração, durante a qual todo trabalho parava. O estádio recebia jogos atléticos, o teatro produzia peças, o odeão organizava concertos, e multidões de todos os cantos da Ásia e além dela faziam ofertas no bosque sagrado, o mítico lugar de nascimento de Ártemis. A adoração da deusa trazia enormes somas de dinheiro ao templo, que passou a ser uma importante instituição bancária, talvez a primeira do seu tipo na Ásia. Além disso, a cidade de Éfeso se tornou um santuário para os devedores,[2] um lugar de refúgio para qualquer um tentando evitar as exigências de seus credores.[3]

Ephesian Artemis-Cybele — Stock Foto
Crédito: hdagli
ID da foto:166056296

Como se o fascínio do dinheiro e da mágica já não trouxessem bastante caos, a cidade de Éfeso também atraiu escolas de filosofia. Por volta de 500 a.C., Heráclito, um nobre grego de Éfeso, ensinou que o universo opera de acordo com um princípio ordenado unificado, que ele denominou *logos*, "a Palavra". Mais tarde, os filósofos desenvolveram essa teoria, afirmando que todas as leis da física, matemática e até a moralidade podem ser delineadas a uma mente divina impessoal. Na época de Paulo, Éfeso se tornara um verdadeiro caldeirão de filosofias rivais e um depósito celebrado de textos sobre filosofia grega.

A localização estratégica de Éfeso, por todas suas tentações e desafios, transformou-a na base de operações perfeita para o ministério de Paulo na Ásia. Este, para garantir que a igreja permaneceria moralmente incólume, doutrinariamente pura e espiritualmente vibrante, passou mais tempo em Éfeso que em qualquer outra cidade gentia. Além disso, ele nutriu a congregação a distância, enviando mensageiros para verificar o bem-estar dos

As pessoas de Éfeso adoravam Ártemis (também conhecida como Diana), retratada com múltiplos seios significando fertilidade. O valor dessa deusa para a cidade era mais que religioso. Boa parte da economia da cidade dependia do influxo do dinheiro dos adoradores.

membros, escrevendo pelo menos uma carta para a igreja e — talvez mais significativo que tudo — colocando-os nas mãos de seu discípulo-modelo, Timóteo.

É PARA ISSO QUE TRABALHAMOS E LUTAMOS

Éfeso era uma cidade construída de mármore. O mármore pavimentava as ruas, alinhava as fundações, sustentava os monumentos e canalizava a água da chuva até o mar. Até mesmo os banheiros públicos eram construídos de mármore polido. A cidade resplandecia com brilho branco como se dissesse para o mundo: "Esta cidade brilhará para sempre". (Até hoje, os guias turísticos encorajam os visitantes dos restos magníficos da antiga cidade a usar óculos escuros ao meio-dia a fim de evitar danos aos olhos.) Assim, a igreja de Éfeso teve de ser construída de material igualmente robusto. A congregação, para resistir ao caos golpeando sua fundação, precisava acima de tudo de ordem; e com tantas personalidades fortes presentes, o pastor deles teria de liderar com mão firme, ainda que amorosa.

Paulo expressou o propósito central de sua carta em 1Timóteo 3:14,15: *Escrevo-te estas coisas para que, se eu demorar, saibas como se deve proceder na casa de Deus, que é a igreja do Deus vivo, coluna e alicerce da verdade*. Embora o apóstolo discutisse importantes verdades teológicas, ele escrevia principalmente para equipar Timóteo para a tarefa de liderar e estabilizar a igreja. Ele começou oferecendo encorajamento pessoal, exortando Timóteo a lutar firme pelo evangelho (1:1-20). Os oponentes da verdade lutariam brutalmente para derrubá-la. Ele descreveu as qualidades essenciais que Timóteo deveria cultivar na congregação (2:1—3:16), que ele esperava que influenciasse a cidade como um todo. A seguir, Paulo instruiu seu discípulo a respeito do papel de um pastor: o ensino fiel e a pregação da Palavra, sua conduta em meio ao rebanho e a resistência inevitável que ele enfrentaria dentro e também fora da igreja (4:1—6:21).

Paulo, por meio de sua carta, mantinha o olhar de Timóteo focado no prêmio derradeiro de um pastor: uma congregação piedosa. *Pois o exercício físico é proveitoso para pouca coisa*, escreveu ele, *mas a piedade é proveitosa para tudo, visto que tem a promessa da vida presente e da futura* (4:8). Paulo *trabalh[ou] e lut[ou]* por isso em cada igreja que estabeleceu e fortaleceu. Nessa carta, o apóstolo põe seu manto de pastor nos ombros de seu pupilo Timóteo. Se você serve hoje como pastor ou líder espiritual, esse manto também foi passado para você.

DO APÓSTOLO PAULO PARA O PASTOR TIMÓTEO (1TIMÓTEO 1:1-20)

Liderar uma igreja não é fácil. Se as igrejas estivessem repletas de pessoas perfeitas — maduras emocional e espiritualmente, impermeáveis à tentação, imunes ao orgulho —, o trabalho do pastor seria leve e fácil. No entanto, a igreja local, conforme a situação como se apresenta para ela, funciona de modo muito semelhante a um hospital em que os pacientes cuidam uns dos outros. As pessoas doentes e feridas ajudam outras pessoas doentes e feridas lideradas por um administrador — ele mesmo um paciente — que conduz todos a recorrer ao Grande Médico em busca de cura. Assim, guiar uma congregação de pecadores requer um equilíbrio delicado. Como igreja, temos de estabelecer um ambiente em que os pecadores se sintam bem-vindos enquanto mantemos uma postura inflexível contra o pecado.

O que um pastor faz?

LEIA 1TIMÓTEO 1:1-11

De todas as vocações, o ministério cristão seria a mais confusa delas. Para uma pessoa que termina seu curso de treinamento médico expor uma placa e praticar a medicina é o passo seguinte lógico. Os detalhes de executar uma prática podem ser opressivos, mas a missão continua clara. Todos conhecem a descrição da função de um médico: tratar os pacientes e ajudá-los a permanecer saudáveis.

O mesmo pode ser dito de um advogado. O advogado, uma vez que conclui a faculdade de direito e passa no exame da Ordem dos Advogados, usa seu conhecimento para aconselhar e representar clientes em assuntos judiciais. O contador tira o diploma, passa por um exame muito difícil e, depois, aplica seu conhecimento no campo das finanças.

O perfil da função de um ministro, no entanto, não é nem de perto tão bem definido. Entrar para o ministério é entrar em um ambiente de expectativas altas e sublimes, contudo totalmente ambíguas. Um ministro jovem pode inadvertidamente ter de substituir um predecessor lendário, o que nunca esperaria conseguir. Ou alguém educado e treinado em uma parte do país segue a orientação de Deus e vai para outra região com diferenças culturais suficientes para frustrar qualquer pessoa. Ou, como acontece com frequência, uma igreja busca de forma diligente um especialista em teologia com anos de experiência no púlpito só para resistir à liderança espiritual dele, criticar seu temperamento e reclamar sobre sua pregação assim que ele chega.

Então, há todo o reino da teologia. Tantos livros e artigos escritos, tantas vozes, tantas supostas autoridades com todos os tipos de perspectivas a respeito de inumeráveis tópicos relacionados com a igreja. Espera-se que o pastor seja uma enciclopédia ambulante de conhecimento da Bíblia, um especialista nas últimas tendências teológicas, um orador público perfeito, um líder executivo inspirador, um pastor com coração de servo, um conselheiro dotado, uma autoridade sobre crianças e jovens e um cuidador do idoso, do doente, do indivíduo à beira da morte e do enlutado — tanto quanto um marido dedicado e um homem de família fiel!

Com tantas funções a realizar, tantos papéis a desempenhar, tantas expectativas a satisfazer, um pastor jovem pode esquecer por que entrou para o ministério. Então o que um pastor faz? Felizmente, o Espírito Santo inspirou um servo notável de Deus a escrever uma carta para um pastor dotado a fim de que ele, e os pastores de hoje, saibam com certeza o que o Senhor espera deles, como os outros ministros podem servir sob a liderança de um pastor dotado, e como as congregações podem encorajar e apoiar todos os ministros com vocação de tempo integral.

1:1,2

A carta começa com uma saudação calorosa de um amigo íntimo para outro. Um apóstolo maduro e com cicatrizes, barbudo e, sem dúvida, ficando calvo, escreveu como um homem que conhecia os rigores do ministério. Ainda assim, ele incluiu o título "apóstolo", o que pode parecer estranho em uma saudação pessoal para seu associado mais próximo. Seria como assinar uma carta para um de meus filhos assim:

Amor,
Papai, pastor sênior

Paulo inseriu o título por dois motivos.

Primeiro, *o título ajudava a igreja em Éfeso*. Paulo escreveu para Timóteo, mas pretendia que cada palavra fosse ouvida pelas igrejas em leituras públicas. O termo "apóstolo" descrevia alguém enviado para realizar uma tarefa em nome de um remetente. E todas as culturas do século I reconheciam a mesma regra básica: trate um enviado como trataria quem o enviou, pois isso determina como você será tratado em troca. Deus enviou Paulo, e Paulo enviou Timóteo.

Segundo, *o título ajudava Timóteo a ficar confiante*. Só aqui e em sua saudação a Tito Paulo usou a frase *segundo a ordem de Deus* (cf. Tt 1:3). A autoridade de Paulo para pregar, ensinar, escrever e guiar vinha da ordem de Deus, a qual ele passou a Timóteo ao enviá-lo para Éfeso. Isso não sugere algum tipo de "sucessão apostólica". Uma vez que o último dos apóstolos morreu, o título e a autoridade do apostolado acabaram. No entanto, antes de as Escrituras do Novo Testamento serem reunidas e examinadas pelas igrejas, a pessoa dependia da recomendação de uma fonte de confiança antes de receber qualquer ensinamento como autêntico. Deus autorizara o ministério de Paulo; agora Timóteo estava entre os efésios com a mesma autoridade para ensinar e liderar.

Talvez Paulo pretendesse conseguir outro benefício quando incluiu seu título na carta. Talvez o título ajudasse Timóteo, um soldado do exército de Deus, a se sentir menos solitário ao ser lembrado que lia as palavras de um companheiro de batalha. Infelizmente, o ministério traz sua parte de solidão, em especial para o pastor. Ele não ousa compartilhar muito de sua vida com alguém além dos associados de maior confiança. O título "apóstolo" lembraria Timóteo de que eles compartilhavam fardos que poucos de fora do ministério pastoral conseguiam avaliar.

O afeto de Paulo por Timóteo como pupilo aparece quando o chama de *meu verdadeiro filho na fé*, semelhante à saudação do apóstolo a Tito (Tt 1:4). A expressão "verdadeiro filho" depende da palavra técnica *gnēsios* [1103], termo que, quando usado com "filho", distinguia um herdeiro natural de um herdeiro adotado. Paulo amava Timóteo e Tito como filhos e, como um pai diligente, preparou-os para ser bem-sucedidos em um mundo menos que ideal.

A bênção de Paulo também sugere uma afeição adicional. Ele transmitia com frequência "graça" e "paz" em suas saudações, mas só a Timóteo o apóstolo desejou *misericórdia* (cf. 2Tm 1:2), uma palavra muitíssimo emotiva em grego e a tradução mais comum do termo hebraico *hesed* [H2617], "amor fiel e gracioso". Talvez Paulo reconhecesse que o temperamento terno de Timóteo faria com que este precisasse da empatia do Senhor enquanto servia no tumulto filosófico e religioso que caracterizava a cidade de Éfeso e, muitas vezes, chocava a igreja localizada ali.

1:3,4

Paulo, após uma saudação relativamente curta, entrou no assunto que interessava. Ele ofereceu quatro orientações específicas a seu amigo mais jovem, provavelmente em resposta a algo específico que Paulo soubera de Éfeso ou sabia sobre a cidade por experiência própria.

Primeiro, *permanece* (1:3). Paulo incitou Timóteo a permanecer. O simples verbo grego *menō* [3306], que significa "ficar" ou "permanecer", muitas vezes é usado com o sentido de "fazer residência". Mas Paulo escolheu *prosmenō* [4357], uma forma mais intensa com o sentido de "esperar" ou "continuar com". Além disso, o termo grego para "pedir" sugere uma exortação firme.

Paulo provavelmente pediu isso a Timóteo enquanto eles estavam juntos em Mileto, logo antes de o apóstolo reiniciar seu itinerário para o norte, para Trôade, e, depois, para a Macedônia (veja "Mapa do plano de viagem de despedida de Paulo", p. 14). Ele aparentemente teve notícia de que Timóteo tinha mais dificuldade do que algum deles previra e, por isso, mudou seu plano de viagem para voltar a Éfeso (veja 3:14,15; 4:13).

A maioria dos membros da igreja ficaria chocada em saber quantas vezes o pensamento de desistir cruza a mente de um pastor, em especial se ele serve em uma congregação em que o encorajamento praticamente não existe. Há motivos legítimos para um pastor deixar seu posto e ir para outro lugar, mas o pastor em geral aperfeiçoa seu currículo em resposta aos desafios que o fazem se sentir sem esperança, não apreciado e solitário. As manhãs de domingo podem ser especialmente difíceis. O pastor, emocionalmente exausto e sem conseguir resultados tangíveis em troca de seu melhor esforço no domingo, pergunta-se se tem de fato algo de valor a oferecer.

Timóteo vira sua dose de dificuldade tendo viajado muitas vezes com Paulo e assumira atribuições difíceis antes; assim, o problema em Éfeso tinha de ser extraordinário. Não obstante, Paulo incitou o pastor sob ataque a permanecer em sua tarefa.

Segundo, *transmita a verdade* [tradução livre] (1:3,4). Paulo não esperava que Timóteo ficasse ocioso em Éfeso. Ele incitou-o a desempenhar sua missão de ensino com ainda mais determinação.

A tradução da A21 "ensinem" talvez seja muito contida. As palavras "comando" ou "ordem" captam melhor a nuança autoritativa do verbo grego. Paulo esperava que o pastor usasse sua autoridade para proibir duas desatenções específicas em relação ao evangelho: a inovação teológica e recorrer a mitos e genealogias em busca de autoridade.

A frase "ensina alguma outra doutrina" traduz a palavra composta *hetero + didaskaleō* [2085], literalmente "ensinar algo diferente" (cf. 6:3). Éfeso fora o lugar em que os professores estabeleciam escolas e atraíam estudantes para seus sistemas filosóficos recém-inventados. No entanto, nenhum ensinamento da igreja devia contradizer a revelação prévia. Para os efésios, isso significava que nenhum ensinamento devia contradizer a instrução verbal que recebiam de homens instruídos por Jesus e comissionados por seus enviados (apóstolos). Para nós hoje, isso significa que nenhum ensinamento pode contradizer a Escritura, o que inclui os registros escritos do ensinamento dos apóstolos.

O termo traduzido por "ocupem" significa "devotar pensamento ou esforço em direção" a algo (cf. 4:13; At 16:14). Parece que os efésios tentavam ligar o ensinamento cristão a mitos e genealogias para lhes dar um ar de autoridade, em vez de permanecer confiantemente só na Palavra de Deus.

As culturas antigas davam mais credibilidade ao que era antigo. Criavam-se mitos, histórias que relatavam supostamente eventos antigos, com o propósito de explicar como ou por que as pessoas acreditavam em determinada coisa. Usavam-se as genealogias para ligar as pessoas a alguém que todos respeitavam a fim de estabelecer credibilidade ou legitimidade.

Em última análise, a ordem de Paulo se aplica a todos no ministério. Sua disciplina pode ser música, necessidades especiais, ministério de mulheres, ministério de homens, ministério da palavra, alimentação, alimentar e vestir o pobre ou evangelismo. Qualquer que seja seu chamado, aonde quer que seu ministério aconteça, transmita a verdade com coragem e vigor, firme e confiante na autoridade das Escrituras.

1:5

Terceiro, *concentre-se no objetivo* (1:5). Deus nos dá sua Palavra e, depois, esclarece o motivo pelo qual temos de permanecer na tarefa e transmitir a verdade: o objetivo é o amor. A motivação e a mensagem do ministro para a congregação é o amor. Quando seu povo for embora para casa após sua instrução, quando saírem da sala de aconselhamento na qual vocês discutiram as realidades da vida, quando relembrarem nesse encontro casual ou no almoço agendado por você ou em qualquer situação que lhes deu a oportunidade de transmitir a verdade, eles se lembrarão de ver o amor em ação. Além disso, eles terão visto o amor praticado e modelado e entenderão como fazer o mesmo para os outros.

Do meu diário

Ore...

1TIMÓTEO 1:3,4

Às vezes um ministro precisa reconhecer quando chegou a hora de mudar.

Em 1965, aceitei um chamado para ser o pastor sênior de uma igreja em Waltham, Massachusetts. Como se a incompatibilidade de dois texanos nativos na terra dos ianques não representasse desafio suficiente, minha esposa, Cynthia, não conseguiu se adaptar ao clima. Até hoje, ela diz que passou frio durante dois anos.

Bem, não sou de fugir de um desafio, mas as dificuldades que tivemos para nos adaptar ao ministério na Nova Inglaterra deixou claro que não estávamos servindo no lugar certo. Assim, anunciei que estava aberto a uma mudança. Nesse meio-tempo, comprometemo-nos a cuidar do povo de Deus em Waltham e deixar nosso futuro nas mãos do Senhor. Permanecemos fiéis "a tempo e fora de tempo".

Não demorou para receber um convite para liderar a congregação da Irving Bible Church nos subúrbios da ensolarada e muito mais quente Dallas, Texas. Naturalmente, queria ter alguma certeza sobre a correção dessa mudança; então eu disse a Cynthia: "Preciso orar a respeito disso". No mesmo instante, ela respondeu: "Você ora enquanto eu empacoto!"

O ministro não ensina a verdade para estar certo ou parecer inteligente. O Senhor quer a pureza doutrinal, mas não que a igreja seja um repositório de conhecimento. A pureza doutrinal cultiva um coração puro, uma boa consciência (1:5,19; 3:9; cf. 4:2) e uma fé "sem hipocrisia", o que por sua vez produz amor por Deus e amor pelos outros.

1:6,7

O verbo traduzido por "desviaram" (*astocheō* [795]) significa "errar o alvo", como no tiro com arco. O verbo, figurativamente, descreve o fracasso em realizar o que se pretendia. Certos homens envolvidos nas discussões teológicas falharam em produzir amor ou boas obras. Paulo chamou essas discussões de "sem propósito" — nada melhor que conversa vazia.

Há um momento e lugar para discutir minúcias teológicas. Os homens e mulheres se preparando para o ministério, por exemplo, têm de ser encorajados a expandir seu conhecimento teológico no seminário. Não há nada como um bom debate no seminário para resolver as excentricidades na doutrina de alguém. Um ministro, entretanto, sempre tem de apoiar seu ensino na sã doutrina. E um pastor sempre tem de pregar a partir da exegese sólida em direção à aplicação prática fundamentada em seu conhecimento íntimo das necessidades da congregação.

A aplicação prática proíbe o ensino "sem propósito" ou "vazio".

1:8-11

Quarto, *lembre-se do padrão* (1:8,9,11). Toda instrução, em última instância, tem de apoiar o evangelho, mesmo ao ensinar sobre a Lei de Moisés. A construção sintática desses versículos e como eles empregam a frase *em harmonia com* [...] *o evangelho da glória* sugere que as boas-novas são o parâmetro contra o qual todo ensinamento tem de ser avaliado. Em outras palavras, a expressão *sã doutrina* no fim do versículo 10 tem o *evangelho da glória* como sua base. A sã doutrina baseia-se no fundamento básico — a norma, o padrão — do evangelho.

Paulo defende a Lei como boa e uma expressão do caráter santo de Deus dada à humanidade com o propósito de redenção. Deus nos deu a Lei para que possamos avaliar a nós mesmos à luz do seu padrão justo, encontrar-nos em falta e, depois, voltar-nos a ele para conseguir graça. Ninguém consegue a salvação por obedecer à Lei porque tudo falhou. Por essa razão, a Lei visa o transgressor.

Aqueles que reconhecem sua impotência e recebem o dom gratuito de Deus da vida eterna pela fé em seu Filho têm agora uma relação diferente com a Lei. Os cristãos não estão mais "sob" a Lei — ou seja, sujeitos à condenação dela — mas agora abraçam a Lei como um meio de conhecer a Deus e tentar agradá-lo.

■ ■ ■

O ministério pode ser uma vocação terrivelmente decepcionante, até mesmo perturbadora. Aconselho muitos indivíduos que contemplam a vocação para o serviço cristão a testar seu chamado com uma pergunta simples: "*Alguma* outra vocação oferece potencialmente a você uma realização razoável?" Caso a resposta seja positiva, encorajo-os a buscar essa possibilidade antes de fazer qualquer mudança significativa de vida na direção do ministério.

Por outro lado, não quero pintar uma imagem desanimadora do ministério, em especial o de pastorear. Se Deus o chamou a servir como pastor, então nenhum outro papel será suficiente para você. Qualquer outra posição — independentemente do salário, das vantagens, do poder ou da pompa — só se provará frustrante, e fará isso rapidamente. Tomando emprestado o lema do Corpo de Paz: "É o trabalho mais difícil que você sempre amará".

Descobri que a melhor maneira de um pastor evitar a desilusão e cortar as inumeráveis e intermináveis distrações é escolher no que se apoiar e a quem ouvir. Os homens que dependem da popularidade para ser bem-sucedidos no ministério e que ouvem a opinião popular condenam a si mesmos ao desapontamento e insegurança. Os que se apoiam no Senhor e ouvem sua Palavra podem lutar e até mesmo sofrer, mas permanecem focados no alvo, perseveram em meio às dificuldades, deixam as distrações de lado e prosperam no desafio do ministério.

APLICAÇÃO
1Timóteo 1:1-11
A IGREJA PARA AS ERAS

A igreja é levada a uma divisão. Não a minha igreja, e espero que não a sua. Refiro-me à igreja. Vejo de um lado um compromisso mais profundo com a tradição que com as Escrituras e, de outro lado, uma rejeição indiscriminada da tradição — e com ela, da verdade divina. E o pós-modernismo é a lâmina que faria o corte final.

O pós-modernismo é uma visão de mundo que rejeita a existência da verdade objetiva ou, pelo menos, duvida da nossa capacidade de ter certeza de algo. É uma filosofia insidiosa que — entre muitas outras falhas — leva a uma ética de pragmatismo, determinando o certo e o errado com base nas necessidades imediatas da maioria. As igrejas, por conseguinte, redefinem o sucesso, ficando menos preocupadas com esses fatores intangíveis, como a maturidade espiritual ou a unidade congregacional, e obcecadas com programas que "trabalham" e encontram maneiras de "satisfazer as necessidades". Estou desolado por ver gurus sobre crescimento da igreja elevando a própria posição ao oferecer programas inovadores, estimular planos e conversas motivacionais, tudo que leva pastores inseguros a pensar que estão deixando escapar alguma fórmula secreta para conseguir uma megaigreja. Inevitavelmente, essas estratégias para fazer a igreja crescer convencem os líderes de que têm de mudar a igreja para se tornar menos ofensiva para com um mundo desconfiado.

Os tradicionalistas, no entanto, não têm muito a oferecer em resposta a isso. Eles contam com métodos testados e aprovados e com o trabalho para mantê-los no lugar porque parecem ter atendido às necessidades da igreja. Resistem a toda tentativa de acompanhar os tempos repetindo um mantra entorpecedor da igreja de cinco palavras: "Nunca fizemos desse jeito antes". Na verdade, o tradicionalismo, por toda a sua conversa santimonial, é apenas pragmatismo de outro tipo, nem melhor nem pior que as estratégias para o crescimento da igreja.

A igreja não diz respeito nem ao tradicionalismo nem ao pragmatismo. Temos de responder às necessidades das pessoas? Absolutamente não! Temos de honrar nossas tradições bíblicas de honrar a Deus? Seríamos insensatos em não fazer isso. Mas não temos de ver o tradicionalismo nem o pragmatismo como o princípio orientador do ministério.

Quando me matriculei no seminário em 1959, dediquei-me a aprender como ensinar a Bíblia. Depois de concluir meus quatro anos de treinamento, devotei o resto dos meus anos a ensinar as verdades da Bíblia. E a Palavra de Deus, na minha experiência, é mais que suficiente para satisfazer as necessidades das pessoas, encher um santuário até transbordar de gente, inspirar novos ministros, estimular mudança na comunidade e até mesmo manter vivas as tradições que valem a pena.

Não são necessários truques. Nem são necessárias campanhas vistosas de relações públicas. Apenas pregar a Palavra de forma fiel e consistente e deixar Deus cuidar dos números. O Espírito Santo orienta a mensagem de graça para satisfazer as necessidades de cada indivíduo na audiência.

Do meu diário

Olhe para o seu alvo!

1TIMÓTEO 1:5

Após várias semanas de intenso treinamento físico, prática de marcha em formação "com vigor", nosso instrutor de exercício da Marinha finalmente nos levou para o campo de tiro. Ele nos fez deitar na poeira com nossos rifles e olhar a distância as marcas feitas a 183, 274 e 457 metros. A seguir, o capitão do campo de tiro gritou cinco palavras no sistema de som: "Olhem para o seu alvo!" De repente, tiros de rifle aleatórios foram disparados de todos os lados.

O tempo todo, o capitão ficava repetindo: "Olhem para o seu alvo! Olhem para o seu alvo!", o que pode parecer uma ordem óbvia. Afinal, viéramos para praticar tiro ao alvo. Mas, se você nunca esteve em um campo de tiro, as distrações o podem dominar de início. Tinha de ficar repetindo em minha mente as palavras de comando do capitão a fim de me manter focado no alvo.

De vez em quando, essas palavras me voltam à memória. Ainda as ouço em minha mente. E elas saíram direto de 1Timóteo 1:5. Olhe para o seu alvo! O amor que procede de um coração puro. O amor que procede de uma fé sem hipocrisia. Olhe para o seu alvo!

Grito de guerra para um soldado exaurido

LEIA 1TIMÓTEO 1:12-20

Os comandantes experientes conhecem os perigos do desencorajamento. Ele pode derrubar um soldado que, do contrário, seria bom e logo se propagar como uma doença, afetando todos ao redor dele. Um comandante militar pode ter armas melhores e em número superior, vasta inteligência e um plano infalível, mas, se suas tropas perdem o ânimo, então ele também pode começar a cavar sepulturas. O inimigo já ganhou.

Timóteo estava ministrando em Éfeso durante um período de tempo desconhecido na época em que Paulo escreveu para ele. Paulo, durante uma breve visita — provavelmente em Mileto quando estava a caminho da Macedônia (1:3) — percebeu sem dúvida os primeiros sinais do cansaço da batalha no rosto de Timóteo e incitou o ministro mais jovem a permanecer em seu posto, a despeito da falta de respeito da igreja pelo papel de Timóteo como líder espiritual deles. A seguir, algo convenceu o apóstolo a fazer uma visita pessoal a Éfeso (3:14,15; 4:13). Ele precisava reanimar o espírito baqueado do soldado e reafirmar sua autoridade para liderar e ensinar a igreja em Éfeso.

Um pastor, pela minha experiência, aguenta quase qualquer dificuldade com o apoio de sua igreja, mas nada acaba com sua vontade de *trava[r] o bom combate* mais depressa que a falta de respeito da congregação.

1:12

Os grandes movimentos começam em geral com um líder firme com uma mensagem nova. Esse é o costume do mundo e nem sempre é ruim. Precisamos de líderes políticos poderosos com caráter piedoso para derrotar o mal e restaurar a ordem. Sou agradecido pelos pais fundadores dos Estados Unidos, os personagens carismáticos que inspiraram seus companheiros cidadãos a fundar uma nova nação com princípios de governo radicalmente diferentes da norma. E graças a Deus pelos homens e mulheres de bom coração que lideraram seus países contra os nazistas alemães.

Paulo, no entanto, removeu cuidadosamente a si mesmo desse papel. Ele afirmou com toda a clareza que o evangelho não tinha origem nele; as boas-novas da graça vêm de Deus. Ele também não se apresentava como a principal autoridade especializada no assunto.

Seu conhecimento da graça ultrapassava a de outros só porque antes ele tivera a maior necessidade dela. Ele sentia-se singularmente qualificado para proclamar as maravilhas da misericórdia de Deus porque recebera o benefício dessa misericórdia mais que qualquer outro servo de Deus — pelo menos na mente dele era assim —, e não porque estudasse mais, falasse com mais eloquência ou fosse mais alto que os outros.

A ênfase de Paulo, começando em 1:11, muda para refletir a si mesmo. Paulo não tratava o evangelho com distanciamento profissional, como uma nova teoria estimulante ou uma grande descoberta científica. Nada era mais pessoalmente relevante para ele. Ele, tendo se beneficiado de forma tão profunda e poderosa das maravilhas da graça de Deus, dificilmente ficaria inativo. Paulo explicou o maravilhoso motivo por que — de todas as pessoas — foi confiada a ele a proclamação das boas-novas.

Cristo Jesus nosso Senhor:

- me fortalecer
- me considerar fiel
- pondo-me no seu ministério

À primeira vista, a declaração de Paulo de que Cristo o *consider[a] fiel* pode parecer vanglória, como se dissesse: "O Senhor olhou para a humanidade e viu que eu era fiel, por isso pôs-me no seu serviço". Mas Paulo não se considerava digno de ser escolhido de Deus (1:15). Nesse caso, a A21 oferece a tradução mais clara da declaração de Paulo no versículo 12: *Agradeço a Cristo Jesus, nosso Senhor, por me fortalecer e me considerar fiel, pondo-me no seu ministério.* Paulo era agradecido por Deus, em sua graça, ter *decidido* considerá-lo fiel e o pôr no ministério. Assim, Deus, tendo escolhido Paulo para essa honra, fortaleceu o apóstolo para o ministério.

Naturalmente, isso impactou a perspectiva de Paulo em relação ao ministério. Este não era um empecilho. Não era um aborrecimento. Não era um fardo. Não era uma interrupção. Não era uma inconveniência. Ele nem mesmo chamava o ministério de sacrifício. Ele descreve seu trabalho como *diakonia* [1248], "serviço". O serviço está na raiz desse termo grego para "garçom, servir à mesa", a obrigação de um empregado de cozinha.

Agora mesmo, um novato poderia pensar: *Esse homem Paulo deve ter sido outra coisa. Ele realmente devia ter todos os qualificativos. Pois Deus, o originador do evangelho, deu sua verdade a esse homem para que*

a compartilhasse no serviço de sua vida — Paulo devia ser um indivíduo fenomenal!
Errado.

1:13,14

Se Paulo fosse de fato esse grande homem antes de receber o evangelho, o versículo 13 teria exaltado suas virtudes. Em vez disso, Paulo revelou sua incrível falta de qualificação moral, ligando a si mesmo três descrições negativas:

- Um *blasfemo* ofende os outros com suas palavras e insulta ou fala de modo leviano das coisas sagradas.
- Um *perseguidor* põe os outros em fuga, aproveitando todas as oportunidades para atacar e, se necessário, aniquilar os perseguidos.
- Um *arrogante* maltrata os outros com seu excesso de confiança ou atitude insolente.

Paulo assegurou a Timóteo e à igreja em Éfeso que sua autoridade para pregar o evangelho não viera de sua própria grandiosidade, mas de Deus, cuja graça superava o passado pecaminoso do apóstolo e as falhas pessoais. Como Timóteo já sabia disso, Paulo, provavelmente, escreveu isso para o benefício daqueles que ouvissem a carta na leitura pública.

Isso me leva a especular que o problema encontrado por Timóteo em Éfeso decorria da ligação persistente dos efésios com Paulo. Observei esse problema com muita frequência em minha vida. Um ministro do evangelho muitíssimo estimado e fiel deixa um vazio maciço quando parte, em especial se ocupou a mesma posição durante muitos anos. Imagine a pressão posta no sucessor de Charles Haddon Spurgeon após a morte precoce deste deixar o púlpito vazio no Tabernáculo Metropolitano, em Londres.

Encontrei um recorte do jornal *New York Times* desse período:

> O possível sucessor do sr. Spurgeon
> O reverendo dr. Arthur T. Pierson, que pode ocupar o púlpito do Tabernáculo de Londres, pregou na *Reformed Church of Brooklyn Heights* na noite passada. O nome do dr. Pierson tem sido muito discutido recentemente como o possível sucessor do dr. Spurgeon. Pouco depois da morte do dr. Spurgeon, o dr. Pierson, que vem da Filadélfia, foi convidado a pregar no Tabernáculo de Londres e ficou ali durante um ano sob um chamado temporário. Ele se tornou um grande favorito na congregação e teria, com toda a probabilidade, se

tornado o pastor permanente antes, exceto por um forte sentimento entre alguns membros da igreja de que o filho do dr. Spurgeon teria sucesso no lugar que seu pai deixou famoso.

A fim de testar a força do jovem Spurgeon, ele foi instalado recentemente em um ano de teste. No fim desse tempo, os londrinos decidirão se querem mantê-lo ou ter o dr. Pierson.

O dr. Pierson transmite com excelência a mensagem e é um pregador mais eloquente.[1]

Aparentemente, a congregação achou "a força do jovem Spurgeon" bastante substancial para deixá-lo no posto do pai. Ele serviu à congregação fielmente nos quinze anos seguintes. A maioria das igrejas, no entanto, não se sai tão bem.

Paulo reforçou que esse lugar de honra no ministério do evangelho era imerecido ao chamar atenção para a misericórdia que recebeu. As boas-novas lhe foram confiadas, ele recebera fortalecimento de Deus e lhe fora concedido sucesso, apesar de antes ter se dedicado à perseguição da igreja. A misericórdia de Deus deu-lhe a oportunidade.

Talvez esse fosse o sutil pedido de Paulo para que os críticos de Timóteo estendessem alguma misericórdia divina ao líder mais jovem "não merecedor".

1:15-17

O que fez Deus parar Saulo de Tarso no caminho para Damasco e assumir o comando da vida dele para demonstrar sua graça? De acordo com Paulo, o Filho de Deus entrou no mundo para salvar os pecadores, e acontece que o apóstolo era o melhor exemplo de um pecador necessitado de salvação. Ele, na verdade, disse: "Se o Senhor veio à terra à procura dos pecadores, eu era um pecador grande demais para ser ignorado" [tradução livre].

Paulo também sugere que nenhum outro pecador seria um sujeito melhor para demonstrar o magnífico poder transformador do Senhor. Ele chama a si mesmo de *hypotypōsis* [5296], "exemplo" — um protótipo, modelo, padrão segundo o qual o indivíduo pode reproduzir muitos mais.

Bem, quando o Senhor transforma uma vida de forma tão radical — em essência transformando um homicida maníaco religioso em um seguidor protótipo de Jesus Cristo —, só é possível responder com louvor. Paulo, após rever seu próprio testemunho da misericórdia divina e graça transformadora, irrompeu em um cântico, usando bastante das Escrituras hebraicas:

Rei eterno	Êxodo 15:18; Salmo 145:13
Imortal	Salmos 90:2; 102:26,27
Invisível	Jó 23:8,9
Só Deus	Deuteronômio 4:35; Isaías 44:6

Paulo, por causa da graça sem igual de Deus, não era mais um blasfemo!

1:18-20

Em 1:3-17, Paulo disse de fato: "Permaneça na tarefa designada a você em Éfeso, ensinando os outros a permanecerem fiéis ao evangelho da graça de Deus e a evitar o ensino de algo diferente disso. Posso, como especialista na Lei de Moisés, atestar pessoalmente o poder do evangelho e a impotência da Lei para salvar. Não obstante, a autoridade dessa verdade não está em mim ou em qualquer outra pessoa; é a verdade divina da Palavra de Deus". Ele resumiu assim o encargo solene que começara em 1:3 — mais uma vez provavelmente para que toda a audiência efésia se beneficiasse com a leitura pública da carta, bem como para a abalada confiança de Timóteo.

Embora o evangelho seja de origem divina e, por conseguinte, repouse na autoridade divina, Paulo, ainda assim, afirmou as credenciais de Timóteo para ensinar de duas maneiras. Primeiro, Timóteo fora comissionado por um apóstolo reconhecido, o próprio Paulo; segundo, o jovem recebera um chamado de Deus por meio de profecia. O apóstolo, baseado nessas duas afirmações, encarregou Timóteo com a responsabilidade de *trava[r] o bom combate* (cf. 2Co 6:7; 10:4; Ef 6:12; 1Tm 6:12; 2Tm 2:3,4; 4:7). Uma tradução ampliada da frase grega seria: "Comprometa-se totalmente como um soldado para sempre nessa campanha atual".

O versículo 19 explica como Paulo esperava que seu substituto realizasse a ordem geral para *trava[r] o bom combate*: agarre-se à fé e mantenha uma boa consciência. Em outras palavras, "continue a fazer o que lhe foi ordenado, a despeito da aparente futilidade de seus esforços. E, então, descanse na confiança de que fez tudo que o Comandante exigiu de você".

Infelizmente, algumas pessoas em Éfeso tinham abandonado o ensino autêntico que receberam. E, como "a natureza abomina o vazio" [tradução livre], o falso ensinamento logo tomou conta da cabeça e do coração vazios deles. Paulo menciona dois desses homens, Himeneu e Alexandre, provavelmente porque eles passaram a ser os oponentes mais importunos de Timóteo em Éfeso.

- De acordo com a segunda epístola de Paulo a Timóteo, Himeneu e Fileto *perverteram a fé em alguns* ao ensinar que *a ressurreição já aconteceu* (2Tm 2:16-18).
- Aparentemente, a igreja em Éfeso respeitava a habilidade oratória de Alexandre, que trabalhava com bronze, um judeu temente ao Senhor (At 19:33), mas ele também deu as costas para o evangelho. Embora não saibamos especificamente o que ele ensinava, *prejudicou-me bastante* e *resistiu muito* ao ensinamento de Paulo e Timóteo (2Tm 4:14,15).

Paulo considerava blasfemo o ensinamento de Himeneu e Alexandre, o pecado de difamar o caráter de Deus — pecado que Paulo conhecia bem, tendo sido ele mesmo culpado dele (1Tm 1:13). Por essa razão, ele os *entreg*[*ara*] *a Satanás*, sugerindo firmemente que ele expulsou Himeneu e Alexandre da igreja, como fizera com o homem em Corinto que se recusara a se arrepender de seu caso sexual com sua madrasta (1Co 5:1-13). Paulo, como um líder espiritual firme, lidava com o pecado impenitente e a rebelião pública com mão firme, não só para proteger a integridade da igreja, mas também para permitir que as consequências do pecado disciplinassem os cristãos voluntariosos (1Co 11:32; Hb 12:7-10). Ele, sem dúvida, esperava que Timóteo seguisse esse exemplo.

■ ■ ■

Homens e mulheres jovens, com frequência, entram no ministério apenas para se desiludir quando a realidade do mal solapa seu idealismo. Em algum momento, o ministro tem de lidar com a realidade do ministério sem sacrificar seu idealismo. A terra é uma zona de guerra em uma batalha geral e invisível do mal para destruir o bem. Satanás *odeia* Deus e todos os que o servem. O ministro que não vê a batalha invisível acontecendo ao seu redor, ou se recusa a reconhecê-la, inevitavelmente desiste da luta, fica desiludido, perturbado, desapontado e insatisfeito. Os pastores — sobretudo os que servem sozinhos em congregações pequenas — lutam com isso mais que a maioria.

Paulo encorajou Timóteo a permanecer na batalha, a despeito dos aparentes ganhos conseguidos pelo inimigo. Jesus já nos assegurou a vitória final sobre o mal; por conseguinte, a única forma de um ministro perder é abandonar a luta. Satanás não pode destruir as almas redimidas por Deus, mas, se consegue fazê-las renunciar a suas armas e se render ao desânimo, ele continua a destruir sem obstáculo o resto do mundo.

Nas palavras agora famosas de Winston Churchill, que convocou seu país a lutar contra o nazismo alemão: "Esta é a lição: nunca desistir, nunca desistir, nunca, nunca, nunca, nunca — em nada, pequeno ou grande —, nunca desistir, exceto para convicções de honra e bom senso. Nunca ceder à força; nunca ceder ao poder aparentemente esmagador do inimigo".[2]

APLICAÇÃO

1Timóteo 1:12-20
SUA DOXOLOGIA PESSOAL

Qual foi a última vez que louvou a Deus por amar você, ver além de suas faltas, cuidar de suas necessidades e vir em seu resgate? Qual foi a última vez que deixou de lado seus desejos para focar a bondade do Senhor para com você no passado? Quando você veio pela última vez diante de Deus sem um pedido, só para louvá-lo?

Na época em que Paulo escreveu essa carta a Timóteo, ambos enfrentavam desafios incríveis. Paulo podia ter devotado cada momento livre para pedir ao Senhor por uma lista interminável de pedidos legítimos. Podia ter usado esse espaço para explicar a Timóteo como ele estava lutando com as exigências incessantes do ministério. Mas ele usou o tempo para louvar o Senhor por sua fidelidade, graça e misericórdia no passado. Se o apóstolo Paulo usasse esse tempo para honrar a Deus com suas palavras, acho apropriado que façamos o mesmo.

Em algum momento nos próximos dias, encontre-se com um amigo para o propósito específico de compartilhar seu testemunho da bondade de Deus. Sente-se sozinho com essa pessoa, talvez para tomar um café ou jantar, e diga a ela como Cristo transformou sua vida. Não tenha medo de ser específico. Paulo foi. Ele chamou a si mesmo de *blasfemo*, *perseguidor* e *arrogante*, que agiu devido à ignorância e à incredulidade (1:13). Ele descreveu a si mesmo em termos francos. Depois, contou como sua vida passou a ser cheia de graça, fé, amor, misericórdia, paciência e vida eterna.

Se for casado, faça isso com seu cônjuge. Quer você creia quer não, encontro casais o tempo todo que nunca ouviram o testemunho de seu cônjuge. Não devia haver ninguém na terra que saiba mais detalhes sobre sua conversão que seu cônjuge. Seu parceiro tem de saber sobre o abismo do qual Deus o tirou e a misericórdia que você recebeu dele. Não esconda isso de seu cônjuge. Há algo maravilhoso em conhecer os segredos do outro e mantê-los em absoluta confiança. Reserve tempo para conversar, compartilhar seu passado e explicar como Cristo o transformou de dentro para fora.

Algo maravilhoso acontece quando compartilhamos nossa história pessoal de salvação com um amigo chegado. Compartilhe sua jornada espiritual com alguém, e não se esqueça de que Deus é o herói.

Além disso, dedique pelo menos uma oração por semana a louvar a Deus por sua fidelidade. Enumere suas bênçãos. Repita suas obras graciosas. Agradeça a ele pelas muitas vezes em que o salvou de sua própria insensatez. Louve-o por lhe dar mais do que você merece.

O TRABALHO DO MINISTRO
(1TIMÓTEO 2:1—3:16)

À s vezes um ministro precisa ter sua segurança restaurada. Não apenas para levantar seu moral ou agradar seu ego ferido, mas para lembrá-lo de que o evangelho transforma de fato vidas e que o trabalho que ele faz não é um desperdício. Ele precisa ter a segurança restaurada de tempos em tempos porque o trabalho do ministro pode parecer fútil, como tentar esvaziar o oceano com uma colher de chá. As necessidades do mundo são tão grandes e, em comparação com isso, o impacto que causamos parece tão insignificante. Não obstante, fomos chamados para um conjunto bem definido de tarefas, tarefas essas que têm de ser realizadas pela igreja — dia a dia, semana a semana. O pastor tem de realizá-las pessoalmente ou tem de montar uma equipe piedosa e bem treinada de homens e mulheres e, depois, liderá-los com eficácia.

A longa introdução de Paulo oferece mais que a quantidade usual de encorajamento pessoal e exortação profissional. Ele reafirma a tarefa de Timóteo, refletida em sua própria experiência no ministério, louva a fidelidade ao evangelho e encoraja o pastor com problemas a permanecer firme no trabalho. Na parte seguinte da carta, ele volta sua atenção para a descrição de detalhes do trabalho do ministério pastoral, dando atenção especial ao estabelecimento e manutenção da ordem na igreja. De acordo com Paulo, que escreve sob a inspiração do Espírito Santo, cada pessoa tem um papel a ocupar na casa de Deus, e cada papel implica responsabilidades.

TERMOS-CHAVE EM 1TIMÓTEO 2:1—3:16

- **anēr** (ἀνήρ) [435], "homem", "marido", "humanidade", "macho"

  Esse termo para "homem" (plural, *andras*) refere-se em geral a uma pessoa do sexo masculino, mas pode significar especificamente um marido ou um adulto do sexo masculino, como oposto a um mero menino.[1] A literatura grega também usa essa palavra para incluir toda a raça humana. Por exemplo: *A ira do homem não produz a justiça de Deus* (Tg 1:20). *Veja 1Timóteo 2:8,12; 3:2,12.*

- ***diakonos*** (διάκονō) [1249], "diácono", "servo", "garçom"

O termo, em seu sentido mais básico, significa "alguém que serve à mesa". Por extensão, o termo incorpora a ideia de servir de forma obediente e de bom grado, oferecendo serviço com uma atitude submissa. Quando a primeira igreja precisou de homens para supervisionar a distribuição de alimentos para as viúvas, os líderes criaram esse cargo. Embora as obrigações de um diácono tenham expandido, as pessoas que servem nessa capacidade nunca deviam esquecer suas raízes de garçom. *Veja 1Timóteo 3:8,12; 4:6.*

- ***episkopos*** (ἐπίσκοπō) [1985], "supervisor", "presbítero", "protetor", "patrão"

Essa palavra, em seu sentido mais genérico, descreve alguém que supervisiona uma instituição ou território.[2] Atenas chamava seus funcionários estaduais de *episkopoi*, a forma plural da palavra. Na Septuaginta (a tradução grega do Antigo Testamento), um *episkopos* era alguém que servia como juiz, tesoureiro ou supervisor dos sacerdotes e levitas servindo no templo. No Novo Testamento, Pedro chama Jesus de *episkopos* ("bispo") da nossa alma (1Pe 2:25). Nesse sentido, o funcionário da igreja designado por esse termo serve como um subpastor para o Senhor, guiando seu rebanho em seu nome e sob sua autoridade. *Veja 1Timóteo 3:2.*

- ***gynē*** (γυνή) [1135], "mulher", "esposa", "pessoa do sexo feminino"

Paulo usa esse termo oito vezes nessa seção. Ele pode se referir a uma mulher em geral ou a uma esposa; o contexto diz ao leitor como interpretar a intenção do autor. Em algumas circunstâncias, a palavra pode ser uma forma de tratamento respeitosa, como quando Jesus chamou sua mãe de *mulher* (Jo 2:4). *Veja 1Timóteo 2:9,11; 3:2,11.*

Qual a prioridade em um ministério relevante?

LEIA 1TIMÓTEO 2:1-8

Aproximadamente uma vez por ano viajo com os internos do ministério para visitar de seis a dez igrejas a fim de discutir o trabalho de liderar uma congregação. Algumas igrejas são pequenas, e outras são grandes. Muitas estão crescendo, e algumas lutam para sobreviver. Sempre fazemos questão de visitar pelo menos um par de igrejas grandes. E quase sem exceção deparamos com o mesmo desafio: a manutenção das prioridades. Um pastor trava essa batalha logo que sai do seminário, e a travará até se aposentar ou morrer. Os homens e mulheres servindo em outros papéis ministeriais — em tempo integral ou parcial, como vocacionados ou voluntários — se veem fazendo as mesmas perguntas que um pastor sênior: há tanta necessidade! Por onde começo? O que devo fazer primeiro?

Richard DeHaan apresentou a seguinte descrição do dia de um ministro particular em seu livro *Men Sent from God* [Homens enviados por Deus], publicado em 1966. A descrição apresentada, a despeito da idade do livro, é notavelmente atual.

> [O pastor], chegando ao escritório da igreja às 8 horas, pretendia dedicar pelo menos duas horas à preparação de seu sermão de domingo, uma conversa ao meio-dia em um clube local de serviço e cinco conversas no rádio durante a semana seguinte. Ele, no entanto, foi lembrado por sua secretária de que concordara em escrever um artigo para a publicação da igreja, agendada para ser impressa ao meio-dia. Ele também tinha de dar três telefonemas, um deles para o presidente do Comitê de Finanças da igreja. Depois de terminar essas tarefas, só sobravam trinta minutos para a preparação de suas mensagens, uma vez que às 10 horas ele tinha de se reunir com o Comitê de Programa da Associação Ministerial. Assim que começou a estudar de novo, recebeu a notícia de que a mãe da presidente de uma das Sociedades de Mulheres na igreja falecera, e sua presença era aguardada na casa deles de imediato. Claro que isso o fez esquecer de sua reunião com a Associação Ministerial; mas ele conseguiu comparecer ao almoço às 12h30 das auxiliares femininas. Depois desse encontro, ele falou em uma classe de estudo. Às 14 horas, ele

celebrou uma cerimônia de casamento. Às 15 horas, ele começou sua visita nos hospitais da cidade e terminou bem a tempo do Jantar de Homens, em que fez a oração. O jantar foi até as 19h30, permitindo que o pastor saísse bem a tempo de ir à reunião do Every Member Canvas Committee. Ele estava presente apenas para fazer sugestões e levantar o moral do comitê. Feito isso, seu dia de serviço finalmente terminou, e ele chegou em casa às 21h30, exausto.[3]

Se você não está no ministério vocacional de tempo integral, talvez ache que essa é uma exceção. Acredite-me, não é exceção. Isso descreveria com facilidade o dia de qualquer pastor em qualquer país desenvolvido, mesmo um servindo em uma congregação menor com uma equipe mínima, e em especial um intimidado por uma congregação e que tem o conceito um tanto equivocado de que serviço é agradar as pessoas.

Paulo, sem dúvida, sabia que, para um homem sofrendo as aguilhoadas da crítica e lutando para manter a confiança da congregação, seria especialmente difícil resistir à tentação de agradar as pessoas. O apóstolo, depois de se dirigir à pessoa do ministro, voltou sua discussão para o trabalho do ministro. Ele começou lembrando Timóteo de sua primeira obrigação: *orar*.

2:1,2

Antes de tudo. Essas não são palavras descartáveis, sem importância. A oração tem de ser a primeira prioridade de qualquer ministro vocacional para o bem de qualquer ministério em que ele ou ela sirva. A oração lembra o ministro de que Deus está no comando, não as pessoas — não a congregação, o pastor sênior, a equipe ou os presbíteros. O ministro serve a Deus primeiro e às pessoas em segundo lugar. Além disso, a oração liberta o ministro da tirania do urgente e das exigências do imediato para focar em seu chamado.

Paulo *exort[a]* (a mesma palavra em 1:3) *que se façam* orações. O verbo está no tempo presente, o que dá à ação uma qualidade contínua. Ademais, seu uso da forma passiva pede a pergunta: "Por quem?" A resposta: por todos, com Timóteo como líder. Ele não depositava a responsabilidade por orar apenas no pastor. O fardo do ministério, começando com a oração, caía sobre toda a congregação.

Paulo usou quatro termos distintos, embora intimamente relacionados, para delinear quatro tipos de comunicação com Deus:

- A súplica, *deēsis* [1162], apresentando uma necessidade a Deus para tê-la satisfeita.

- A oração, *proseuchē* [4335], é o termo mais comum para essa disciplina espiritual, denotando o ato de apelar a Deus de uma forma geral, incluindo a apresentação das necessidades (*deēsis*).

- A petição, *enteuxis* [1783], envolve submeter um pedido formal a uma autoridade.

- A ação de graças, *eucharistia* [2169], é a expressão de gratidão ou apreço.

Paulo rogou a Timóteo e à igreja em Éfeso para usar toda dimensão de oração — formal e informal, petição e agradecimento — em nome de *todas* as pessoas, salvas e não salvas. Alguns ensinam que só devemos orar pelas pessoas da família de Deus; ou que, quando orarmos pelo não salvo, oremos só para que tenha a convicção do pecado e alcance a salvação. Mas Paulo ordena claramente a Timóteo para guiar a igreja em oração pelas necessidades das autoridades do governo — usando todas as dimensões da conversa com Deus, como alguém oraria por um amigo próximo ou um membro da família.

Esse não deve ter sido um pedido fácil de fazer em Éfeso, em que a igreja era uma ameaça para a economia local (At 19:23-27). E, para piorar as coisas, o Império Romano repousava nas mãos ensanguentadas de um líder insano chamado Nero. Ainda assim, o apóstolo esperava que a igreja orasse por esses líderes, como orariam por um ente querido.

Por quê? Por que orar pelo bem-estar daqueles que lhe fariam mal? Paulo explica dois benefícios resultantes das nossas orações: a libertação da perseguição (2:2) e a redenção do mundo (2:3,4).

O apóstolo explicou que orar para o bem-estar dos líderes do nosso governo prepara o cenário para uma existência do tipo "viva e deixe viver" sob a autoridade deles. Ele usa dois adjetivos gregos que descrevem a vida de paz: *ēremos* [2263] é "tranquilidade vinda de fora",[4] enquanto *hēsychios* [2273] é "tranquilidade vinda de dentro".[5] Falando de modo geral, todos os governos querem apenas que seus cidadãos permaneçam pacificamente produtivos e paguem seus impostos ou apenas um pouco mais que isso. A maior parte do tempo, quando os governos não se sentem ameaçados pela igreja, deixam os cristãos adorarem como lhes aprouver.

A ORAÇÃO COMO UMA OBRIGAÇÃO CÍVICA
1TIMÓTEO 2:1-4

Surpreendentemente, a igreja tem sido fiel em orar por seus líderes pagãos, mesmo durante épocas de terrível perseguição. Veja essas citações de pais da igreja vivendo em tempos difíceis:

> A nossos reis e governantes da terra — a eles, Senhor, deste o poder do reino pelo teu poder glorioso e inefável, que até o fim possamos conhecer a glória e a honra dadas a eles por ti e nos sujeitemos a eles, sem resistir à tua vontade; a eles, Senhor, dê saúde, paz, concórdia e estabilidade para que possam exercer a autoridade dada a eles sem ofensa.[6]
>
> *Clemente de Roma, c. 96 d.C., durante o reinado brutal de Domiciano*

> Só a Deus adoro, mas em outras coisas servimos com alegria a vocês, reconhecendo-os como reis e governantes dos homens e orando para que seu poder real também possua julgamento são.[7]
>
> *Justino Mártir, 110-165 d.C., escrito ao imperador Antonino Pio e dirigido ao "Mais Verdadeiro Filósofo", também conhecido como Marco Aurélio, sob quem Justino sofreu martírio*

> A ordem soberana para pagar tributo, estou pronto para segui-la. Meu senhor ordena que eu aja como um escravo e sirva, reconheço a servidão. O homem tem de ser honrado como um irmão; só Deus tem de ser temido.[8]
>
> *Taciano, 110-172 d.C., por volta da época de Marco Aurélio, o imperador-filósofo*

> Por conseguinte, antes honrarei o rei [que seus deuses], não o adorando de fato, mas orando por ele. Mas a Deus, o Deus vivo e verdadeiro, sabendo que o rei é criado por ele. Então, você me dirá: "Por que você não adora o rei?" Porque ele não é feito para ser adorado, mas para ser reverenciado com honra legal, pois ele não é um deus, mas um homem designado por Deus para julgar com justiça, e não para ser adorado. Pois de certo modo seu governo foi concedido a ele por Deus. [...] Da mesma forma, honre ao rei, sujeite-se a ele e ore por ele com mente leal; pois, se faz isso, faz a vontade de Deus:[9]
>
> *Teófilo, c. 181 d.C., pouco depois da morte de Marco Aurélio, durante o reinado de seu notoriamente caprichoso e corrupto filho, Cómodo*

> Oramos sem cessar por todos os imperadores. Oramos por vida longa, segurança para o império, proteção para a casa imperial, exércitos valentes, senado fiel, povo virtuoso, descanso para o mundo, tudo que um imperador, como homem ou como César, possa querer.[10]
> *Tertuliano, 160-225 d.C., escrito durante o reinado de Septímio Severo, um perseguidor brutal dos cristãos*
>
> [Os cristãos] sempre exultam no Senhor e se regozijam e ficam felizes em seu Deus; e sofrem as maldades e adversidades do mundo com bravura porque olham adiante para os dons e prosperidades por vir. [...] E ainda sempre pedimos a expulsão dos inimigos e a abundância e também a remoção ou moderação da adversidade; e derramamos nossas orações e, abrandando e apaziguando Deus, rogamos constantemente e com urgência, dia e noite, sua paz e salvação.[11]
> *Cipriano, c. 252 d.C., em resposta a Demetriano, procônsul da África, que argumentava que os cristãos eram culpados pelas guerras, escassez e peste porque não adoravam os deuses.*
>
> Essas não são atitudes notáveis em relação aos governantes? Como você considera os líderes políticos atuais? Você dedica tanto tempo para orar por eles quanto para criticá-los? Paulo esperava que Timóteo conduzisse seu rebanho em oração por *todos* que ocupassem um cargo de autoridade, mesmo que governassem como inimigos da igreja.

Os termos "piedade" e "dignidade" compartilham a mesma raiz em grego, que é *sebomai* [4576], "reverenciar". "Piedade" descreve uma atitude de reverência em direção a Deus, enquanto "dignidade" denota uma conduta geral proveniente do interior. Em outras palavras, a libertação da perseguição nos permite respeitar o Senhor e as autoridades terrenas que ele permite que governem (Rm 13:1,2). Mas, para desfrutar esse benefício, temos de orar para o bem e a felicidade de nossos líderes — mesmo quando desaprovamos o caráter deles e nos opomos à sua política.

2:3,4

Os versículos 3 e 4 revelam a motivação derradeira do Senhor para nossa oração. Além de orar pelo bem-estar total de nossas autoridades governamentais, temos de orar para a salvação delas. O Senhor, simplesmente, quer que *todas* as pessoas — incluindo aqueles em cargo de autoridade — reconheçam a verdade do evangelho e, a seguir, submetam-se à autoridade da verdade divina (cf. 1Tm 2:6; 4:10; Tt 2:11; 2Pe 3:9).

Por favor, observe o uso cuidadoso dos tempos verbais e estados de espírito apresentados por Paulo nessa declaração do desejo de Deus. Ele não escreve: "Deus [...] que deseja salvar todos os homens", mas *Deus [...] que deseja que todos os homens sejam salvos*. Não invalida a doutrina bíblica da eleição dizer que Deus deseja que *todas* as pessoas abracem a verdade do evangelho e recebam a vida eterna.[12] Aqui Paulo não esclarece o mistério de como a soberania de Deus e a autonomia limitada da humanidade impactam a salvação da pessoa. Ele apenas afirma o fato de que o Senhor não gosta de ver as pessoas perecerem por causa de seus pecados (Ez 18:23; 33:11).

Embora a questão final da salvação esteja nas mãos de Deus, ele ainda assim nos chama a orar pela salvação de todas as pessoas, incluindo os que nos governam e, em especial, nossos inimigos. Ele, como com todos os assuntos de oração, age em perfeita harmonia com sua natureza amorosa e justa para o bem maior e mais alto de todas as pessoas. Independentemente do destino eterno da pessoa, o ato de orar por ela impacta a pessoa que faz as orações. Pessoalmente, acho impossível desprezar alguém por quem peço ao Senhor que o abençoe. Na verdade, vejo minha perspectiva mudando gradualmente para refletir a de Deus conforme oro.

2:5,6

Paulo, depois de mencionar a verdade divina, não perdeu a oportunidade de reafirmar o evangelho. Só agora ele apresenta o evangelho no contexto de sua exortação para que orem. Jesus renovou a confiança de seus discípulos na véspera de seu sacrifício expiatório por toda a humanidade (veja 1Jo 2:1,2): *Eu sou o caminho, a verdade e a vida; ninguém chega ao Pai, a não ser por mim* (Jo 14:6). Paulo propõe a ideia ao descrever Jesus como o um e único "mediador" entre Deus e a humanidade.

O termo grego *mesitēs* [3316] tem o sentido principal de "confiável e neutro".[13] Nesse sentido, um mediador ajuda cada parte a encontrar satisfação mútua para seus interesses. Jesus, o Deus-homem, é singularmente qualificado para representar os dois lados.

Mas Paulo não pretende retratar Deus e a humanidade como contestantes em um processo judicial. Ele tem mais a figura de um "intercessor sacerdotal" em mente. Os seres humanos precisam de alguém preparado por Deus para ajudá-los a superar sua insuficiência.

O pecado separa a humanidade de Deus. O pecado incorpora a pena da morte eterna (Rm 6:23; Ap 20:14,15) que tem de ser paga a fim de satisfazer a justiça de Deus; contudo, Deus quer que todas as pessoas vivam com ele para sempre. A humanidade, no entanto, não pode pagar essa pena e viver. Jesus tem de resolver a questão sofrendo a morte da humanidade em nosso lugar, o que o Pai aceita como a pena justa pelo pecado. Agora, só por intermédio dele (At 4:12) temos acesso irrestrito ao trono do céu, que nos dá a capacidade de apresentar as necessidades dos outros diante de Deus — incluindo as daqueles que não o conhecem.

É difícil interpretar a expressão *testemunho a seu próprio tempo*, e nem todos concordam a respeito de seu sentido. Mas, se evitamos a tentação de pensar demais nela, uma possibilidade parece clara: o fato de que Jesus pagou resgate por todos fornece uma prova inegável de que Deus deseja que *todos os homens sejam salvos*.

2:7

Porque Deus deseja que todas as pessoas sejam salvas submetendo-se à verdade do evangelho, e porque Paulo compartilhava o desejo do Senhor tão intimamente, o Senhor designou-o para ser o mensageiro dessa notícia maravilhosa. Ele chamava a si mesmo de anunciador ("pregador"), enviado ("apóstolo") e "mestre dos gentios".

Paulo, em harmonia com sua prática comum, incluiu uma garantia da veracidade (cf. Rm 9:1; 2Co 11:31; Gl 1:20) para enfatizar a importância de suas palavras, e não porque os efésios podiam acusá-lo de estar mentindo.

2:8

O grego usa dois termos para "homem": *anthrōpos* [444], que usualmente se refere à "humanidade" em geral, e *anēr* [435], que em geral se refere a "homem" ou "marido". Em 2:8, a palavra é *anēr* — refere-se aos membros masculinos do corpo em Éfeso.

Paulo não está sugerindo que só os homens têm de orar e que as mulheres se abstenham de fazê-lo. Ao contrário, ele convoca os homens a liderar a congregação e indica que a responsabilidade por essa liderança é dos homens. Paulo, na verdade, escreveu: "Ordeno que os homens estabeleçam o ritmo, que liderem pelo exemplo, que se tornem o meio pelo qual a oração acontece na igreja".

Paulo, depois de exortar Timóteo a tornar a oração a principal prioridade do ministério, explicou como isso seria implementado em toda a igreja. Ele queria que as pessoas *em todo lugar* orassem. Ele não queria que construíssem um prédio especial. Não queria que consagrassem um lugar sagrado. Não queria que reservassem um tempo especial para orar. Não há nada de errado com essas coisas, mas Paulo não queria que nada se tornasse uma distração da principal prioridade: a oração contínua, coordenada, de toda a congregação pela salvação e pelo bem-estar de todas as pessoas vivas em Éfeso. D. L. Moody é citado dizendo: "Satanás fará de tudo para impedi-lo de orar, mesmo que isso signifique consertar uma persiana".

Paulo chamou as pessoas a orar *levantando mãos santas*. A ênfase dele está em "santas", e não em "mãos". Embora a posição para orar possa ajudar ou atrapalhar a concentração, Paulo não se importava tanto com a posição do corpo quanto com a pureza da pessoa ao orar. Naquela época e cultura, as pessoas oravam com as mãos e o rosto levantados para o céu. Essa postura era tão comum quanto as pessoas nas igrejas ocidentais abaixarem a cabeça. Na nossa cultura, Paulo teria dito "Abaixando cabeças santas e cerrando olhos santos".

O termo "santo" não significa "perfeito". Significa consagrado, guardado de contaminação, separado para os propósitos especiais de Deus. O Senhor quer que o povo de sua igreja se guarde do pecado para que possa interceder *por todos os homens*, de forma muita semelhante a um sacerdote hebreu entrar no templo em nome de Israel.

E Paulo instruiu Timóteo e os efésios a orar sem ódio, o "aumento" apaixonado da raiva contra alguém, ou *discórdia*, o tipo de disputa que solapa a unidade. A discórdia parece inibir a oração (1Pe 3:7), embora a Escritura não explique como ou por que isso acontece. Ainda assim, Paulo convoca a congregação a deixar de lado tudo que possa impedi-la de se unir como uma unidade para que o ministério realize seu propósito divino: fazer todas as pessoas conhecerem a verdade e serem salvas.

■ ■ ■

Passei dois terços da minha vida servindo no ministério pastoral e posso garantir a você que hoje é tão premente chamar a atenção quanto na época em que comecei. Os detalhes e reuniões puxam com impaciência minha manga, competindo pela primeira prioridade, o tempo todo tentando me convencer de que a oração é uma admirável perda de tempo, uma obrigação espiritual, e não uma alegria revigorante. Além disso, sou encarregado por Paulo, que escreveu sob a inspiração do Espírito

Do meu diário

Aplicando "joelhos lubrificados"

1TIMÓTEO 2:8

O que vem em primeiro lugar em um ministério relevante? De acordo com Paulo, para um líder espiritual maduro e experiente, é a oração. E ele não está sozinho em sua opinião.

Os Doze disseram à congregação de Jerusalém: "Mas nós nos devotaremos à oração e ao ministério da palavra" (At 6:4).

O autor de Hebreus exortou os cristãos a tirarem toda vantagem de seu acesso ao Pai por intermédio da oração: "Portanto, aproximemo-nos com confiança do trono da graça, para que recebamos misericórdia e encontremos graça, a fim de sermos socorridos no momento oportuno" (Hb 4:16).

Tiago repreendeu os cristãos que satisfaziam seus desejos tirando vantagem uns dos outros. Ele relacionou a dificuldade deles a uma única fonte: "Cobiçais e nada conseguis. Matais e invejais, e não podeis obter; brigais e fazeis guerras. Nada tendes porque não pedis" (Tg 4:2).

Pedro via a oração como um ministério importante da igreja: "Mas já está próximo o fim de todas as coisas; portanto, tende bom senso e estai alertas em oração" (1Pe 4:7).

João reafirmou às igrejas que sofriam perseguição na Ásia: "E esta é a confiança que temos nele: se pedirmos alguma coisa segundo sua vontade, ele nos ouve" (1Jo 5:14).

Meu avô costumava dizer que para conseguir algo eram necessários "joelhos lubrificados", seu eufemismo para o trabalho manual árduo. Aposto que podemos dizer que o ministério precisa começar com "joelhos lubrificados". A oração não é o ministério mais glamoroso da igreja. Não se engane, é um trabalho muito difícil que exige uma atitude abnegada e a disposição de investir em horas de trabalho solitário. Mas vale o investimento. Como o missionário martirizado Jim Elliot escreveu: "O santo que avança sobre os joelhos nunca bate em retirada".[14]

Santo, a guiar o povo de Deus para se unir em oração. Felizmente, falhei vezes suficientes no ministério para lembrar que quem assina o cheque do meu salário é o Senhor — não meu calendário, não a congregação, nem mesmo aqueles que servem como presbíteros. Por isso, só faz sentido que eu realize a checagem com a Autoridade Final na minha vida antes de partir para o trabalho.

As primeiras coisas primeiro. E, para um ministério significativo e que honre a Deus, essa é a oração.

APLICAÇÃO
1Timóteo 2:1-8
A ORAÇÃO NA PRÁTICA

Paulo, ao começar seu discurso sobre a obra do ministério, salientou a prioridade da oração. *Antes de tudo,* ele ordenou a Timóteo que orasse para o bem-estar dos descrentes de Éfeso, para pedir bênção a Deus e oferecer ação de graças em nome deles. Ele esperava, portanto, que Timóteo guiasse os líderes da igreja a fazer o mesmo; assim, estes, por sua vez, guiariam a congregação.

Se você é um líder no ministério, sua primeira responsabilidade é guiar os outros na oração. Essa certeza inclui abertura de reuniões com oração e orar em favor daqueles que você lidera, porém há mais. A liderança espiritual exige que os líderes cultivem uma vida de conversa natural e habitual com Deus e, a seguir, ajudar os outros a fazer o mesmo. Aqui estão três orientações simples que considerei úteis em meu ministério:

1. *Forme um hábito.* Separar um tempo regular todos os dias é uma sugestão óbvia, e, embora eu a recomende muitíssimo, também sou bastante realista para saber que a maioria das pessoas não fará isso. Essa prática, como as resoluções de ano-novo e as melhores intenções, será deixada de lado antes que se adquira o hábito. Em vez disso, deixe uma atividade regular iniciar sua conversa com Deus. Se você prática exercício com regularidade, ore enquanto caminha, corre, anda de bicicleta, levanta pesos ou nada. Em vez de ouvir música no carro, deixe que a viagem de carro se transforme em seu tempo a sós com o Senhor. Transforme qualquer tempo solitário realizando uma tarefa secular em seu tempo habitual de oração.

2. *Não estabeleça limites.* O inimigo inventa uma de duas mentiras para impedi-lo de orar. Primeiro, ele tenta convencê-lo a lidar com os desafios sem nenhuma ajuda de Deus. Você já ouviu isso antes: *Não o incomode com esse assunto sem importância; você sabe o que fazer.* Segundo, ele lhe diz que o desafio não é algo com que o Senhor queira lidar. *Não o aborreça com seus problemas; ele é ocupado demais para perder tempo com suas preocupações diárias.*

Essas duas mentiras colocam limites na oração. Deus diz que você tem de orar sem desanimar (Lc 18:1); orar o tempo todo (Ef 6:18; 1Ts 5:17); orar com confiança (Hb 4:16); orar com fé (Mt 21:22; Tg 1:6), em todos os lugares (1Tm 2:8) e por todos os assuntos (Fp 4:6).

3. *Rejeite todos os substitutos.* Antes de pegar um livro, antes de discar o telefone, antes de fazer qualquer ação, pare. Leve o assunto a Deus. Ore primeiro. Não estou sugerindo que você substitua a oração pela ação responsável, mas, por favor, não seja culpado do contrário. Não substitua a oração por nada. Transforme a conversa com o Senhor em sua primeira prioridade.

E quanto às mulheres na igreja?
LEIA 1TIMÓTEO 2:9-15

Imagine-se uma pessoa desatualizada, acordando depois de um sono que começou em 1970. Depois de uma boa espreguiçada e um bom bocejo, você volta para uma cultura que mudou de modo relevante. A tecnologia, o transporte, a economia, o governo e até mesmo a vida familiar mudaram radicalmente enquanto você dormia. Agora, imagine voltar à igreja pela primeira vez depois de despertar. Os hinos se foram, há uma cafeteria bem ao lado da livraria no vestíbulo imenso, uma banda de *rock* substitui o órgão de tubos, e o camarada ao seu lado lê a Bíblia em um *smartphone*. Talvez você também tenha notado uma mudança relevante nas mulheres ao seu redor.

Na verdade, vejo pelo menos três reinos que viram mudanças dramáticas para as mulheres.

O primeiro foi *o reino doméstico.* Antes de 1970, a maioria das mulheres cuidava da casa e educava os filhos enquanto o marido garantia a renda para toda a família. Agora, a maioria das mulheres trabalha fora de casa, ou para complementar a renda ou porque são as chefes da família, em geral cuidando de tudo sozinhas, sem a presença do pai de seus filhos.[15] Houve uma diminuição drástica no número de mães que ficam em casa, e muitas vezes estas se sentem tratadas com desdém, em vez de serem apoiadas por sua dedicação. Além disso, elas são muitas vezes vistas como preguiçosas ou frágeis, um grande equívoco.

O segundo foi *o reino dos negócios*. Há algumas coisas que as mulheres não faziam antes da década de 1970. As mulheres não eram apresentadoras de telejornais nem cobriam eventos esportivos; não iam à área de combate, não pilotavam aviões, não dirigiam corporações nem assumiam qualquer papel tradicionalmente desempenhado pelos homens. Hoje, a maioria das mulheres adultas não só ganha salário fora de casa, mas compõe quase 50% da força de trabalho. Agora as mulheres são muito mais respeitadas que exploradas. As leis fazem um trabalho melhor protegendo as mulheres de assédio sexual ou abuso dos colegas de trabalho, e elas são encorajadas a não ser apenas assertivas, mas agressivas, na busca de sua carreira. Por conseguinte, os homens aceitaram gradualmente colegas de trabalho do sexo feminino como pares no mundo dos negócios, o que sem dúvida impactou também a visão deles das mulheres como parceiras e mães.

O terceiro foi *o reino da igreja*, sem dúvida o mais complicado e confuso de todos. Hoje, as mulheres vivem em um mundo secular mais abrangente que o curso estreito esperado antes da década de 1970. Muitos, naturalmente, esperariam que o papel da mulher na igreja também mudasse de forma drástica. Não é surpresa, portanto, vermos que muitas denominações e várias associações independentes de igrejas ajustaram sua interpretação das Escrituras — ou simplesmente ignoraram totalmente o assunto — e começaram a ordenar mulheres como ministras e pastoras seniores. Afinal, se uma mulher pode dirigir uma empresa ou pilotar um avião de linha comercial, por que não poderia pastorear um rebanho?

Algumas igrejas conservadoras responderam ajustando sua interpretação das Escrituras, adotando uma hermenêutica excessivamente literal. Isso fez o papel da mulher retroceder. Infelizmente, essas igrejas fizeram tanta violência às palavras dos apóstolos Pedro e Paulo quanto suas contrapartes liberais. Elas declararam manter as Escrituras como sua principal autoridade. Embora eu não duvide da sinceridade delas, parece que o "ideal" que elas tentavam defender não vinha da Bíblia, mas da cultura popular de ícones da década de 1950. A televisão mostra como os programas *Leave It to Beaver* e *Father Knows Best* e outros cimentaram uma imagem das mulheres na mente dos norte-americanos, imagem essa que facilmente pode se tornar o crivo por meio do qual lemos a Palavra de Deus no século XXI. E admito que, por causa de essa era ter definido minha infância, tenho de ter cuidado para deixar de lado minhas ideias preconcebidas.

O fato é que a família de dois mil anos atrás não se ajusta ao modelo moderno de "família nuclear" que viemos a considerar como ideal. Além disso, a mulher descrita em Provérbios 31:10-31 é uma parceira empresarial incrivelmente poderosa e com experiência em negócios coliderando uma grande empresa familiar com o marido. O sábio descreve uma mulher que muitos ultraconservadores achariam presunçosa ou até mesmo ameaçadora.

Embora os cristãos precisem ter o cuidado de não separar sua vida em reino sagrado e reino secular — afinal somos homens e mulheres "consagrados" em todos os lugares onde estamos e aonde vamos —, ainda assim temos de reconhecer que a igreja não é o mundo. A frase "você percorreu um longo caminho, *baby*" não tem lugar no domínio do Senhor. Nem o protótipo emocionante do pós-guerra de June Cleaver. O Senhor não espera que deixemos totalmente nossa sociedade ao entrar na igreja. Em nossa casa, no entanto, nossa atitude e modos têm de se ajustar a certas diretrizes. Essas diretrizes estão estabelecidas nas palavras atemporais das Escrituras Sagradas.

A cultura de Éfeso dominada pelos homens adorava o poder de Ártemis, a mãe Terra, mas ainda assim considerava as mulheres como posses, e esse pensamento permeava o resto do Império Romano. Isso devia ser terrivelmente confuso para as mulheres que viviam nessas condições — valorizadas, mas dominadas; possuídas, mas adoradas. Então, um apóstolo trazendo as boas-novas de Deus ensina: *Não há judeu nem grego, não há escravo nem livre, não há homem nem mulher, porque todos vós sois um em Cristo Jesus. E, se sois de Cristo, então sois descendência de Abraão e herdeiros conforme a promessa* (Gl 3:28,29). E repentinamente o valor do sexo feminino dá um pulo gigantesco adiante em direção a compartilhar a igualdade com os homens. Na verdade, *em todos os lugares* em que o cristianismo lança raízes, a posição das mulheres melhora drasticamente.

No entanto, assim como unidade não significa uniformidade, também igual não significa idêntico. O Filho de Deus compartilha igualdade completa com o Pai, contudo se submete à liderança deste. Entrementes, o Pai ama o Filho e o glorifica, dando-lhe toda a autoridade sobre a criação. O Senhor, da mesma maneira, descreve os papéis distintos dados ao homem e à mulher, a despeito de terem o mesmo valor.

Nenhum estudo da questão das mulheres na igreja seria completo sem um estudo detalhado destas passagens:

- 1Coríntios 11:1-16
- 1Coríntios 14:34,35
- 1Timóteo 2:8-15
- Tito 2:3-5
- 1Pedro 3:1-6

Deixe-me ser claro: nosso propósito aqui não é considerar as implicações da epístola de Paulo quando se relaciona com a questão moderna dos papéis dos elementos masculino e feminino na igreja, mas examinar essa passagem na mensagem de Paulo a Timóteo e aos cristãos efésios. O contexto é o culto de adoração pública de uma igreja, e o assunto é a prioridade da oração.

2:9,10

O apóstolo, após estabelecer a responsabilidade dos homens de orar e liderar a igreja na oração *para influenciar os não cristãos em Éfeso* (2:1-8), volta-se para a mulher com as palavras *do mesmo modo*. As mulheres também têm sua responsabilidade.

Paulo usou três expressões gregas descritivas referentes à aparência das mulheres em público: *vistam-se com decência, modéstia* e *discrição*.

A expressão de duas palavras em grego traduzida por *vistam-se com decência* permite "comportamento disciplinado" ou "traje regular". A tradução *com decência* incorpora a nuança infeliz de "como matrona", que não era a intenção de Paulo. Em vez dela, podemos usar a gíria "nos trinques". Em outras palavras, as mulheres cristãs não precisam ser deselegantes ou totalmente sem noção com relação à moda para ser piedosas. Uma mulher cristã é livre para se vestir de acordo com sua época, de acordo com o estilo do dia, de acordo com o costume do lugar em que vive... com certos limites (que logo examinaremos).

Quando usado para as mulheres, em especial uma noiva (Ap 21:2), o termo grego traduzido por *adornando* (NVI) significa "fazer com que algo tenha uma aparência atraente por meio da decoração".[16] Alguns expositores sugerem que as mulheres deveriam observar as tendências atuais da moda e, depois, fazer exatamente o contrário ou se vestir deliberadamente de modo a passar totalmente despercebidas. Paulo exorta as mulheres cristãs a evitar esse extremo, encorajando-as a se deliciar com sua aparência como muitas mulheres o fazem naturalmente. Embora as mulheres sejam estimuladas a se vestir de acordo com a época, o estilo e o costume de sua cultura, Paulo também as encoraja a se vestir de forma modesta ou, literalmente, *com modéstia*. O termo grego tem raízes no conceito de "infâmia", mas, na época de Paulo, a definição evoluíra para significar "com reverência", "com respeito" ou "com reserva". O termo engloba mais que apenas cobrir. A ideia é evitar qualquer maneira de se vestir que sugira apelo sensual ou disponibilidade sexual.

A palavra *discrição* é a tradução da palavra grega *sōphrosynē* [4997], muitas vezes traduzida por "sóbrio". O termo "sóbrio" é um dos favoritos das epístolas pastorais; ele significa "moderado", "prudente", "modesto", "comedido" e "disciplinado".[17]

O apóstolo, para esclarecer sua ordem a respeito das mulheres, chama a atenção para três tendências específicas que não são imorais em si mesmas nem por si mesmas: cabelo trançado, joias caras (cf. *joias de ouro* em 1Pe 3:3) e roupas caras. Paulo usa a combinação para ilustrar um tipo de vaidade autocentrada que deprecia o tipo de beleza que o Senhor quer cultivar em todos os cristãos, tanto homens quanto mulheres: o caráter piedoso expresso por meio das boas obras (Ef 2:10; Tt 2:12). Paulo não ataca a beleza externa nem desencoraja as mulheres de desfrutar sua beleza externa. Ele apenas esperava que as mulheres efésias evitassem os extremos tolos e ostentosos que observamos tantas vezes nos membros da indústria do cinema ou dos desfiles de moda de Nova York e Paris. Na verdade, ele disse: "Em vez de dedicar incontáveis horas e somas exorbitantes para melhorar sua beleza externa, cultive a beleza interior. A beleza exterior desvanece; a beleza interior fica cada vez mais radiante com a idade" (cf. 1Tm 4:8).

2:11,12

Paulo, a seguir, muda sua discussão da beleza para o comportamento da mulher. Enquanto examinamos as palavras do apóstolo, incito-o a permitir que o texto fale por si mesmo e ao mesmo tempo incito-o a deixar de lado a perspectiva dos críticos de Deus. Eles vieram e se foram ao longo da história, junto com suas modas passageiras, contudo as Escrituras permanecem firmes. A Palavra de Deus fornece três instruções em 2:11, amplia-as em 2:12 e explica o raciocínio do Senhor em 2:13-15. As três instruções de 2:11 são:

> A mulher deve permanecer em silêncio, em vez de ser eloquente.
> A mulher recebe instrução, em vez de instruir.
> A mulher tem de se abster de exercer autoridade, em vez de assumir o controle.

A expressão *aprender em silêncio* incorpora a ideia de permanecer mentalmente calmo. Não é uma regra austera para amordaçar as mulheres enquanto estão na igreja. Os extremistas gostam de aplicar esse ensino de uma forma estritamente literal porque se ajusta à agenda mundana deles: dominar e controlar as mulheres. Deus, no entanto, não considera as mulheres inferiores. Ele nunca trata as mulheres como cidadãs de segunda classe. Jesus equipou e treinou um pequeno grupo de homens para liderar a igreja depois de sua ascensão, mas ele também instruiu muitas discípulas (por exemplo, Mt 27:55; Mc 15:40; Lc 8:1-3; 23:55,56; 24:10). Além disso, Paulo lembra as contribuições relevantes de mulheres em suas epístolas (Rm 16:1,6; 1Co 16:19; Fp 4:2,3; Fm 1:2). Essa instrução veio no contexto do ensinar na igreja e liderar ali, pela qual os homens têm de assumir a responsabilidade.

Tenha em mente que as igrejas no século I não ofereciam Escola Dominical para as crianças, classes de mulheres, ensino para adultos fora do culto de adoração, ou os milhares de programas que as igrejas oferecem hoje. Paulo dirige essas palavras às mulheres que participam da reunião pública de adoração e instrução. A responsabilidade de pregar cabia aos líderes do sexo masculino, e não às mulheres. Além disso, elas tinham de receber essa instrução junto com seus pares homens, que também recebiam a instrução com espírito submisso e alegre (cf. 1Co 16:15,16; Hb 13:17). Embora o texto bíblico exija a submissão da esposa ao marido (Ef 5:22-24; 1Pe 3:1,2), submissão aqui se refere à atitude de todo cristão em relação à instrução dos líderes da igreja. A passagem não ensina que as mulheres em geral têm de submeter aos homens em geral.

Hoje, vemos essa instrução através de lentes negativas, em que o foco está no que as mulheres *não* podem fazer. Mas também temos de levar em consideração a prática do templo de Jerusalém e das sinagogas locais, em que as mulheres não podiam ficar ao lado dos homens durante a adoração e a instrução. Em Éfeso, as mulheres ouviam a leitura da carta de Paulo como uma parte da congregação principal, não ficando na periferia na galeria. Em termos do século I, essa disposição declarava a igualdade de mulheres e homens diante de Deus.

Paulo, sob a direção do Espírito Santo, afirma a posição das mulheres como iguais aos homens no corpo de Cristo (Gl 3:28,29). Ainda assim, ele mantém os homens responsáveis por liderar a igreja. Em 1Timóteo 2:12, ele amplia a instrução de 2:11 ao proibir as mulheres de liderar a igreja em posições de autoridade que exigem ordenação, como pastor ou presbítero. (Durante o período do Novo Testamento, o cargo de "diácono" não incorporava autoridade de comando.)

2:13,14

Alguns expositores observam que Paulo escreveu essa instrução para uma igreja que vivia em uma cultura muito diferente da nossa. Eles afirmam que o apóstolo proibia a liderança feminina naquela época e naquele contexto para que a igreja não comprometesse sua posição honorável na comunidade. Em outras palavras, a liderança feminina pode ser vista como muito radical, ou até mesmo subversiva, com potencial para distrair os não cristãos da verdadeira questão à mão: a necessidade deles do evangelho. Paulo, para evitar muita mudança com muita rapidez, aconselha a ir devagar.

O raciocínio do apóstolo em 2:13-15, no entanto, sustenta seu ensinamento em algo muito mais atemporal e permanente que as necessidades da comunidade. Ele volta aos primeiros dias de vida na terra para restabelecer um princípio da criação abandonado. Paulo apresenta duas provas de Gênesis.

Primeira prova: o Senhor, no princípio, criou a humanidade à sua imagem para se tornar vice-regente dele sobre a criação (Gn 1:26). Ele criou primeiro Adão e lhe deu a responsabilidade de realizar o propósito ordenado da humanidade (Gn 2:15). O homem, no entanto, não podia cumprir seu propósito sem um "oposto correspondente" para suprir o que estava faltando. Então o Senhor criou Eva, a primeira mulher, para ser a "ajudadora" essencial de Adão (cf. Sl 30:10; 37:40; 54:4; 118:7).

Segunda prova: Deus criou a humanidade para cumprir um propósito e, pela ordem de criação, colocou a responsabilidade da liderança sobre o homem. E com a responsabilidade vem a prestação de contas. Esse é o ponto da segunda prova de Paulo. Eva pecou porque Satanás a enganou. Adão não pecou como resultado de engano, mas por livre escolha. Possivelmente, Eva tinha uma desculpa. Adão, sem dúvida, não tinha. Quando o Senhor confrontou os primeiros seres humanos a respeito de seu pecado, ele se dirigiu a Adão como o líder. Ele pediu contas a Adão, porque este era o líder responsável. Infelizmente, o homem tentou passar a responsabilidade para a esposa (Gn 3:12), que carregou as consequências negativas de seu pecado por meio da dor do parto (Gn 3:16), mas Deus voltou-se finalmente para o homem. A responsabilidade ficou com Adão.

Alguns expositores sugerem tolamente que a questão do engano no começo se relaciona com a fraqueza mental das mulheres quando comparadas com os homens. Isso é uma besteira. Francamente, já há casamentos demais que sugerem que o oposto é verdadeiro! A questão aqui não é capacidade, mas *responsabilidade*. O ponto é que, enquanto Eva foi enganada, Adão pecou com pleno conhecimento de sua transgressão.

Deus incumbira o homem com a liderança — uma tarefa que Adão negligenciou — e Deus fará os homens prestarem contas do desempenho de sua obrigação. Adão deixou Eva na mão no início ao falhar em liderar e proteger. Por essa razão, tanto os homens quanto as mulheres continuam a sofrer a sentença judicial da desobediência do homem. Para os homens, o trabalho ficou pesado (Gn 3:17); para as mulheres, a alegria da maternidade vem por meio da dor desoladora (Gn 3:16).

2:15

Paulo conclui esse segmento com uma declaração que muitos consideram notoriamente difícil de interpretar. Se essa declaração for lida sozinha, a confusão é compreensível; mas ela não está sozinha. Paulo insere esse comentário no fim de sua instrução para resolver o assunto e reafirmar às mulheres que o arranjo do Senhor é para o bem delas.

Jesus Cristo veio à terra para redimir toda a humanidade da maldição do pecado. Esse é o cerne do evangelho. E ele, em um dia ainda futuro, voltará para substituir essa criação arruinada e pervertida por um novo céu e uma nova terra (Ap 21:1), salvando todos os cristãos da maldição — a sentença judicial — da queda. O homem não trabalhará mais arduamente por provisão, e a mulher não suportará mais sofrimento no parto. No entanto, nesse meio-tempo, a terra toda geme por redenção como uma mulher em trabalho de parto (Rm 8:22).

Até o Senhor voltar para consumar sua redenção da criação no fim dos tempos, ele comissionou a igreja — seus seguidores fiéis, liderados por homens redimidos e transformados — para se tornar o símbolo da nova criação. As pessoas serão salvas pela graça de Deus e preservadas até o fim (Rm 8:26-39), e o Senhor usará a igreja como um meio dessa salvação e preservação.

A liderança masculina, no princípio, falhou em prover e proteger, e as mulheres sofrem desde essa época; a liderança masculina *redimida* tem de ser o meio de provisão e proteção delas até a volta de Cristo. Ele, em sua volta, removerá a maldição do pecado.

Por conseguinte, fundamentado nesse pano de fundo, eu parafrasearia o versículo 15 desta maneira: "As mulheres serão salvas enquanto continuam a sofrer a sentença judicial das dores do parto se continuarem a viver o evangelho e perseverarem até o fim dos tempos". Paulo não está dizendo que o trabalho de parto é instrumental para a salvação das mulheres. Ao contrário, ele está reconhecendo e honrando a realidade do trabalho de parto da mulher e afirmando que elas serão salvas se perseverarem na fé.

Se Paulo escrevesse essa epístola hoje, esses sete versículos teriam se transformado em sete capítulos. Percorremos um longo caminho nos dois últimos milênios, mas eu não chamaria necessariamente isso de progresso. Não acho que Paulo pensasse que suas palavras seriam usadas como uma clava para manter as mulheres submissas ou para sugerir que elas são cidadãs de segunda classe do reino. Contudo, os homens, de algum modo, exageram, expandem e aproveitam essas frases para satisfazer sua compulsão carnal por domínio.

Paulo escreveu essas palavras para uma cultura obsessivamente dominada pelos homens. Estamos certos em entender que ele não as escreveu para limitar as mulheres, mas para reafirmá-las. Paulo explicou o papel das mulheres na igreja para desafiar os homens, e não para deixá-los poderosos. Ele observou a congregação, por assim dizer, e encorajou as mulheres a descansar na liderança dos homens. Qualquer homem que ouvisse essas palavras entenderia a mensagem indireta de Paulo para eles: "Está na hora de o homem levantar e liderar! Essas mulheres esperam que você não estrague tudo desta vez".

Enquanto Paulo escrevia para uma cultura da Antiguidade, o Espírito Santo inspirou essas palavras para guiar todas as culturas de todos os tempos. O Senhor não está surpreso em nos ver lendo essas palavras dois mil anos depois. Enquanto a Éfeso do século I teria ridicularizado a incrível igualdade entre homens e mulheres na igreja, a cultura ocidental do século XXI castiga a igreja por resistir ao progresso. Não obstante, a mensagem não muda, a despeito da mudança de atitude de sua audiência.

Homens, ouçam isso! Somos homens para levantar e liderar. Prover e proteger. Assim como encontramos maior liberdade na liderança de Jesus Cristo, também as mulheres têm de desfrutar de maior liberdade na liderança masculina da igreja.

APLICAÇÃO

1Timóteo 2:9-15

LIBERDADE OU LIMITES PARA AS MULHERES?

Amo ilusão de ótica. Gosto especialmente de observar as pessoas enquanto vão da confusão para a percepção, a risada e, finalmente, o fascínio. Um dos quebra-cabeças óticos mais populares remonta a um cartão-postal alemão de 1888 retratando uma bela jovem ou uma mulher muito idosa, dependendo de como sua mente interpreta a imagem. É interessante o fato de que a maioria das pessoas vê primeiro a jovem e, só depois de treinada, vê a fisionomia da mulher idosa tomar forma. É igualmente interessante que qualquer das mulheres que você veja primeiro será para sempre a principal imagem para você. Esses dilemas visuais provam que a visão pode ser concreta, mas a percepção pode ser bem subjetiva.

Ver o retrato das mulheres na igreja feito por Paulo pode parecer inquietante ou comprometedor. Tudo depende do seu ponto de vista. Do ponto de vista atual da liberação das mulheres, ficamos mais inclinados a ver Paulo relacionando as mulheres com a periferia da vida da igreja, dando os lugares mais honrosos apenas aos homens. É isso de fato que muitas denominações fazem. Hoje, tanto os homens quanto as mulheres olham a imagem pintada em 1Timóteo 2:9-15 e veem a palavra "limites" estampada em negrito de um lado a outro da página.

Se quiser ver restrições verdadeiras, volte no tempo e viaje para o templo de Herodes em Jerusalém. O complexo construído por Herodes, ao contrário do templo de Salomão ou do tabernáculo antes deste, apresentava duas zonas exclusivas. Uma primeira parede restringia os gentios, permitindo que só judeus e convertidos ao judaísmo passassem adiante. Uma segunda parede impedia as mulheres de entrarem no lugar de adoração, onde só os homens podiam levar sacrifícios e participar dos rituais de adoração. Da mesma maneira, as sinagogas do século I apresentavam uma *mechitza*, uma divisória separando os gêneros, que impedia as mulheres de participar no culto de adoração, a não ser como observadoras. Essas restrições, no entanto, não vieram das Escrituras. Você não as encontra no Antigo Testamento. Elas foram introduzidas mais tarde.

Dessa perspectiva, os cristãos do século I observavam o retrato de Paulo das mulheres e viam a palavra "liberdade" em negrito. As mulheres, não mais separadas por uma divisória, ficavam de pé ou se sentavam com os homens na congregação e recebiam instrução junto com eles. Também encontramos mulheres participando no trabalho cristão com liberdade sem precedentes ao longo do Novo Testamento. Embora Paulo afirme a liderança masculina na igreja e, por conseguinte, reserve a posição de "supervisor" para os homens, ele também encoraja as mulheres a participarem em cada aspecto do ministério, contanto que os homens não abdiquem de sua responsabilidade de liderar.

Assim, como aplicar uma passagem como essa na era pós-década 1970 atual? Comecemos com uma mudança de perspectiva. Nos pontos em que somos inclinados a ver "limites", vejamos "liberdade". Os homens cristãos, em vez de usar essa e outras passagens das Escrituras para impedir as mulheres de servir na igreja, têm de exercer liderança forte e confiante semelhante à de Cristo e buscar cada oportunidade para garantir liberdade para todos se envolverem no ministério.

Não sugiro que deixemos de lado as relativamente poucas restrições estabelecidas pelo Espírito Santo no Novo Testamento. Apenas digo para começarmos vendo o papel das mulheres na igreja através das lentes da oportunidade, em vez de através das lentes da restrição.

Lista de itens na escolha de líderes da igreja

LEIA 1TIMÓTEO 3:1-7

A igreja não é feita de madeira, telha, tijolos e cimento. O povo de Deus é a igreja. Por isso, é lógico que a liderança da igreja tem de ser excelente. Conforme um autor comentou: "A igreja caminha conforme os passos de seus líderes". [8] Se a liderança vacila, as pessoas perdem seu caminho. Se falta aos líderes as qualificações necessárias, a igreja definha e morre. Infelizmente, a maioria das igrejas locais escolhe seus líderes baseada em uma dentre quatro qualificações errôneas.

1. *Popularidade.* Algumas pessoas exalam entusiasmo e carisma, muitas vezes em suprimento maior que sabedoria. Contudo, uma vez que elas sabem como conquistar amigos e influenciar as pessoas, a opinião popular as faz subir ao topo de qualquer organização a que se juntam. Elas conseguem com facilidade o cargo e raramente perdem sua posição mesmo depois do tipo de embaraços espantosos que arruinariam qualquer outra pessoa.

2. *Posteridade.* A tradição muitas vezes determina que um indivíduo que detém uma posição deve mantê-la sempre. E, quando essa pessoa se aposenta ou morre, um filho ou filha assume naturalmente o cargo. Esses tipos de líderes raramente possuem as qualificações corretas e em geral mantêm a igreja enraizada no passado.

3. *Política.* Esses líderes chegam ao topo porque têm o nome certo, puxam os cordões certos, apertam as mãos certas ou alcançam a vantagem certa. Os políticos sabem como chegar ao cargo que querem e manter o poder pelo tempo que querem, mas eles nem sempre são bons líderes. Na verdade, a habilidade política deles pode ser uma forte indicação de suas falhas como líder.

4. Prosperidade. Os membros ricos da igreja muitas vezes encontram o caminho para as posições de liderança. Não há nada de errado com a riqueza, é claro, mas as pessoas associam muitas vezes as bênçãos materiais com o favor de Deus e presumem que a sabedoria acompanha a riqueza. Às vezes, o grande tino comercial vem à custa da humildade, cooperatividade, aptidão para aprender e moderação. Por outro lado, a pessoa rica com uma boa perspectiva das bênçãos materiais pode se tornar um líder eficaz. De todo jeito, um portfólio grande e impressionante não significa nada em termos de qualificações para liderar a igreja.

Paulo reconhecia a importância da liderança da igreja, em especial na turbulenta cidade de Éfeso. Timóteo precisava de uma equipe de presbíteros qualificados não só para ajudar a guiar a congregação, mas também para apoiá-lo e encorajá-lo. Mas o apóstolo — em vez de se voltar para os quatro *Ps*, popularidade, posteridade, política e prosperidade — produziu uma excelente lista de características de caráter essenciais que cada presbítero deve ter.

3:1

A palavra traduzida por *bispo* é *episkopos* [1985], que significa "supervisor", "curador" ou "guardião". Os atenienses usavam o termo para os funcionários do Estado. Paulo considerava nobre o trabalho de um *episkopos*; era um papel digno de ser buscado. Hoje, muitos chamariam esse homem de "pastor", se for um ministro por vocação servindo à igreja, ou de "presbítero", se liderar além da sua ocupação regular. Os presbiterianos os distinguem em geral como "presbíteros de ensino" e "presbíteros administrativos", os pastores vocacionais e os líderes leigos, respectivamente. Os batistas, tipicamente, pensam no pastor como o dirigente espiritual da igreja e, depois, combinam os cargos de presbítero e diácono para formar um conselho dirigente para a administração da igreja. Para o propósito desta discussão, usarei o termo "presbítero" para descrever aqueles homens investidos de responsabilidade para liderar a igreja nos assuntos espirituais e operacionais.

Quando li pela primeira vez esse versículo, tive de mudar minha perspectiva. Tive de avaliar a diferença crítica entre ambição e aspiração. A ambição tenta ganhar e exercer poder por causa do ego. A aspiração, por sua vez, importa-se menos com a posição que com se tornar digna dela. Conforme Paulo explica, para se qualificar para a posição de "bispo", o indivíduo, idealmente, tem de se tornar um cristão-modelo. Por isso, ele segue essa afirmação com uma intimidante lista de qualificações tiradas de cada canto da vida do líder em potencial. Os versículos 2 e 3 revelam a vida interior do homem, e os versículos 4 e 5 examinam sua vida em casa; o versículo 6 descreve sua postura na igreja, e o versículo 7, sua conduta no mundo como um todo.

3:2,3

O bispo em seu íntimo

A palavra *irrepreensível* significa, ao pé da letra, "sem culpa" ou "sem acusação". Essa não é uma exigência de perfeição sem mácula ou um passado imaculado; é uma avaliação geral da maturidade e reputação de um homem. João Calvino parafraseou essa ideia como "não arruinado pela desgraça". Essa qualidade genérica de caráter estrutura todo o resto.

A expressão *marido de uma só mulher*, ou literalmente "homem de uma só mulher", descreve um homem casado com uma mulher e que continua a viver em fidelidade e harmonia com essa mesma mulher. (Veja excurso: *"Marido de uma só mulher* e a questão do divórcio" em Tito 1:6, na p. 313, para uma discussão extensa dessa qualificação.)

O termo *equilibrado* traduz uma palavra grega que descreve um estado mental sóbrio ou não intoxicado. Um homem "sóbrio" ou "equilibrado" permanece no total controle de suas faculdades mentais, não dando abrigo a nenhum tipo de influência que poderia fazê-lo se comportar mal. Ele não permite que nada nuble seu pensamento, mantendo tudo equilibrado e dentro dos limites, evitando excessos, mesmo nas coisas boas, como trabalho, medicação, alimento ou sexo. Ele também permanece livre da dependência de elementos destrutivos, como drogas ilícitas, álcool ou pornografia.

Domínio próprio sugere ser razoável, sensível, tendo julgamento são. Esse termo favorito de Paulo aparece ao longo de sua epístola a Tito como "sensível" ou "equilibrado", uma qualidade que ele queria ver nos homens *mais velhos* (Tt 2:2), nas *mulheres novas* conforme ensinadas pelas mais velhas (Tt 2:5), nos *jovens* (Tt 2:6) e na igreja como um todo (Tt 2:12). Em outras palavras, a sensibilidade tinha de ser a qualidade definidora da congregação, começando com seus líderes espirituais.

O termo *respeitável* traduz a palavra grega *kosmios* [2887]. O termo-raiz *kosmos* [2889] significa "ordem" e é usado para se referir ao mundo habitado ou universo ordenado. Os filósofos da Antiguidade entendiam amplamente que o universo é complexo, ainda que lógico e sistemático, e opera de acordo com princípios matemáticos. As sociedades grega e romana, por conseguinte, veneravam os homens cujas ações não eram imprevisíveis nem aleatórias, mas "ordenadas", guiadas por ideais ou virtudes "respeitáveis".

O sentido literal de *hospitaleiro* é "amante de estrangeiros". A ideia por trás do termo "estrangeiro" na mente dos povos antigos era de alguém estranho ou diferente. Uma pessoa hospitaleira recebia bem aqueles que eram diferentes e superava com facilidade a tensão natural existente entre eles por causa de suas diferenças.

A expressão *apto para ensinar* descreve a habilidade de transmitir conhecimento. Isso não exige que o presbítero seja um professor por chamado ou dom; ele apenas precisa ter a capacidade de explicar as Escrituras e ajudar os outros a entendê-las e aplicá-las.

Não dado ao vinho nega uma palavra grega cujo sentido literal é "permanecendo perto do vinho". A palavra descreve alguém que normalmente tem o álcool por perto ou não consegue ficar longe dele. A ideia não é limitada ao alcoolismo. Essa ideia inclui os que muitas vezes não reconhecem seus limites em relação à bebida alcoólica. Os bispos têm de evitar a dependência excessiva de qualquer substância.

A expressão *não dado* [...] *à violência* descreve um homem que não é contencioso nem briguento. Enquanto o sentido literal do termo grego para "dado à violência" seja "atacante", o bispo piedoso não é nem mesmo capaz de cerrar os punhos; ele não permite que as emoções estimulem suas interações com os outros, mesmo em meio à discórdia.

Amável, inimigo de discórdias é o exato oposto de um homem "contencioso", que é capaz de dar um soco em alguém. *Amável* significa "moderado", "razoável". A resposta de um homem assim sempre é apropriada para a ocasião, mesmo quando ele se sente duramente criticado ou atacado verbalmente (Pv 15:1). Além disso, ele é pacífico — "não um lutador" (a tradução literal do termo grego). Ele se afasta das altercações físicas. Embora possa ter força e habilidade para lutar, ele é conhecido por ser um pacificador, um homem disposto a abrir mão de seus direitos.

A expressão *não ganancioso* descreve uma disposição que não é totalmente motivada pela busca de riqueza material. Os homens piedosos podem ser homens de negócios bem-sucedidos que ganham grandes somas de dinheiro sem necessariamente serem "amantes do dinheiro". As pessoas que mantêm sua riqueza em perspectiva em geral doam com generosidade.

Essas qualidades interiores descrevem um homem que pode fazer parte de uma equipe e ainda tem força e sabedoria para pensar por si mesmo. Ele pode liderar, mas não busca estar no controle. Ele fala francamente, mas não precisa ser ouvido, não anseia por atenção. Ele estabelece seus fundamentos e não compromete seus padrões, mas abraça livremente aqueles que são diferentes dele.

Do meu diário

Os homens dignos e o impacto duradouro que causam

1TIMÓTEO 3:2,3

Sempre que me recordo da minha infância em Houston, Texas, agradeço a Deus pelo pequeno grupo de homens que tiveram interesse especial por mim. Só vim a entender como as Escrituras podem ser tão relevantes para a vida quando um casal de diáconos me falou em particular: "Sabe, Charles, percebemos que você tem um interesse real na Bíblia. E achamos que esse pequeno programa de memorização da Escritura pode ajudá-lo". E eles me apresentaram um programa desenvolvido pelos The Navigators.

Eles estavam certos. O discernimento deles me ajudou a reconhecer a afinidade com o estudo e a explicação da Escritura. A sábia orientação deles me colocou no caminho que me levaria aonde estou hoje. Eles me ajudaram a reconhecer algo no interior de um adolescente que desabrochou tardiamente e que eu nunca teria visto por mim mesmo.

3:4,5

O bispo em casa

Sempre que tentamos trazer um novo presbítero ou pastor, queremos conhecer a esposa e os filhos do candidato. A igreja, afinal, não é uma empresa, mas uma família. Se existe algum reflexo verdadeiro das qualificações espirituais de um bispo, é a família que ele lidera.

Somos sábios em permitir total liberdade de movimento nesse reino. Não conheço nenhum bom pai cujos filhos são bem-comportados o tempo todo. Na verdade, desconfio de uma família em que as crianças nunca se comportam mal ou parecem maduras demais. É uma família em geral governada mais com as mãos de ferro do domínio do que gentil e pacientemente, "com toda a dignidade".

Em vez disso, temos de aplicar isso em um sentido mais amplo. Falando de maneira geral, temos de reconhecer que crianças saudáveis e adolescentes ficam às vezes fora de controle, então devemos nos perguntar: *o homem cria um ambiente familiar calmo e estruturado? Ele mantém seus filhos com expectativas razoáveis que instalam um senso de dignidade pessoal? Eles o estimam e o honram? Seus filhos estão no caminho certo para se tornarem homens e mulheres excelentes ou, sem intervenção, você os vê destinados a dar problema?*

Os filhos são um barômetro incrivelmente exato do caráter e capacidade de um homem para liderar. É por isso que Paulo acrescenta um aparte sobre a paternidade sóbria no versículo 5. Vejo duas implicações práticas a partir da declaração do apóstolo. A primeira implicação, um homem que educa os filhos sem controle ou dignidade — governando com violência ou levando em silêncio à autodestruição — muito provavelmente não consegue liderar adultos com muito mais sucesso. A segunda implicação, um homem bem-qualificado não pode possivelmente dar atenção adequada à liderança da igreja quando sua casa está um caos ou seus filhos estão em crise. Se a vida familiar de um líder sofre um período extenso de dificuldade, o que pode acontecer ao melhor dos homens, é necessário pedir a ele que tire um longo período sabático para resgatar sua família.

3:6

O bispo na igreja

Amo estar rodeado de cristãos recém-convertidos, em especial que optaram pela fé em Cristo tarde na vida. Eles me ajudam a lembrar por que devotei minha vida ao ministério pastoral. Eles ainda estão entusiasmados, ainda necessitam ter as arestas aparadas, ainda estão encantados com a liberdade do evangelho e apenas começando a descobrir as maravilhas da graça de Deus. Eles absorvem as Escrituras como uma esponja e não conseguem imaginar por que cristãos estabelecidos não vivem a Palavra de Deus com mais consistência. Mas eles, por todo o seu entusiasmo e autenticidade, não podem oferecer uma liderança estável. O papel de bispo exige estabilidade — raízes plantadas fundo no solo da nova aliança, alimentadas pelas Escrituras, nutridas pelo Espírito Santo, testadas pelo vento e pela aridez. Não se desenvolve essa capacidade provada para viver o evangelho e liderar os outros nesta vida da noite para o dia.

Paulo ecoa o antigo dito: "Um pouco de conhecimento é algo perigoso". O termo grego traduzido por *orgulhoso* antevê uma pessoa "arrogante". Os cristãos recém-convertidos permitem muitas vezes que seu entusiasmo e idealismo os levem a ter problemas. Muita falação, pensamento purista, opiniões obstinadas, decisões imprudentes tomadas "pela fé" e, então... um choque estrondoso. *Cair na condenação do diabo* representa uma queda trágica precipitada pelo orgulho excessivo. A liderança desse indivíduo, não temperada pela humildade, leva à rebelião.

3:7

O bispo no mundo

A sabedoria convencional entre os cristãos afirma que o cristão só pode esperar conflito no mundo, mas Paulo rejeita essa noção. Embora o sistema mundano se oponha ao caminho de Deus e nos sintamos menos em casa no mundo quando o Espírito Santo nos transforma, há muito pouco motivo para não mantermos um bom entendimento com os não cristãos. As pessoas de fora da igreja gostam de honestidade, lisura, integridade, bondade, hospitalidade, sensibilidade e todas as melhores qualidades que esperamos encontrar em um bispo. Cultivar uma boa reputação com as pessoas de fora da igreja, de modo geral, diz muito a respeito de um homem. Afinal, esperamos influenciar nossas comunidades por causa do evangelho (2:1-6; Cl 4:5; 1Ts 4:12); portanto, nossa boa reputação deveria começar com nossos líderes da igreja.

A expressão *armadilha do diabo* tem dois sentidos diferentes, dependendo se a pessoa é cristã ou descrente. Paulo usa a expressão em 2Timóteo 2:26 para descrever o destino dos que *resistem*. Os não cristãos são mantidos "presos para cumprirem a sua vontade" e, finalmente, sofrerem o tormento eterno, tendo morrido em seu pecado. Os cristãos não podem sofrer esse destino, mas a armadilha do demônio pode anular o testemunho deles e até mesmo levá-los a uma morte precoce (1Tm 6:9).

Essa é a segunda referência de Paulo aos desígnios do demônio sobre os líderes da igreja. Não devemos nos surpreender ao descobrir que Satanás tem sua vista treinada nos bispos pela mesma razão que os francoatiradores atacam oficiais militares antagônicos de alto escalão. Se ele conseguir destruir os líderes, a congregação ficará confusa. A seguir, a influência da igreja na comunidade trará desgraça, em vez de convertidos para o evangelho.

■ ■ ■

Paulo, ao longo das Epístolas Pastorais, expressa preocupação com o caráter da igreja que pode ser reduzida a duas palavras: *ordem* e *sensibilidade*. *Ordem*: a igreja repousa sobre um alicerce sólido (Ef 2:19-22) e cresce como fileiras de pedra, camada sobre camada, mantidas juntas pela argamassa do evangelho, não obstante o caos do mundo, levantando um prédio permanente de honra ao Arquiteto. *Sensibilidade*: cada pedra da igreja, o grande monumento à graça, tem um propósito.

Mas como qualquer pedreiro pode lhe dizer, cada camada de pedras tem de ser aprumada, nivelada e alinhada com aquela abaixo dela, ou as camadas sucessivas de pedras ficarão fora de alinhamento com a pedra angular. Assim, a construção de qualidade inferior fica claramente óbvia para todos, mesmo para o olho não treinado.

Escolhamos melhor nossos líderes.

APLICAÇÃO

1Timóteo 3:1-7
ESCOLHENDO LÍDERES QUE PODEMOS SEGUIR

Talvez algumas pessoas fiquem surpresas ao saber que os líderes de sua igreja são eleitos simplesmente porque o nome deles estava mais no topo da cédula de votação. Esses nomes no topo da cédula, com muita frequência, recebem a maioria dos votos porque a maioria das pessoas não conhece de fato os candidatos e simplesmente marca o número necessário. Se uma igreja arranjar as cédulas em ordem alfabética, há boas chances que em uma congregação de bom tamanho os presbíteros tenham sobrenome começando com as letras entre *A* e *G*. Talvez o pobre sr. Zucker seja o homem mais qualificado da igreja... mas ninguém jamais saberá.

Isso pode ser um exagero, mas posso garantir que esse exagero é mínimo.

Os outros motivos pelos quais as pessoas votam nos presbíteros não são muito melhores. Deixe-me sugerir pelo menos três perguntas a fazer a um homem antes de colocá-lo em uma posição de liderança espiritual na igreja.

Primeiro, *será que sua vida interior se compara com sua imagem pública?* Um homem pode falar bem em público e ter um comportamento impressionante; mas e quanto aos bastidores? Ele tem uma vida espiritual que cultiva longe da vista do público? Conseguir a resposta para essas perguntas exige uma conversa cara a cara, bem como tempo adequado para observação.

Segundo, *será que sua esposa e filhos confirmam que ele é qualificado?* A sugestão provocaria risos sarcásticos neles ou eles o afirmariam como um líder espiritual capaz e autêntico? É uma pergunta que vale a pena fazer a eles em particular.

Terceiro, *o público em geral — seus colegas e concorrentes nos negócios — o confirmariam ou expressariam preocupação quanto a suas qualificações?* Essa não é uma competição de popularidade, mas os presbíteros devem manter um relacionamento bom com os de fora da igreja. Não é um bom sinal se um descrente expressa preocupação com a honestidade ou pureza dele ou com algum outro assunto relativo a caráter.

Quando avaliamos a adequação de um homem para a liderança na igreja, precisamos ter cuidado, mas também devemos ser razoáveis. Embora a descrição do trabalho não exija perfeição moral nem espiritualidade sobre-humana, um líder precisa incorporar as qualidades que você esperaria ver, algum dia, no resto da congregação.

A congregação, antes de o presbítero ser escolhido, precisa ser preparada, começando com algumas semanas de antecedência. Os sermões ou lições da Bíblia de 1Timóteo 3:1-7 e Tito 1:5-9 salientando o papel vital do pastor ou presbítero e explicando as qualificações em detalhes fornecem à congregação um bom conjunto de critérios a considerar. A seguir, reserve um tempo para apresentar os candidatos ou em um culto da igreja, em um evento especial, ou durante a hora de ensino nas salas de aula. Um folheto com uma fotografia e uma breve biografia de cada homem também ajudam os membros a conhecerem seu líder de antemão.

A maioria das igrejas, quando seleciona seus líderes espirituais, faz pouco mais que anunciar uma reunião de negócios do púlpito e, depois, na reunião, distribuem a cédula de votação. Mas desde quando os presbíteros têm de ser escolhidos pelo voto da congregação? Volte ao Novo Testamento. Preste atenção à forma como os presbíteros eram escolhidos. Eles eram designados, e não eleitos. De todas as decisões que uma igreja pode tomar, a escolha dos presbíteros está entre as mais cruciais. Por essa razão, deixe-me desafiá-lo com uma última sugestão. Examine a quantidade de tempo e esforço dedicado às outras decisões tomadas pela igreja a cada ano. Como isso se compara com a designação de presbíteros? Use bastante tempo na escolha de qualquer pessoa designada para uma posição de liderança. Você jamais se arrependerá disso.

A dignidade de ser servo
LEIA 1TIMÓTEO 3:8-13

É de duvidar que alguém que decide viver para Cristo enquanto convive com o mundo consiga fazer isso sem ganhar um apelido. Os militares e jogadores de futebol, em especial, amam chamar os cristãos em sua mente de "diácono", "reverendo" ou "pregador". Durante minha viagem a Okinawa com a Terceira Divisão da Marinha, um sargento cínico se divertiu em me chamar de "monge Chuck". Acho que ele, se não fosse pelo protocolo da Marinha, teria raspado minha cabeça e trocado meu uniforme por uma túnica marrom com capuz e um par de sandálias, independentemente do sentido atrelado ao nome.

Eu não teria me importado com o apelido "diácono", embora o Senhor nunca tenha pretendido que o termo fosse usado dessa maneira. Teria gostado da ironia. O que o sargento pretendeu como um insulto é na verdade um grande cumprimento no reino cristão. O termo "diácono" é transliterado da palavra grega *diakonos* [1249], que significa "servo" ou "alguém que serve às mesas". Os cristãos que viviam em Jerusalém durante os primeiros dias da igreja escolheram esse termo humilde para designar um papel muitíssimo estimado na congregação.

De acordo com Atos 6, o número de judeus que criam começou a aumentar de imediato. Centenas de milhares se juntaram ao Messias ressurreto, incluindo os judeus que tinham adotado a língua e a cultura grega (conhecidos como helenistas). O rápido influxo de pessoas criou naturalmente a turbulência. O grande sucesso sempre acaba com a paz e cria desafios a serem superados. Nesse caso, os judeus helenistas reclamavam que os judeus cristãos estavam negligenciando as viúvas helenistas na distribuição de alimentos na refeição comunal. Os apóstolos não podiam estar em todos os lugares ao mesmo tempo.

Do meu diário

Detalhes, detalhes, detalhes...

1TIMÓTEO 3:8-13

Não é possível enfatizar demais a sabedoria dos líderes da igreja em designar os diáconos para desempenhar os detalhes do ministério (At 6:1-7). Os bispos — um grupo que consistia nos Doze nos primórdios da igreja — escolhe manter suas prioridades em vigor, a despeito da enorme necessidade de se envolverem nos aspectos práticos das operações do ministério. Cada pastor e cada presbítero lutam com essa tentação, em especial nas congregações menores em que é difícil encontrar ajuda. O orçamento não consegue sustentar uma equipe remunerada, e os voluntários não estão exatamente em fila diante da porta do pastor pedindo para fazer algo. Ainda assim, os pastores e os presbíteros têm de reconhecer seus limites, mantendo os limites claros e se devotando a suas principais responsabilidades: a oração, liderança cheia do Espírito e ensino bíblico de alta qualidade.

Isso não é fácil. Na verdade, pode ser o maior desafio que um pastor ou presbítero tem de enfrentar. Pouquíssimas congregações permitem que o pastor, a equipe pastoral ou ainda o corpo de presbíteros mantenham suas prioridades. A maioria das congregações enlouquece o pastor com queixas e mensagens de e-mail desagradáveis e comentários depreciativos e críticas maldosas porque o pastor não estava presente quando isso e aquilo aconteceu ou não estava disponível quando alguém enfrentou essa circunstância difícil. As congregações que ajudam seus líderes a manter as prioridades apropriadas são raras e preciosas no ministério mundial. Independentemente disso, os pastores e presbíteros têm de aceitar que o entendimento equivocado é um risco ocupacional da liderança e permanecer no curso.

Além disso, não seria sábio usar o tempo deles para supervisionar pessoalmente cada ministro da igreja. Eles precisavam de pessoas de confiança, de caráter piedoso, para realizar os detalhes do ministério em nome deles e — isso é vitalmente importante — com o mesmo grau de integridade.

Os apóstolos comissionaram inicialmente o ofício de "diácono" para servir alimento aos famintos. Encarregaram a congregação de encontrar *sete homens de boa reputação, cheios do Espírito Santo e de sabedoria* (At 6:3). A seguir, eles os consagraram oficialmente em uma cerimônia solene e os puseram a trabalhar como servos que supervisionavam os ajudantes do ministério e passavam eles mesmos a servir às mesas. Isso liberou os apóstolos para se concentrarem em seus papéis principais na igreja, na oração e na pregação (At 6:4).

Na época em que Paulo escreveu para os cristãos de Filipos, o cargo de diácono passara a ser um elemento padrão da vida da igreja (veja Fp 1:1). A prática se propagara de Jerusalém para Antioquia através da Ásia e do Egeu, rumo à Macedônia, no leste da Europa.

Embora o escopo das responsabilidades de um diácono tenha aumentado conforme a igreja crescia em números e complexidade, o espírito do papel diaconal permanece estreitamente ligado ao de um garçom. Da próxima vez que se sentar em um restaurante para fazer uma refeição e encontrar um servidor de mesa particularmente bom, preste atenção nas qualidades dele ou dela. Observe a habilidade exigida para servir a clientes famintos. A ideia toda de ser um diácono carrega com ela essa mesma mentalidade básica de servo. Um diácono serve às necessidades da congregação com sensibilidade, eficiência, compaixão e habilidade.

3:8,9

Paulo se volta das qualificações de um *episkopos* [1985], "supervisor", para as de um diácono usando a palavra *hōsautōs* [5615], cujo sentido é "semelhante", "da mesma forma", "de modo semelhante". Embora o apóstolo enumere várias outras qualidades, tomo a expressão *ser respeitáveis* para circunvolver as características básicas de um diácono. O sentido literal do termo grego traduzido por *respeitáveis* é "majestosos", "esplêndidos" ou "dignos de respeito". O candidato a diácono tem de ser o tipo de homem que pode se tornar bispo, dado o tempo para amadurecer.

QUALIFICAÇÕES DO BISPO E DO DIÁCONO EM 1TIMÓTEO

BISPO	DIÁCONO
Irrepreensível	Irrepreensível
	De uma só palavra
Marido de uma só mulher	Marido de uma só mulher
Equilibrado	
Ter domínio próprio	
Respeitável	Respeitável
Hospitaleiro	
Apto para ensinar	
Não dado ao vinho	Não dado a muito vinho
Não dado à violência	
Amável	
Inimigo de discórdias	
Não ganancioso	Não dominado pela ganância
Governar bem a própria casa	Governar bem os filhos e a própria casa
Não ser novo na fé	Passar por experiência
Bom testemunho dos de fora da igreja	
	Permanecer no mistério da fé com consciência pura

Três negativas — três declarações com "não" — acrescentam clareza ao sentido de dignidade:

- *Não de língua dobre* (ARC) refere-se à discrição, bem como a não ter duplicidade. Os diáconos qualificados sabem como manter os assuntos em segredo (Pv 11:13). Além disso, os diáconos têm uma vida integrada, por isso se comportam durante a semana da mesma forma que se comportam na igreja. A verdade não muda conforme a audiência. As palavras, as obras e a realidade permanecem em sintonia.

- **Não dado ao vinho**. (Veja os comentários sobre 1Tm 3:3.) Não devemos enfatizar demais a inclusão da palavra *muito* por Paulo. A dependência de um pouco de vinho *versus* muito vinho não faz sentido. O ponto dele é o mesmo. Na prática ele está dizendo: "Não comissione um diácono que beba demais".
- **Não dominado pela ganância** refere-se ao fato de que esse indivíduo não é "sordidamente ganancioso por ganho" nem "insaciável por riqueza ou pronto a procurá-la por meios deploráveis", conforme descrito pelos escritores gregos clássicos Aristófanes e Heródoto.[19] Mais uma vez, não há nada inerentemente errado com o dinheiro ou com ser rico. Que todos desfrutemos de grande abundância! Os diáconos, no entanto, têm de buscar o ganho honesto e, depois, cultivar um espírito de generosidade. Nas igrejas modernas, essa qualidade tem particularmente grande importância. Os diáconos recebem tipicamente a oferta e, depois, preparam o dinheiro para ser depositado.

Observe ainda outra referência a uma consciência pura (cf. 1Tm 1:5,19). Um diácono tem de *permanecer no mistério da fé com consciência pura*. Esse é um chamado a um compromisso espiritual profundo com a missão da igreja. O mistério da fé é o evangelho — revelado por intermédio de Jesus Cristo, testemunhado e ensinado pelos apóstolos e confiado à igreja para ser proclamado no mundo todo. O diácono tem de se apegar ao evangelho com fé e levar uma vida consistente com a verdade dele por meio do serviço. Os diáconos são as mãos e os pés da igreja de forma mais direta que os outros cargos. Por essa razão, o apóstolo exigia que os diáconos incorporassem sinceridade, pureza moral e submissão à verdade bíblica.

3:10

O termo-chave grego na frase *Devem também primeiramente passar por experiência* é uma forma imperativa passiva de *dokimazō* [1381], "testar" ou "examinar". Esse verbo se baseia na palavra *dokē*, "observando".[20] O verbo *dokimazō* e o adjetivo *dokimos* [1384] ("testado") eram usados comumente no comércio e na manufatura de metais. O meio mais confiável de determinar o valor de uma moeda ou lingote é esquentá-lo até o ponto de fusão e examinar como o metal se comporta. Tanto os escritores seculares quanto os religiosos usavam o termo figurativamente para guerreiros em batalha e líderes passando por adversidade.

Os diáconos têm de ser pessoas que são examinadas — não espionadas, mas observadas por um período de tempo para ver como respondem às dificuldades.

3:11

Paulo, repentinamente, muda a discussão sobre a liderança da igreja para o assunto das mulheres. Ele usa mais uma vez o termo *hōsautōs* [5615], cujo sentido é "semelhante, da mesma forma, de modo semelhante" (cf. 3:8). Três possibilidades se apresentam.

A primeira possibilidade: *o versículo descreve as viúvas de diáconos ou talvez as viúvas de todos os funcionários da igreja (bispos e diáconos)*. Alguns expositores confiáveis apresentam um bom caso para essa interpretação. O substantivo grego *gunē* [1135] pode ser traduzido por "esposa" ou "mulher", dependendo do contexto. Paulo talvez pretendesse se dirigir à esposa de homens na liderança porque ela servia lado a lado com o marido em um papel de apoio.

No entanto, não estou convencido disso por dois motivos. Primeiro, acho difícil ignorar a ausência de qualquer pronome possessivo. O versículo começa com *As mulheres*, e não com "*Suas* mulheres (esposas)". O apóstolo toma tanto cuidado para identificar seu sujeito em outras passagens que a omissão dele aqui não faz muito sentido.

Segundo, o fraseado do versículo 11 faz paralelo quase exato com o versículo 8, o que tenderia a ligar a instrução de Paulo para as "mulheres" com a dos "diáconos" especificamente, e não com a dos líderes (bispos e diáconos) genericamente. Isso significaria que Paulo se dirigia às esposas dos diáconos e ignorava completamente as esposas dos bispos.

Versículo 8	*diakonous*	*hōsautōs*	*semnous*
	Diáconos	Da mesma forma	Respeitável (forma masculina)
Versículo 11	*gynaikas*	*hōsautōs*	*semnas*
	Mulheres	Da mesma forma	Respeitável (forma feminina)

A segunda possibilidade: *o versículo refere-se às mulheres em geral*. Essa opção me convence ainda menos. Paulo já tratara com as mulheres em geral em 2:9-15, de modo que um comentário adicional colocado entre duas instruções para os diáconos seria desconcertante. Paulo é conhecido por interromper seu pensamento, mas nunca dessa maneira.

A terceira possibilidade: *o versículo trata das mulheres que servem como diáconos*. Alguns chamam esse cargo de "diaconisa". Isso faz com que o paralelo entre os versículos 8 e 11 tenha mais sentido, pois ambos os versículos estabelecem as qualificações para servir na igreja. Além disso, o versículo 11 aparece no contexto de papéis oficiais da igreja.

Algumas denominações atuais combinam os cargos de bispo e diácono em um e, então, objetam à terceira possibilidade fundamentadas no fato de que as mulheres não tinham permissão para *ensin[ar]*, *nem [para] [...] exer[cer] autoridade sobre o homem* (2:12). Mas a igreja primitiva não combinava esses cargos, e o diácono não exercia autoridade sobre as pessoas; ele ou ela exercia autoridade sobre os objetos, incluindo os recursos da igreja, no serviço da congregação.

As diaconisas, como suas contrapartes do sexo masculino, tinham de controlar sua língua, ser *moderadas* (veja comentário sobre 3:2,3) e executar fielmente suas obrigações. Mais uma vez, o paralelo do versículo 8 é digno de nota.

3:12

Paulo volta à descrição dos diáconos para refinar a qualificação deles, enfatizando a importância de uma vida familiar sólida. Um diácono tem de servir às pessoas sob seu próprio telhado antes de tentar servir a alguém de fora da sua casa. O diácono, como o bispo, tem de ser homem de uma só mulher, ter seus filhos em sujeição e governar bem a sua casa (cf. 3:2,4; Tt 1:6).

3:13

O sistema mundial não se ressente de pessoas que se doam e não buscam nada em troca, mas também não recompensa o serviço altruísta. O modo de subir a escada empresarial é ser notado, assumir riscos ostensivos e minimizar as falhas. O herói anônimo raramente obtém as recompensas de sucesso na cultura de hoje.

O reino de Deus, no entanto, funciona de modo muito diferente. Jesus virou a escada empresarial de cabeça para baixo ao declarar de fato: *O caminho para cima no meu reino é descer para o degrau mais baixo e se tornar servo de todos* (cf. Mt 20:26-28). Paulo ecoa as palavras do Senhor, prometendo que os que servem às mesas obtêm duas recompensas pelo serviço aos outros. Primeiro, o diácono fiel ganha a estima de seus irmãos em Cristo hoje e uma posição alta no reino amanhã. Segundo, o diácono fiel cultiva uma confiança inabalável na verdade do evangelho. Fazer boas obras sempre aumenta nossa certeza da salvação porque repercute a pessoa piedosa que o Espírito Santo está criando em nosso interior.

■ ■ ■

A ideia de servidão não caía bem na cultura greco-romana. Dizia-se que as pessoas com alto cargo político eram servas do povo, mas ninguém "servia" sem os benefícios da terra, do título, da adulação e dos privilégios adicionais. Encaremos: quem não gostaria de "servir" como imperador de Roma? Esse tipo de servidão, afora a constante ameaça de assassinato, não é um trabalho ruim, se o conseguir! O verdadeiro trabalho de serviço vai para os escravos, a quem os gregos e os romanos consideravam inferiores — no mesmo patamar que os bois ou cavalos.

Jesus revolucionou a ideia de servidão ao se tornar servo de todos (Mt 20:28; Lc 22:26,27). O servo, no reino dele, é o maior de todos. No mundo cristão, nenhum título incorpora honra maior ou mais dignidade que o de "servo". Que cumprimento maravilhoso ser chamado "diácono", um garçom fiel, cuidadoso e diligente. Dentre os papéis oficiais na igreja, esse é o mais semelhante ao de Cristo; por essa razão, as qualificações têm de continuar rigorosas. Nem todos têm o que é necessário para carregar um título tão nobre.

APLICAÇÃO

1Timóteo 3:8-13

CRIANDO UMA CULTURA DE SERVIÇO

Este mundo velho geme sob o fardo do orgulho humano. Como os homens e as mulheres gostam de suas posições de poder e as valorizam, como eles amam a autoridade, como derivam relevância e sentido da hierarquia! Rara é a pessoa, homem ou mulher, que não sente vontade de se promover mostrando ter amigos famosos, ou promover a si mesma ou ainda se vangloriar. Infelizmente, o orgulho da posição ou do poder não se limita ao mundo; também observamos isso na igreja. A maioria das igrejas tem uma grande reserva de aspirantes a bispos de que lançar mão — mas e de servos? Bem, essa é outra história.

Paulo conclui seu breve discurso sobre a dignidade dos servos da igreja, declarando: [*Os*] *diáconos irão adquirir lugar de honra e muita confiança na fé que há em Cristo Jesus* (1Tm 3:13). Não duvido da parte da grande confiança. O Senhor será fiel para usar a boa obra dos servos da igreja para reforçar a crença deles no evangelho e fortalecer a certeza pessoal deles da salvação. Mas e quanto à parte do *lugar de honra*? Parece que a responsabilidade está nas mãos da igreja que eles servem, pelo menos deste lado do céu.

Sua igreja honra os servos? Algumas igrejas exigem que os aspirantes a presbíteros sirvam antes como diáconos a fim de ser elegíveis ao cargo de presbíteros. Mas, fora isso, sua igreja valoriza e honra aqueles que se doam de forma altruísta e discreta? Eis algumas ideias para você considerar, quer oficialmente por intermédio da igreja, quer informalmente por sua conta.

Agradeça a eles privadamente, de preferência por escrito, e torne esse agradecimento pessoal — um bilhete escrito à mão é melhor, sem letras de forma. Reconheça algumas áreas específicas de serviço pelas quais está agradecido e resista à vontade de incluir um presente ou um sinal tangível de agradecimento. Confie em mim; eles valorizarão sua expressão sincera de admiração e gratidão.

Se você for um pastor, presbítero ou outro funcionário da igreja, não tente enviar esses agradecimentos "por atacado" todo ano na mesma época. As pessoas são espertas para saber quando estão simplesmente recebendo algo como se fosse uma obrigação pastoral. Em vez disso, acrescente um item de programação a cada reunião com os presbíteros ou a equipe, pedindo a eles para elogiar algumas pessoas que servem bem ou se doam acima e além do esperado. Anote o nome deles e, não menos que uma vez por mês, envie um bilhete de agradecimento para três ou quatro deles.

Honre-os em público. Tome nota dos heróis anônimos em sua congregação e expresse sua admiração por ele a outros. Não é necessário fazer um espetáculo nem ser excessivamente dramático. Apenas mencione obras altruístas de serviço na conversa casual. Se for um pastor, use o ato abnegado de serviço como uma ilustração quando pregar ou ensinar — depois de pedir permissão à pessoa, é claro.

Recompense-os coletivamente. A igreja faria bem em realizar um banquete especial anual para honrar os que servem fielmente à congregação. Transforme esse momento em uma grande celebração. Se possível, convide toda a igreja e reserve mesas de honra para os servos especiais. Afaste todos os empecilhos para tornar o evento tão memorável quanto possível. Como um toque adicional, convide a congregação para ajudar a preparar a sala, fazer a refeição, limpar o local e — melhor de tudo — servir às mesas.

Se quisermos genuinamente dar um "lugar de honra" aos servos da igreja, temos de criar uma cultura de serviço e dar prioridade à expressão do agradecimento para a devoção altruísta. Pense em maneiras de começar a fazer isso hoje.

Uma esperança, um lar e um hino
LEIA 1TIMÓTEO 3:14-16

A primeira seção da mensagem de Paulo para seu protegido desencorajado em Éfeso focava o trabalho do ministro (1Tm 1:1—3:13). Paulo lembra Timóteo de sua obrigação como pastor (1:1-20), menciona a oração como a primeira prioridade do ministro (2:1-8), esclarece a posição e o papel das mulheres na igreja (2:9-15), estabelece as qualificações dos presbíteros da igreja (3:1-7) e celebra o nobre título de diácono e diaconisa (3:8-13). A segunda seção (4:1—6:21) testa a vida íntima e a conduta do ministro, com particular ênfase no pastorear. Entre essas duas seções de ensino, encontramos uma costura ligando-as (3:14-16), um interlúdio breve, pessoal e intrigante.

Talvez fiquemos tentados a deixar de lado essas pequenas costuras entre grandes seções de ensino prático, mas, como as juntas suaves e flexíveis de uma armadura, é aí que encontramos exposto o homem de carne e sangue. Primeira Timóteo 1:1—3:13 e 4:1—6:21 nos mostra Paulo, o apóstolo endurecido pela batalha; 3:14-16 revela Paulo, o amigo íntimo de Timóteo.

Passagens como essas são algumas das minhas porções favoritas das Escrituras. Elas são os lembretes inspirados pelo Espírito de que a Palavra de Deus é para as pessoas reais que levam uma vida real, transmitidos por intermédio de homens que lutaram para superar a mesma debilidade da carne que suportamos hoje.

3:14

Acredito que Paulo pretendia completar um circuito de despedida de dois anos ao redor do mar Egeu, passando o primeiro inverno em Trôade e o segundo em Nicópolis antes de voltar a Roma. Como reconstruímos seu itinerário depois da primeira prisão em Roma, sabemos que ele deixou Tito em Creta (Tt 1:5) e encorajou Timóteo a ficar em

Essa pilha grosseira de seções de pilares é tudo que resta do grande templo de Ártemis, uma das sete maravilhas do mundo antigo.

No final do século VI, Justiniano usou pilares do templo de Ártemis como apoio para o grande domo da Basílica de Santa Sofia, que depois foi convertida em mesquita, a seguir em museu, hoje em Istambul, Turquia.

seu posto em Éfeso enquanto continuava seu caminho para a Macedônia (1Tm 1:3). É mais provável que Timóteo tenha ministrado em Éfeso durante algum tempo durante a prisão de Paulo e encontrado o apóstolo para uma breve visita em Mileto. Paulo usou esse porto uma vez para evitar se enredar nos assuntos de Éfeso (At 20:15-17). Além disso, há todos os motivos para acreditar que ele passou algum tempo em Trôade, onde deixou sua capa e seus livros (2Tm 4:13). Paulo, na época em que escreveu para Tito, pretendia passar o inverno seguinte em Nicópolis, do outro lado da Grécia continental, muito distante de Éfeso. Então, algo mudou seus planos.

3:15

Não sabemos se Paulo chegou a fazer essa viagem à Macedônia; a crise de Timóteo em Éfeso o convenceu a mudar o curso de sua viagem. Fossem quais fossem as circunstâncias, ele claramente enviou essa carta na frente para sustentar a confiança de Timóteo, estabelecer uma diretriz duradoura para a igreja de Éfeso e reforçar a autoridade de Timóteo como líder espiritual dela.

Infelizmente, Paulo não podia correr para o lado de seu amigo. A forma grega do verbo *demorar* sugere um elemento de incerteza, mas Paulo escolheu a voz ativa, em vez da voz passiva. A frase é mais bem traduzida por "se eu atrasar", em vez de *se eu demorar*. Ele obviamente queria apoiar o amigo — preferivelmente em pessoa e o mais rápido possível — mas o apóstolo também tinha de manter suas próprias prioridades no ministério.

O propósito de Paulo ao escrever: *saibas* [singular] *como se deve proceder*, talvez não chegasse a oferecer uma nova informação para Timóteo. O ministro mais velho treinara seu aluno de forma diligente para o dia em que ele pastoreasse uma igreja por conta própria. No entanto, um mentor, às vezes, tem de centrar de novo o pensamento do aluno e trazê-lo de volta ao básico. Ele usa três imagens para descrever o corpo local de cristãos: uma família, uma assembleia cívica e um pilar de verdade.

A expressão *casa de Deus* fundamenta-se na estrutura familiar patriarcal e multigeracional encontrada na maioria das culturas do Oriente Próximo da Antiguidade. Naquela época, quando um homem jovem se casava, seu pai aumentava a casa da família para preparar quartos para o novo casal. Todos contribuíam para atender às necessidades da família estendida, recebendo ordens do patriarca. Muitas vezes, o pai do clã entregava as rédeas da liderança nas mãos de outro, em geral o filho biológico mais velho (veja comentários sobre 1:2), um herdeiro adotado ou até mesmo um servo de confiança (veja Gn 15:2).

A expressão *a igreja do Deus vivo* usa o termo grego *ekklēsia* [1577]. O grego secular usava mais comumente essa palavra para descrever uma assembleia de cidadãos convocada para um fim específico (cf. At 19:32,39,40). Paulo, provavelmente, tinha a tradução grega do Antigo Testamento em mente, a qual usa o termo em relação ao povo da aliança de Deus, Israel, *a assembleia do Senhor* (por exemplo, Dt 23:2).

A expressão *coluna e alicerce da verdade* usa uma imagem *muito* familiar em Éfeso. O imponente templo de Ártemis tinha 127 pilares com 18,3 metros de altura para sustentar o telhado 60% mais largo que um campo de futebol padrão (130 metros por 69 metros). De acordo com Paulo, o Senhor estabeleceu a igreja local para se tornar a estrutura de apoio da verdade divina.

3:16

A própria menção da verdade incitou Paulo a se lembrar de um cântico. Os estudiosos do Novo Testamento veem elementos de ritmo e métrica fortes o bastante para colocar o versículo 16 em seis estrofes, formando um hino para a divindade e o triunfo de Cristo. É a afirmação unânime dessa verdade divina que une todos os cristãos.

Aquele que foi manifestado na carne. "Aquele" refere-se a Deus Filho, o que significa que o pronome não tem um antecedente. É típico da poesia grega e comum em Paulo não ter um antecedente explícito no poema (cf. Fp 2:6; Cl 1:15). Embora o apóstolo João ainda fosse levar algum tempo para escrever o prólogo de seu Evangelho (Jo 1:1-18), os cristãos primitivos cantavam sobre Deus vindo à terra em carne humana. Éfeso, o lugar de nascimento do conceito do *logos* na filosofia, não teria recebido de braços abertos a ideia de um *logos* encarnado.

O uso de Paulo da palavra *manifestou* ecoa a ideia do Novo Testamento do "aparecimento" de Cristo quando ele entrou no mundo (1Pe 1:20; 1Jo 3:5,8).

Foi justificado no Espírito. "Justificado" é uma forma incomum da palavra grega para "justiça". Significa "mostrar ser justo". No evangelho de João, Jesus é remetido com frequência à hora em que ele seria "glorificado", em geral em resposta às acusações de blasfêmia das autoridades religiosas no templo. A crucificação, ressurreição, ascensão do Senhor e a subsequente vinda do Espírito Santo confirmaram a verdade de seu ensinamento e de sua identidade como Filho de Deus.

Visto pelos anjos. Essa é a forma poética de dizer que Cristo retomou sua habitação no reino celestial depois de completar seu ministério terreno. Ele encarregou seus discípulos de evangelizar o mundo e, depois, ascendeu ao céu, onde permanece até sua volta prometida.

Pregado entre os gentios. Essa frase, embora esteja no tempo passado, refere-se à obra de evangelização conduzida no século I e continuada hoje pela igreja.

Crido no mundo. Isso não significa deduzir que todos no mundo crerão no evangelho, mas que alguns de todas as partes do mundo depositarão sua confiança em Cristo.

Recebido acima na glória. O tempo passado vê a ascensão de Cristo (At 1:2,11,22) como um verdadeiro evento passado enquanto olha simultaneamente para o futuro com a certeza de tratar-se de um fato realizado. Esse evento futuro não é nada menos que a acessão de Cristo, o recebimento de toda a autoridade para governar a terra e julgar todas as almas no fim dos tempos. Sua ascensão ao céu e acessão ao seu trono eterno completam a presente era da igreja.

Vejo, como muitos expositores, uma progressão cronológica nas seis estrofes desse hino antigo. A vida de Jesus é recontada desde sua vinda à terra na forma de carne humana, passando por sua ressurreição e ascensão, até sua vitória derradeira sobre todo o mal.

Ele foi manifestado na carne	Encarnação	João 1:14; Romanos 1:3; Gálatas 4:4; Filipenses 2:5-7; Hebreus 2:14; 1João 1:1; 4:2; 2João 1:7
Foi justificado no Espírito	Ressurreição	João 13:31,32; Romanos 1:4; 1Pedro 3:18
Visto pelos anjos	Ascensão	Marcos 16:19; Lucas 24:51; Atos 1:9-11
Pregado entre os gentios	Evangelização	Mateus 28:16-20; Atos 1:8
Crido no mundo	Afirmação	Romanos 10:17,18; 14:11; Apocalipse 5:9; 7:9-11
Recebido acima na glória	Acessão	Daniel 7:13,14; 1Coríntios 15:27; Efésios 1:20-22; Filipenses 2:9-11; Apocalipse 1:6

Para os propósitos de Paulo nessa epístola, a quarta e a quinta linhas do hino se destacam em negrito: Jesus envolve sua igreja na proclamação do evangelho *entre os gentios* e nos conferiu o sucesso do *crido no mundo* com a ajuda do Espírito Santo.

■ ■ ■

APLICAÇÃO
1Timóteo 3:14-16
O LUGAR EM QUE A VERDADE VIVE

Timóteo lutava para ministrar em uma cidade que atraía opiniões filosóficas como o esgoto atrai as moscas. É provável que Paulo tenha escrito para Timóteo enquanto ajudava as igrejas a separar a verdade da ficção, um desafio especialmente difícil nos dias antes do cânon de o Novo Testamento ser determinado. Os dois homens entendiam que uma igreja e suas práticas precisam ter a verdade divina como alicerce ou a instituição se decompõe de dentro para fora.

O mesmo é verdade hoje. Felizmente, temos uma Bíblia completa que é única, verbal e totalmente inspirada pelo Espírito Santo e sem erro em seus manuscritos originais. Ela é totalmente confiável como a autoridade final em todos os assuntos de doutrina e prática e centrada na pessoa e obra de Jesus Cristo. Por termos a Bíblia como nossa autoridade suprema e final em todos os assuntos sobre os quais ela fala, sugiro pelo menos três princípios orientadores para os líderes da igreja.

Primeiro, *nossa conduta é fundamentada nos princípios escriturísticos, e não no que desejamos.* Paulo afirma: *Escrevo-te estas coisas para que, se eu demorar, saibas como se deve proceder na casa de Deus* (3:14,15). Temos de ajustar nosso comportamento às Escrituras e, depois, alinhar todas as políticas e práticas da igreja com a linha de prumo da Bíblia. As opiniões são discutíveis. Os valores pessoais são negociáveis. Os assuntos sobre os quais a Bíblia fala claramente são essenciais.

Segundo, *nossa igreja tem de se ajustar à verdade das Escrituras, e não inventar sua própria mensagem.* Podemos apresentar a verdade escriturística de várias maneiras. Podemos, além de pregar e ensinar, usar música, teatro, dança, testemunho, arte, arquitetura — qualquer forma de comunicação e expressão se qualifica para isso, incluindo as muitas formas que escolhemos para ministrar fora da igreja na comunidade como um todo. Independentemente, nossa mensagem tem de apresentar a verdade conforme revelada por Deus nos 66 livros da Bíblia; ela não pode nunca se adequar ao prazer das pessoas. Temos de falar a verdade em amor, nunca dizer às pessoas apenas o que elas querem ouvir.

Terceiro, *nossa confissão de fé gira em torno do Senhor Jesus Cristo e de ninguém mais*. Rememore a primeira igreja que, conforme sua lembrança, disse a verdade a você. Onde você ouviu pela primeira vez a verdade sobre seu pecado, sua necessidade de um Salvador, da graça de Deus e o convite para confiar em Cristo?

Minha mente volta a uma igrejinha em *El Campo*, Texas, onde, quando menino, costumava me estirar entre papai e mamãe em um banco de madeira e contava os azulejos quadrados no teto durante o sermão. Não me lembro de nenhum sermão em particular; só me lembro da mensagem consistente vinda do púlpito. Meus ouvidos jovens ouviam sobre a realidade do inferno e a esperança certa do céu para todos que creem em Jesus Cristo. Também me lembro de que o pastor amava sua família e cuidava fielmente da família de Deus. Lembro-me de sua tristeza pessoal pela perda de um filho. Minha mente infantil não entendia completamente a magnitude do sofrimento dele, mas me lembro do respeito que ele ganhou de minha mãe e do meu pai enquanto permanecia fiel à mensagem, domingo após domingo, mesmo quando estava de luto. Lembro-me de tudo isso tão claramente quanto se tivesse acontecido na semana passada.

Foi ali que as sementes da verdade foram plantadas pela primeira vez profundamente em minha alma. A mensagem era proclamada fielmente de que Deus veio em carne, que o Espírito validou a obra dele, que os exércitos do céu afirmaram sua missão, que o evangelho tem de ser proclamado, que os pecadores perdidos crerão e que Jesus, um dia, reinará supremo sobre uma criação transformada. É provável que muitos naquela igreja se perguntassem se o irrequieto garoto loiro chamado Charles faria algo além de contar os azulejos do teto na igreja. Mas graças, em parte, à vida e mensagem consistentes de um ministro fiel, não só ouvi as boas-novas, como também cri nessa mensagem com todo o meu coração.

Embora a igreja possa servir em muitas funções, a primeira prioridade de qualquer congregação e seus líderes tem de ser a proclamação clara, acurada, fiel e consistente da verdade divina. A comunidade de fé depende disso, e o Senhor o exige.

AQUELE QUE MINISTRA
(1TIMÓTEO 4:1—6:21)

Não deve surpreender que a maioria do ensino de Paulo sobre o ministério cristão foca os próprios ministros. A integridade pessoal e a força de caráter têm influência em todas as ocupações, mas em nenhuma mais que no chamado único e santo para ensinar e liderar o povo de Deus. Um cirurgião honesto faz um trabalho melhor na sala de cirurgia que um com consciência pesada, mas os cirurgiões desonestos podem curar — e curam — a doença dos pacientes. Um policial imoral pode defender a lei, um comerciante clandestino pode transformar um negócio em algo lucrativo, um vendedor astuto pode vender um produto de qualidade por um preço justo e um político duvidoso pode estabelecer uma boa política pública. A hipocrisia na maioria das ocupações pode prejudicar as realizações profissionais, mas não as impede necessariamente.

O ministério cristão, no entanto, não tolera a hipocrisia sem ter, cedo ou tarde, sérias repercussões. A pureza moral de um ministro impacta diretamente a eficácia de seu trabalho. Um ministro, primeiro e acima de tudo, lidera pelo exemplo, tornando-se um modelo vivo, verdadeiro, autêntico e transparente do evangelho, do momento da salvação, ao longo do processo de transformação e na jornada final desta vida para a próxima. Ele ensina as Escrituras, primeiro e acima de tudo, tornando-se seu estudioso mais ardente e, depois, permitindo que a sã doutrina permeie sua vida, exultando em bondade observável. O ministro também propaga a verdade do evangelho por meio dos relacionamentos — no contexto de programas e cultos, sim — mas principalmente na interação pessoal com as pessoas da igreja e na comunidade circunvizinha.

Depois de haver delineado o trabalho do ministério em termos de liderança e ordem geral, Paulo dedicou a maior parte de suas epístolas a lembrar Timóteo de sua identidade como homem de Deus. Ele decidiu descrever o papel do pastor em termos de como deve se relacionar com as várias faixas etárias e classes sociais. Ele escreveu de fato: "É assim que um pastor confronta os falsos mestres. É assim que tem de se comportar com os homens idosos. É assim que ele lida com as viúvas jovens *versus* as viúvas idosas. Agora deixe-me explicar como encorajar os escravos". No fim da epístola, Timóteo recebeu um conselho prático de vida real sobre como se conduzir como líder de uma igreja com muitas perspectivas diferentes e interesses conflitantes.

TERMOS-CHAVE EM 1TIMÓTEO 4:1—6:21

- **chēra** (χήρα) [5503], "viúva", "abandonada", "desprovida"

A ideia central dessa palavra é "abandonada", pois deriva do termo grego para "deficiência". Infelizmente, em boa parte da história não era esperado que uma mulher deixada sem um homem sobrevivesse por muito tempo, como muitas morriam de fome, abandonadas, sem nenhuma assistência social. As culturas não civilizadas valorizavam as pessoas na medida em que serviam à comunidade. As mulheres que passavam da idade de ter filho não podiam aumentar a população e estavam muito velhas para o trabalho. Por essa razão, elas temiam a perspectiva da viuvez sem filhos. *Veja 1Timóteo 5:3-5,9,11,16.*

- **eusebeia** (εὐσέβεια) [2150], "religiosidade", "piedade"

A palavra traduz tipicamente "religiosidade" derivada do termo-raiz *sebomai* [4576], cujo sentido literal é "recuar diante" ou "encolher-se" como alguém faria na presença de uma divindade.[1] O sentido completo desenvolvido de *sebomai* é "reverenciar". Por conseguinte, *eusebeia*, a forma substantiva da palavra, descreve uma atitude de adoração em direção a Deus vista no comportamento de uma pessoa e interpretada por meio de seus atos. *Veja 1Timóteo 4:7,8; 6:3,5,6,11.*

- **kalos** (καλὃ) [2570], "bom", "são", "proveitoso", "virtuoso", "competente"

O sentido desse termo no pensamento grego secular é "aquele que é ordenado ou são".[2] O conceito de moralidade está incluído na ideia, mas a palavra tem uma nuança mais funcional, no sentido de que o ouro é um metal "bom" por causa de sua utilidade, beleza e valor no mercado. Paulo leva essa ideia a um patamar mais alto ao longo de suas epístolas pastorais, no "sentido filosófico de 'direito', 'competente' ou 'excelente', manifestado em coisas como conduta correta, ensino correto e atitude apropriada para o mundo".[3] *Veja 1Timóteo 4:4,6; 5:25; 6:12.*

- **pistis** (πίστῖ) [4102], "fé", "confiança", "convicção", "crença"

Timóteo e os cristãos de Éfeso conheceriam essa palavra conforme era usada na Septuaginta (a tradução grega do Antigo Testamento).

> Para o judeu — e, portanto, o cristão — *pistis* é o meio pelo qual ele ou ela se relaciona com Deus. O termo também se refere ao conteúdo da crença do indivíduo, na qual ele tem "convicção" ou "confiança" (ou seja, "a fé"). Para Paulo, "a fé" refere-se ao entendimento correto do Antigo Testamento, ao ensinamento original de Jesus Cristo e aos ensinamentos dos homens treinados por Jesus. "A fé" é a crença e prática cristãs corretas. *Veja 1Timóteo 4:1,12; 6:12,21.*

O ataque inevitável da apostasia

LEIA 1TIMÓTEO 4:1-6

Certa manhã de domingo, um homem, desesperado para ouvir minha resposta a uma pergunta que ardia em seu peito, confrontou-me: "Esperei até o fim para conversar com você porque tenho uma pergunta que pode levar muito tempo para responder". De início, sua intensidade me pegou de surpresa.

— Pergunte — respondi, convidando-o.

— Quero saber de você: que é a verdade? Ouvi você falar e ouvi outros pregadores e outras pessoas se referirem a ela. O que você quer dizer quando se refere à verdade? Lembre-se: Pilatos fez essa pergunta quando interrogou Jesus: "O que é a verdade?"

Vi a Bíblia aninhada em seus braços cruzados. Estendi a mão para ela e dei batidinhas de brincadeira nela algumas vezes.

— Tudo entre as capas deste livro — respondi.

Ele piscou algumas vezes, aparentemente revolvendo a resposta em sua mente, talvez esperando que eu continuasse com uma resposta mais complicada.

— O que você tem nas Escrituras — continuei — é a verdade que precisa conhecer. Toda verdade é a verdade de Deus, mas a Bíblia é a informação 100% autêntica e confiável dele para você.

Isso pareceu satisfazê-lo, e ele foi embora. Espero que ele tenha passado a ler a Bíblia com confiança renovada e interesse mais profundo.

Se for esse o caso, ele se juntou às fileiras de uma minoria muitíssimo mal compreendida. A maioria das pessoas não só duvida da veracidade das Escrituras; números cada vez maiores de pessoas duvidam da existência de qualquer verdade! Mas não precisamos nos preocupar. Deus não é surpreendido. Os inimigos da verdade não são novos nem seus métodos o são.

Paulo encerrou a seção anterior com um hino antigo, cantando as boas-novas de Jesus Cristo. Agora ele abre a seção seguinte com uma advertência sóbria. Deus veio à terra na forma de um ser humano — a Verdade encarnada —, mas o sistema mundano, promovido por Satanás, rejeitou-o. Além disso, o sistema mundano continua a rejeitar a verdade. A advertência de Paulo pode ser esboçada desta maneira:

1. O fato da apostasia (4:1a)
2. A natureza da apostasia (4:1b-5)
3. Suas características (4:1b-3a)
4. Seu erro (4:3b-5)
5. A derrota da apostasia (4:6)

4:1

Paulo coloca essa instrução à parte do hino (3:16) com a pequena conjunção contrastante "mas" (ARC). Ele escrevera antes que a igreja tinha de ser *coluna e alicerce da verdade* (3:15), mas não devemos nos surpreender em ver alguns se desviarem, buscarem os sistemas de pensamento rivais e se tornarem inimigos da verdade.

O verbo grego é *aphistēmi* [868], cujo sentido é "afastar-se". O verbo é usado com frequência com o sentido de trair algo ou alguém. É uma escolha. A forma substantiva desse verbo é *apostasia* [646], "apostasia". O indivíduo não se torna apóstata por acidente. Nem é culpado de apostasia a respeito de doutrinas ou questões não essenciais com as quais as Escrituras, definitivamente, não lidam. Por exemplo, discordo dos teólogos que não aceitam a imersão como a forma apropriada de batismo, mas eles não são apóstatas. Um professor passa a ser um "apóstata" quando propõe ideias que contradizem o ensino claro das Escrituras. O ensinamento é falso quando solapa a verdade bíblica, permite que o comportamento pecaminoso do professor leve os cristãos a pecar ou abusa da boa vontade dos ouvintes.

AQUELE QUE MINISTRA (1TM 4:1—6:21)

> ### ÉFESO: UM CADINHO DE FALSOS ENSINAMENTOS
>
> #### 1TIMÓTEO 4:1-5
>
> Embora o templo de Ártemis atraísse adoradores pagãos de todos os cantos do Império Romano, e muitos praticantes do oculto tenham feito residência em Éfeso (At 19:19), a cidade também atraía cientistas e filósofos.
>
> Por volta de 500 a.C., um nobre grego de Éfeso chamado Heráclito ensinou que o universo opera de acordo com uma estrutura racional, um princípio ordenador unificado, que conseguimos discernir se observarmos com atenção seus padrões e resolvermos seus muitos enigmas. De acordo com essa teoria, todas as leis da física, matemática, raciocínio e até mesmo da moral podem ser relacionadas a esse princípio ordenador que ele chamou de *logos*, "a Palavra".
>
> Outros filósofos, como os estoicos, gnósticos e até mesmo o pensador judeu Fílon adotaram essa ideia seminal e acrescentaram suas próprias doutrinas a ela. Na época de Paulo, Éfeso se tornara um repositório celebrado de textos gregos e atraíra muitos estudiosos de filosofia. No século II, foi construída uma grande biblioteca para guardar todos esses documentos filosóficos e religiosos.
>
> Esse cadinho cosmopolita de religiões pagãs, ocultismo desmedido e filosofias inovadoras desafiava constantemente a pureza doutrinária da igreja. Paulo, para não deixar a congregação se distrair e fixar sua atenção na sã doutrina cristã, exigia o mais alto padrão de seus líderes. Ele instruiu Timóteo a encontrar presbíteros e diáconos que ensinassem as verdades de Cristo enquanto viviam além de qualquer reprovação. No fim, a igreja em Éfeso se tornou uma fortaleza da teologia cristã, e a Palavra de Deus prevaleceu na Ásia!

O Senhor já nos advertiu que nos últimos dias, ou seja, o tempo entre sua ascensão e sua volta, muitos mudariam a verdade do evangelho por apostasia (Mt 24:10,11; Mc 13:22; cf. 2Pe 3:3,4; Jd 1:17,18). Na verdade, Paulo advertiu a igreja em Éfeso desse mesmo perigo antes de sua prisão em Jerusalém (At 20:29,30). Agora, aparentemente, esse perigo profetizado atingiu a congregação sob a liderança de Timóteo, e atingiu-a com força. Paulo descreveu a apostasia como *dar* [...] *ouvidos* (mesmo verbo de 1Tm 1:4) a espíritos enganadores e aceitar como verdade as doutrinas dos demônios (cf. Ef 6:12). Sua advertência é formada por palavras vigorosas.

Com certeza, a apostasia não carregará o sinal óbvio dos demônios. O falso ensinamento nunca entrará em sua igreja com o nome "doutrina de Satanás" impresso nele. Os espíritos enganadores, astuciosamente, vestem suas doutrinas com as vestes respeitáveis e até mesmo piedosas da religião. O ensinamento apela à carne e é apresentado com charme e carisma. Os falsos mestres falam de forma convincente das questões de sua época e, muitas vezes, usam as Escrituras (quase sempre fora de contexto) para dar a aparência de boa-fé ao ensino (cf. Mt 4:6). É verdade que alguns serão enganados — mas não sem seu consentimento. Eles serão atraídos pelo poder de um erro no qual querem desesperadamente acreditar... mais uma vez, porque ele apela à carne.

4:2

Paulo descreve como a apostasia pode se enraizar em uma igreja do contrário sã. O falso ensinamento entra por meio da hipocrisia. O termo *hypokrisis* [5272] significa "dissimulação" ou "pretexto".[4] Essa palavra ilustra melhor que qualquer outra a diferença entre o sistema mundano e o evangelho. O verbo *hypokrinomai* [5271] significa apenas "replicar, responder", em geral no contexto de debate ou ação. Os escritores gregos seculares usavam o termo tanto de forma positiva quanto negativa, dependendo da situação. Por exemplo, o secretário de imprensa da Casa Branca pode apresentar e defender a política do presidente norte-americano em determinado assunto, mesmo se ele pessoalmente discordar da política. De acordo com a mentalidade grega, esse indivíduo está zelosamente colocando sua opinião pessoal no segundo plano a fim de cumprir um papel público. Os escritores hebreus, todavia, quase sempre usavam o termo com uma conotação negativa. Para os escritores do Novo Testamento, alguém se comportar dessa forma enquanto pensava de outra transformava a pessoa em um ator no pior sentido da palavra: "O palco é um mundo simulado, e os atores são enganadores".[5] Paulo segue o padrão de Jesus, que usava o termo *hypokritēs* [5273] para descrever as pessoas que se afastavam da verdade recebida de Deus, mas que fingiam o contrário.

Paulo descreve vividamente o dano causado à consciência pelos falsos mestres como *cauterizada* (ARC). A frase completa em grego deriva de uma única palavra grega cujo sentido literal é "queimada com ferro quente".[6] O termo médico "cauterizar" vem do latim, que emprestou a palavra do grego. O termo grego combina duas imagens importantes que tendem a se perder na tradução: primeiro, a ideia de marcar. Os falsos mestres levam a marca do seu dono, Satanás. Segundo, a ideia de nervos insensíveis. Os terminais nervosos morais dos falsos mestres foram destruídos pelo processo de cauterização. Por conseguinte, conseguimos identificar com facilidade os apóstatas se observarmos com atenção a resposta deles ao pecado.

Os falsos mestres minimizam seu próprio pecado ou não levam a própria culpa a sério. Eles podem fazer um bom *show* se forem pegos, mas logo voltam a assumir sua posição de poder e influência depois de a afronta pública se acalmar. Além disso, a resposta deles ao pecado dos outros depende totalmente da conveniência. Punem brutalmente o pecado daqueles que eles não favorecem, enquanto minimizam, ou racionalizam, seu próprio pecado e o pecado de seus amigos.

4:3-5

Paulo declara que as pessoas que conhecem a verdade acreditam em Cristo para sua justiça e não se submetem à escravidão do asceticismo. Os cristãos podem compartilhar livremente qualquer bênção recebida de Deus com ação de graças e sem culpa (Gn 1:29,30; 9:1-3; At 10:9-15).

O GNOSTICISMO E O ASCETICISMO CRISTÃO PRIMITIVO

1TIMÓTEO 4:3-5

Embora o gnosticismo só assuma uma forma definitiva como filosofia no século II d.C., as primeiras formas da heresia começaram a inquietar as igrejas já em 50 d.C. Esse ensinamento incipiente dependia muitíssimo da influência de Platão, cujo entendimento básico do universo instrui praticamente todo o pensamento ocidental, incluindo a religião e a filosofia.

Platão via o universo existindo em dois reinos: o reino da *ideia*, em que os conceitos existem de forma perfeita e incorruptível, e o reino da *substância*, no qual existem exemplos tangíveis de ideias, que sofrem, porém, imperfeição e corrupção. No reino das ideias o conceito de uma maçã existe como eternamente perfeito; no reino da substância, uma maçã existe como uma representação tangível da ideia perfeita, exceto que aqui as maçãs possuem falhas e, no fim, apodrecem. Para Platão, Deus existe no reino perfeito da ideia, enquanto nós existimos no reino falho da substância.

Os gnósticos raciocinam que tudo associado com o reino da substância, por conseguinte, tem de ser inerentemente mal ou pecaminoso, enquanto tudo

> no reino da ideia permanece puro e imaculado. Eles racionalizavam, além disso, que uma pessoa possui alguns elementos dos dois reinos: a alma, associada com a pureza do reino da ideia, e o corpo, parte do reino corrompido da substância. Algumas das primeiras corrupções gnósticas do cristianismo ensinavam que a alma ou o espírito só pode ser nutrida negando o corpo ou abusando dele. Isso é chamado asceticismo, que condena qualquer atividade que satisfaça o desejo do corpo além do que é absolutamente necessário para viver. Se está com fome, domine-a. Se está com sede, ignore isso. Se está cansado, trabalhe com mais afinco.
>
> Em 1Timóteo 4:3-5, Paulo denuncia especificamente aqueles que condenam o casamento e restringem a dieta para incluir só os itens mais básicos (cf. Cl 2:20-23). Ele denuncia o falso ensinamento do asceticismo para mostrar que *tudo* dado por Deus tem de ser bom, pois um Deus santo não pode prover nada que seja mal. O Senhor ordenou o casamento e o deu para a humanidade como uma bênção antes de o pecado entrar no mundo (Gn 2:18,21-25). Ele também encheu a terra de alimento, proibindo as primeiras pessoas de comer apenas de uma árvore.

4:6

Paulo — depois de descrever a forma particular de apostasia que atacava a igreja em Éfeso, suas características e erros — explica como combater a apostasia, não apenas essa apostasia em particular, mas qualquer tipo de erro. Talvez esperemos que ele recomende a extensa preparação de um plano de ataque complicado e, depois, uma longa e difícil campanha contra o erro. Em vez disso, ele preparou uma estratégia simples. Um *bom ministro de Cristo Jesus* identifica com consistência e fidelidade o falso ensinamento e confronta os falsos mestres com a verdade. Os líderes espirituais falam franca e abertamente. Eles falam a verdade. Corrigem o falso ensinamento com a Escritura e reforçam a sã doutrina. Não há necessidade de jogos políticos ou de poder. Os pastores fiéis apenas fazem brilhar a luz da verdade nas trevas (Ef 5:11) e, depois, removem os predadores do rebanho (Rm 16:17,18; Tt 3:10,11; 2Jo 1:10).

■ ■ ■

Muitos ministros jovens assumem seu papel com a expectativa de mudar o mundo — ou pelo menos seu lugarzinho nele. Os pastores, em especial, têm visões de uma congregação socialmente vibrante, espiritualmente entusiasmada e emocionalmente saudável, de braços dados para transformar sua comunidade. Eles preparam lições substanciais e sermões desafiadores; lideram comitês e aconselham indivíduos; organizam, sistematizam e preparam estratégias — todo o tempo lutando para administrar a crescente frustração com a falta de progresso relevante. Não importa o que façam, o mal continua a oprimir e a solapar a igreja. Se algo não muda, o ardor do ministro jovem pode se dissipar logo.

Os pastores maduros, por sua vez, nunca perdem seu idealismo juvenil; eles apenas mudam sua definição de "ministério bem-sucedido". Nunca deixam de buscar o ideal e nunca abaixam suas expectativas. No entanto, eles aceitam o fato de que nenhum ministério consegue se livrar totalmente do mal até a volta de Cristo. No fim, a experiência lhes ensina que o "sucesso" é mais bem definido como "fidelidade", "vigilância" ou "consistência".

Paulo, em um momento crítico no pastorado de Timóteo, introduz uma dose saudável de realismo para ajustar as expectativas do homem mais jovem. A presença do mal na igreja não é o resultado da falha de alguém; ele tem de ser esperado. A apostasia continua a ser uma ameaça constante até mesmo nas igrejas, organizações e instituições mais sãs da perspectiva teológica. O apóstolo, na verdade, diz: "Nenhuma série de sermões jamais vacinará a congregação contra a depravação; portanto, espere que o pecado permaneça uma fonte contínua de frustração; nenhum programa da igreja jamais defenderá os líderes do falso ensinamento, por isso confronte com diligência a apostasia".

Embora não toleremos atos abertos de maldade na igreja, não podemos nos permitir ser surpreendidos quando o descobrimos espreitando em cantos inesperados.

APLICAÇÃO

1Timóteo 4:1-6

MINISTRANDO EM MEIO A DESEQUILIBRADOS

Eu amaria ministrar em uma igreja sem problemas. Infelizmente, as únicas igrejas que encontrei que não tinham problemas estavam vazias! Assim que você consegue adicionar pessoas, adiciona problemas. À medida que os números aumentam, os problemas proliferam. *Todas as igrejas lutam para superar o impacto negativo de pessoas difíceis,* incluindo a dificuldade mais mortal de todas: o falso ensinamento. À luz da passagem que acabamos de examinar juntos, deixe-me fazer algumas observações práticas referentes ao problema da apostasia.

Primeiro, *a ameaça constante de apostasia tem de ser um lembrete constante de que estamos vivendo os últimos dias*. O surgimento do falso ensinamento e sua aceitação geral por muitos que se dizem cristãos não deve surpreender porque fomos advertidos a respeito disso. O fim dos tempos será marcado pelo falso ensinamento que leva ao comportamento condenado pela Bíblia.

Talvez fiquemos tentados a interpretar a presença do falso ensinamento como uma falha da nossa parte. Mas, em vez de nos perguntarmos o que fizemos errado, devemos esperar que a apostasia invada a igreja com tanta certeza quanto as ervas daninhas atacam os jardins. É comum a declaração fiel da verdade de Deus intensificar os ataques do adversário.

Segundo, *Satanás é a fonte de todas as mentiras, e ele é muito bom no que faz*. Pessoas que soam críveis com excelentes credenciais, histórico cristão impecável e comportamento digno afirmarão ter recebido nova informação por intermédio do Espírito de Deus, ou de um sonho, ou dessa visão ou desse milagre.

Talvez fiquemos tentados a permitir que o estilo desvie nossa atenção da substância. Mas, a despeito da aparência impressionante dos falsos mestres, temos de comparar a doutrina deles com a verdade já recebida nos 66 livros da Bíblia.

Terceiro, *é difícil resistir aos movimentos estimulados pelo falso ensinamento*. Os porta-vozes de Satanás parecem ser em maior número que os homens e mulheres de Deus e possuir incríveis dons de persuasão. Poucos conseguem resistir ao carisma deles, por isso muitos serão arrebatados por seus movimentos. Para tornar o problema ainda mais frustrante, os falsos mestres muitas vezes têm muito dinheiro e muito charme. Muitos deles inspiram tal devoção sem questionamento que a verdade bíblica, em comparação, parece maçante ou entediante.

Ficamos tentados a expondo a hipocrisia dos falsos mestres, chamando a atenção para sua espantosa falta de caráter. Mas fazer muito isso só refletirá mal nos defensores da verdade. Em vez disso, temos de focar o conteúdo do ensinamento deles, expondo quanto realmente contraria a Escritura.

Paulo delineia uma estratégia simples e direta para contra-atacar quando a apostasia invade a igreja: simplesmente *ensinando essas coisas aos irmãos*. Ou seja, proclamarmos consistentemente a verdade, salientando cada disparidade entre a apostasia e a Palavra de Deus.

O que fazer e o que não fazer no ministério saudável

LEIA 1TIMÓTEO 4:7-16

Não é possível exagerar o valor dos mentores. A autoridade paciente e prática de diversos homens piedosos continua a influenciar minhas decisões e a estimular meus atos. Alguns diáconos com discernimento me iniciaram em um programa de memorização das Escrituras quando eu era jovem. Ray Stedman ensinou-me, então um jovem marinheiro baseado em San Francisco, meu primeiro entendimento de um ministério pastoral saudável, mesmo enquanto eu planejava continuar meu treinamento como engenheiro mecânico. Mais tarde voltei e servi como interno na Peninsula *Bible Fellowship*, apenas para adquirir mais sabedoria prática com Ray. Enquanto estive baseado na longínqua ilha de Okinawa, Bob Newkirk, com *The Navigators*, estimulou meu apetite pela Palavra e me ajudou a descobrir e confirmar o chamado de Deus para o ministério. Pouco depois da minha dispensa, matriculei-me no *Dallas Theological Seminary*, onde encontrei três mentores que continuaram a me influenciar ao longo dos meus anos no ministério: os doutores Howard Hendricks, Dwight Pentecost e Stan Toussaint.

Eles, além de ensinar, corrigir e encorajar, davam conselhos práticos baseados em seus próprios sucessos e fracassos. Aprendi como dirigir uma reunião de presbíteros com eficácia, a etiqueta apropriada para as visitas em hospital, como confrontar os falsos mestres e lidar diretamente com o pecado e até a técnica certa para batizar um homem grande e corpulento por imersão sem afogá-lo (ou a mim!). Meus mentores me expuseram a muitos dos desafios que enfrentaria de vez em quando por mim mesmo, e me equiparam para superá-los com sucesso. Isso explica por que não é possível exagerar o valor dos meus mentores: não é possível mensurar a influência deles na minha vida.

Timóteo ministrara lado a lado com Paulo desde o começo da segunda viagem missionária deste. Mas o voo com instrutor e o voo solo são assuntos nitidamente diferentes! Os falsos mestres puxavam os cristãos efésios em muitas direções, a opressão pagã solapava continuamente a confiança dos cristãos, a riqueza seduzia os membros, e as forças das trevas se infiltravam na liderança. Como resultado disso, Timóteo precisava de orientação prática de um líder maduro e com força espiritual.

Paulo, primeiro, lembrou Timóteo de sua responsabilidade primordial: *ser um bom ministro de Cristo Jesus* (4:6). O pastor não é escravizado às pessoas, por isso não pode se sentir intimidado nem tentar manipular ou controlar os outros. Ele é um servo de Cristo, não obrigado às expectativas irrealistas das pessoas. Além disso, o servo de Jesus Cristo não é um intermediário falto de pensamentos; ele é um emissário do Rei, treinado e equipado para guiar o povo de Deus em toda a verdade. Contudo, o servo de Jesus Cristo não é uma celebridade merecedora de alguma posição superior ou reconhecimento especial além daquele de qualquer membro da igreja. Ele é um servo entre servos.

Assim, como o servo de Jesus Cristo serve? Paulo dá a seu protegido instruções práticas e realistas em uma lista de coisas específicas "a fazer e a não fazer", ordens positivas e negativas para ajudá-lo a permanecer no caminho certo.

ORDENS NEGATIVAS	ORDENS POSITIVAS
Mas rejeita as fábulas profanas e insensatas (4:7a).	Exercita-te na piedade (4:7b); ordena e ensina essas coisas (4:11).
Ninguém te menospreze por seres jovem (4:12a).	Procura ser exemplo para os fiéis (4:12b).
	Enquanto aguardas a minha chegada, aplica-te à leitura, à exortação e ao ensino (4:13).
Não deixes de desenvolver o dom que há em ti (4:14).	Tem cuidado de ti mesmo e do teu ensino (4:16).

4:7

A expressão grega traduzida por *fábulas profanas e de velhas* (ARC) é mais bem traduzida por "conversa comum e fábulas das viúvas velhas". Gosto especialmente da tradução da Bíblia NET: *os mitos só se adequam ao ímpio e ao ingênuo* [tradução livre]. Hoje encorajamos os pastores a evitar lendas urbanas e teologia popular (cf. 1:4; 6:20; 2Tm 2:16; 4:4; Tt 1:14).

Paulo, ao contrário, exorta Timóteo a entrar em uma academia espiritual. A palavra grega para *disciplina* é *gymnazō* [1128], que retrata um atleta preparando o corpo para uma competição. Ele levanta pesos, trabalha a resistência, prática elementos de seu esporte, concentra-se nos fundamentos do esporte; boxeia, luta, sua e treina. Ele se disciplina para o dia da prova. Só que, para Timóteo, o treinamento é espiritual, e não físico, e seu propósito é a *piedade*, e não a forma física. A raiz do termo é *sebomai* [4576], cujo significado original era "cair diante de" ou "recuar diante de", como alguém faria na presença de uma divindade.[7] Na época de Paulo, a palavra descrevia uma atitude geral de reverência ou adoração. Uma boa definição seria "levar Deus a sério".

É interessante o fato de uma atitude de adoração não ocorrer naturalmente para um cristão... ou nem mesmo a alguém chamado ao ministério. A piedade nunca é automática. Ela exige treino, como qualquer competição atlética exige disciplina física.

4:8,9

A cultura ocidental, em especial nos Estados Unidos, ficou obcecada com o corpo. Os planos de dieta inundam o mercado, as academias de ginástica proliferam, os suplementos alimentares competem por espaço publicitário, os alimentos orgânicos atraem números recordes de clientes e a cirurgia plástica passou a ser lugar-comum. Ironicamente, nossa obsessão com o corpo faz pouco para deter a constante piora das estatísticas de obesidade.

Paulo não tira o valor da boa forma física. Algumas versões da Bíblia traduzem a expressão *proveitoso para pouca coisa* com a palavra "apenas", que não está presente no texto grego. Na verdade, Paulo reconhece os benefícios do treino físico para manter o corpo saudável; ele apenas aponta o valor temporal do exercício físico comparado com o valor eterno do treinamento espiritual. Paulo, em sua primeira epístola aos Coríntios, menciona: *uma coroa perecível* (1Co 9:24-27). Corinto era a cidade onde se realizavam os Jogos Ístmicos, em que o vencedor recebia uma coroa feita de folhas de pinheiro. Mas isso não é tudo: os vencedores também recebiam tratamento real nos jogos e em suas cidades. As autoridades da cidade mandavam abrir uma grande abertura no muro da cidade e, depois, a cobriam com um prato de metal com o nome gravado do vencedor. Um atleta particularmente bem-sucedido desfrutava até mesmo da posição de não pagar impostos pelo resto da vida e recebia suprimento de alimento da cidade durante sua vida. Ele podia literalmente descansar sobre seus louros.

Para toda fama e dinheiro que um atleta estrelar conseguia ganhar, sua coroa de flores secava, sua fama desaparecia, sua conta bancária encolhia e ele acabava apodrecendo em um túmulo coberto pela poeira e os escombros do tempo. No fim da vida, o corpo decai e não é nada. A boa forma física e a coroa de louros não podem alcançar as recompensas eternas pelas quais nos esforçamos. Treinamos por um prêmio que não seca nem perece.

Sempre que Paulo usa a frase *digna de crédito e de toda aceitação*, ele quer dar mais ênfase a um ensinamento em particular (cf. 1Tm 1:15;

3:1; 2Tm 2:11; Tt 3:8). Nesse caso, a declaração *digna de crédito* é o valor eterno da piedade sobre o valor temporal da boa forma física.

4:10

Paulo continua a enfatizar o valor da piedade usando dois termos atléticos: *kopiaō* [2872], que significa "ficar cansado", e *agōnizomai* [75], com o sentido de "esforçar-se para vencer". Nossa palavra "agonia" tem origem nesse conceito grego de dar tudo de si mesmo para alcançar um objetivo. Paulo nomeia o alvo do cristão. Não é a salvação. Nem a piedade, embora uma atitude de adoração seja a razão do nosso esforço. Como o corredor fixa os olhos na linha de chegada, focamos nossos olhos espirituais no *Deus vivo*. O Senhor é o nosso alvo. Corremos em direção a ele. Por quê? Porque ele nos salva!

Paulo combina duas frases, *o salvador de todos os homens* e *especialmente dos que creem*, para transmitir algumas verdades importantes.

Primeira, apesar de *trabalha[rmos]* e *luta[rmos]*, a salvação *não* é nosso objetivo. Os cristãos *trabalha[m]* e *luta[m] porque* estamos salvos, e não *a fim de* sermos salvos. Deus é o salvador — só ele salva.

Segunda, Deus é o salvador de *todas* as pessoas, e não apenas dos eleitos (cf. 1Jo 2:2). Jesus veio para salvar o mundo e morreu pelo pecado de todos.

Terceira, embora Deus seja o salvador de todas as pessoas, nem todos serão salvos. Todas as pessoas continuam a ter vida por causa dele, mas nem todos recebem a vida eterna. Paulo acrescenta a última frase para esclarecer o sentido do que quer dizer. No sentido eterno, Deus é o salvador potencial de todos, mas é o salvador efetivo de alguns. A diferença é a crença; por isso, Paulo usa o termo "cristãos".

4:11

Paulo reforça e estende a ordem anterior: *exercita-te*, instruindo Timóteo a reproduzir sua própria piedade na vida da congregação. *Ordena* é outra tradução do mesmo verbo usado por Paulo em 1:3 (*advertires*), 5:7 (*manda*, ARC) e 6:17 (*manda*, ARC). Infelizmente, os termos "ordenar" e "advertir" não captam o espírito autoritativo do verbo grego. Ele esperava que o pastor usasse sua autoridade para "comandar" ou "ordenar" os membros da igreja a se disciplinarem para a piedade.

A exortação de Paulo para Timóteo "ordenar" ou "comandar" os cristãos efésios a responder de determinada maneira tem de ser vista em seu contexto. Ele não pretendia que Timóteo adotasse um estilo de liderança autoritário e autocrático. Apenas esperava que Timóteo adotasse uma atitude confiante e liderasse as pessoas com a força da convicção. Os líderes tímidos transmitem aos seguidores um sentimento incômodo, fazendo-os perguntar se o líder duvida de sua própria orientação.

4:12

Aparentemente, Timóteo tinha dificuldade para manter a credibilidade (cf. 1Co 16:10,11). Alguns expositores suspeitam que a juventude dele solapava o respeito dos cristãos mais velhos, mas Timóteo estaria próximo dos 40 anos na época desse escrito. Ele talvez fosse "jovem" comparado com outros, mas não seria considerado um jovem.

Outros expositores teorizam que a personalidade sensível e afável de Timóteo (2Tm 1:4) era acompanhada de um temperamento passivo. Acho que isso descreve de forma precisa o ministro mais jovem, mas Paulo escreveu algo muito semelhante para Tito (Tt 2:15), sugerindo outra explicação. O apóstolo, sem dúvida, exercia uma influência muito grande, de modo que *todos* os seus alunos lutavam para conquistar seu respeito, em especial nas igrejas que Paulo estabelecera pessoalmente. Isso colocava todos em desvantagem, exceto Paulo.

Paulo encoraja Timóteo a deixar seu comportamento externo revelar sua sabedoria interior, a qual ganharia o respeito da igreja. Além disso, ele esperava que seu substituto guiasse pelo exemplo pessoal.

4:13

A terceira ordem positiva de Paulo é *aplica-te* (cf. 1:4 e 4:1, em que o mesmo verbo grego é usado de forma negativa) a três atividades da comunidade.

Primeira, *dedique-se à leitura pública da Escritura* (NVI). A frase verdadeira no texto grego omite a palavra "Escritura", mas ela está claramente sugerida. Enquanto a maioria dos homens judeus e algumas mulheres aprendiam como ler nas sinagogas locais, só o terço mais rico dos gentios era alfabetizado. Ademais, o custo para reproduzir os documentos tornava quase impossível para uma pessoa comum ter uma cópia das Escrituras. A maioria das pessoas, por conseguinte, dependia das leituras públicas para ouvir a Palavra de Deus.

Ouvir as palavras divinamente inspiradas lidas em voz alta acrescenta uma dimensão extra ao tempo de devoção privada. Leio regularmente passagens da Escritura em voz alta para mim mesmo em meu estudo. Isso não só bloqueia qualquer distração, mas também ganho o benefício de sentidos adicionados ao meu estudo. Também presto mais atenção à inflexão de voz e ao ritmo das palavras quando tenho o cuidado de enunciar cada sílaba. Um benefício adicional é que não posso esconder nada. A leitura em voz alta me força a diminuir o ritmo e permitir que a verdade penetre em meu interior.

Segunda, *exortação*. Essa palavra traduz a forma substantiva do verbo grego *parakaleō* [3870], da qual provém "paracleto", um termo que se refere ao Espírito Santo. A melhor definição moderna em que consigo pensar seria "treinar", pelo menos quando usada no contexto de uma relação entre indivíduos. Nesse contexto, a natureza pública da "leitura" avança para incluir tanto "exortação" quanto "ensino". A exortação pública não é nada além de pregação.

Tanto a pregação quanto o ensino envolvem instrução e um chamado à ação. Pregar, no entanto, é diferente de ensinar, tanto em estilo quanto em ênfase. Enquanto o ensino enfatiza a transmissão de informação por causa da instrução, a pregação instrui por causa da motivação. A pregação convoca ou exorta a congregação a agir de acordo com a informação que ouvem. Infelizmente, muito do que se passa por pregação expositiva é de fato ensino do pregador no púlpito. Muita informação excelente é transmitida, mas sem nenhuma aplicação, nenhum desafio, nenhuma exortação.

Terceira, *ensino*. Quando prego para um grupo desconhecido de pessoas, sei dizer quando elas foram bem ensinadas. A diferença é como bater em um sino *versus* em um tijolo. Um ressoa, e o outro emite um som surdo. Um sermão, com sua ênfase na exortação, ressoa alto e claro em uma audiência instruída, mas consegue pouco na estimulação da audiência ignorante.

O ensino, portanto, tem de acontecer em acréscimo à pregação. É um tipo diferente de dom, exigindo um conjunto específico de habilidades. O ensino também utiliza métodos que ajudam a edificar a comunidade e a mútua prestação de contas. É em geral em um contexto de ensino que o erro vem à tona, fornecendo aos cristãos maduros a oportunidade de confrontar gentilmente e corrigir completamente.

4:14,15

De volta ao lado negativo da coluna, Paulo oferece a Timóteo (e a todos os ministros) um último item de "não fazer". Ele escreve de fato: "Não deixe seu dom espiritual ser desperdiçado". Paulo lembra mais uma vez a ordenação de Timóteo (cf. 1:18) para o benefício da congregação em Éfeso. Os profetas revelaram o comissionamento de Deus para Timóteo como pastor, e os presbíteros afirmaram seu chamado.

A prática de "imposição das mãos" remonta aos primeiros dias do povo hebraico. O gesto simboliza a transmissão de algo intangível de uma pessoa para outra, como bênção (Gn 48:14; Mt 19:14,15), culpa (Êx 29:10), julgamento (Lv 24:14), autoridade (Nm 27:18-20; At 6:5,6) ou a nova identidade em Cristo (representada pelo recebimento do Espírito Santo, At 8:17-20). A igreja do Novo Testamento usava em geral a prática a fim de comissionar alguém oficialmente para desempenhar uma tarefa específica (At 6:5,6; 13:3).

A palavra *ocupa-te* traduz um único termo grego referindo-se tipicamente à meditação ou planejamento de um plano detalhado. Um ministério eficaz e saudável não acontece do nada. Paulo exorta Timóteo a planejar bem, transmitir seu plano e, depois, seguir esse plano. Uma congregação só pode respeitar um homem que faz progresso em sua leitura da Escritura, pregação e ensino. Essas expressões públicas valorizam o pastor diante do seu rebanho.

4:16

Paulo conclui sua lista das coisas a fazer e a não fazer com talvez a ordem mais positiva e útil que um jovem ministro poderia receber.

A expressão *tem cuidado* traduz uma palavra grega com o sentido de "deter-se, prestar atenção". Paulo não está dizendo para Timóteo se tornar autocentrado; ele exorta Timóteo a afastar sua perspectiva dos resultados, que podem ser inconstantes, e se concentrar no que pode controlar: ele mesmo e seu ensinamento.

Liderar uma igreja não é como administrar um negócio. Um bom empreendedor monitora constantemente o sucesso a fim de determinar o que deve ser feito a seguir. Os resultados são bons? Então, fazer mais do mesmo. Os resultados foram ruins? Descobrir os problemas e implementar mudanças. Os métodos do ministério, no entanto, não mudam. Os ministros fazem como foram ordenados a fazer: dão um exemplo piedoso (4:7-12), pregam e ensinam a Escritura (4:13) e fazem as duas coisas com consistência incessante (4:14-16).

Resultados ruins durante um longo período de tempo podem exigir um exame de consciência sério, levando a decisões difíceis. No entanto, acho que nada de bom pode resultar da concentração nos resultados, como esforçar-se para aumentar a frequência, enfatizar o número de conversões ou se referir com frequência à receita semanal. Os bons resultados podem me deixar orgulhoso; os maus resultados podem me fazer sentir um fracasso. Se, por outro lado, eu deixar essas preocupações para os presbíteros e outros irmãos servos no ministério e continuar focado em fazer o que sei que está certo de modo fiel, diligente e consistente, os resultados cuidam de si mesmos. Lembra-se das palavras de Paulo aos coríntios? *Eu plantei; Apolo regou; mas foi Deus quem deu o crescimento* (1Co 3:6).

A chave para o sucesso no ministério, em uma palavra, é perseverança. Na verdade, a perseverança é o sucesso do ministério; a única forma de falhar no ministério é recuar e desistir. Por essa razão, não deveria ser surpresa o fato de que a perseverança também é o maior desafio do ministro. O desencorajamento aparentemente vem do nada para nos assombrar. A crítica nos faz perguntar por que estamos nisso. A preguiça promete que o trabalho será mais fácil amanhã. A ambição procura pastagens mais verdes em outra ocupação. O idealismo luta exaustivamente com a futilidade. A esperança mal consegue protelar a fadiga. A determinação, no fim, supera a dúvida. Mas se o ministro não estiver buscando resultados ou recebendo encorajamento da congregação, provavelmente logo virá o pedido de exoneração. Os expositores fiéis precisam de poucas coisas para seguir em frente... mas o encorajamento é uma delas.

APLICAÇÃO
1Timóteo 4:7-16
CINCO LIÇÕES PARA MINISTROS JOVENS

Tenho o grato prazer e privilégio de ensinar pastores que estão em preparação para o ministério, incluindo um seminário para doutorandos sobre o ministério na igreja. Imagine por um momento que você entrou em uma sala durante nossa aula. Um homem jovem pergunta: "Baseado em seu entendimento do conselho de Paulo a Timóteo e em sua própria experiência como pastor, o que precisamos saber quando entramos no ministério cristão de tempo integral?" Isso já aconteceu de verdade, o que me levou a ponderar sobre o assunto e a registrar a minha resposta.

Tenho cinco lições que merecem ser lembradas.

Primeira, *não há nenhum objetivo mais elevado no ministério que o serviço*. Se você quer de fato aspirar à grandeza no ministério, não tente se tornar um líder; ao contrário, procure oportunidades para servir. Não almeje alto; humilhe-se. Procure maneiras de fazer o trabalho de alguém tornar-se mais fácil e mais prazeroso. Em vez de se destacar como o mais esperto na sala, ponha a atenção em outra pessoa. Em vez de tentar impressionar os outros, saliente as realizações de outra pessoa. Se for para você ser um líder, Deus fará isso acontecer. Ele encontrou Moisés. Ele encontrou Davi. Ele encontrou Elias. Ele encontrou Ester. Ele o encontrará enquanto você serve aos outros... e ele o usará no tempo dele.

Segunda, *não há tentação maior no ministério que o extremismo*. Os ministros gravitam muitas vezes naquelas áreas de ministério ou espiritualidade que vêm naturalmente. Se eles não tiverem cuidado, sua aptidão pode ditar suas prioridades, em vez das necessidades da congregação. O serviço vocacional para Deus em tempo integral exige equilíbrio. Devoção pelas pessoas e dedicação à verdade. Teoria e aplicação. Autoconhecimento e abnegação. Oração e ação. Ensino e irmandade. Permaneça equilibrado — guarde-se contra os extremos.

Terceira, *não há responsabilidade mais importante no ministério que a exposição* — a leitura e explicação da Escritura, seguida da aplicação dela e da exortação. Embora isso seja especialmente verdade para o papel de pastor sênior, também é verdade para todos em posição de ministério, incluindo os pastores auxiliares, os conselheiros, o ministro de louvor e adoração, os filhos do ministro, o coordenador de comunhão e sociabilidade cristã e até mesmo o coordenador do serviço no estacionamento da igreja. A Escritura é a base de tudo que fazemos na igreja e tem algo vital para ensinar sobre cada papel e responsabilidade. Abrace firmemente a Palavra de Deus!

Quarta, *não há meio mais eficaz de liderança espiritual que um ministro em processo de amadurecimento*. Paulo exorta Timóteo a ser um exemplo (4:12) e a deixar seu progresso ficar evidente para todos (4:15). Quando um pastor ou outro ministro cristão se impregna da verdade bíblica e cresce em sabedoria e piedade, as pessoas percebem. A autenticidade é observada e respeitada. No fim, as pessoas começam a acreditar que podem experimentar a mesma transformação. Continue a amadurecer em sua caminhada. Quanto mais velho, mais profundo.

Quinta, *não há prova melhor de um ministério autêntico que a perseverança*. Os ministros não têm sucesso no ministério por causa do cérebro, talento, carisma ou habilidades interpessoais. Os ministros têm sucesso sendo perseverantes em períodos difíceis — portanto, espere períodos difíceis. Os ministros perseveram no desapontamento — portanto, seja perseverante. Os ministros bem-sucedidos não deixam as políticas sujas conseguirem o melhor dele. Eles se recusam a desistir quando as pessoas os criticam ou correm atrás de falso ensinamento. O sucesso para o ministro é realizar fielmente as obrigações do ministério, dia após dia, estação após estação, ano após ano, independentemente dos resultados.

Respeitando e repreendendo os santos
LEIA 1TIMÓTEO 5:1,2

Ao longo dos anos o trabalho do profeta era "confortar os aflitos e afligir os que estavam confortáveis" [tradução livre]. Acho que esse também é o trabalho do pastor. Para cumprir essas duas ordens, um pastor — ou qualquer ministro, no que diz respeito ao assunto — tem de aprender como lidar com as pessoas e também com as Escrituras. A maioria das pessoas que conheço que lutaram no ministério não dirigiram mal os programas de construção, nem usaram mal os fundos da igreja, tampouco lidaram de forma equivocada com a Escritura ou a teologia. Os ministros falham com mais frequência porque não sabem como se relacionar ou interagir com as pessoas. Apesar de todo o intelecto e talento deles, faltam-lhes habilidades sociais e inteligência emocional.

Um pastor tem de gostar de interagir com as pessoas tanto quanto ama estudar e expor a Palavra de Deus. E ele tem de fazer essas duas coisas *bem*. Pela minha experiência, essas duas qualidades são raras entre as pessoas em geral e, tragicamente, são raras no ministério do púlpito. Alguns assumem o papel de pastor porque amam as pessoas e sentem grande satisfação em servi-las. Eles têm habilidades maravilhosas para interagir com o público — embora muitas vezes à custa do ensino e da pregação da verdade. Os homens (pelo menos nos círculos conservadores) se tornam com mais frequência pastores porque amam as Escrituras e têm o dom para falar em público. Infelizmente, à medida que eles aprofundam seu entendimento da Palavra de Deus (em geral no seminário), ficam mais reclusos, até mesmo cínicos. Eles continuam a distância e isolados, grudados nos livros e se aprofundando no conhecimento. Logo todo esse conhecimento da Bíblia é desperdiçado porque eles alienaram todos, exceto os mais atrevidos e descarados. A falta de autoconhecimento deles se torna palpável.

Paulo, é claro, reconhecia esse perigo. O apóstolo, após seu discurso sobre a pureza doutrinal e a ordem *aplica-te à leitura, à exortação e ao ensino* (4:13), volta-se para a responsabilidade do pastor de manter um bom relacionamento entre os membros da congregação. Em 1Timóteo 5, Paulo examina as necessidades de três grupos distintos na igreja:

- Os homens idosos (5:1a)
- Os jovens (5:1b)

- As mulheres idosas (5:2a)
- As jovens (5:2b)
- As viúvas (5:3-16)
- Os presbíteros (5:17-25)

Paulo dedica apenas algumas sentenças à interação de Timóteo com a congregação em geral, mas consegue dizer muito em um pequeno espaço. Examinaremos as percepções dele nos dois primeiros versículos do capítulo 5 antes de examinar seu conselho específico em relação às viúvas e aos presbíteros.

5:1

Os homens idosos

O termo grego para *homem idoso*, *presbyteros* [4245], é o mesmo usado para "presbítero". As culturas antigas consideravam a idade sem sabedoria uma triste anormalidade. Idealmente, os homens idosos são líderes sábios, sensatos. Não obstante, Paulo mantém uma distinção entre "idoso" e o cargo da igreja; o contexto nos diz como traduzir o termo. Sabemos que Paulo, nesse caso, se refere aos homens de idade avançada, e não ao cargo da igreja de presbítero ou "supervisor" porque os presbíteros estão em foco em 5:17-25. Da mesma forma, *mulheres idosas* (5:2a) e *viúvas* (5:3-16) se referem a dois grupos diferentes.

Paulo aconselha Timóteo a exercer a autoridade de liderança em todos os casos, incluindo a necessidade ocasional de corrigir um membro da congregação. O adjetivo "duro" não aparece no texto grego, que usa apenas o termo para "repreensão". Muitos tradutores inferem a qualificação adicional "duro" ou "asperamente" por dois motivos. Primeiro, Paulo depois encarregou Timóteo da responsabilidade de *aconselha[r]*, *repreende[r]* [o mesmo termo grego] *e exorta[r] com toda paciência e ensino* (2Tm 4:2). Portanto, o ato de repreender não é inapropriado por si mesmo. Segundo, o resto da ordem, *mas exorta-o como a um pai*, afirma a necessidade de confrontação, só que com uma abordagem mais suave. No caso dos idosos, Paulo recomenda uma *exorta[ção]*, usando a conhecida palavra *parakaleō* [3870], "exortar, consolar, instruir, encorajar". Em vez de pegar um homem idoso pelos ombros e o chacoalhar — em vez de tratá-lo com dureza —, Paulo esperava que Timóteo tratasse o idoso como deveria tratar o próprio pai: com a devida dignidade, respeito e honra.

Uso o verbo "deveria" deliberadamente e com ênfase. Os tempos mudaram desde que Paulo escreveu essas palavras. As culturas antigas, embora fossem imorais em muitos aspectos, ainda assim consideravam a família um reino em miniatura sobre o qual o patriarca governava como um rei justo e sábio. E eles dedicavam aos pais a mesma dignidade e submissão devidas a um rei. Infelizmente, em nossa época, muitos pais não administram sua família com dignidade, respeito e honra, e é provável que os filhos não ofereçam a eles um respeito não merecido. Por isso, o conselho *exorta-o como a um pai* talvez não encontre eco na cultura de hoje como encontrava na cultura de Timóteo. Talvez possamos adaptar um pouquinho as palavras de Paulo e dizer: "Exorta-o como a um rei, presidente ou primeiro-ministro muitíssimo respeitado".

Ponto principal: a abordagem firme é aceitável; a áspera é proibida.

Os jovens

Confrontar um igual, por sua vez, exige menos formalidade; o padrão relaxa um pouco. Quando um homem confronta ou repreende um irmão com quem compartilha uma criação comum, ele pode se permitir ser um pouco mais abrupto; pode ir direto ao ponto com menos formalidade e dignidade que quando se dirige ao seu pai. Por essa razão, um pastor deve se dirigir a um homem da mesma idade ou mais jovem com verdade concisa e direta, contudo sem lhe tirar a dignidade. A gentileza cai bem, independentemente da idade ou do cargo.

5:2

As mulheres idosas

Em relação a confrontar uma mulher idosa, Paulo volta à sua analogia familiar. O pastor não deve repreender asperamente uma mulher idosa, mas apelar (*parakaleō* [3870]) a ela como se fosse sua mãe. Enquanto a palavra-chave para confrontar um pai é "respeito", para a mãe é "ternura". O pastor deve tratar todas as mulheres idosas com bondade gentil, sobretudo em uma conversa difícil.

As jovens

Curiosamente, Paulo reforça a ideia de confrontar as jovens como irmãs com a frase *com toda pureza*. Sua escolha do termo grego refere-se muitas vezes à pureza ritual, como a lavagem dos instrumentos do templo e a reserva deles para uso especial; mas aqui ele tem "inocente" em mente. O relacionamento que o homem cultiva com sua irmã é diferente de qualquer outro relacionamento dele. Ele permanece ciente da feminilidade dela, porém sem o mais leve indício de sexualidade. Esse ministro maduro esperava que Timóteo — e todos que seguissem seus passos — cultivasse esse mesmo relacionamento inocente, sem malícia, com as mulheres.

■ ■ ■

Paulo não escolhia suas analogias ao acaso. As referências que faz à família fazem mais que ilustrar como o pastor tem de interagir com os vários membros da sua congregação. Ele evitou de propósito usar termos de empresa ou de governo porque a igreja não é nenhum dos dois. Muitas práticas comerciais podem ser úteis nas operações da igreja, mas as pessoas na congregação não são um corpo de funcionários. A mentalidade corporativa é letal na igreja. Da mesma forma, todas as igrejas precisam de um governo ordenado, mas os membros da família de Deus não são súditos. Os membros da igreja compartilham um Pai comum, olham para Cristo como o irmão mais velho e vivem, por assim dizer, em uma família estendida. Por conseguinte, temos de considerar uns aos outros como irmãos e irmãs, alguns mais velhos e alguns mais jovens, mas mesmo assim família.

Com esse princípio geral determinado, Paulo, a seguir, trata as preocupações de grupos específicos na igreja e como Timóteo — e todos os pastores — tem de ministrar às necessidades únicas deles.

APLICAÇÃO
1Timóteo 5:1,2
SEIS PALAVRAS DE ADVERTÊNCIA PARA OS MINISTROS

Poucas coisas me entristecem mais que ouvir falar sobre um ministro caído. Odeio isso para o homem ou para a mulher que pecou, odeio isso para a família e a congregação deles, e odeio isso pelo mal causado ao evangelho. É possível evitar a tragédia. Ninguém falha sem múltiplas advertências; simplesmente decide ignorá-las. Ninguém se torna de repente um desastre.

Para que você não se torne outra estatística dolorosa, deixe-me oferecer seis advertências. Escrevi essas advertências especificamente para pessoas no ministério cristão em tempo integral, mas elas se aplicam a todos os cristãos e podem ser adaptadas para se ajustar a qualquer vocação.

Advertência nº 1: autoritarismo
Conforme os membros da congregação começam a ter mais confiança no ministro e a prestar mais atenção em suas palavras, o orgulho pode

começar a aparecer. De maneiras sutis, isso abre a porta para um estilo de liderança autocrático e autoritário. Seria muito fácil o ministro começar a achar que seus métodos são superiores e exigir que as coisas sejam feitas do jeito dele, mesmo quando outras abordagens funcionam. Ele pode se tornar inflexível, ditatorial, opressor ou até mesmo tirânico. Quando um ministro antes receptivo ao ensino começa a dar ordens dogmáticas, em vez de fazer pedidos graciosos e gentis, ele transforma a liderança em ditadura.

Advertência nº 2: exclusividade

Quando um ministro dedica cada vez mais tempo a estudar cada nuança da Palavra de Deus, ele começa a acreditar que tem um lugar exclusivo na verdade e pensa: *Estou certo, e todos estão errados.* Mas sei que só uma pessoa não precisa da ajuda de ninguém para discernir a verdade, e ele não está fisicamente na terra neste momento. O resto de nós precisamos uns dos outros para questionar nosso pensamento enquanto lemos, interpretamos, entendemos e aplicamos a Escritura.

O mesmo princípio se aplica a uma comunidade de cristãos. Quando a exclusividade substitui a humildade, um grupo pode acabar ficando fanático e paranoico, definindo a verdade pela associação com uma pessoa ou multidão em particular, e não pela Palavra de Deus.

Advertência nº 3: ganância

A ganância é definida como o desejo de mais dinheiro do que o necessário de fato. Mas de quanto dinheiro um ministro precisa? A erosão do contentamento pode transformar rapidamente os desejos em necessidades, transformando a alma do ministro em um local propício para a tentação. Como o surgimento da ganância pode acontecer de forma gradual e sutil, mantenho uma política severa de não intervenção em relação ao dinheiro. Não aceito que me deem dinheiro vivo, não lido com as doações, não conto nem manuseio as ofertas e não determino como os fundos devem ser distribuídos. Na verdade, nem mesmo sei quem dá o que na igreja em que sirvo. Nem mesmo sei quem conta as ofertas. Mas tenho certeza disto: seja quem for, é confiável, uma vez que todas as posições de responsabilidade são ocupadas por pessoas íntegras.

Advertência nº 4: racionalização

É possível manter a justiça a seus próprios olhos de uma de duas maneiras: elevando-se para a ocasião ou baixando o padrão. A racionalização é baixar o padrão justificando ou minimizando o erro. A racionalização muda os fatos ou torce o sentido da Escritura a fim de chamar de justa uma obra má.

Muitos anos atrás, conheci um pastor que começou a se reunir com os membros do sexo feminino da congregação. Ele, para evitar prestação de contas, começou a pregar o que chamava de "doutrina da privacidade". Ele, espertamente, arranjou a Escritura com um raciocínio de prestidigitador para tornar a "doutrina da privacidade" um tema importante de sua pregação. Isso manteve a congregação desestabilizada por tempo suficiente para ele praticar um estilo de vida sensual durante muitos anos.

No entanto, nem todas as racionalizações são patentemente malignas. Como os ministros se preocupam muito com a prática do bem, eles adotam uma perspectiva de que "o fim justifica os meios" e caem nessa armadilha para o bem da igreja. Por exemplo, a secretária da igreja recebe um cheque de valor considerável para as missões, mas a conta da folha de pagamento está sem fundos, com o dia de pagamento do salário se aproximando. O pastor pode racionalizar: *Se usar uma parte do valor do cheque para pagar o salário do pessoal esta semana, posso pagar o "empréstimo" para a conta das missões com o dinheiro da folha de pagamento da próxima semana. Sem problema; afinal, é tudo dinheiro de Deus mesmo.*

Um pastor executivo a quem admiro usava a expressão "limpo e claro" sempre que enfrentávamos a tentação de racionalizar qualquer decisão ruim. Isso nos encorajava a ter certeza que todas as atividades eram moralmente corretas (limpo) e a desempenhá-las com total transparência (claro). De todas as decisões difíceis que tomei como pastor, nunca me arrependi daquelas que foram "limpas e claras".

Advertência nº 5: sensualidade

Os ministros não têm como de repente se tornarem seres assexuados uma vez que decidem servir a Deus em tempo integral. Não obstante, a pureza moral não é um item negociável. Um homem ou uma mulher que atendem às necessidades das pessoas feridas e emocionalmente vulneráveis têm facilidade em cruzar a linha moral. Um abraço tranquilizador, de consolo, rapidamente se transforma em um abraço prolongado. Uma autoestima ferida, depois de meses de crítica, encontra conforto na sensualidade ilícita.

Recomendo escrever um código severo de conduta, um conjunto de regras a obedecer. Por exemplo:

1. Nunca me encontrar privadamente com uma pessoa do sexo oposto sem uma terceira pessoa presente.
2. Evitar tocar uma pessoa do sexo oposto em qualquer parte do corpo que não as mãos.
3. Instalar um programa de prestação de contas em qualquer computador que uso regularmente.
4. Não andar de carro sozinho com uma pessoa do sexo oposto.
5. Não fazer uma refeição em restaurante sozinho com uma pessoa do sexo oposto.
6. Não...

Depois, recomendo compartilhar sua lista com um amigo confiável por causa da prestação de contas.

Advertência nº 6: não prestação de contas

Ninguém está imune à tentação. A prestação de contas é uma ajuda para a determinação pessoal de evitar cair em pecado grave. Todos os líderes têm de prestar contas a alguém em uma cadeia de comando; todos, até o pastor sênior que presta contas aos presbíteros. E, em vez de nos ressentirmos com a supervisão ou a rotina de checagem, temos de convidá-la e promovê-la.

Francamente, encontro grande conforto na prestação de contas. Gosto de saber, que se fizer algo de errado, serei pego. Isso fortalece minha decisão de fazer o que é certo e ficar distante da tentação.

E quanto às viúvas?

LEIA 1TIMÓTEO 5:3-16

Quem não conhece muito bem os escritos de Paulo muitas vezes considera que ele odeia as mulheres. Certa vez, ensinei em uma classe nas manhãs de domingo para um grupo de mulheres que só tinham um conhecimento superficial da Bíblia. As opiniões delas me surpreenderam. A hostilidade em relação à Bíblia criada pela revolução das mulheres da década de 1970 tinha amainado um pouco, mas muitas continuavam a achar que Paulo simplesmente não gostava das mulheres. As senhoras da minha sala de aula, por conseguinte, decidiram aceitar todos os ensinamentos de Paulo com certa reserva. Foi uma tarefa difícil corrigir e mudar a perspectiva delas.

O ensinamento de Paulo, em uma análise crítica superficial, pode parecer duro, mas só se você ler as palavras dele isoladamente. Todos os seus escritos a respeito das mulheres têm de ser lidos através das lentes de Gálatas 3:28, que diz: *Não há judeu nem grego, não há escravo nem livre, não há homem nem mulher, porque todos vós sois um em Cristo Jesus.* Embora Paulo, às vezes, dirija-se a grupos específicos, ainda assim ele mantém todas as pessoas no mesmo padrão de justiça.

AS MULHERES NAS EPÍSTOLAS DE PAULO

1Coríntios 7:28,34	Conselho para as mulheres solteiras
1Coríntios 11:2-16	Mulheres na igreja
1Coríntios 14:33-36	Mulheres nos cultos de adoração
Gálatas 3:26-28	Igualdade das mulheres
Efésios 5:22-24	Conselho para as esposas
1Timóteo 2:9-15	Mulheres nos cultos de adoração
1Timóteo 3:11	Mulheres diaconisas (?)
Tito 2:3-5	Responsabilidade das esposas jovens

A civilização do século I não era gentil com as mulheres. As culturas pagãs tendiam a ver todas as pessoas em termos de sua utilidade, primeiro para a família e, depois, para o Estado. Essas culturas premiavam os filhos homens recém-nascidos saudáveis porque eles aumentavam a riqueza e o poder da família e davam estabilidade ao reino. As crianças recém-nascidas do sexo feminino e os bebês do sexo masculino não saudáveis, no entanto, eram muitas vezes abandonados ao relento, porque eram considerados um fardo pesado demais para serem criados. Da mesma maneira, essas culturas valorizavam as mulheres principalmente por sua capacidade de produzir herdeiros. Por isso, uma mulher sem um homem, ou tragicamente despojada de outra família, via-se totalmente impotente para sobreviver por conta própria. Enquanto o costume romano e grego esperava que as famílias cuidassem de seus membros, a assistência pública não existia fora da cultura hebraica. As mulheres gentias sem a proteção e provisão de um homem tinham em geral de escolher entre a prostituição e a fome.

As instruções de Paulo a Timóteo, por mais surpreendentes que possam parecer hoje, representam um passo imenso à frente para as mulheres do século I. Ele se baseia em sua herança hebraica, que valorizava *todas* as pessoas como portadoras da imagem de Deus e, por conseguinte, merecedoras de dignidade. Além disso, Cristo morreu por todas as pessoas como um dom de graça, e não pelo que cada recipiente de salvação pode fazer em troca. Como Jesus valoriza as pessoas simplesmente porque ele as criou, a igreja tem de cuidar das pessoas independentemente de sua "utilidade".

O apóstolo começa seu discurso sobre o tratamento das viúvas com a ordem simples *honra* (ARC) as viúvas ou "cuida" delas (cf. Rm 12:10; 13:7). A seguir, o apóstolo divide as viúvas em três categorias distintas, só uma das quais tem de ser acrescentada à "lista":

- A viúva com parentes vivos (5:4-8)
- A "viúva realmente necessitada" (5:9,10,16)
- As viúvas prováveis de se casarem novamente (5:11-15)

A "lista" não é mencionada em outra passagem da Escritura; não obstante, discernimos seu propósito a partir do contexto. A igreja mantinha uma lista oficial de pessoas — principalmente viúvas, mas não apenas elas — que eram elegíveis para receber assistência tangível. A igreja naquela época, como hoje, precisava de uma política oficial determinando quem pode receber o quê.

5:3

A palavra grega para *honra* (ARC), *timaō* [5091], é a mesma palavra escolhida por Pedro em 1Pedro 2:17 para ordenar que os cristãos *honr[em] o rei*. Além disso, o tempo do verbo aqui indica uma ação em andamento ou contínua: *honra as viúvas* (ARC). A igreja brilha mais quando dá tratamento real às pessoas que sofrem muitíssimo e ainda se mantêm fiéis.

O termo também significa "fixar o valor", sugerindo firmemente que essa "honra" tinha de ser uma expressão tangível na forma de dinheiro; afinal, cuidamos financeiramente das pessoas que valorizamos. Essa ajuda provavelmente assumia a forma de um salário em troca do serviço prestado à igreja (cf. 5:17,18). Hoje, chamaríamos isso de honorário. Essa percepção é sustentada pelo fato de que a "honra" era condicional — ao contrário da caridade, que não é condicional. Paulo reservava essa honra para as verdadeiras viúvas ou viúvas de fato necessitadas. Ele define esse grupo especial em 5:4-15.

5:4

Paulo diferencia as "viúvas de fato" das viúvas que têm filhos ou netos vivos. Ele encarrega a família dessas viúvas de cuidar delas baseado em dois princípios: justiça e gratidão.

Paulo chama essas famílias a "praticar a piedade", usando a forma verbal do substantivo "piedade", uma palavra muitíssimo importante em toda a sua epístola (2:2; 3:16; 4:7,8; 6:3,5,6,11). O propósito do ministério pastoral e do trabalho da igreja é ajudar seus membros a levarem uma vida piedosa (1:5), e isso inclui cuidar dos seus.

Paulo também apela a eles com base na gratidão. Os filhos e netos devem a própria existência à disposição dos pais de sacrificar seu conforto a fim de prover para eles e protegê-los. A mãe deles, em especial, os carrega no ventre e, depois, dá à luz com um desconforto e dor incríveis. Se o desejo de ser justo não for suficiente, só a gratidão já deve incitar os filhos a cuidar das mães viúvas.

5:5-7

Os expositores diferem quanto à melhor interpretação desses versículos, dependendo da resposta a duas perguntas. Primeira, para quem se esperava que Timóteo *ordena[sse]* essas coisas em 5:7? Para as viúvas ou para a família delas através da igreja como um todo?

Segunda, o que significa a frase *a que só busca prazeres*? Muitos expositores sugerem que a frase descreve buscar o próprio prazer buscando o pecado. Alguns entendem isso como um eufemismo de Paulo para prostituição, de modo que ela se faz objeto de "prazeres" para ganhar a vida. Paulo começa e termina a discussão com a questão da provisão (5:4,8). Também acho difícil acreditar que um grande número de viúvas destituídas buscaria o pecado só por diversão (ou seja, seu próprio "prazer"). Ao contrário, a prostituição foi historicamente a única alternativa à fome para as viúvas ao longo dos séculos até o advento da assistência pública. Ver os "prazeres" como um meio de provisão também faz mais sentido do contraste entre os versículos 5 e 6.

Uma viúva sem família espera na bondade de Deus para suprir suas necessidades; continuar viva passa a ser uma questão de fé. Uma viúva que abandona a fé, trocando a provisão "incerta" de Deus pela provisão certa advinda da prostituição, *embora esteja viva, na verdade está morta*. A viúva piedosa coloca sua esperança em Deus e luta diariamente para sobreviver pela fé; a viúva ímpia coloca sua esperança na prostituição, só para receber um tipo de morte em vida.

Do meu diário

Honra, com um toque pessoal

1TIMÓTEO 5:4

Pouco depois de minha mãe falecer, meu pai veio viver conosco — com Cynthia, comigo e nossos quatro filhos. Tentamos nos preparar e preparar a casa para dar a ele o melhor cuidado possível, mas não fazíamos ideia do que esperar. Fico contente em dizer que os dois primeiros anos foram relativamente tranquilos. Outras famílias reclamam de interferência quando os pais se mudam para sua casa, mas papai preferia sua solidão. Era uma luta tirá-lo do seu quarto e envolvê-lo com a família.

Perto do fim da vida dele, no entanto, seus problemas físicos ficaram muito sérios. No fim, alguns momentos precários e incertos levaram à necessidade de ter acompanhamento dia e noite. Embora minha esposa e eu quiséssemos fornecer cuidado pessoal e fazer quaisquer ajustes necessários, simplesmente nos faltava o tempo e treinamento necessários. Quando lutamos com uma decisão difícil, também lutamos com a culpa. Mas depois de muita discussão, montes de oração e avaliação cuidadosa da Escritura, percebemos que honrar meu pai não exigia que fornecêssemos cuidado médico pessoalmente. Na verdade, ele ficava mais confortável com um profissional cuidando dos detalhes médicos enquanto nós (e minha irmã, Luci) continuávamos pessoalmente envolvidos com ele. Todo o caminho até sua morte, fizemos nosso melhor para tratá-lo com honra e respeito e não deixá-lo sentir-se abandonado.

Os pais idosos merecem que os honremos. Podemos confiar o cuidado físico deles a profissionais, mas não podemos nunca abandoná-los.

Se 5:6 se refere à prostituição, então Paulo dirige a passagem de 5:7 às famílias das viúvas através da igreja como um todo. Ele sugere que os membros da família que não cuidavam de sua mãe viúva seriam moralmente cúmplices no pecado da prostituição. Ninguém é responsável pelas escolhas pecaminosas do outro, mas também não está isento de reprovação quando não encoraja a piedade por qualquer meio possível. Por essa razão, Paulo exorta Timóteo a *ordena[r]* (também traduzido por "advertir", "ensinar" ou "exortar" em 1:3,18; 4:11; 6:13,17) que as famílias cuidem de sua mãe viúva.

O contraste entre *elas*, em 5:7, e *alguém* [que] *não cuida* em 5:8 é mais uma indicação de que *elas* se refere às famílias das viúvas, e não às próprias viúvas, e que o cuidado fiel dos seus entes deixa os membros da família isentos de reprovação.

5:8

Paulo defende que a família cuide das viúvas do ângulo positivo em 5:4 — "praticar a piedade" e "retribuir". Em 5:8, ele argumenta de um ângulo negativo: enquanto o cuidado da viúva por um membro da família era justo, a falha em fazer isso provaria a total falta de valor moral do indivíduo. Até mesmo os gregos e romanos pagãos e imorais cuidavam da própria família. Paulo não imagina um cristão genuíno se recusar a ter um comportamento pelo menos tão decente quanto o de seus vizinhos descrentes.

5:9,10

Paulo, após argumentar contra a igreja apoiar as viúvas com parentes vivos (5:4-8), argumenta contra a igreja apoiar as viúvas jovens (5:9-15), mais uma vez contrastando a circunstância delas com a das viúvas de fato necessitadas. Ele estabelece o padrão para as viúvas *inscrita[s] na relação* antes de declarar os motivos para negar o apoio de longo termo para mulheres mais jovens cujo marido morrera.

Inseri o qualificador "longo termo" por dois motivos. Primeiro, Paulo não argumentaria contra ajudar a viúva mais jovem em necessidade de curto prazo de alimento, vestimenta ou abrigo. O propósito de Paulo era não ser legalista ou insensível em relação a ninguém em necessidade, em especial com uma mulher jovem que ficara repentinamente sem o marido. Segundo, 5:11 indica que os nomes acrescentados à "relação" não deviam ser tirados, indicando que a inscrição marcava uma transição permanente para um novo estágio de vida marcado pela devoção singular de servir a Deus por intermédio da igreja (5:5; cf. Lc

2:37). Paulo considerava inconveniente uma mulher se devotar a esse grau de serviço só para voltar atrás depois de conhecer um homem.

O apóstolo especifica três exigências, uma objetiva e duas subjetivas.

Primeira, *não menos de sessenta anos*. De acordo com a Mixná, um documento judaico compilado por volta de 200 d.C. que registra a tradição rabínica oral, a idade de 60 anos marcava o início oficial da velhice em que um homem podia ser considerado um "ancião".[8]

Segunda, "mulher de um só homem" (tradução literal). A construção dessa expressão se equipara à expressão *marido de uma só mulher* na lista de qualificações para o bispo e o diácono (1Tm 3:2,12; Tt 1:6). A qualificação, como essas outras listas, tem mais que ver com o caráter da pessoa que com quantas vezes ela foi casada. A Escritura nunca condena alguém por casar de novo depois da morte do cônjuge ou ser vítima de um divórcio injusto (veja 1Co 7).

Terceira, *uma reputação de boas obras*. As Epístolas Pastorais — em especial Tito — se preocupam com as boas obras quase a ponto de serem obsessivas. Isso porque Paulo, aproveitando a melhor teologia judaica, via as boas obras como o fruto da justiça. A piedade que não produz boas obras é tão inútil e tão sem sentido quanto a figueira que não produz figos (Lc 6:43,44; 13:7) ou a vinha sem uvas (Is 5:1-7; Ez 15:1-5; Jo 15:1-11).

As cinco qualificações seguintes não são exigências independentes, mas exemplos específicos de "boas obras". Esses exemplos, ao contrário das três primeiras qualificações, são orações condicionais "se" subordinadas a *pratic[ar] todo tipo de boa obra*.

- *Ter cri[ado] filhos*, demonstrando uma gama completa de maturidade emocional e espiritual
- *Exerce[r] hospitalidade* com estrangeiros, a marca essencial de decência reconhecida por todas as culturas no antigo Oriente Próximo
- *Lav[ar] humildemente os pés dos santos*, a marca essencial de humildade e piedade, única do cristianismo (Jo 13:5)
- *Socorre[r] os atribulados*, demonstrando não só a qualidade de misericórdia, mas também de obediência (Lc 10:25-37)
- *Pratic[ar] todo tipo de boa obra*, significando que ela não esperou por oportunidades para fazer boas obras, mas procurou por elas e participou delas

Essa é uma lista e tanto de qualificações! Com certeza, não é menos severa que a lista de qualificação para o bispo ou diácono. Essa lista oferece uma forte evidência para apoiar a existência do cargo de "viúva" na igreja, um cargo completo com qualificações, obrigações e

Do meu diário

Tia Mae

1TIMÓTEO 5:9,10

Durante nossa época no seminário, Cynthia e eu viemos a amar uma viúva apoiada por nossa igreja em Houston, Texas. Não consigo lembrar seu sobrenome porque nós — e alguns outros casais do ministério — só a conhecíamos como tia Mae.

Tia Mae, ao contrário da maioria das pessoas que dizem: "Estamos orando por você", orava mesmo. Ela nos perguntava sobre nossas necessidades e anotava cuidadosamente cada uma delas. Então, ela dizia: "Vocês têm de prestar contas a mim agora. Estou orando, portanto preciso saber como vocês estão indo".

Após vários meses de estudo em Dallas, sempre sentia um senso de obrigação de fazer uma checagem com tia Mae na nossa volta a Houston. Ela pegava sua lista de oração — sempre um pouco amassada pelo uso — e repassava a lista: "Agora, Chuck, da última vez que estivemos juntos, você mencionou essa necessidade; como esse assunto se desenvolveu?"

— Bem, muito bem — respondíamos.

Tia Mae pegava sua caneta e riscava esse item da lista.

— E esse aqui?

— Ainda precisamos de ajuda nessa área — dizia.

E ela mantinha o item na lista.

Tia Mae manteve contato regular conosco ao longo dos meus anos no seminário, e ela conversava fielmente com o Senhor em nosso nome. Às vezes me pergunto quão diferente seria nossa experiência se ela não tivesse orado com tanta fidelidade. Muito pior, suspeito.

remuneração pelo serviço. Na verdade, vários pais da igreja primitiva mencionam o cargo de "viúva", completo com ordenação:

- Inácio, *Epístola aos filipenses* 15
- Clemente de Alexandria, *O instrutor* 3:12[9]
- Tertuliano, *Sobre o véu das virgens* 9

5:11-13

Paulo, em seu argumento para excluir a viúva jovem da "lista", cita dois motivos principais. Primeiro, a inclinação natural delas para o amor e o sexo provavelmente provará ser muito grande para ser superada, e elas, eventualmente, se comprometerão com um marido em violação ao seu juramento de desistir de novo casamento em favor do serviço na igreja. A "condenação" em que elas incorrem não é a perda da salvação ou até mesmo desagradar a Deus, mas o escárnio dos de fora da igreja como resultado do escândalo. Casar-se de novo não é algo pecaminoso em si mesmo; só quando viola um juramento solene de permanecer solteira no serviço para Deus.

O segundo motivo é a relativa imaturidade das viúvas jovens. Elas aprendem a ser *ociosas*, o que pode significar *preguiçosas* (cf. Tt 1:12) ou *infrutíferas* (cf. 2Pe 1:8). O último adjetivo se ajusta melhor ao contexto. Paulo não acusa as mulheres jovens de serem preguiçosas, mas de não ter discernimento. É provável que as mulheres jovens, como não têm a sabedoria da maturidade, lidem de forma equivocada com a informação que ouvem. Elas, em vez de ajudar e manter a discrição, cedem sem perceber à fofoca e criam drama.

5:14,15

Paulo, em vez de fazer as viúvas jovens lutarem contra suas inclinações naturais, encoraja-as a casar de novo, desfrutar o ato sexual com um marido que as ame e saborear as bênçãos da vida em família. Em outras palavras, as viúvas jovens devem agir de acordo com sua idade e desfrutar sua juventude, em vez de fazer um juramento difícil de manter que pode levá-las a se arrepender de tal juramento.

5:16

Paulo conclui seu ensinamento sobre o tópico das viúvas com uma instrução final referente à provisão para elas. Em 5:8, Paulo convoca os homens chefes de família a prover cuidado e proteção para suas mães e avós viúvas. Algumas mulheres, no entanto, desfrutavam de recursos consideráveis. Ele as encoraja a dar um passo adiante e, por assim dizer, adotar uma viúva menos afortunada. Paulo, um ministro maduro, sabia que os fundos do ministério só podiam ser esticados até certo ponto antes de os programas perderem sua eficácia. Ele preferia causar um impacto relevante na vida de algumas pessoas, em vez de dar uma ninharia para uma multidão.

APLICAÇÃO

1Timóteo 5:3-16
AJUDA PRÁTICA PARA OS DESPROTEGIDOS

O ensinamento de Paulo sobre o tópico das viúvas, jovens e idosas, oferece quatro princípios que podem ser aplicados a outros grupos de pessoas em necessidade.

Primeiro, *a caridade da igreja não é um substituto para a responsabilidade pessoal* (5:4). Paulo alude a princípios bíblicos e culturais tão conhecidos de seus leitores que não se preocupa em citá-los. O Senhor ordenou que os pais provejam para os filhos em sua infância e juventude (Pv 19:14; 2Co 12:14) e que os filhos adultos *honrem* os pais (Êx 20:12). Como observamos na exposição de 1Timóteo 5:3-16, honrar alguém inclui provisão financeira para as necessidades dessa pessoa. Por essa razão, os filhos e netos têm de cuidar de suas mães viúvas, e não esperar que a igreja os alivie de sua responsabilidade pessoal.

Em um sentido amplo, não podemos esperar que a igreja faça o que nós, como indivíduos, podemos e devemos fazer por nós mesmos. Podemos trabalhar em cooperação com a igreja, mas não podemos esperar a igreja — e não podemos culpar a igreja por não agir. Se você vê uma necessidade no mundo, aja!

Segundo, *o sofrimento e o pesar não produzem automaticamente piedade* (5:5,6,11,12). Paulo se preocupava que a profunda dor do pesar pela qual uma viúva jovem passava e a necessidade de provisão da parte dela a fizesse pecar, em vez de aguentar sua angústia com paciência e confiar no Senhor por ajuda. O sofrimento nos oferece a oportunidade de nos aproximarmos do Senhor e experimentar amadurecimento espiritual, mas podemos ser com a mesma facilidade tentados a deter a dor por meio do pecado. Por isso, os membros da família de Deus têm de ministrar àqueles que estão sofrendo e ajudá-los a preencher o vazio deixado pela perda do ente querido.

Um meio eficaz de satisfazer as necessidades de cristãos em sofrimento é mobilizar voluntários por intermédio de um programa de treinamento destinado a equipá-los para cuidar dos outros. Esse não é um treinamento psicológico ou meramente um programa leigo de aconselhamento, mas um curso em capelania para um cristão típico.

Terceiro, *a igreja não pode apoiar todos em necessidade nem devemos esperar isso* (5:9,10). O apóstolo descreve cuidadosamente quais viúvas têm de ser acrescentadas à "lista" e, tão importante quanto isso, quais não devem ser acrescentadas. O auxílio financeiro, em especial o cuidado de longo prazo, não pode nunca ser prestado indiscriminadamente. A comunidade sempre terá mais necessidades que a assembleia local pode suprir; os recursos são limitados. Por conseguinte, a igreja tem de usar o discernimento e responder de forma sábia.

Quarto, *uma pessoa que tem uma vida plena e ativa é muito mais provável que permaneça piedosa que uma pessoa ociosa e não envolvida em nada* (5:13,14). Isso pode ser levado a extremos, é claro. A vida ocupada demais pode se tornar uma desvantagem — uma distração para o crescimento em piedade. Não obstante, falando de modo geral, uma casa cheia de filhos e uma vida engajada em superar as exigências da carreira tendem a ser algo muito mais seguro que uma casa vazia com tempo de sobra. Se as circunstâncias o deixarem sem ninguém de quem cuidar e sem aspirações, deixe-me encorajá-lo a investir em algo relevante. O mundo está cheio de pessoas necessitadas e de causas que precisam de defensores. Portanto, envolva-se — seja um voluntário!

Uma prescrição para a saúde pastoral
LEIA 1TIMÓTEO 5:17-25

Os presbíteros que governam bem devem ser dignos de honra em dobro. Como isso é verdade! Encontrar um homem assim, no entanto, pode ser como procurar por ouro. Quando um prospector agita a lama do rio com água em sua peneira, ele procura o brilho de pequenos pontos de ouro, em geral não maiores que a cabeça de um alfinete. Da mesma maneira, os homens bem adequados para a liderança espiritual em geral não chamam a atenção para si mesmos; eles se movem silenciosa e discretamente na congregação, servindo e liderando sem estardalhaço. Eles, preciosos e raros, brilham por breves momentos e nada mais, portanto é preciso ter olhos treinados para os localizar e selecionar para a liderança.

Paulo passava boa parte de suas viagens à procura de ouro. Enquanto evangelizava no Império Romano entre Antioquia e Atenas, fundando igrejas e treinando líderes, ele acrescentou gradualmente homens escolhidos à sua comitiva. Ele tirou Tito de casa em Antioquia (Gl 2:1-3), Timóteo da cidade de Listra (At 16:1-3), Tíquico de Éfeso ou Colossos (At 20:4), Trófimo de Éfeso (At 21:29) e Gaio e Aristarco da Macedônia (At 19:29), apenas para citar alguns. Depois, Paulo, perto do fim de seu ministério, posicionou-os em igrejas-chave para continuar o trabalho que ele começara.

Agora, após posicionar Timóteo na cidade desconcertante e corrompida de Éfeso, Paulo encoraja seu assistente escolhido a encontrar outros homens dignos capazes de *governa[r] bem.*

5:17,18

É difícil determinar a diferença entre *bispos, episkopoi* [1985], e *presbíteros, presbyteroi* [4245], nos escritos de Paulo. Ele usa os termos de forma intercambiável quando enumera as qualificações deles (3:1-7; Tt 1:5-9). Os dois têm a responsabilidade de *governa[r]* e têm de ser capazes de ensinar e pregar. Por conseguinte, a conclusão mais simples é que os termos "bispos" e "presbíteros" descrevem o mesmo papel na igreja.

Os presbíteros, como as viúvas da "lista", recebiam um salário por seu serviço. Paulo pede uma "honra em dobro" ou duas vezes o salário regular, para os presbíteros que conduzem os assuntos da igreja com eficácia, e em especial para aqueles que ensinam e pregam. O sentido literal do texto grego é: "em especial os que trabalham na Palavra e no

Trilho. Os fazendeiros da Antiguidade usavam esse método rústico, mas eficaz, para debulhar os grãos. Os bois arrastavam um trilho sobre os talos cortados dos grãos. A mordaça impedia os bois de comer os grãos, e eles ajudavam na colheita, mas o Senhor considerou essa prática indigna de seu povo (Dt 25:4).

ensino". O termo *Palavra* (*logos* [3056]), nesse contexto, pode significar apenas a exposição da Escritura. O termo combina de maneira engenhosa a expressão comum para Bíblia com o sentido esperado: "falar em público". Observe que nem todos os presbíteros eram responsáveis pelas tarefas de ensinar e pregar. Todos deviam ser capazes de desempenhá-las, mas essas responsabilidades ficavam mais para alguns que para outros.

Paulo, para dar mais peso à sua recomendação, cita dois princípios do Antigo Testamento. Deuteronômio 25:4 passara a ser uma expressão idiomática no século I, usando a antiga imagem de um boi arrastando um trilho sobre os grãos cortados para separar o grão da casca. Conforme o boi trabalhava, podia comer uma parte dos grãos. A Lei mosaica declara que isso é justo (cf. 1Co 9:9). Se o fazendeiro ganha com o trabalho do boi, ele tem de permitir que o animal se sustente.

Paulo também cita Jesus (Mt 10:10; Lc 10:7), que alude ao Antigo Testamento (Lv 19:13; Dt 24:15). Nem mesmo os pagãos esperariam que alguém trabalhasse sem receber um salário justo. Os presbíteros, em especial aqueles que tinham o fardo extra de ensinar e pregar, fazem um serviço valioso para a congregação, e fazem isso à custa de conseguir o sustento em outro lugar. Se uma igreja valoriza o ensino excelente, a pregação vigorosa e a liderança espiritual, a congregação dá a seus líderes provisão financeira suficiente para que devotem tempo normal de trabalho aos ministérios da igreja.

5:19

A maioria dos presbíteros e/ou pastores merece o salário que recebe, mas nem todos. Alguns começam bem e, depois, eclipsam suas grandes realizações pecando de modo chocante e grandioso. Sempre fico triste ao ouvir a notícia de um ministro ou presbítero que caiu em pecado. Não obstante, essa é uma realidade que todos os líderes espirituais inevitavelmente encontram. Paulo preparou Timóteo para o inevitável com três recomendações específicas:

- Investigue muitíssimo bem (5:19)
- Discipline publicamente (5:20)
- Administre com imparcialidade (5:21)

A principal preocupação de Paulo — e de todos os ministros que seguem em sua vocação — é a integridade da igreja. Essa não é apenas uma preocupação com a reputação da igreja, mas uma preocupação

Do meu diário

Admire seus mentores, mas só siga a Cristo

1TIMÓTEO 5:19

Encontre mentores dignos e cultive um relacionamento próximo com eles, mas não se torne um devotado a alguém além de Cristo.

A experiência mais decepcionante de toda a minha adolescência espiritual foi quando o homem que eu admirava e seguia com devoção acabou se tornando um líder do tipo cult, badalado. Foi uma experiência decepcionante tentar recuperar meu equilíbrio depois de minha fé quase sair do eixo. Mas aprendi uma lição valiosa: nunca transformar ninguém além do Senhor no centro da minha fé.

A igreja está repleta de grandes homens e mulheres piedosos que se tornam mentores maravilhosos. Deixe que alguns deles o disciplinem. Aprenda com eles e imite as qualidades positivas deles. Mas nunca permita que alguém se torne um deus terreno — a não ser que queira que tudo em que você acredita desmorone. Tenha certeza de que até mesmo os mentores mais piedosos o desapontam às vezes. Mantenha Cristo — e só Cristo — no foco central. Ele nunca desaponta!

concernente à oração nesse sentido. Deus comissiona e capacita a igreja a ser uma condutora de sua bênção, um meio de sua graça e uma guardiã da verdade divina; por isso, ela tem de se manter pura. Ninguém quer tomar água de uma torneira contaminada, e ninguém confia na Palavra de Deus vinda de um porta-voz poluído.

Investigue muitíssimo bem

A primeira recomendação de Paulo protege a igreja de falsas acusações. Falando claro, algumas igrejas são assassinas de pastores. Elas têm o hábito de chamar os homens mais excelentes e, nos primeiros seis meses, comportam-se como igrejas-modelo. Depois, elas mudam. Não querem ser lideradas; querem liderar. Primeiro, elas começam a duvidar do líder que saudaram antes como sua salvação e a questionar a capacidade dele para liderar. Quando ele permanece firme, essas igrejas solapam a autoridade dele questionando sua adequabilidade para liderar. No fim, se ele persiste em dizer o que não querem ouvir, elas criam uma lista de pecados ou arrumam uma acusação conveniente para impugnar sua qualificação moral para liderar.

Essas igrejas, depois de uma carnificina brutal, passam por alguns pastores temporários até começarem o ciclo mais uma vez com algum outro homem excelente. As igrejas assassinas de pastores raramente mudam. Felizmente, algumas mudam. Invariavelmente, aquelas que mudam são as que tiram de seu meio os líderes que as contaminaram com sua carnalidade.

Timóteo talvez tenha tido um punhado de assassinos de pastores em Éfeso. Paulo, na verdade, disse sabiamente: "Não ouça qualquer crítica; investigue muitíssimo bem qualquer acusação para testar seu mérito antes de agir".

Não podemos interpretar as palavras de Paulo de forma muito canhestra. Ele cita Deuteronômio 19:15 (cf. Dt 17:6) porque esse era o melhor padrão de veracidade em sua época. Em outras palavras, não podemos limitar nossa investigação ao testemunho ocular. Outra evidência sólida pode provar que várias testemunhas oculares estão equivocadas ou confirmar a acusação de apenas uma. Em um caso trágico que lembro, *e-mails* inapropriados trocados entre um membro da equipe e sua amante expuseram o pecado deles.

5:20

Discipline publicamente

A tradução da TB, *aos que pecam*, não é a melhor tradução do original. Ela sugere que a instrução a seguir se aplica apenas aos ministros que se recusam a se arrepender e persistem obstinadamente em seu pecado. Mas Paulo usa um particípio plural do verbo "pecar". A tradução literal seria: "os que pecam"; ou: "os pecadores". A instrução *repreende-os na presença de todos* aplica-se aos ministros caídos, até mesmo aqueles que se arrependem de seu pecado.

Um pastor ou presbítero, ao contrário da disciplina da igreja aplicada a um membro que não é da liderança (Mt 18:15-17; 1Co 5), tem de ser censurados independentemente de se arrepender ou não. Quando um pastor ou presbítero se arrepende, sua contrição tem de ser recebida com um plano para uma eventual restauração dele em algum momento em um futuro distante, mas sua ordenação coloca o pastor ou presbítero em uma categoria única na igreja. Sua estatura pública e objetivo de representar a Palavra de Deus exigem censura pública por parte da igreja de uma forma oficial e ordenada.

Uma vez que a culpa de um pastor ou presbítero é comprovada, ele tem de ser confrontado com a evidência e ter a oportunidade de responder a ela. Além disso, ele precisa ter a oportunidade de mostrar sua dignidade em enfrentar seus acusadores e rever a evidência contra ele. Isso não é um julgamento. Ainda assim, é a oportunidade de limpar seu nome ou aceitar a responsabilidade pelo erro. Como a evidência, em primeiro lugar, tem de ser conclusiva, o principal propósito da confrontação é estabelecer a culpa do homem e informá-lo das consequências de seu ato. Espera-se que ele ofereça humildemente uma carta de demissão na qual reconhece seu pecado e peça desculpas à congregação. Independentemente disso, Paulo prescreve o passo seguinte.

O pastor ou presbítero pecador tem de ser *repreend[ido]*. Fora do Novo Testamento, o termo grego tem uma ampla gama de sentidos, incluindo "vergonha", "culpar", "expor", "punir", "condenar ou declarar culpado" ou "resistir".[10] Palavras fortes, cada uma sugerindo sérias consequências. No Novo Testamento, no entanto, o termo usado nessa construção em particular[11] sempre significa "mostrar à pessoa seus pecados e chamá-la ao arrependimento".[12] Ademais, a repreensão tem de acontecer *na presença de todos* na congregação local. Essa atitude não é para humilhar o indivíduo — embora a vergonha seja lamentavelmente inevitável —, mas para permanecer transparente e verdadeira como uma igreja. Lidar com pecados particularmente graves em tom abafado ou secreto ou no fundo das salas põe a igreja sob suspeita. Uma igreja autêntica presta contas às claras, mesmo quando isso eleva o padrão de justiça diante de um mundo que observa seus passos e atitudes.

5:21

Administre com imparcialidade

O encargo dado por Paulo a Timóteo não poderia ser mais sério. Ele recorre a todo juiz divino no reino do céu — o Pai, o Filho e seus mensageiros divinos (cf. Mt 25:31; Mc 8:38; Lc 9:26; Ap 14:10) — para manter o jovem responsável por suas atitudes em um aspecto acima de todos os outros: permanecer totalmente imparcial ao ouvir e investigar acusações, discernindo a verdade do assunto e, depois, mantendo os pastores e presbíteros em um alto padrão de pureza moral.

Paulo não especifica um objeto direto para o verbo *phylassō* [5442], "manter, proteger, vigiar, guardar, cuidar". A referência definitiva de *essas* permanece ambígua. Por essa razão, a maioria das traduções inserem *instruções* (NVI), *conselhos* (ARA) ou *coisas* (A21). O mais provável é que *essas* se refira às obrigações enumeradas em 5:19,20. Ele esperava que Timóteo investigasse muitíssimo bem e, quando necessário, disciplinasse publicamente sem preconceito; ou, ao pé da letra, prejulgamento. Ele não podia julgar antes da hora ou tomar uma decisão antes do fato. Nem desempenhar suas obrigações com alguma tendência em particular.

O símbolo mais popular de justiça no sistema judicial ocidental é uma estátua da deusa romana Justitia (conhecida pelos gregos como *Dikē*). Ela usa uma venda nos olhos para evitar o preconceito, o prejulgamento. Ela segura uma balança pronta para pesar objetivamente a evidência. E ela carrega uma espada na mão direita, pronta para executar a justiça. Paulo encarrega solenemente Timóteo de manter esses ideais de justiça na igreja.

5:22

Impo[r] as mãos em alguém no contexto do ministério é ordenar e confirmar essa pessoa para servir à congregação e representar a igreja em uma posição oficial. Paulo adverte Timóteo de evitar ordenar um homem rápido demais. A ordenação pode seguir uma de duas formas. Primeiro, a igreja não deve ordenar um homem sem primeiro ver o registro de uma rota de maturidade e integridade (cf. 3:6). Ou, segundo, a igreja não deve restaurar nenhum ministro caído a qualquer posição sem ter a garantia de ele ter dado tempo e atenção suficientes para permitir que o Senhor reforme seu caráter.

Embora eu favoreça a última percepção, o princípio é o mesmo nas duas opções. Não buscamos perfeição em nossos presbíteros ou pastores. Nenhum homem chega ao cargo sem um passado maculado pelo pecado. O próprio Paulo afirma isso (1:12-14). Mas ele demonstra um aumento consistente de maturidade e integridade? Não tem vícios, compulsões, corrupção moral e ética ou hábitos ruins? Ele presta contas a alguém e é transparente com todos?

Paulo adverte que a falha na devida diligência resultaria em Timóteo *particip*[*ar*] dos pecados dos outros. A palavra grega é *koinōnia* [2842], a palavra favorita do Novo Testamento para o elo único e sobrenatural entre os cristãos. Só nesse caso Paulo torceu o sentido do termo. Ordenar um homem apressadamente só para ele desgraçar a igreja com seu pecado é compartilhar um elo de vergonha, e não de alegria. Além disso, líderes apáticos que pensam tão pouco na igreja a ponto de ordenar homens indignos se tornam cúmplices do pecado deles.

A igreja é uma família. Quando uma filha escolhe um par para compartilhar todos os direitos, prerrogativas e privilégios da família dela, seus pais querem ter certeza de que o homem é confiável. Os pais investiram anos na educação da filha, nutrindo, provendo, protegendo, dedicando horas à oração eficaz. Naturalmente, a família espera que ela não se apresse em nada, mas examine com cuidado e dê o tempo necessário para conhecer bem seu futuro parceiro antes de se comprometer com ele. Afinal, se ele falhar moralmente, toda a família sofrerá.

O ministro mais velho exorta o homem mais jovem a *conserva*[*r-se*] *puro*. O termo significa na verdade "ritualmente puro" ou "cerimonialmente limpo". No Antigo Testamento, um sacerdote se mantinha ritualmente imaculado e, depois, observava os rituais de purificação para se manter cerimonialmente puro. Do contrário, ele não podia desempenhar suas obrigações sacerdotais de liderar a adoração, sacrificar em nome das pessoas e ensinar a Escritura. Além disso, a ordem das palavras enfatiza o *te* na sentença, sugerindo um contraste contundente com a advertência anterior.

Eu traduziria o versículo 22 da seguinte maneira: "Não imponha as mãos rapidamente em alguém, nem participe [como resultado disso] do pecado dos outros — conserva-te puro".

5:23

Tenho de ser franco. O uso desse verbo me deixa perplexo! E, aparentemente, não sou só eu que me sinto assim. A maioria de meus comentários luta em vão para ligar esse versículo ao resto da discussão. Muitos se aventuram a especular sobre a influência do asceticismo e a possibilidade de que Timóteo evitava o vinho de modo que a crítica não se tornasse uma distração. Talvez seja esse o caso. À parte de uma óbvia — ou até mesmo razoável — concordância com o argumento, é melhor ver esse como um comentário parentético, talvez provocado pela ordem de Paulo para se manter puro.

Timóteo ficava doente com frequência, aparentemente por causa de problemas no estômago. Paulo escreve apenas: "Não bebas água"; os tradutores introduziram *apenas* (A21) ou *somente* (NVI) porque, em vista do contexto, é uma interpretação razoável. Não obstante, a prescrição de Paulo exige que Timóteo pare de beber água. Enquanto Éfeso se vangloria de ter um sistema municipal de água sofisticado, incluindo cisternas para armazenamento, uma rede de canos de terracota para distribuição e até mesmo um sistema de esgoto para levar os dejetos para o mar, o saneamento talvez não atendesse aos padrões modernos. Seria mais seguro, por sua vez, beber o vinho fermentado com moderação.

5:24,25

Paulo conclui seu conselho sobre a administração dos presbíteros com um comentário admoestatório. Sua observação é verdade para as pessoas em geral, mas é oferecida aqui no contexto de escolher os presbíteros, recompensando aqueles que administram bem e confrontando os culpados de pecado. Alguns homens pecam abertamente; por conseguinte, o verdadeiro caráter deles não pegará ninguém de surpresa no julgamento final. Outros, no entanto, projetam uma imagem tão impressionante e piedosa que todos ficarão chocados quando o julgamento final revelar todos os segredos.

As obras, por sua vez, falam por si mesmas. As boas obras são tão evidentes quanto os sinais do pecador público, e as obras más, no fim, encontram seu caminho para a luz. Não vemos a alma do homem para avaliar seu caráter; observamos apenas suas obras. Um espírito saudável — marcado pela maturidade e integridade — não pode deixar de ser bom. Siga a rota das boas obras até sua fonte e você encontrará um presbítero digno.

■ ■ ■

Olhando mais de cinquenta anos de ministério pastoral em retrospectiva, lembro-me de pouquíssimos presbíteros ou membros da equipe sem qualificação e de muitos parceiros de ministério fiéis e qualificados. Mas aprendi, logo no começo da minha vocação, o valor inestimável de um presbítero ou pastor realmente excelente. Planeje todos os programas que quiser, funde todos os ministérios com os quais puder arcar, tenha todos os grandes sonhos que ousar, mas, sem a pessoa certa na liderança, isso tudo não dará em nada. Se, por sua vez, encontrar um presbítero ou membro da equipe que lidera bem — um seguidor de Cristo e servo das pessoas genuíno e devotado —, o trabalho da igreja permanecerá saudável e, na verdade, prosperará.

APLICAÇÃO
1Timóteo 5:17-25
A ESPERANÇA PARA OS LÍDERES ESPIRITUAIS CAÍDOS

Um dos dias mais tristes na vida de um pastor sênior é quando ele tem de confrontar um presbítero caído ou membro da equipe pastoral que se desgraçou com o pecado. Seu caso, devido à notoriedade de sua posição de liderança espiritual, exige um tratamento especial. Deus deixou o assunto claro. O pecado tem de ser exposto e o culpado, reprovado *na presença de todos, para que os outros também tenham temor* (1Tm 5:20). Com receio de que essa política pareça desnecessariamente dura — sou tentado a pular essa parte quando retiro um ministro caído de sua posição —, temos de manter três verdades em mente.

Primeira, *temos de lembrar que a integridade de toda a igreja está em jogo, e não apenas os sentimentos de uma pessoa*. Embora às vezes eu relute em executar essa ordem escritural, vim a apreciar a sabedoria dela. Nos dias seguintes a um evento terrível como esse, um silêncio sombrio se instala na congregação e nos outros ministros. Os pastores refletem sobre a santidade de seu chamado enquanto os outros ministros redobram seu compromisso com a pureza pessoal. Se o pecado fosse apenas deixado de lado, e o homem recebesse sua demissão sem alardes e com discrição, isso sugeriria que a moralidade do ministro causa pouco impacto na congregação. A censura severa prescrita pela Bíblia reflete a seriedade do pecado cometido pelos líderes espirituais.

Segunda, *temos de lembrar que a igreja tem a responsabilidade de manter um exemplo consistente de obediência à Palavra de Deus*. Antes de eu aprender com a experiência, achava que a repreensão pública de um líder de ministério abalaria a confiança da congregação e atiçaria as chamas da suspeita na comunidade circunvizinha. Acontece o contrário disso: todos se sentem reafirmados. Quando o choque e a tristeza desaparecem, uma tranquila garantia de confiança se instala.

Terceira, *temos de lembrar que o propósito de exercer a disciplina na igreja não é punir, mas restaurar*. A instrução de Paulo em 5:22 permite a reintegração do homem depois de ele se arrepender, reformar e demonstrar um padrão de justiça. Embora a igreja precise de líderes maduros e piedosos, ela é mantida junta e edificada pela graça.

Certa vez, apoiei um amigo pastor enquanto ele executava fielmente a disciplina pública de um líder antes confiável de sua igreja. Foi algo aterrador. O líder caído era uma figura cristã conhecida na comunidade, de modo que seu pecado se tornou notícia. Depois de o pastor repreender publicamente seu amigo e removê-lo de seu posto de liderança, o homem se afastou de Deus. Ele continuou com raiva do Senhor e nutriu um sentimento de amargura pela igreja durante anos. Depois, ele voltou. Ele escreveu uma carta com um pedido de desculpa à igreja e admitiu para seu amigo pastor: "Você estava certo. Eu estava em pecado. Você me perguntou sobre o pecado e, em vez de me arrepender, rebelei-me". Ele se arrependeu totalmente.

Fico feliz em dizer que a igreja recebeu o homem de volta de braços abertos. Na verdade, eles fizeram uma festa com o propósito expresso de dar as boas-vindas ao irmão que estava de volta à comunhão. Foi uma noite maravilhosa de louvor. E isso também virou notícia.

Respondendo corretamente à autoridade

LEIA 1TIMÓTEO 6:1-6

Todos estão sujeitos à autoridade. Os filhos têm os pais. Os empregados, os chefes. Os chefes, seus superiores. Os cidadãos, o governo. O governo, prestação de contas e balanços (esperamos!). Mesmo aqueles poucos que conseguiram se elevar acima de toda prestação de contas, em última análise têm de responder a Deus.

A questão da autoridade sob o governo de Roma no século I apresentava a Paulo um problema teológico complicado. A escravidão passara a ser uma peça central da cultura romana, tanto na capital quanto em todo o império. Como os escravos não eram escolhidos com base na raça, eles pareciam indistinguíveis dos romanos na capital, de modo que o senado concebeu um plano para fazer com que os escravos fossem identificáveis à primeira vista. Eles decidiram, porém, não implementá-lo, porque os escravos poderiam perceber que eram em maior número e se sentir confiantes para iniciar uma revolta.

Os cristãos em Éfeso passaram por cima do espectro cultural. As elites ricas se misturavam com as pessoas do povo. Os homens e mulheres ficavam de pé ou sentados juntos na adoração. Os intelectuais e os trabalhadores, os cristãos convertidos havia pouco tempo e os anciãos, os judeus e os gentios — todos abraçavam o evangelho e se tornavam um só povo sob a cruz. Isso incluía os escravos e talvez até mesmo os senhores deles. Paulo, depois de tratar os tópicos para os homens idosos, homens jovens, mulheres idosas, mulheres jovens, anciãos, viúvas, maridos e esposas, acaba chegando à inquietante questão dos escravos. Paulo — para o desapontamento e confusão de muitos em nossos dias — não visou a reforma social, começando com a abolição da escravatura. Como resultado disso, os críticos modernos o acusam de dar aprovação tácita à prática da escravidão. Os expositores pró-escravatura na América do Sul até mesmo usaram as epístolas de Paulo para argumentar contra a abolição da escravatura. E admito que minha questão inicial era provavelmente a mesma de vocês: "Por que então Paulo não assume uma posição firme e condena a escravidão?" Depois de pensar mais, talvez esta fosse uma pergunta melhor: "Como um movimento incipiente totalmente contrário à escravidão humana começaria a abordar uma instituição tão bem estabelecida?"

Paulo escolheu uma abordagem singularmente cristã. A abordagem é tão brilhante que só poderia vir de Deus. Nesses seis versículos, Paulo não só dá conselho prático para os escravos contemporâneos dele, antes da eventual abolição da escravidão; ele também avança o evangelho como um meio de mudar o mundo. O ativismo pode reformar a sociedade, mas só no tempo certo. As revoluções — do tipo sem derramamento de sangue — começam com corações transformados que, depois, transformam as instituições. E os resultados falam por si mesmos. Dois mil anos depois, as sociedades ocidentais — cristãs em sua origem — rejeitam a escravidão. Hoje, nem mesmo os descrentes fazem concessões ao pensamento de escravidão.

A escravidão como uma instituição social aceita é uma relíquia do passado. Não obstante, as palavras de Paulo para Timóteo nos ensinam muito sobre a autoridade e a submissão. Não, não temos senhores. No entanto, temos chefes, funcionários do governo, policiais, pais e os presbíteros da igreja. As instituições mudam, mas os desafios da autoridade e nosso amor pela autonomia permanecem os mesmos.

Todos respondem a alguém. Por conseguinte, todas as pessoas lidam com quatro verdades fundamentais:

Primeira, *as pessoas não se submetem naturalmente à autoridade*. Nossa natureza pecaminosa se rebela quando não consegue que as coisas sejam feitas do seu jeito. A resistência parece muito mais gratificante que a submissão. O coração humano, como a terra amaldiçoada (Gn 3:17-19), prefere a erva daninha e resiste ao cultivo. Somos, por natureza, indivíduos independentes, teimosos, autossuficientes, que querem fazer tudo do *nosso* jeito e no *nosso* tempo.

Segunda, *o relacionamento com a autoridade, em geral, é complexo e raramente indolor*. Muitos de nós têm uma resistência profunda à autoridade proveniente de experiências dolorosas com alguém que abusou de sua autoridade. Essas feridas deixam cicatrizes indeléveis que não podem ser apagadas pelo lugar-comum e pensamento positivo. Além disso, alguns breves encontros com a verdade divinamente inspirada não deixam repentinamente tudo melhor. É necessária uma transformação sobrenatural e que raramente acontece de forma instantânea. A transformação é um processo que Deus dirige, mas exige nossa submissão e fica mais fácil com nossa participação.

Terceira, *muitos em cargo de autoridade não conquistam nosso respeito*. Lembro-me da minha época na Marinha. Saudava muitos uniformes de patente alta, mas em algumas ocasiões não saudava os homens usando os uniformes. Conhecia o estilo de vida deles; sabia onde iam e o que faziam fora da base durante a licença. E, para ser completamente honesto, saudava por uma questão de sobrevivência. Não queria arcar com as consequências da insubordinação.

Você não elegeu a maioria das pessoas que detêm autoridade sobre você. Encaremos isto: alguns nem mesmo merecem a posição de poder que ocupam. Nesses casos, você colocaria outras pessoas mais dignas nessas posições. Infelizmente, essa prerrogativa não é nossa; então, você tem de aprender a viver com isso.

Quarta, *nem sempre é errado resistir à autoridade*. Às vezes, as autoridades terrenas pressionam os subordinados para violar a lei de Deus. Atos 5:40-42 descreve as tentativas das autoridades religiosas em Jerusalém de suprimir o evangelho. Eles prendiam e açoitavam os apóstolos, ordenando que ficassem em silêncio. Mas *não cessavam de ensinar e de anunciar Jesus, o Cristo* (At 5:42).

Às vezes, submeter-se à autoridade pode ser errado. Contudo, temos de usar de discernimento ao escolhermos a resistência passiva, a subversão ativa ou a rebelião declarada contra uma autoridade ímpia.

Os primeiros seis versículos de 1Timóteo 6 podem ser divididos em três partes distintas:

- Submissão à autoridade não cristã (6:1)
- Submissão à autoridade cristã (6:2)
- Submissão à autoridade da Palavra de Deus (6:3-6)

6:1

Submissão à autoridade não cristã

O *jugo* (ARC) era um símbolo poderoso de subjugação. Os fazendeiros punham uma peça de madeira no pescoço do animal de carga firmemente presa com tiras de couro e amarrada ao arado ou outro tipo de implemento. Os professores, às vezes, usavam essa imagem para inspirar os alunos a se submeter à difícil tarefa de aprender. No contexto da escravidão, no entanto, o jugo ilustrava a servidão desumana. Os escravos eram ferramentas humanas, sujeitos aos caprichos de seus senhores. Enquanto os cidadãos do império desfrutavam de proteção extraordinária, e os súditos romanos viviam em relativa harmonia com seu governo, os escravos tinham poucos direitos.

Paulo convocou os escravos a *considerar* — ou seja, a "pensar sobre" — seus senhores como dignos *de toda honra*. Essa é uma escolha da parte do escravo, uma decisão determinada pela vontade dele. Os escravos, independentemente das circunstâncias externas, eram encorajados a alterar seu pensamento e aceitar que seus senhores eram melhores do que o comportamento deles.

A palavra para "honra" aqui tem a mesma raiz que em 5:3 e 5:17. As viúvas têm de ser honradas, e os presbíteros têm de receber *honra em dobro* da congregação, e os senhores de escravos não tementes a Deus têm de receber *toda honra* de seus escravos cristãos. Nesse caso, é claro, a honra não é monetária, mas na forma de respeito.

Observe o motivo do apóstolo para ordenar essa atitude reconhecidamente difícil: evitar dar qualquer motivo para que os não tementes a Deus influentes pudessem difamar o Senhor ou desacreditar o evangelho. A subversão não é a resposta: a influência piedosa é o melhor meio de minar a prática da escravidão. A instituição da escravidão talvez persista em todo o mundo, mas o senhor de alguém se torna um irmão; então, o objetivo é alcançado em um sentido prático.

A ESCRAVIDÃO NO IMPÉRIO ROMANO[13]

1TIMÓTEO 6:1,2

Na época de Paulo, a escravidão existia havia muito tempo, remontando à época da história humana registrada. No Império Romano, a escravidão passara a ser uma instituição patrocinada pelo Estado com códigos legais detalhados, procedimentos econômicos sofisticados e costumes sociais complexos.

A escravidão greco-romana, em contraste contundente com a escravidão do Novo Mundo dos séculos XVII-XIX, funcionava como um processo, em vez de ser uma condição permanente. Era uma fase temporária da vida por meio da qual alguém de fora obtinha "um lugar na sociedade [Wiedemann, p. 2]".[14]

S. Scott Bartchy, em *The International Standard Bible Encyclopedia* [Enciclopédia padrão internacional da Bíblia], identifica quatro principais modos de as pessoas se tornarem escravas no Império Romano:

1. **Sequestro ou captura:** antes da morte de César Augusto em 14 d.C. e durante a época da expansão estrangeira de Roma, muitos escravos eram capturados na guerra ou sequestrados pelos piratas e, depois, vendidos em leilão. Paulo enumera esse tipo de escravidão entre outras práticas detestáveis, como a imoralidade sexual, a homossexualidade e o perjúrio, logo no começo de sua primeira epístola a Timóteo (1:10, em que o termo *sequestradores* [NVI] traduz *andrapodistēs* [405] ou "sequestrador"; cf. Êx 21:16).
2. **Nascimento:** na época de Paulo, o nascimento passara a ser a principal fonte de novos escravos. De acordo com a lei romana, se uma criança nascesse de uma escrava, também estava presa ao senhor da mãe.
3. **Venda de si mesmo:** um meio extremamente comum de escapar da vida miserável era vender a si mesmo como escravo. Muitos não romanos escolhiam o contrato voluntário de servo como uma forma de conseguir habilidade no trabalho, subir socialmente e obter a cidadania após a libertação (conhecida como manumissão) — essa era uma expectativa razoável de acordo com a lei romana — e até mesmo servir em cargo público. Muitos acreditavam que esse foi o caminho escolhido por Erasto (Rm 16:23), o tesoureiro da cidade de Corinto.
4. **Abandono ou venda de filhos:** um método comum de lidar com uma gravidez indesejada era ter o filho e, depois, abandoná-lo ao relento, prática essa denominada "exposição". As crianças encontradas vivas eram muitas vezes criadas como escravas. Os pais extremamente pobres escolhiam vender o filho para a escravidão, em vez de deixá-los passar fome — não pelo dinheiro necessariamente, mas como uma forma cruel de adoção.[15]

A lei romana considerava os escravos uma propriedade. Era possível possuir, trocar ou vender um escravo como um animal de carga. O escravo não podia se casar legalmente, entrar com um processo contra alguém na justiça, herdar propriedade ou dinheiro ou fazer algo sem o consentimento de seu senhor. Enquanto os escravos recebiam punições mais severas por crimes que suas contrapartes livres, eles desfrutavam de alguma proteção legal de abuso excessivo, como nossas leis contra a crueldade com animais. A aplicação da lei, no entanto, era inconsistente.

Do lado bom, os escravos podiam ter propriedade, a qual eles controlavam legalmente sem a interferência de seu senhor. Alguns até mesmo adquiriam seus próprios escravos, que vendiam por um lucro. Os escravos também podiam acumular riqueza e, depois, usá-la para comprar sua liberdade, um método comum de liquidar dívida e retomar a vida livre com posição social melhor.

Legalmente, os escravos ocupavam uma posição decididamente subalterna na sociedade romana; mas eles, da perspectiva social, chegavam muitas vezes a posições relativamente altas. Na verdade, poucos conseguiam diferenciar os escravos dos trabalhadores contratados nascidos livres, que desempenhavam os mesmos tipos de tarefas.

> Nas famílias greco-romanas, os escravos serviam não só como cozinheiros, limpadores e serviçais pessoais, mas também como tutores de pessoas de todas as idades, médicos, enfermeiras, companheiros próximos e administradores da casa. No mundo dos negócios, os escravos não eram apenas porteiros e entregadores; eles eram administradores de propriedades, lojas e navios, bem como vendedores e agentes contratantes. No serviço civil, os escravos não eram usados apenas nas turmas de pavimentação de ruas e limpeza de esgoto, mas também como administradores de fundos e pessoal e como executivos com poderes para tomar decisão.[16]

A maioria dos escravos podia esperar ser liberta aos 30 anos ou até mesmo antes, contanto que seus senhores libertassem todos os escravos como parte de seu testamento final.

6:2

Submissão à autoridade cristã

Esse versículo começa com a conjunção grega contrastante *de* [1161] ("mas"), mudando da questão de escravos com senhores não cristãos para a questão dos cristãos senhores de escravos. O conselho de Paulo aqui talvez fosse considerado o mais difícil de entender na passagem. Seria possível esperar que ele escrevesse: "Os senhores cristãos façam o que é certo e libertem imediatamente seus escravos!" Mas ele não escreveu isso por, pelo menos, três motivos.

Primeiro, as circunstâncias da escravidão variavam. Alguns escravos eram capturados de nações conquistadas e vendidos em grupos como bens móveis. Paulo, refletindo a lei do Antigo Testamento (Êx 21:16), proibiu isso expressamente, contando os *exploradores de homens* entre outros pecadores detestáveis (1Tm 1:10). Muitas pessoas vendiam a si mesmas para a escravidão para pagar alguma dívida ou aceitavam o contrato de servo em troca de casa e comida. Outros se prendiam voluntariamente a uma família por devoção (cf. Êx 21:5,6).

Segundo, Paulo tratou a questão da perspectiva do escravo, e não do senhor de escravo. Em outra passagem, ele ordena que os senhores cristãos garantam *justiça e imparcialidade* a seus escravos (Cl 4:1[17]; cf. Fm 1:16), que, em essência, traduz a liberdade sem desatar nenhum contrato financeiro que possa existir. Observe que ele não caracterizou os escravos de um senhor cristão como "sob o jugo", talvez pela pressuposição de que eles fossem tratados de forma justa.

Terceiro, o assunto é submissão à autoridade, e não à moralidade da escravidão. Os princípios cristãos, no fim, podem revolucionar as instituições humanas, mas não sem antes mudar primeiro o caráter dessas instituições de dentro para fora.

Paulo chama os escravos a terem respeito por seus senhores cristãos e a servi-los ainda mais não para evitar punição, mas por aceitar a circunstância como uma oportunidade para amar um irmão. O serviço, afinal, é a pedra angular da virtude cristã (Mt 20:26-28; Jo 13:4-17). Ele, na verdade, diz: "Use sua posição como uma oportunidade para inundar um irmão cristão com bênçãos. Faça seu trabalho como um dom de serviço para um irmão no Senhor".

6:3-5

Submissão à autoridade da Palavra de Deus

A questão da autoridade é um fio condutor que atravessa essa seção toda, começando em 4:1. Paulo, ao longo da seção, lida com as atitudes e responsabilidades do ministro, que tem de exercer autoridade em relação à apostasia (4:1-6), à congregação como um todo (4:7-16), aos membros da igreja em erro (5:1,2), às viúvas (5:3-16), aos presbíteros e aos pastores (5:17-25) e finalmente aos escravos (6:1,2). Ele deixa claro que o pastor não se baseia na própria autoridade, mas na verdade essencial da Palavra de Deus. Todos têm de se submeter à autoridade do ensino original e puro do Senhor Jesus Cristo. Nos dias de Paulo, os cristãos recebiam esse ensino dos apóstolos, os emissários designados pelo Senhor, tanto verbalmente quanto por escrito; hoje temos as palavras inspiradas por Deus preservadas para nós nos 66 livros da Bíblia.

Paulo condena firmemente qualquer um que ensine algo contrário a esse ensino ortodoxo de Cristo. A palavra grega é um composto de *heteros* [2087], "diferente, o outro, estranho", e *didaskō* [1321], "ensinar". Paulo usa as expressões *sã doutrina* e *verdadeiro ensinamento* (NTLH, 1:10; 2Tm 4:3; Tt 1:9; 2:1) em um sentido técnico com o significado de "ensino ortodoxo de Cristo transmitido por intermédio dos apóstolos". Esse não é alguém que apenas difere do pastor em um assunto não essencial da doutrina ou até mesmo defende um método de ministrar diferente. Paulo tinha em mente alguém que se desvia da Palavra de Deus na formação de suas crenças.

Um teste para a sã doutrina é se a vida da pessoa é de acordo com a piedade. Se a doutrina de alguém não leva a boas obras, então ela fracassa no primeiro teste de ortodoxia.

O apóstolo não mede palavras quando descreve aqueles que não se submetem à autoridade da Escritura. Ele enumera três características negativas da influência deles.

Primeiro, o que rejeita a autoridade da Escritura é *arrogante*. Esse é o mesmo termo usado por Paulo para um neófito a quem é dada muita autoridade rápido demais (1Tm 3:6). A palavra descreve alguém cuja percepção elevada de si mesmo e de suas próprias ideias se eleva acima de tudo e de todos.

Segundo, o herege, a despeito da percepção elevada de si mesmo, *não compreende nada*. Transliteramos o termo grego, *epistamai* [1987], para formar nossa palavra "epistemologia", que é o estudo do conhecimento. Ela refere-se ao conhecimento adquirido por intermédio da educação formal e do estudo pessoal. Poderíamos traduzir as palavras de Paulo por "ignorante".

Terceiro, o uso por Paulo do grego (a rara e contrastante conjunção *alla* [235]) salienta a ironia de um arrogante ignorante tentando desvendar os mistérios da filosofia. A expressão *delira em questões* traduz uma palavra cujo significado é "investigação filosófica", pelo que Éfeso ficou famosa. A expressão *discórdias acerca de palavras* vem de uma rara palavra composta cujo sentido literal é "luta de palavras". Um sátiro grego descreveu o debate entre estoicos e epicuristas como uma "luta de palavras",[18] usando deliberadamente o termo para fazê-los parecer tolos.

A seguir, o apóstolo enumera cinco efeitos da atividade de um herege de acabar com a igreja, muitos dos quais ele inclui entre as piores qualidades da humanidade depravada (cf. Rm 1:29). O quinto e mais sério efeito, *disputas*, despedaça a unidade cristã.

As questões no cerne dessas disputas mudaram ao longo dos anos, mas esses homens depravados e ignorantes têm um motivo singular por trás de sua briga de palavras e falação filosófica: ganho pessoal e monetário. Esses ignorantes arrogantes infestavam a igreja de Éfeso, Creta (Tt 1:11), Corinto (2Co 2:17) e Macedônia (1Ts 2:5) e praticamente toda a igreja do século I (2Pe 2:14; Jd 1:16). Eles continuam a existir hoje na forma de profetas da prosperidade e vendedores sorridentes de ganância por saúde e riqueza... tudo isso sob a desculpa de religião.

Esses falsos mestres não reconhecem a autoridade da Escritura; ao contrário, distorcem a Palavra de Deus para sustentar suas próprias perversões teológicas em causa própria. Além disso, eles evitam a todo custo prestar contas a outros porque eles mesmos são uma autoridade... e podemos ter certeza de que têm algo a esconder.

6:6

Ironicamente, a piedade genuína (a mesma palavra é encontrada em 2:2; 3:16; 4:7,8; 6:11) tem grande ganho. Embora Paulo não tenha o lucro financeiro em mente, não acho que ele pretendia excluir a riqueza material ou focar apenas em bênçãos intangíveis. Ele apenas salienta a qualidade essencial do *contentamento*. Thayer define o termo grego como "uma condição perfeita de vida em que não é necessário nenhum auxílio ou apoio".[19] Colton escreveu: "O verdadeiro contentamento não depende do que temos. Uma banheira era grande o bastante para Diógenes, mas um mundo era muito pequeno para Alexandre".[20] A questão é a atitude, e não a circunstância (Fp 4:11).

■ ■ ■

Em 1852, Harriet Beecher Stowe publicou um livro que muitos creem ter provocado o movimento abolicionista nos Estados Unidos. *A cabana do pai Tomás* relata a história do longo sofrimento de um escravo "vendido no rio" para um senhor indescritivelmente cruel, Simon Legree. Quando Tomás se recusou a açoitar um irmão escravo, Legree resolveu acabar à força com sua fé em Cristo. Tomás quase sucumbiu à crueldade de seu senhor, mas uma visão de Jesus fortaleceu sua determinação. Seu contentamento, a despeito das condições brutais, levou Legree a bater ainda mais nele.

> Mas os golpes atingiam apenas o homem exterior, e não, como antes, o coração dele. Tomás permaneceu perfeitamente submisso, contudo Legree não conseguia esconder de si mesmo que de algum modo

seu poder sobre seu escravo acabara. E, enquanto Tomás desaparecia em sua cabana, ele puxou o cavalo de repente e ali sua mente foi atravessada por um desses vislumbres vívidos que muitas vezes cruzam a consciência das almas sombrias e perversas. Ele entendeu muito bem que Deus estava entre ele e sua vítima e blasfemou. Esse homem calado e submisso que nem a zombaria, as ameaças, o açoite nem as crueldades conseguiam perturbar, despertou uma voz em seu interior.[21]

Seremos sempre atormentados pela injustiça do mundo e a indignidade das nossas autoridades até aceitarmos nossa situação: vivemos em um mundo dominado pelo mal, e aqueles sem Cristo *não podem* ser como Cristo. Mesmo que eles tentassem de todo o coração, é impossível. Eles precisam de Cristo! Ainda assim, foi-nos dada uma participação genuína no plano de Deus para mudar o mundo. O ativismo e a resistência têm seu lugar e momento, mas, até que corações suficientes sejam transformados, pouco pode ser mudado. Nesse meio-tempo o Senhor nos chama — na verdade, ele nos *ordena* — a nos submetermos às autoridades — mesmo que sejam ímpias — para que não deixemos nenhum motivo para nossa fé ser questionada ou duvidarem de nosso Deus.

APLICAÇÃO
1Timóteo 6:1-6
A SEU SERVIÇO

A escravidão não é a norma hoje — pelo menos, não do tipo brutal vivenciado no século I. Não obstante, os princípios traçados por Paulo têm aplicação para todos que recebem salário como empregado. Por isso, deixe-me falar de apenas dois dos princípios, com sugestões para aplicá-los especificamente no local de trabalho.

Primeiro, *a submissão à autoridade no trabalho é nosso melhor meio de evangelismo*. Talvez você trabalhe para um empregador não cristão e responda a um não cristão. Além disso, você acha que como cristão deveria tomar decisões diferentes ou adotar um estilo de liderança diferente. Mas você não está no comando, e ninguém pediu sua opinião ou sugestão. Por essa razão, se não pedirem para você fazer algo ilegal ou imoral, deveria fazer o que lhe pediram, e fazer isso com uma atitude positiva *para que o nome de Deus e a doutrina não sejam blasfemados* (1Tm 6:1).

Muitos cristãos veem seu trabalho principalmente como o lugar de fazer evangelismo. Muitos cristãos têm a ideia de que nossa missão básica no trabalho é apresentar o evangelho a todos que estão na folha de pagamento da empresa. É inevitável que esses cristãos conquistem uma reputação ruim com uma distração no trabalho e, em vez de trazer glória para o nome de Cristo, trazem reprovação.

Naturalmente, queremos apresentar Cristo para os outros e oferecer-lhes as boas-novas. O evangelho é nossa força motriz e nossa esperança de glória. Se, no entanto, somos contratados para fazer um trabalho, então, por uma questão de integridade, temos de fazer esse trabalho com diligência e excelência. Então, nossa fidelidade e integridade, surpreendentemente, fornecem oportunidades inesperadas de fazer com que nossos colegas e supervisores conheçam Cristo. Por conseguinte, quando trabalhamos para um superior não cristão, não podemos deixar nenhum motivo para ele, ou ela, questionar nossa fé, nenhum motivo para se perguntarem se nossa fé em Cristo é um impedimento para realizar os objetivos da empresa.

Segundo, *os supervisores cristãos merecem nossa submissão tanto quanto, se não mais, os chefes cristãos*. O Talmude Babilônico[22] traz um dito espirituoso: "Sempre que [um hebreu] adquire um escravo hebreu, ele adquire um senhor" (*Qiddushin*, 22a). Paulo observa a mesma tendência entre os cristãos, tendência essa que continua hoje. A probabilidade de injustiça e o medo de maus-tratos nos mantêm alertas no mundo hipercompetitivo do emprego secular, de modo que alguns cristãos, com menos temor, tiram vantagem da paciência e boa vontade de um chefe cristão. Os cristãos, muitas vezes, escolhem trabalhar para outros cristãos porque compartilham os mesmos valores básicos, seguem a mesma regra e respondem ao mesmo Deus. Por conseguinte, quando alguns cristãos trabalham para organizações cristãs, eles tendem a relaxar a ética de seu trabalho, olhar o relógio ou esperar favores especiais.

Paulo encoraja os escravos cristãos de senhores crentes a *servi-los melhor ainda* (6:2). Os cristãos, sem medo da injustiça como uma motivação negativa, têm a oportunidade de buscar uma motivação maravilhosamente positiva: o amor pelos irmãos em Cristo. Por que não trabalhar de forma muito mais diligente para beneficiar um irmão ou irmã em Cristo?

No entanto, os empregadores cristãos precisam, ao mesmo tempo, manter suas expectativas razoáveis e justas. Alguns cristãos tiram vantagem dos empregados cristãos, recorrendo à sua fé mútua, mantendo-os em um padrão de conduta e desempenho mais elevado que o dos não cristãos. O respeito funciona das duas maneiras.

Os atos impróprios dos ministros insatisfeitos

LEIA 1TIMÓTEO 6:7-10

Existe uma linha tênue entre o contentamento e a complacência. O *Dicionário Houaiss* traz uma definição muito boa:

> Contentamento: estado de contente; satisfação, gosto; alegria, júbilo. Complacência: disposição habitual para corresponder aos desejos ou gostos de outrem com a intenção de ser-lhe agradável; ação inspirada por condescendência ou submissão condenável.[23]

Tanto o contentamento quanto a complacência encontram descanso. Os dois experimentam satisfação. Desfrutam sua posição em vida. Duas diferenças cruciais, no entanto, os separam: primeiro, enquanto o contentamento agrada a Deus por tudo, a complacência se congratula. Segundo, enquanto a complacência descansa em suas realizações, a complacência busca apaixonadamente a excelência.

Paulo desfrutava de contentamento em todas as circunstâncias, contudo recusava-se a permanecer ocioso ou se tornar passivamente indiferente. Ao contrário, ele se esforçava sem descanso para conhecer a Cristo:

> *Sim, de fato também considero todas as coisas como perda, comparadas com a superioridade do conhecimento de Cristo Jesus, meu Senhor, pelo qual perdi todas essas coisas. Eu as considero como esterco, para que possa ganhar Cristo, e ser achado nele, não tendo por minha a justiça que procede da lei, mas sim a que procede da fé em Cristo, a saber, a justiça que vem de Deus pela fé, para conhecer Cristo, e o poder da sua ressurreição, e a participação nos seus sofrimentos, identificando-me com ele na sua morte, para ver se de algum modo consigo chegar à ressurreição dos mortos* (Fp 3:8-11).

Não há nenhuma complacência aí! O cristão saudável não perde tempo com autossatisfação. Ao contrário, Paulo considerava esse esforço pleno de alegria a marca do ministro bem-sucedido. Perto do fim de sua primeira epístola a Timóteo, ele encoraja o pastor mais jovem a encontrar contentamento em Cristo, em vez de no mundo (6:7-10), a deixar a satisfação alimentar seu esforço por excelência (6:11-16) e, depois, a reproduzir seu esforço para encontrar satisfação e alegria nos outros (6:17-19). Essa é a alegria encontrada no cerne do ministério cristão.

Muitas pessoas no ministério não experimentam jamais essa alegria. Elas buscam um caminho muito diferente porque lhes falta contentamento. A descrição de Paulo desses desajustes ministeriais começa de fato em 6:3, versículo no qual combate com veemência os que *ensina[m] alguma outra doutrina* — homens arrogantes e ignorantes que flertam com filosofias vazias por causa de ganho material. A verdadeira piedade, de acordo com esse ministro maduro, dá as costas ao ganho material na dimensão temporal para buscar o ganho espiritual na dimensão eterna (6:6). Esse é o contentamento genuíno e o alicerce sobre o qual o cristão constrói uma vida alegre. Kenneth Wuest escreve: "O ensino de Paulo aqui é que a posse de uma piedade devota torna a pessoa independente das circunstâncias externas e da autossuficiência, capacitando-a a manter o equilíbrio espiritual em meio a circunstâncias tanto favoráveis quanto adversas".[24]

Em 6:7-10, Paulo defende seu ponto de vista e explica como um ministro — e qualquer cristão — a quem falta contentamento no fim busca sua própria destruição. Ele diz de fato: "Mostre-me um indivíduo que entra no ministério pelo que ele, ou ela, ganhará com ele, e lhe mostrarei um naufrágio pronto para acontecer".

6:7,8

Jó disse: *Eu saí nu do ventre de minha mãe, e nu voltarei para lá* (Jó 1:21). Salomão escreveu: *Como saiu nu do ventre de sua mãe, assim também se irá. Não terá nada para levar de todo o seu trabalho* (Ec 5:15). Da mesma maneira, o Talmude observa: "O homem nasce com as mãos fechadas; morre com as mãos abertas. Ao entrar na vida, ele deseja agarrar tudo; ao deixar o mundo, tudo que ele possuía escapuliu [de suas mãos]".[25]

Paulo defende sua definição de contentamento ao aceitar uma verdade inegável: tudo que é material é transitório. A riqueza material tem valor, ela nos ajuda a sustentar a vida e a realizar o bem enquanto estamos na terra, mas é temporária.

Paulo menciona alimento e *roupa*, uma escolha incomum de termos com os quais pretendia sem dúvida enfatizar as funções básicas de vestimenta e abrigo.

Uma atitude de satisfação recebe com gratidão as necessidades básicas da vida, em vez de exigir filé à Chateaubriand, ou roupa de estilista, ou um iate de 55 pés, ou uma casa com nove quartos com uma estradinha de 27 quilômetros de entrada em Monterey. Não estou sugerindo que a pessoa não deva ter essas coisas se pode arcar com elas, mas só que não se deve esperar por elas ou exigi-las. Além disso, essas coisas, por si mesmas, nunca resultam em contentamento.

6:9

Paulo escolheu as palavras que usou com cuidado enquanto o Espírito Santo dirigia de forma sobrenatural sua mente. Observe que ele não escreveu: "Os que são ricos caem em tentação". A Bíblia nunca condena os ricos por sua abundância. Deus nunca chama o dinheiro ou a riqueza de malignos. Mais uma vez, o contentamento não tem nada que ver com as circunstâncias e tudo que ver com a atitude. A questão fundamental não é: "O que você tem?", mas: "O que você *quer*?"

Os que seguem sua inclinação em direção aos confortos temporais acabam por percorrer esses quatro passos de queda:

Passo 1: tentação. O substantivo grego se baseia no verbo com o sentido de "testar", "examinar". A ideia de tentação é determinar a verdadeira natureza de algo ao testá-la. As tentações testam a alma dos homens e, com frequência, provam que ela é fraca. Por essa razão, a Bíblia não nos ordena a resistir à tentação; ela nos instrui a *fugir* da tentação (1Co 6:18; 10:14; 2Tm 2:22). As pessoas com um desejo incontrolado por mais riqueza ou mais dinheiro se veem enfrentando uma tentação depois da outra até finalmente sucumbirem.

Passo 2: em armadilhas. O termo grego, *pagis* [3803], tem o sentido claro de "armadilha". Na literatura grega, o cavalo de Troia era chamado *pagis* de madeira.[26] A tentação é uma armadilha: como uma mentira leva a uma rede de mentiras, também uma concessão leva, pouco a pouco, à perda total da integridade.

Passo 3: desejos loucos e nocivos. O termo grego traduzido por *loucos* é a palavra para "mente" ou "pensar" com o prefixo negativo *a*-. O sentido literal é "irrefletido". O termo *desejos* é mais bem traduzido por "paixões" ou "luxúria". O grego secular usa o termo com mais frequência em conjunção com alimento ou sexo. Mais uma vez, Paulo enfatiza os desejos, e não as coisas buscadas.

Tudo buscado pelo motivo errado leva à gratificação imediata, seguida de um anseio mais desesperado que antes. As paixões irrefletidas levam a destinos traiçoeiros.

Passo 4: ruína e [...] desgraça. Os dois termos gregos *olethros* [3639] e *apōleia* [684] retratam a corrupção, ou corrosão interior, seguida da destruição total. O Novo Testamento usa com frequência a última palavra para a danação eterna (Mt 7:13; Jo 17:12; Rm 9:22; Fp 1:28; 2Ts 2:3; 2Pe 2:1; Ap 17:8,11).

6:10

Paulo, em talvez o versículo do Novo Testamento usado da forma mais equivocada, apresenta o motivo para a queda em quatro passos na destruição eterna: o amor pelo dinheiro. Não o dinheiro em si mesmo, mas o *amor* por ele, uma atitude descrita pela palavra grega composta *philargyria* [5365], cujo sentido literal é "amor pela prata". O desejo excessivo de conseguir riqueza é a principal raiz que alimenta o crescimento incessante do mal.

O amor ao dinheiro, no fim, faz a pessoa mudar sua fé em Deus, que é ilimitado e amoroso, a fim de buscar a satisfação e a segurança na riqueza, que é limitada e sem amor. Isso, por sua vez, deixa a pobre alma aberta a *muitas dores*. A riqueza falha. O contentamento foge. O casamento se dissolve. Os filhos se rebelam. Os vícios assumem o comando. O colapso financeiro acontece. O desespero vem.

A ordem das palavras nessa sentença enfatiza o pronome "se". As escolhas insensatas causam muitas dores às pessoas, começando com a decisão de amar os objetos errados. Por isso, elas, no fim, só podem culpar a si mesmas.

■ ■ ■

Embora a sensata advertência de Paulo se aplique a todos os cristãos, ele dirige essas palavras a Timóteo em relação ao ministério. Aqueles que *ensina*[m] *alguma outra doutrina* (6:3) fazem isso para justificar sua busca por riqueza e o conforto das criaturas porque lhes falta contentamento (6:5,6). Por conseguinte, eles abandonam a fé na busca da satisfação temporal e sofrem por sua insensatez.

Os ministros insatisfeitos são muito perigosos. Já encontrei, talvez como você, minha dose de ministros infelizes. Muitos trabalhadores cristãos desmoronam com os fardos do ministério, lamentando esse peso que os deixa com ombros encurvados e olhos caídos. Infelizmente, eles causam mais prejuízo que bem entre o povo de Deus. Meu conselho? Eles têm de encontrar outra vocação o mais rápido possível. O serviço cristão vocacional, como tudo na vida, tem seus altos e baixos; mas, se você responde a um chamado genuíno de Deus, nada lhe dará maior satisfação. Na verdade, proponho um teste simples quando as pessoas me dizem que estão pensando no ministério como vocação — e digo isso com toda a sinceridade. Eu as exorto: "Se você pode ser feliz fazendo outra coisa, faça *isso*". Pela minha experiência, os que foram chamados por Deus *sabem* que nunca encontrarão contentamento em nenhuma outra busca.

APLICAÇÃO

1Timóteo 6:7-10

O CONTENTAMENTO E COMO *PERDÊ-LO*

Nossa cultura em ritmo apressado e orientada para o consumo nos faria acreditar que o contentamento é o pecado capital do capitalismo. Pouquíssimos produtos são produzidos para durar porque, em apenas alguns anos, ficarão obsoletos, o que mantém os gurus do *marketing* trabalhando horas extras para nos convencer de que precisamos desesperadamente das últimas modernidades. Não me entenda mal; prefiro o capitalismo ao comunismo ou socialismo, e não há nada de errado com a melhoria de produtos. O problema não é o lado do suprimento da equação do consumo; é com o lado da demanda. Não cabe à Madison Avenue nos dizer o que nos faz feliz; essa é nossa responsabilidade.

A verdade é que jamais encontraremos a felicidade na aquisição de mais, mais e mais. O contentamento não é algo que encontramos; é algo que *decidimos* ter. E, quando fazemos a escolha de ser contentes, recebemos três dádivas inestimáveis:

1. *A satisfação atual, em vez da aspiração constante.* Em algum ponto no passado, você decidiu que a aquisição do que tem hoje seria realizadora. Quando você escolhe o contentamento, você o tem! Por outro lado, se você está sempre em busca do cumprimento do futuro, nunca o encontrará, nunca ficará satisfeito, nunca desfrutará o que tem. O suficiente nunca será suficiente.
2. *A completa liberdade para reconhecer sem inveja e aplaudir as realizações dos outros.* Quando escolhi desfrutar o que tenho atualmente, a inveja deixou de ter lugar na minha vida. Como resultado disso, multipliquei minha alegria. Sou feliz com o que tenho na vida e me delicio genuinamente com a boa sorte das pessoas ao meu redor. Além disso, quando escolhi o contentamento, nunca vi o progresso de outro como algo tirado de mim. O contentamento seca o combustível do meu tanque de competição, permitindo que me regozije com aqueles que se regozijam.
3. *O cultivo de um espírito genuinamente agradecido.* Quando escolhemos o contentamento, tudo que recebermos no futuro passa a ser uma dádiva não esperada. Isso nos permite viver em um estado de constante surpresa, encontrando deleite nas menores bênçãos.

Para aqueles que preferem a insatisfação contínua e a inquietação constante, gostaria de oferecer três formas à prova de fogo de evitar o contentamento:

Primeira, *decida fazer algo essencial além da necessidade de alimento, roupa e abrigo*. Não estou sugerindo que você não pode desejar mais e, depois, começar a adquirir mais. Não há nada de errado em querer melhorar de vida. Mas tenha cuidado com a gradual mudança de perspectiva. Quando começa a perceber algo além de alimento, roupa e abrigo como essencial, você passa a ser escravo disso.

Segunda, *decida tornar o aumento de renda o foco principal da sua vocação*. Se você começar a basear suas decisões de carreira no prospecto de aumentar a renda, passará a ser ineficiente em sua vocação atual. A diminuição da renda refletirá essa ineficácia, deixando a satisfação muito mais fora de alcance.

Terceira, *decida devotar mais energia a guardar o dinheiro e os bens, em vez de liberá-los*. Quando você procura oportunidades para abrir mão do dinheiro, ou bens, para alimentar, vestir ou abrigar aqueles que não têm essas coisas essenciais, o contentamento passa a ser uma decisão fácil de tomar. Por outro lado, quanto mais segura seus bens, maior é o domínio que eles têm sobre você.

Para expressar isso de uma forma mais positiva, encorajo-o a adotar três declarações sucintas e, depois, resolver torná-las uma verdade:

- Sou agradecido pelo que tenho.
- Estou satisfeito com o que ganho.
- Sou generoso com aqueles em necessidade.

Os claros mandamentos de piedade
LEIA 1TIMÓTEO 6:11-19

Talvez você não tenha pensado nisso dessa maneira antes, mas há dois tipos de placas de estrada. Algumas placas oferecem conselhos úteis ou princípios gerais. Por exemplo, "cuidado com gelo na ponte", "zona escolar" ou "passe com cuidado". Em resposta às placas, o motorista tem de observar as circunstâncias, usar a experiência, tomar as decisões apropriadas e, depois, aplicar o princípio da placa. O motorista, em questão de segundos, tem de considerar a estação, o tempo, a hora do dia ou as condições de trânsito; e depois de fazer isso tem de usar a sabedoria.

Outras placas não exigem nenhum raciocínio complexo. Elas apresentam regras rigorosas e exigem obediência sem questionamento. "Limite de velocidade 45 km/h." "Não entre." "Pare." Você simplesmente faz o que a placa instrui ou um oficial da lei lhe dá um pequeno incentivo adicional para ajudá-lo a se lembrar da próxima vez em que deparar com uma dessas placas.

A Escritura é bem assim. Falando em geral, a Bíblia oferece dois tipos de instrução: princípios e preceitos. Os princípios são *indefinidos* e *exigem sabedoria* para ser aplicados. O Senhor nos fornece princípios para nos preparar para a paisagem sempre em mudança da cultura e uma variedade de circunstâncias. Os princípios nos equipam para nos comportarmos com sabedoria em um amplo espectro de situações. Por exemplo, Filipenses 2:3 chama os cristãos a *não fa[zer] nada por rivalidade nem por orgulho, mas com humildade, e assim cada um considere os outros superiores a si mesmo*. Não somos informados em que ponto especificamente acaba a humildade e começa o orgulho. Temos de discernir como nos comportar de forma altruísta quando nos encontramos em qualquer situação.

Os preceitos, por sua vez, são *muito específicos* e *exigem pouca reflexão, se é que exigem alguma,* para ser aplicados. Deus espera que obedeçamos aos preceitos sem questionar. Primeira aos Tessalonicenses 4:3 é um bom exemplo disso: *Afastai-vos da imoralidade sexual*. Esse preceito não exige muita interpretação. Você não tem de observar as condições e, depois, adaptar sua resposta. Antes, tem apenas de evitar toda imoralidade sexual. Além disso, sempre que a imoralidade sexual se mostra disponível, siga o exemplo de José, o patriarca do Antigo Testamento: *corra!* (Gn 39:12).

Em toda essa seção, Paulo fornece a Timóteo vários princípios a serem aplicados em relação à autoridade (1Tm 6:1,2), aos falsos mestres (6:3-6) e ao contentamento (6:7-10). Depois, ele muda repentinamente de tom. Ele mira suas palavras diretamente em Timóteo e dispara vários preceitos. Os verbos gregos mudam do modo indicativo mais comum para o modo imperativo menos comum.[27]

Enquanto Paulo apresentava esses preceitos especificamente para Timóteo, o Espírito Santo pretendia que eles se dirigissem a todos os cristãos em todas as circunstâncias e, em especial, a todos os ministros do evangelho. Qualquer que seja sua circunstância, onde quer que você sirva no reino de Deus, seja você um ministro vocacional, seja um voluntário, leia a passagem mais uma vez bem devagar. Só que desta vez imagine que seus ombros são seguros pelas mãos de Paulo cheias de cicatrizes de batalha — retorcidas pelas surras e endurecidas pelo tempo. Imagine os olhos dele, iluminados pelo intelecto afiado e, todavia, suavizados pelo sofrimento, olhando atentamente em seus olhos. Esses mandamentos — esses preceitos — são para você e para mim.

6:11

A língua grega usa a ordem das palavras como um meio de enfatizar. Nesse caso, Paulo marca uma mudança dramática no tom ao colocar o pronome pessoal *tu* no início da sentença. Isso separa Timóteo dos mestres sem fé e apóstatas descritos em 6:3-10. Paulo enfatiza Timóteo como seu alvo pretendido com a expressão *homem de Deus*, um título familiar do Antigo Testamento reservado aos profetas. Ele, na verdade, escreve: "Mas *você* — um homem de Deus, ao contrário daqueles que não o são — não pode ensinar uma doutrina diferente (6:3), você entende o que Deus diz (6:4), não use o papel de ministro como um meio para ficar rico (6:5), você *está* satisfeito com a provisão de Deus (6:6-8). Ao contrário daqueles que buscam o ministério em causa própria para a destruição deles mesmos, *fuja!*"

O primeiro dos mandamentos de Paulo usa o verbo grego *pheugō* [5343], do qual derivamos a palavra "fugitivo" em inglês, alguém que está fugindo da lei. Paulo ordenou que Timóteo fugisse *dessas coisas*, uma expressão idiomática grega comum que concentra tudo que o autor acabara de expressar. Nesse caso, a expressão *essas coisas* refere-se a tudo relacionado com os ministros apóstatas ou mal orientados: a motivação, a ignorância, o comportamento e, sobretudo, o destino deles.

Paulo ordenou que Timóteo *segu[isse]* outras coisas, em vez disso. Paulo, em um jogo de palavras engenhoso, escolheu um verbo usado com frequência para descrever as ações de alguém à procura de um fugitivo. O verbo carrega a ideia de se tornar um caçador tenaz e incansável.

Paulo, a seguir, coloca seis itens na lista de coisas a serem perseguidas por Timóteo:

- *Justiça*, uma condição do coração e da mente que opera em harmonia com a mente de Deus conforme expresso em sua Palavra.
- *Piedade*, o desejo autêntico e permanente de glorificar a Deus por meio de cada pensamento, reação, palavra e obra.

- *Fé*, repousar na promessa de Deus de prover, proteger, capacitar e guiar, escolhendo ficar satisfeito com o que o Senhor provê, orienta ou permite.
- *Amor*, buscar o bem mais elevado e maior das outras pessoas, em especial daqueles que o ministro foi chamado a servir.
- *Constância*, a obediência deliberada e constante, a despeito das pressões, dificuldades ou tentações.
- *Mansidão*, a força controlada, confiante e firme que oferece garantia às pessoas fracas ou feridas.

6:12

A terceira ordem de Paulo, *trava o bom combate*, soa antagonista, em especial depois de condenar o comportamento dos falsos mestres. Essa ordem usa o termo grego *agōnizomai* [75], do qual deriva a palavra "agonia". Essa palavra tem mais que ver com a luta atlética que com o conflito militar. O inimigo em uma disputa atlética é o próprio evento, em que o competidor tem de lutar para vencer. E nesse caso o evento atlético é a vida de fé. A fé é uma corrida de resistência que testa a determinação do corredor de continuar, a despeito do clamor de cada célula do corpo para diminuir o ritmo ou desistir.

O apóstolo, em um quarto imperativo, ordena que Timóteo *apoder[e-se]* ou "tome posse" da vida eterna não porque ela possa escapar ou porque obter a vida eterna dependa do esforço dele. O verbo *apoder[e-se]*, ao contrário dos outros verbos imperativos — foge, segue, trava — usa o tempo aoristo, que sugere culminação. Ele incita o ministro mais jovem a se apoderar da vida eterna e segurá-la firmemente porque ela pertence a ele. Isso garante a Timóteo que ele luta em uma competição na qual está predestinado a vencer; o troféu chamado *vida eterna* tinha seu nome gravado permanentemente nele antes de ser dado o tiro de largada.

Duas orações modificam a expressão *vida eterna*. A primeira oração, *para a qual foste chamado*, usa o que os estudiosos da Bíblia denominam "passivo divino", porque sugere firmemente que Deus fez o chamado. Essa oração lembra Timóteo de que o Senhor o chamara para receber a vida eterna e de que os decretos de Deus nunca falham. A segunda oração, *tendo já feito boa confissão*, lembra Timóteo de que ele reconhecera publicamente o chamado do Senhor para a vida eterna ao proclamar publicamente o evangelho, provavelmente em seu batismo. Essas duas orações acrescentam a certeza de vitória e a gravidade de um juramento para a prova de resistência de Timóteo chamada *fé*.

6:13,14

Paulo segue seus quatro imperativos — foge, segue, trava, apodere-se — com uma incumbência solene (cf. 5:21; 2Tm 4:1): *Guarda este mandamento*. No texto grego, a palavra traduzida por *guarda* também significa "cumpre"; e, quando nenhum decreto específico é descrito, o termo traduzido por *mandamento* se refere em geral à "designação" de um funcionário do governo ou ao "comissionamento" de um soldado.[28] Portanto, nesse contexto, a melhor tradução seria "guarda esta comissão". Além disso, as outras instruções de Paulo (cf. 1Tm 1:18,19; 5:21) parecem ter o papel do pastor em vista, e não uma obrigação específica.

Tenho observado que, quando as pessoas que estão no ministério comprometem seu chamado buscando o pecado, elas trazem *mácula* e *reprovação* para si mesmas, sua família, a igreja, a vocação para o ministério e até mesmo para o nome de seu salvador. Como resultado disso, perde-se algo que é difícil de recuperar. A confiança da congregação é muito frágil, por isso o pecado do pastor não só solapa a confiança da congregação no evangelho, mas também dificulta muito o trabalho dos outros ministros.

O apóstolo lembra seu protegido de que tem autoridade divina na determinação dessa obrigação. Paulo fala em nome de Deus Pai, a quem todos devem a vida, e de Deus Filho, que se tornou o exemplo supremo de pastor quando ficou diante de Pôncio Pilatos. Observe a ligação entre a *boa confissão* de Timóteo e a de Jesus. A expressão *boa confissão* provavelmente é uma expressão idiomática para a declaração pública do evangelho por alguém (cf. 2Co 9:13), em especial sobre a dor da morte. Os pastores têm de seguir o exemplo de Cristo quando ele declarou a verdade divina diante de uma audiência hostil, independentemente das consequências.

6:15,16

Em algum dia futuro, em uma época declarada perfeita pelo Pai, o Filho voltará à terra. Não espiritualmente. Não metaforicamente. Não em reencarnação. Não em sonhos nem visões. E não na forma de qualquer outro homem ou besta. Ele voltará de forma corpórea, em pessoa. Quando ele voltar, não será como o cordeiro humilde e dócil destinado ao sacrifício, mas como o leão guerreiro reclamando seu trono com o mal (Ap 5:5). Cristo, como o Filho de Deus, é o único homem digno de carregar o título de *Rei dos reis* (Ap 17:14; 19:16).

Paulo mal conseguia conter seu entusiasmo com o pensamento da volta de Cristo para exercer, em pessoa, domínio completo sobre toda a criação. Afinal, esse evento é a consumação de todo o ministério. Os pastores apenas cumprem o papel de subpastores durante a ausência física do Senhor da terra. Os pastores e todos os ministros trabalham juntos em várias posições para estabelecer o reino de Deus no coração dos homens e mulheres antes da vinda de seu Filho em pessoa, todavia com sucesso limitado. Nosso trabalho só estará completo quando o Senhor vier para ele mesmo o completar.

O pensamento desse evento entusiasmou o apóstolo, que expressou em um grande hino de encerramento dirigido a Deus, que, é claro, é o Pai, o Filho e o Espírito Santo. Deus é imortal; ele não pode deixar de ser (1Tm 1:17). Ele habita em *luz*, um arquétipo literário para a verdade (cf. 1Jo 1:5). E nenhum ser humano já viu a Deus, exceto na pessoa de Jesus Cristo, que é Deus em carne humana (Jo 1:14,18).

6:17

Paulo, quando estava prestes a terminar a carta, voltou ao tópico da riqueza temporal. Ele advertiu firmemente Timóteo de permanecer satisfeito com a provisão e proteção de Deus e evitar a busca fútil da riqueza. O descontentamento e o ministério não podem coexistir no coração de um ministro sem logo trazer problema.

Essa posição, no entanto, não sugere que o dinheiro é algo ruim ou que toda pessoa rica é corrompida por ele. Ao contrário, digo para aqueles que trabalham com afinco e são bastante afortunados de receber abundância material: "Louvado seja o Senhor!" Ao longo de meus anos de ministério, senti-me humilhado pela generosidade abnegada de cristãos ricos que veem sua boa sorte financeira principalmente como um meio de fazer avançar a obra de Deus ao redor do mundo. Mais de uma vez, alguém me deu um cheque com sete números destinado a uma organização cristã, uma igreja ou uma escola, com a condição de que mantivesse o nome do doador em segredo. Essas pessoas piedosas e mãos-abertas não queriam nenhuma recompensa, exceto o prazer de seu Pai celestial.

O dinheiro não é mal, e nem todas as pessoas permitem que o dinheiro as corrompa. Mas o potencial para a corrupção permanece. Por essa razão, Paulo emite quatro imperativos, dois negativos (6:17) e dois positivos (6:18,19).

Primeiro, *não sejam orgulhosos*. Rejeite a noção de que o talento e o trabalho com afinco necessariamente trazem recompensa financeira. Eles não trazem. As pessoas inteligentes, trabalhadoras e honestas, às vezes, dedicam-se com diligência e sabedoria todos os dias apenas para sofrer constantes reveses financeiros. Elas, mais frequentemente, lutam contra um mundo que recompensa o mau e pune o bom. Por outro lado, muitas pessoas com relativamente pouco talento investem menos horas e conseguem grande sucesso financeiro.

As pessoas ricas não devem acreditar que apenas seu esforço é responsável por sua riqueza nem ver a má sorte dos outros como um reflexo da atitude de Deus em relação a elas. O Senhor dá soberanamente a cada pessoa tudo que é necessário para cultivar um coração de justiça.

Segundo, *nem ponham a esperança na incerteza das riquezas*. Quando você está sem dinheiro — já estive nessa situação! — o mundo parece um lugar terrivelmente inseguro, como atravessar um corredor cheio de armadilhas à espera para deixá-lo inconsciente ou para acabar com você. Em contrapartida, quando você tem uma grande reserva financeira, sente-se mais seguro. Esses são bons motivos para planejar bem e sacrificar o que precisar para manter uma poupança. No entanto, precisamos exercitar a disciplina e ultrapassar nossas inclinações naturais. Não podemos jamais ver o dinheiro como a fonte da nossa segurança. O dinheiro pode ser o meio da provisão e proteção de Deus, mas é apenas um meio. Deus é nossa segurança e nossa força (Sl 91)... e ele nunca foge de surpresas.

6:18,19

O apóstolo, depois de emitir os dois imperativos "negativos", encorajou os ricos (por intermédio de Timóteo) com dois imperativos positivos. Primeiro, *enriqueçam com boas obras*. Paulo usou a mesma imagem de atividade bancária usada por Jesus em seus sermões:

> *Não ajunteis tesouros na terra, onde traça e ferrugem os consomem, e os ladrões invadem e roubam; mas ajuntai tesouros no céu, onde nem traça nem ferrugem os consomem, e os ladrões não invadem nem roubam. Porque onde estiver teu tesouro, aí estará também teu coração* (Mt 6:19-21).

Segundo, *sejam solidários e generosos*. Afinal, podemos arcar com isso! Temos Deus como nosso advogado. Ele pode com facilidade tornar a encher uma poupança que está minguando.

Jesus e Paulo não ensinam que fazer boas obras garante proteção, quer direta quer indiretamente. Eles não sugerem que um histórico de boas obras estocado no céu oferece proteção contra injustiças na terra. O reino de Deus não é um plano de poupança de emergência; é uma oportunidade de investimento. Somos convidados a lançar tudo que somos e tudo que temos na grande iniciativa do Senhor e, como parceiros plenos, temos total acesso a tudo que pertence a ele.

■ ■ ■

Paulo, ao começar com as palavras *mas tu, ó homem de Deus*, pretendia livrar Timóteo das complicações relacionadas com as inquietações e preocupações temporais que tanto consomem as pessoas. Um pastor não consegue pregar nem ensinar com eficácia, admoestar nem orientar se vive com o temor constante de uma congregação ressentida cortar seu salário. Ao contrário, *o bem-aventurado e único soberano* cuida da saúde e do sustento de seus servos. Por isso, os ministros devem descansar na satisfação da provisão dele, e não do salário da igreja, e guardar fielmente sua comissão; *sem mácula e irrepreensível, guarda[r] este mandamento até a vinda de nosso Senhor Jesus Cristo.*

APLICAÇÃO
1Timóteo 6:11-19
CONFIANÇA E OBEDIÊNCIA

No Novo Testamento, os preceitos de Deus são em menor número que seus princípios. Essa é uma mudança imensa em relação à antiga aliança. Não obstante, ele emitiu vários preceitos que não ousamos negligenciar. Eis quatro verdades para ter em mente enquanto você mantém os olhos abertos para os mandamentos de Deus:

Primeira, *os mandamentos, em geral, são breves, simples e claros*. O Senhor não disfarça sua vontade; ele deixa suas ordens fáceis de ser encontradas e simples de seguir.

Segunda, *os mandamentos exigem uma resposta: a obediência*. Os preceitos, ao contrário dos princípios, são apresentados sem muita explicação; por conseguinte, a obediência quase exige não ter nenhum pensamento crítico. A resposta exigida é fácil de identificar, mas difícil de executar.

Terceira, *os mandamentos acarretam graves consequências quando são desobedecidos*. Sempre que deixo de obedecer aos preceitos de Deus, perco algo. Às vezes, a perda envolve algo que jamais consigo recuperar.

Quarta, *os mandamentos são para o nosso bem e a glória de Deus*. O Senhor não emite preceitos porque quer acabar com nossa diversão. Ao contrário, seus preceitos nos afastam do perigo e nos guiam em direção a maiores oportunidades para ter alegria.

Nossa natureza pecaminosa não gosta de ordens. Ela prefere muito mais encontrar espaço para oscilar quanto aos princípios. Por essa razão temos de monitorar nossas atitudes enquanto aplicamos os preceitos do Senhor. Do contrário, é muito provável que nos tornemos autômatos sombrios e tristes, friccionando os dentes enquanto persistimos na obediência. Paulo podia prever esse perigo, por isso ele chamou Timóteo a adotar três atitudes que o ajudariam:

Primeira, em 6:11,12 Paulo recomendou a *gratidão*, a obediência inspirada pelo dom gratuito da vida eterna. Essa não é uma relação de compensação na qual o cristão marca com um sinal na lista de coisas a fazer a fim de receber a bênção de Deus. O céu não é uma recompensa pelo bom comportamento; é uma dádiva prometida. Se apreciarmos de fato a imensidão dessa dádiva, a obediência passa a ser um prazer.

Segunda, em 6:13,14 o apóstolo recomenda a *devoção inabalável* a uma pessoa, Jesus Cristo, e não a aceitação cega de um ideal impessoal. A firmeza interior — a resolução de obedecer aos mandamentos de Deus apenas porque é o certo a fazer — não nos leva muito longe. Em vez disso, obedeçamos a esses preceitos como uma parte da nossa relação contínua com Jesus Cristo, que continua a demonstrar devoção inabalável por nós!

Terceira, em 6:15,16 Paulo recomenda *humildade genuína*. Como Deus é onisciente, e somos lamentavelmente ignorantes, e como Deus é verdade e somos atraídos pelo pecado como as moscas o são pelo mel, temos de admitir nossa necessidade contínua de orientação.

Um tesouro digno de ser guardado
LEIA 1TIMÓTEO 6:20,21

Passei a melhor parte da semana ministrando para quatrocentas vítimas da fome. Embora não fosse possível adivinhar só de olhar. Elas pareciam muito bem nutridas. Chegaram em carros luxuosos, usando roupas da moda, perfumadas e penteadas com elegante perfeição. A maioria dessas pessoas tinha pelo menos o grau universitário e me dirigi a muitas delas como "doutor". Algumas estavam até mesmo com sobrepeso. Contudo, elas sofriam de má nutrição.

Comecei minha fala na primeira noite declarando o óbvio: *Há fome na terra. Não fome de pão, nem sede de água, mas de ouvir as palavras do* Senhor (Am 8:11). Esse foi o primeiro bocado deles de alimento depois de muito tempo de fome. E, com essa primeira prova, a congregação faminta reconheceu sua necessidade e, a seguir, recebeu com ansiedade o que eu preparara para ela.

Entristece-me ver as igrejas sofrerem dessa fome em terras em que fluem o leite e o mel da Palavra de Deus. As livrarias vendem Bíblias em todas as principais línguas, de todos os tamanhos possíveis e em todas as impressões, fontes e formatos concebíveis. Um número sem precedentes de pessoas pode ler a Escritura sem a ajuda do clero, o que em geral não era verdade até o século XIX. A internet tem abundância de traduções modernas da Escritura junto com recursos de estudo da Bíblia — a maioria deles totalmente de graça. Os aparelhos eletrônicos portáteis contêm cada versículo encontrado nas Sagradas Escrituras. Nunca na história da humanidade tantas pessoas desfrutaram esse acesso rápido à Bíblia, todavia muitos cristãos continuam a ter fome. Por quê? Porque na maioria das igrejas alguém falha em guardar o tesouro. Os ladrões abrem caminho ou simplesmente passam despercebidos pelo guarda e roubam das igrejas locais sua única posse: a sã doutrina baseada no ensino e na pregação da Palavra de Deus.

O perigo, no entanto, não é novo. Os ladrões sempre rondaram as portas das igrejas, à espera que os guardiães designados relaxassem sua vigília ou abandonassem seu posto. A igreja em Éfeso lutava para expor e remover os falsos mestres, que quase conseguiram subjugar o tímido Timóteo. Felizmente, a carta de Paulo chegou a tempo de encorajar o relutante e sitiado pastor. Do começo ao fim da carta, vemos Paulo exortando Timóteo a permanecer firme e se opor ao falso ensinamento com a verdade da Palavra de Deus:

> *Conforme te pedi, quando partia para a Macedônia, permanece em Éfeso para advertires alguns de que não ensinem outra doutrina, nem se ocupem com fábulas ou genealogias intermináveis, pois produzem discussões em vez de favorecer o propósito de Deus, que tem como fundamento a fé* (1:3,4).

> *Dirijo essa orientação a ti, meu filho Timóteo, levando em consideração o que as profecias anunciaram a teu respeito; com base nelas, trava o bom combate, conservando a fé e uma boa consciência; pois alguns, vindo a rejeitá-la, naufragaram na fé* (1:18,19).

> *Mesmo esperando encontrar-te em breve, escrevo-te estas coisas para que, se eu demorar, saibas como se deve proceder na casa de Deus, que é a igreja do Deus vivo, coluna e alicerce da verdade* (3:14,15).

> *Tem cuidado de ti mesmo e do teu ensino; persevera nessas coisas. Dessa forma, salvarás tanto a ti mesmo como os que te ouvem* (4:16). *Diante de Deus, que dá vida a todas as coisas, e de Cristo Jesus, que perante Pôncio Pilatos deu o testemunho da boa confissão, eu te exorto: Sem mácula e irrepreensível, guarda este mandamento até a vinda de nosso Senhor Jesus Cristo* (6:13,14).

O apóstolo, a seguir, termina a carta como a começou, com a solene incumbência de guardar o tesouro sem erro e inspirado: a verdade da Palavra de Deus.

6:20

Paulo, tipicamente, acaba suas cartas com algumas linhas de saudação pessoal que, em geral, expressam um tom alegre. Mas não dessa vez. Na verdade, o apóstolo transmitiu um senso ainda mais profundo de gravidade, começando com a interjeição *ó* (ARC). O apóstolo raramente usava essa expressão de emoção profunda em um contexto pessoal[29] — só uma vez ao lamentar a insensatez dos gálatas (Gl 3:1) e duas ao incumbir Timóteo (6:11,20). Isso apenas aumenta a solenidade do mandamento seguinte.

A literatura grega secular costumava usar o verbo traduzido por *guarda* para descrever a função de sentinela militar ou o papel de um guarda de prisão. O objeto, *o tesouro que te foi confiado*, deriva de um verbo legal técnico com o sentido de "deixar um objeto sob a guarda de outra pessoa com penalidades severas para a apropriação indevida":[30]

Quando examinamos esses três elementos juntos — a interjeição *ó*, junto com a escolha de verbo e objeto direto do apóstolo —, temos uma acusação mais ameaçadora (cf. Tg 3:1). Paulo escreveu, em termos atuais: "A você, Timóteo, foi confiado o bem mais importante e valioso do planeta. *Não o perca!*"

As duas expressões seguintes explicam como Paulo esperava que o pastor *guarda*[sse] o precioso bem confiado a ele. Primeiro, ele tinha de "evitar" usar a filosofia como um meio de conseguir discernimento espiritual. Paulo usa as expressões *conversas vãs e profanas* (2Tm 2:16) e *as fábulas profanas e insensatas* (1Tm 4:7) para caracterizar a filosofia, uma tentativa humana de entender as verdades espirituais por meio só do raciocínio. Como estamos limitados a nossos cinco sentidos,

Do meu diário

Nossa carência de verdade

1TIMÓTEO 6:20,21

Voltando ao tempo em que ministrei na Nova Inglaterra, reservei tempo para visitar o câmpus da Universidade de Harvard em várias ocasiões. Em uma tarde de inverno, fiquei na neve, olhando a estátua de John Harvard, majestosamente sentado com um livro no colo, observando o campus que ajudara a construir. O jovem ministro veio a ser o primeiro doador da escola em sua morte, doando sua biblioteca e metade de sua propriedade à faculdade recém-licenciada que foi renomeada em sua homenagem. A relação original de "Regras e Preceitos" da faculdade estabelecia o padrão para a admissão e o estudo. Preceito no 2:

> Que todo estudante seja claramente instruído e pressionado de forma firme a considerar bem que a principal finalidade de sua vida e estudos é conhecer a Deus e Jesus Cristo, que é a vida eterna, João 17:3, e, por conseguinte, a pôr Cristo no fundo, como principal alicerce de todo conhecimento e aprendizado sadios:[31]

O selo original de Harvard traz o lema em latim Veritas Christo et Ecclesiae, "Verdade para Cristo e a Igreja".

Enquanto examinava a estátua de bronze de volta àquela época, perguntava-me o que John Harvard pensaria da escola hoje se vagasse pelo câmpus, conversasse com os estudantes, fosse a algumas palestras e visse quão distante a universidade estava de seu propósito original. Mas a estátua que eu admirava, como se provou, é um símbolo mais apropriado para a escola hoje do que quando foi fundada. Fiquei desapontado por descobrir que os guias turísticos se referem à imagem de bronze que eu admirava como a "Estátua das Três Mentiras" por causa da inscrição enganadora: "John Harvard, fundador, 1638". A figura não é de John Harvard, mas de um modelo. O verdadeiro John Harvard não tinha nenhuma semelhança com a estátua. A data "1638" registra o ano da doação que ele fez para a escola, e não a data de sua inauguração oficial em 1636. E, falando estritamente, ele não fundou o educandário, que foi fundado pelo Tribunal Geral da Colônia da Baia de Massachusetts.

Hoje, a maioria das pessoas não sabe que Harvard foi fundada para preparar ministros para o evangelho. O lema foi truncado no uso popular para apenas Veritas, "Verdade". E o pós-modernismo o tem reduzido a menos que nada. Anos atrás, alguém fracassou em guardar o tesouro.

é um absurdo achar que podemos conhecer algo além do reino tangível sem Alguém desse reino nos revelar isso. O Senhor fez isso na pessoa de Jesus Cristo, e fez isso ao nos dar a Escritura.

Isso não quer dizer que os cristãos não devem estudar as obras dos filósofos. Nem Paulo quer dizer para os cristãos evitarem a discussão inteligente no evangelismo. Paulo demonstrou domínio incrível da filosofia grega em Atenas (At 17:16-34). Ele, no entanto, proíbe o uso da filosofia *como um meio para adquirir entendimento espiritual*. Para isso, temos a Bíblia.

6:21

Paulo lamenta o fato de alguns afirmarem possuir conhecimento espiritual que não pode ser adquirido por meio da Escritura. Esses homens, em vez de ensinarem a doutrina consistente com *a fé* — ou seja, o cristianismo conforme definido por Jesus e seus apóstolos — *se desviaram* ou "erraram o alvo". Eles fizeram exatamente o oposto de guardar o que lhes fora confiado. Em vez disso, abandonaram a verdade que receberam de Deus para encontrar a verdade entre os pagãos ímpios.

■ ■ ■

Com certeza, o trabalho do ministro desafia aqueles que abraçam o manto de pastor como nunca imaginaram ser possível. Eles têm de estar preparados para ser mal compreendidos, caluniados, criticados como donos da verdade e, muitas vezes, isolados. Esses são os riscos ocupacionais da intimidante responsabilidade de guardar o tesouro da Palavra de Deus. Sem dúvida, essa responsabilidade não é para todos.

As recompensas, por sua vez, são incalculáveis. Eu não trocaria nada pela intimidade que compartilho com o Altíssimo como resultado das horas incontáveis que dedico à leitura da Escritura, as experiências inenarráveis de seu amor derrotando o mal, a sabedoria inexprimível adquirida por meio dos desafios no ministério e os dons de graça impressionantes de seu povo querido. Sou continuamente surpreendido pela bondade que recebo quase diariamente como resultado de dizer sim ao chamado de Deus cinquenta anos atrás. E não consigo imaginar deixar meu posto por algo tão maçante quanto a aposentadoria.

APLICAÇÃO

1Timóteo 6:20,21

OLHE PARA O ALTO, OLHE PARA O INTERIOR, OLHE AO REDOR

Ao encerrarmos nosso estudo de 1Timóteo, ofereço três pensamentos finais aplicáveis a todos, mas em especial aos que servem na liderança de uma congregação local. Pastor, ministro, presbítero, diácono, professor, conselheiro... você sabe quem você é. Desafio-o a examinar a si mesmo e seu ministério olhando em três direções.

Olhe para o alto (capítulos 1 e 2). Um ministério que se ajuste à Escritura exige informação bíblica consistente. Os programadores de computador costumavam dizer: "Entra lixo, sai lixo". Qualquer sistema — programa de computador, agência do governo, organização comunitária ou igreja — depende da qualidade da informação para funcionar da forma apropriada. A única fonte 100% confiável de qualidade de informação vem do livro escrito por Deus para nosso aprendizado, repreensão, correção e treinamento na justiça (2Tm 3:16).

Então, você está nesse livro? A responsabilidade é sua. Você tem de fazer isso por sua conta; não pode esperar que os outros o incitem ou façam isso por você. É necessário ter interação pessoal direta com a Escritura; do contrário, é como olhar o mundo através dos olhos de outra pessoa. Dê a Deus a oportunidade de abrir caminho e lhe dar novos pensamentos.

Olhe para o interior (capítulos 3 e 4). Um ministério que permanece no caminho certo exige integridade interior firme. Quando você recebe uma informação de Deus por intermédio de sua Palavra, o Espírito Santo revela as partes de seu caráter que precisam ser reformadas. Se a orientação dele não for óbvia, é provavelmente porque você não está olhando. Você está provavelmente ignorando a orientação do Senhor ou, pelo menos, não está reservando bastante tempo para o silêncio e a solitude.

Os bons líderes erram com frequência por fazer demais, e não por fazer de menos. Por conseguinte, a maior parte do tempo eles se encontram no modo reação, respondendo a uma crise ou tentando entrar em outra. Não demora para eles começarem a liderar de uma posição de força pessoal, em vez de seguir a exortação divina. A melhor resposta para essa tendência é tirar um período sabático da posição de liderança. Encontre tempo e espaço para a reflexão tranquila. Convide o Senhor para mostrar a você que partes de seu caráter precisam ser moldadas e que questões de integridade exigem arrependimento.

Olhe ao redor (capítulos 5 e 6). Um ministério que consegue o respeito dos outros exige grande atenção pessoal. Não basta ensinar a verdade; temos de cuidar das pessoas e nos importar com elas. Muitas vezes pensamos no ministério como programas, orçamentos e tarefas, sobretudo quando o número de pessoas aumenta. É muito fácil perder o contato com os indivíduos. Nosso primeiro amor, nossa primeira prioridade, tem de ser as necessidades das pessoas que Deus colocou sob nossos cuidados.

Se você e eu conhecermos de fato as necessidades das pessoas sentadas ao nosso redor a cada semana, ficaríamos chocados com a profundidade do sofrimento e a solidão delas. Nossa abastada sociedade ocidental nos ajuda a parecer responsáveis, independentes e bastante bem juntos. Com certeza, parecemos bem alimentados. Temos a aparência de quem tem a vida muito bem arranjada — tipo como a última semana foi boa e a próxima semana será ainda melhor. Na verdade, no entanto, sob o fino verniz de "excelente" está um mar turbulento de dor e confusão.

Olhe ao redor. Tire algum tempo para raspar a superfície da imagem bem cuidada de alguém. Uma vez que consegue a confiança de alguém, você descobre uma pessoa mais que disposta a aceitar qualquer ministério que você ofereça. Comece dizendo a alguém de seu círculo de conhecidos: "Estou aqui. Eu me importo e quero ajudar você".

PERCEPÇÕES SOBRE 2TIMÓTEO

Paulo, mesmo enquanto escrevia, sentia a morte se aproximar e sabia que chegara o momento de passar a tocha. Pela virtude dessa carta, a chama da verdade divina passou da mão de Paulo para a mão de Timóteo... e, no fim, também para sua mão.

Linha do tempo

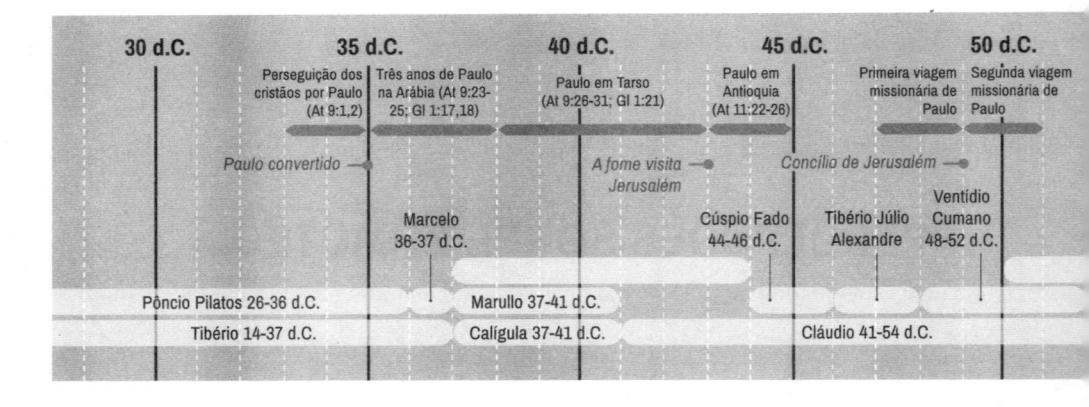

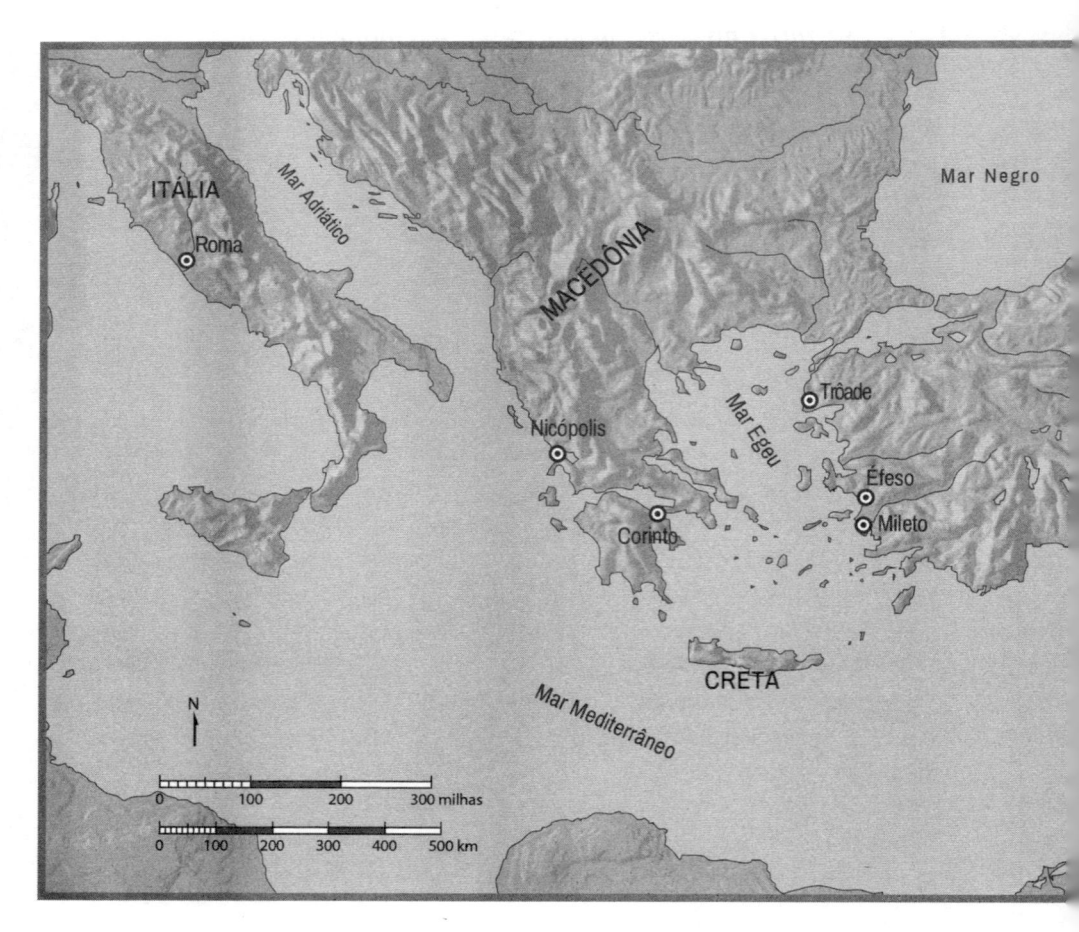

30 d.C.	35 d.C.	40 d.C.	45 d.C.	50 d.C.
	Perseguição dos cristãos por Paulo (At 9:1,2)	Paulo em Tarso (At 9:26-31; Gl 1:21)	Paulo em Antioquia (At 11:22-26)	Primeira viagem missionária de Paulo / Segunda viagem missionária de Paulo
	Três anos de Paulo na Arábia (At 9:23-25; Gl 1:17,18)			

- Paulo convertido
- A fome visita Jerusalém
- Concílio de Jerusalém

Procuradores romanos da Judeia:
- Marcelo 36-37 d.C.
- Cúspio Fado 44-46 d.C.
- Tibério Júlio Alexandre
- Ventídio Cumano 48-52 d.C.

Imperadores romanos:
- Pôncio Pilatos 26-36 d.C.
- Marullo 37-41 d.C.
- Tibério 14-37 d.C.
- Calígula 37-41 d.C.
- Cláudio 41-54 d.C.

Planos de viagem de Paulo. De acordo com sua carta a Tito, Paulo planejava passar o inverno em Nicópolis, uma cidade grega tranquila e de paisagens belíssimas localizada em frente da Itália. Ele, sem dúvida, planejava iniciar, na primavera de 65 d.C., uma viagem missionária em direção à Espanha via Roma.

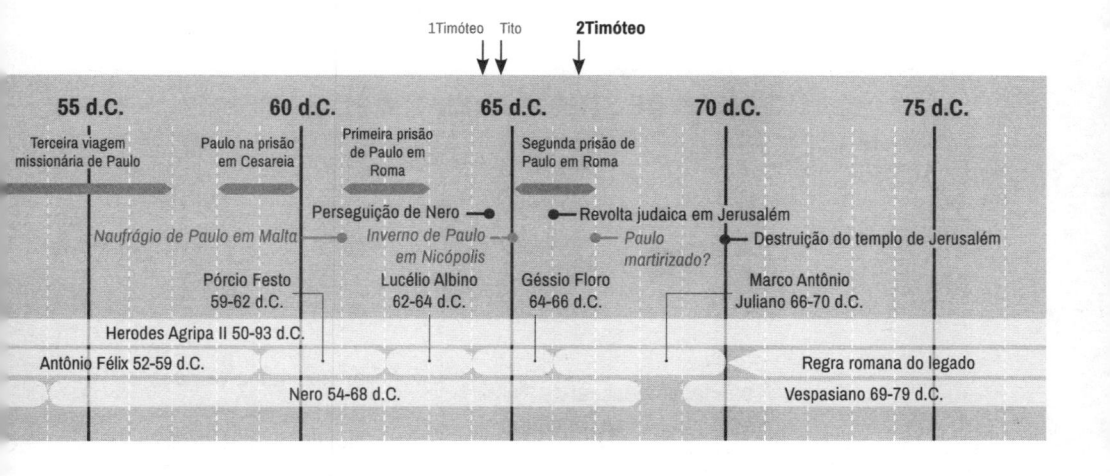

	1Timóteo Tito	**2Timóteo**		
55 d.C.	**60 d.C.**	**65 d.C.**	**70 d.C.**	**75 d.C.**
Terceira viagem missionária de Paulo	Paulo na prisão em Cesareia	Primeira prisão de Paulo em Roma	Segunda prisão de Paulo em Roma	
		Perseguição de Nero	Revolta judaica em Jerusalém	
Naufrágio de Paulo em Malta		*Inverno de Paulo em Nicópolis*	*Paulo martirizado?*	Destruição do templo de Jerusalém
	Pórcio Festo 59-62 d.C.	Lucélio Albino 62-64 d.C.	Géssio Floro 64-66 d.C.	Marco Antônio Juliano 66-70 d.C.
Herodes Agripa II 50-93 d.C.				
Antônio Félix 52-59 d.C.				Regra romana do legado
	Nero 54-68 d.C.		Vespasiano 69-79 d.C.	

2TIMÓTEO

INTRODUÇÃO

Nós, ministros, respondemos afirmativamente ao chamado de Deus esperando melhorar o mundo ou, pelo menos, algum cantinho dele. Para aqueles de nós que sobrevivem à devastadora perda do idealismo, a humildade se instala. Nossa desesperada luta com o orgulho termina com um tipo de resignação; aprendemos a aceitar que nada menos que a intervenção sobrenatural pode trazer transformação duradoura para o mundo — incluindo nosso cantinho dele. Felizmente, o Senhor não nos deixa chafurdar em sombrio desespero; ao contrário, ele, fielmente, transforma o ministro humilhado. A resignação se transforma em quebrantamento; o quebrantamento resulta em entrega; a entrega produz a submissão; a submissão permanece até o fim. E, em algum ponto ao longo do caminho, passamos a aceitar uma nova definição de "sucesso" no ministério. Os homens e mulheres de Deus, amadurecidos pelo sofrimento, aprendem a encontrar conforto na dificuldade, ainda reafirmando a verdade: não somos chamados a mudar o mundo ou alguma parte dele; Deus chama os ministros para serem fiéis. O próprio Senhor transformará o mundo de sua maneira e de acordo com sua agenda predeterminada.

Ninguém entendeu isso melhor que Paulo. Na época que o apóstolo escreveu sua segunda carta a Timóteo, ele estava envolvido em um ministério de escopo notável. Em apenas quinze anos, seu zelo evangelístico impulsionou três viagens missionárias, nas quais o incansável

O LIVRO DE 2TIMÓTEO EM UM RELANCE

SEÇÃO	GUARDE O TESOURO!	AGUENTE A PROVAÇÃO
PASSAGEM	1:1-18	2:1-26
TEMAS	• A saudação pessoal de Paulo • A vida privada de Timóteo • O tesouro sagrado de Deus • As reações variadas dos outros	• Transmitindo a verdade • Ilustrações da verdade (soldado, atleta, lavrador, trabalhador, vaso, servo) • Sofrimento pela verdade
PERS-PECTIVA	O passado	O presente
TOM	Gratidão	Compaixão
VERSÍCULO--CHAVE	*Guarda o bom tesouro com o auxílio do Espírito Santo, que habita em nós.* 2Timóteo 1:14	*Sofre comigo como bom soldado de Cristo Jesus.* 2Timóteo 2:3

servo de Deus percorreu mais de 32 mil quilômetros por terra e mar. Ele visitou cada cidade importante na parte ocidental do Império Romano, fundou igrejas na maioria delas, treinou dezenas de homens escolhidos para regar as sementes que ele plantara e escreveu uma grande porção do que viria a ser o Novo Testamento.

Em sua maior parte, a política na capital preservava a *Pax Romana*, a "paz de Roma". O governo com mão de ferro do império mantinha as estradas e as vias de navegação livres de roubos e pirataria, reprimia a agitação social e até mesmo tolerava a diversidade religiosa.

CONTINUE A JORNADA	PROCLAME A PALAVRA!
3:1-17	4:1-22
• Tempos difíceis • Pessoas depravadas • Seguir em frente apesar das dificuldades • Permanecer firme nas Escrituras	• Uma acusação solene • Motivo para a acusação • Reflexões pessoais • Pedido urgente!
O futuro	
Advertência	Ordem
Tu, porém, permanece naquilo que aprendeste e de que foste inteirado, sabendo de quem o tens aprendido. 2Timóteo 3:14	Prega a palavra, insiste a tempo e fora de tempo, aconselha, repreende e exorta com toda paciência e ensino. 2Timóteo 4:2

Mas, enquanto Paulo olhava na direção oeste planejando uma viagem missionária através das fronteiras ocidentais do império até a Espanha (Rm 15:28), o cenário político mudou. O mundo estava de fato mudando, mas não para melhor.

SOFRO A PONTO DE SER PRESO COMO CRIMINOSO

A epístola de Paulo a Tito, escrita antes de 2Timóteo, releva o plano do apóstolo de passar o inverno em Nicópolis, um delicioso refúgio à beira-mar no estreito istmo entre o mar Jônico e o golfo de Arta, bem perto da base da "bota" formada pela Itália. Ele, sem dúvida, partiu para Roma na primavera de 65 d.C., com a intenção de realizar seus planos adiados por tanto tempo (Rm 15:28). Só que ao chegar ali não *desfrut[ou] de um período de refrigério* (Rm 15:32, NVI), mas encontrou uma cidade conturbada pelo conflito cívico. Em julho do ano anterior, um incêndio imenso assolara a cidade durante uma semana, devastando quase metade de Roma. O rumor era que o próprio Nero começara o incêndio; o déspota louco, para rechaçar essa ideia, capturou cristãos e arrancou confissões deles sob tortura. A seguir, ele se posicionou como o salvador de Roma financiando pessoalmente a restauração da cidade, fornecendo alimento e abrigo para as vítimas e reconstruindo os distritos afetados, deixando-os maiores e melhores que antes. Conforme a cidade começou aos poucos a voltar à normalidade, esse homem louco iniciou uma perseguição aterrorizante contra a igreja.

> À morte e tortura deles [cristãos] foram acrescentados agravantes de escárnio e serem transformados em divertimento; pois eles eram disfarçados em pele de animais selvagens ou expostos para ser mortos pelos dentes de cães devoradores; ou eram pendurados vivos e pregados em cruz; ou embrulhados em vestes molhadas com combustível e acesos como tochas que, quando o dia se punha, eram acendidas para iluminar a noite.[1]

Paulo, originalmente, esperava partir de Roma para a Espanha tendo reunido as provisões e um grupo de assistentes, mas a perseguição de Nero aos cristãos mudou tudo, e é razoável presumir que a adiantada campanha de Nero de perseguição aos cristãos em Roma, no fim, também o tenha envolvido.

A tradição sustenta que Paulo padeceu na que veio a ser chamada "Prisão Mamertina", uma estrutura subterrânea consistindo de duas câmaras abobadadas que serviam originalmente como cisterna. Quando o prédio foi convertido em uma prisão, os homens eram descidos por meio de um buraco e presos no compartimento inferior até sua execução. Talvez Paulo tenha sido colocado de fato ali dias antes de seu martírio, mas provavelmente não antes disso. Seria quase impossível receber visitas, muito menos fazer uso de livros e pergaminhos (2Tm 4:13). Embora Paulo não tenha escrito 2Timóteo nesse tipo de cela, ele não recebeu nada próximo do tratamento preferencial dado durante seu primeiro período na prisão (At 28:30,31). A linguagem de 2Timóteo é fala de masmorra, as palavras angustiadas de um homem sofrendo maus-tratos em um buraco úmido e infestado de ratos.

Muitos prisioneiros à espera da execução em Roma eram transferidos para a Prisão Mamertina, uma cisterna abandonada, cujo único acesso era por meio de um buraco no teto.

VEM ANTES DO INVERNO

Aproximadamente dois anos antes da despedida em Éfeso, Paulo suportou as dificuldades da prisão em Roma. O apóstolo exaurido, isolado dos outros prisioneiros cristãos por causa de sua cidadania romana e abandonado pela maioria de seus companheiros de ministério, entrou em contato com Timóteo, a quem chamou carinhosamente de *filho amado* (2Tm 1:2).

Os dois homens ministravam juntos desde o começo da segunda viagem missionária de Paulo. A relação deles de mentor-protegido progredira a ponto de Paulo se sentir confortável em enviar o ministro mais jovem em incumbências de longo prazo em circunstâncias difíceis. E Paulo, algumas vezes durante seu primeiro período na prisão em Roma, baseou Timóteo em Éfeso para liderar a igreja como seu pastor permanente. O estagiário chegara à idade para isso, embora, como acontece sempre, os desafios do ministério em uma região tão difícil tenham começado a abater Timóteo e quase fazê-lo fugir dali. Só uma visita de Paulo depois de sua libertação após o primeiro período de prisão — talvez em Mileto quando Paulo estava de volta à Macedônia (1Tm 1:3) — manteve o jovem ministro em seu posto. Mesmo assim, as dificuldades continuaram a atormentar o ministério de Timóteo, de modo que nada menos que uma visita pessoal a Éfeso seria suficiente (1Tm 3:14; 4:13) — visita essa que Paulo evidentemente fez. Então, Paulo, depois de uma estadia de duração desconhecida, talvez não mais que alguns meses, deixou Timóteo no comando, com toda a probabilidade não esperando vê-lo de novo.

Agora as coisas mudaram. O mentor de Timóteo, em vez de encorajar, precisa muito de encorajamento. O apóstolo, talvez na frase mais desoladora já escrita por ele, faz um pedido simples, mas urgente: *Vem antes do inverno* (2Tm 4:21).

PREGA A PALAVRA

Essa segunda epístola, ao contrário da primeira carta de Paulo que revela indiretamente o temperamento de Timóteo e as circunstâncias enfrentadas por ele, permite-nos ver o próprio apóstolo em seu estado mais vulnerável. Paulo, sem o benefício de quase dois mil anos de história para analisar, teria tido todo motivo para se sentir um fracasso. Ele fundou inúmeras igrejas só para ver hereges as levarem ao desvio. Muitos de seus lugares-tenentes confiáveis abandonaram a fé, enquanto outros lutaram hesitantemente para *guarda[r] o bom tesouro* da sã doutrina. E, talvez o mais desapontador de tudo, ele provavelmente nunca lançou sua missão para a Espanha. Além disso, o apóstolo esperava ver durante sua vida o Senhor voltar para remover seu povo da terra. (*Todas* as gerações deveriam viver na expectativa desse evento glorioso!) Contudo, o mal continuou a oprimir o mundo. Paulo, em vez de se juntar aos seus irmãos e irmãs nas nuvens para encontrar Cristo, definhava sozinho numa masmorra romana feia e imunda. Um fim menos que ideal para uma carreira notável — pelo menos, do ponto de vista humano.

O reinado insano de Nero podia ter desmoralizado o apóstolo. Felizmente, Paulo não enxergava seu ministério através de olhos humanos. Conforme veremos, ele escolheu considerar sua vida e o seu trabalho de uma perspectiva divina. O pedido de Paulo para Timóteo trazer ajuda a ele em Roma, embora cheio de humanidade, revela o coração de um homem de Deus maduro. Mesmo quando Paulo admite sua necessidade do encorajamento do companheirismo, ele afirma o trabalho do ministério e inspira Timóteo a se devotar ainda mais ao seu chamado:

- *Não te envergonhes do testemunho de nosso Senhor* (1:8).
- *Quanto ao que lhe foi confiado, guarde-o* (1:14, NVI).
- *Fortifica-te na graça que há em Cristo Jesus* (2:1).
- *Sabe, porém, que nos últimos dias haverá tempos difíceis* (3:1).
- *Permanece naquilo que aprendeste* (3:14).
- *Prega a palavra* (4:2).

- *Sê equilibrado em tudo, sofre as aflições, faze a obra de um evangelista e cumpre teu ministério* (4:5).

Paulo, mesmo enquanto escrevia, sentia a aproximação da morte e sabia que chegara o momento de passar a tocha. A Escritura não nos informa o que aconteceu depois disso. A tradição diz que Paulo foi decapitado de acordo com a lei romana para os cidadãos romanos, não sujeitos à humilhação suportada pela maioria dos cristãos. Gosto de pensar que Timóteo pegou o manto e os livros de Paulo em Trôade, encontrou Marcos em alguma outra cidade e chegou a Roma antes de seu mentor ser decapitado. Mas não temos certeza disso. Seja como for, em virtude dessa carta, a chama da verdade divina foi passada como a tocha das Olimpíadas da mão de Paulo para a mão de Timóteo... e de Tito, e, depois, de Tíquico, e Lucas, e João Marcos... e Chuck (Swindoll)... e também para a sua mão.

Segure-a firme. Guarde-a bem. Passe-a adiante.

Palavras ternas de um mentor
LEIA 2TIMÓTEO 1:1-7

Paulo já escrevera do cativeiro antes, mas nunca dessa maneira. Ele não estava mais escrevendo do relativo conforto do palácio do procurador romano (At 23:35; 24:27) ou da casa alugada onde ficou sob prisão domiciliar (At 28:30,31), mas de uma masmorra, fria, escura, malcheirosa e superlotada. As prisões antigas, ao contrário dos centros de detenção modernos, mal forneciam comida e água suficientes para a sobrevivência. Os prisioneiros dependiam dos suprimentos trazidos de fora pelos amigos e familiares, que tinham acesso relativamente livre, contanto que dessem presentes ou dinheiro para os guardas. Felizmente, Paulo tinha o dr. Lucas supervisionando sua saúde e fornecendo pena e pergaminho para ele (2Tm 4:11). Enquanto o apóstolo aguardava seu julgamento final, ele pensou em seus companheiros mais próximos e começou a escrever.

Timóteo — a cerca de 2.000 quilômetros da cela de Paulo em Roma, do outro lado do mar Jônico, além da Grécia e do mar Egeu, em uma movimentada cidade portuária na costa ocidental da atual Turquia —, agora no começo da casa dos 40 anos, continuava a liderar a problemática congregação de Éfeso. Talvez enquanto o pastor preparava seu sermão para o iminente dia do Senhor, em algum momento no verão de 65 d.C., houve uma batida na porta. Um mensageiro. Seria Tíquico (4:12)?

Um pergaminho com o selo de Paulo! Timóteo, com certeza, sentiu uma onda de entusiasmo. Ele conhecia o apóstolo havia quase vinte anos, viajando com ele, fazendo curativo em suas feridas em mais de um apedrejamento ou surra, maravilhando-se com seus milagres, memorizando os sermões pregados por ele em cada nova cidade e observando sua liderança.

O pastor de Éfeso, sem dúvida, soubera da prisão de Paulo. Com certeza, a carta lhe dera um sentimento maravilhoso de alívio. Paulo estava vivo e bem o suficiente para escrever — ou pelo menos para ditar seus pensamentos a Lucas. Timóteo quebrou rapidamente o selo e olhou silenciosamente a primeira linha da carta.

1:1

Paulos... Com que frequência Timóteo pronunciava aquele nome. É irônico o fato de que o nome significasse "pequeno", pois na mente da maioria dos cristãos do século I ele era qualquer coisa, menos pequeno. Não obstante, o apóstolo preferia muito mais esse nome ao que recebera de nascimento, Saulo. Ele passou a ser um homem muito diferente depois que a visão de Cristo ressurreto o derrubara de seu grande cavalo teológico na estrada para Damasco. Naquele dia, o maior perseguidor de cristãos passou a ser pequeno diante de seu Mestre. O ex-fariseu de Tarso, não mais o mensageiro da morte, passou a carregar o título *apostolos* [652], "mensageiro" ou "enviado".

É óbvio que Timóteo conhecia Paulo intimamente; então, por que o título oficial? Por que tal autoridade na linha inicial? Porque Paulo entendia a importância de sua epístola derradeira. Ele escreveu para Timóteo, mas não só para ele. Os escritos do apóstolo, depois, eram lidos para a congregação, copiados diversas vezes e, então, distribuídos para as outras igrejas da região para a edificação delas. Ele, sem dúvida, sabia que essas palavras finais seriam preservadas para a provisão dos cristãos durante muitos anos por vir, se o Senhor adiasse sua volta.

Infelizmente, a validade do apostolado de Paulo ficou sob ataque perto do fim de sua vida. Por essa razão, ele afirmou a legitimidade de seu cargo não para se autoproclamar (como alguns fazem de forma descarada hoje), mas pela escolha soberana de Deus (cf. *ordem de Deus* em 1Tm 1:1) e em virtude da mensagem que trazia — o evangelho, a *promessa da vida*.

1:2

Paulo dirige a carta a Timóteo, pessoal e individualmente, chamando-o afetuosamente de *filho amado* (sentido literal). O termo grego *teknos*

[5043] refere-se à progênie legítima da pessoa. Embora Timóteo fosse o filho biológico de um pai grego e de uma mãe judia chamada Eunice, Paulo o adotara como seu filho espiritual.

Embora a carta tenha sido escrita inicialmente para o benefício de Timóteo, o apóstolo pretendia instruir todos que seguiam as pegadas de Timóteo: em particular, os pastores e ministros de todos os tipos.

A saudação tripla de Paulo, *graça, misericórdia e paz*, não aparece em nenhuma outra de suas epístolas, exceto sua saudação em 1Timóteo 1:2. Em vista das circunstâncias, talvez ele pudesse afirmar: "Sofrimento, maus-tratos e miséria me acompanham". Mas Paulo, em vez de sentir pena de si mesmo — a injustiça de sua prisão ou seu corpo doente e cheio de cicatrizes — abençoou seu discípulo mais afortunado. Quando você é chamado pela vontade de Deus, sua mensagem não é sobre si mesmo. A mensagem do evangelho é sobre a graça, o dom de Deus para o indigno. É sobre a misericórdia, o ministério de Deus para o desesperançado. É sobre a paz, o amor de Deus para o angustiado.

1:3,4

Paulo, após concluir sua saudação seguindo seu estilo usual — *de* [...] *para*, seguida de uma bênção — dá a seu protegido uma dádiva tripla de encorajamento. Observe como o apóstolo consegue sair de suas circunstâncias para expressar admiração.

Primeiro, *ele adota uma atitude de gratidão. Graças a Deus*. A gratidão é o primeiro pré-requisito do encorajamento genuíno. Uma atitude autocentrada não consegue afirmar os outros porque o encorajamento só pode vir de um espírito generoso. Mostre-me uma pessoa agradecida, e lhe mostrarei alguém que encoraja outra pessoa.

Segundo, *ele cultiva um coração de adoração. A quem sirvo*. A Septuaginta, a tradução do Antigo Testamento para o grego, usa o termo traduzido por *sirvo* para descrever as atividades dos sacerdotes no templo. O principal propósito do serviço deles era a adoração. A atitude muda nossa perspectiva; a adoração dirige nosso foco.

Terceiro, *ele mantém uma consciência limpa*. Não há melhor maneira de aliviar a ansiedade que fazer o que é certo, *sempre*. Sempre que violamos nossa consciência, o temor da ira de Deus começa a distorcer nossa perspectiva e dá a Satanás a oportunidade para nos separar de Deus. Por outro lado, quando a gratidão, a adoração e a consciência limpa combinam, sua mente fica livre para ver o mundo como o Senhor o vê. Além disso, você é mais capaz de sentir empatia pelos outros, em vez de se preocupar consigo mesmo.

Conforme Paulo refletia sobre sua vida e revia sua situação atual — à espera do veredito final e da espada do carrasco —, nada em sua conduta o fez criticar em retrospectiva suas decisões ou se arrepender de alguma falha em particular. Ele nunca teve de lamentar: *Se pelo menos não tivesse feito aquela coisa horrível, talvez estivesse a caminho da Espanha agora.* Ele sabia que tinha de obedecer; por conseguinte, suas circunstâncias estavam perfeitamente alinhadas com a vontade do Senhor. Isso não significa que Paulo fosse moralmente perfeito ou que nunca pecasse. Mas significa que ele manteve estrita prestação de contas de coisas erradas que fez. Ele se arrependia de pronto, aprendia com seus erros e não os repetia.

Como a consciência de Paulo permaneceu limpa, ele não perdia tempo pensando em si mesmo. Em vez disso, ele pensou no que Timóteo precisava e o encorajou.

Ao mencionar-te sempre em minhas súplicas. Consigo pensar em algumas afirmações mais significativas que uma pessoa ocupada levar as necessidades de outra diante do trono da graça.

Desejo muito te ver. Essa frase dizia a Timóteo que ele tinha valor para Paulo. Seu mentor não tolerava apenas sua presença; ele gostava da sua presença e sentia saudade quando ele ia embora.

1:5

Também recordo a fé sincera que há em ti. Paulo viajou com Timóteo e observou a vida dele de perto e vira a fé genuína no homem mais novo. Que cumprimento! Com que frequência *perdemos* o respeito por alguém quanto mais o conhecemos. Mas Paulo — que viajara muito e conhecera alguns homens e mulheres extraordinários — afirmou publicamente a autenticidade de Timóteo por intermédio dessa carta, que ele esperava que fosse lida diante da congregação.

Timóteo veio para a fé em tenra idade. Sua mãe, Eunice, cantava para ele os cânticos de Sião e sussurrava as orações de Moisés. João Calvino escreveu: "É como se Paulo dissesse: 'Você foi instruído corretamente na fé desde sua infância e, por assim dizer, tomou o são ensinamento com o leite de sua mãe'".[1]

1:6

Paulo transforma sua afirmação sobre a fé sincera de Timóteo em uma oportunidade para o inspirar. A expressão *despertes* retrata um homem colocando uma substância inflamável sobre o carvão em brasa e, depois, assopra para criar a chama. Em toda casa do século I, alguém se levantava de manhã para acender o fogo a partir de cinzas quentes que, a seguir, forneciam o calor para cozinhar e se aquecer no inverno.

O *dom de Deus* é tanto a capacidade quanto o privilégio de pregar e ensinar. Timóteo recebera a capacidade para realizar as tarefas do ministério, que Paulo e os presbíteros de Listra afirmaram em sua ordenação. Hoje, Paulo pode exortar um pregador jovem: "Continue estudando. Não entre na internet para comprar o sermão de alguém e, depois, fazê-lo como se fosse seu. Mergulhe em seu próprio texto e consiga a mensagem por si mesmo. Continue a estudar. Forme sua biblioteca. Trabalhe com afinco. Desenvolva suas habilidades".

1:7

No caso de Timóteo se perguntar se possuía o que é necessário para ser um ministro competente, Paulo sela sua afirmação e inspiração com uma verdade poderosa que se aplica a todos os envolvidos no ministério cristão. Seja qual for seu temperamento, sejam quais forem seus dons ou defeitos, seja qual for nossa opinião sobre nós mesmos, o ministério não é sobre o ministro; o ministério é sobre a Palavra de Deus.

O *espírito* nesse versículo deveria ser o "Espírito", com letra maiúscula. A referência de Paulo no versículo 1 sugere fortemente que se trata do Espírito divino aqui, a coragem dada por Deus emanando de uma vida submetida a ele e dependente dele. A competência para o ministério nunca é do ministro; é sempre o resultado do Espírito Santo de Deus operando no homem escolhido por ele ou por intermédio deste. Podemos ser tímidos — como aparentemente Timóteo era —, mas o Espírito Santo é ousado. Nossa competência pode vacilar, mas o Espírito nunca falha. Talvez nos falte confiança, mas o Espírito de Deus nunca desaponta e sempre tem certeza.

Paulo descreve as qualidades produzidas pelo Espírito Santo no homem ou na mulher que se entrega ao controle dele:

- *Dynamis* [1411], "poder", a capacidade sobrenatural de fazer a vontade de Deus.
- *Agapē* [26], "amor", a marca caracteristicamente cristã de amor que começa com uma decisão, comporta-se de forma abnegada, procura o bem maior e mais elevado do outro e flui com profunda emoção piedosa.

- *Sōphronismos* [4995], "disciplina", uma forma de pensar racional, razoável e sã e o comportamento que reflete a mente ordenada de Deus; ver o mundo da perspectiva dele.

Paulo começou sua carta a Timóteo com um poderoso voto de confiança. Isso não só edifica Timóteo aos olhos de sua congregação, dando a eles mais motivo para seguir sua liderança, mas também o prepara para as exortações de Paulo. E ele estava prestes a receber *muitas* exortações. Nessa carta a Timóteo, o apóstolo usou nada menos que 33 imperativos em 27 ordens. Ele estava sem tempo e tinha muita informação urgente para transmitir ao amigo.

APLICAÇÃO
2Timóteo 1:1-7
OS PAPÉIS E RESPONSABILIDADES DE UM LÍDER ESPIRITUAL

Se você assumir um papel de liderança em uma igreja, em especial em uma envolvida com o ensino, alguém tem de lhe falar sobre três papéis adicionais que vêm com esse ofício. Se não cumprir essas responsabilidades adicionais, sua eficácia será limitada, deixando-o a se perguntar o que está faltando.

Primeiro, *o papel de intercessor*. Os líderes espirituais têm de orar pelas pessoas a quem ensinam e dirigem. Eu sugeriria que você fizesse uma lista de orações com uma linha no meio e o nome do indivíduo do lado esquerdo e a necessidade dele do lado direito. Torne a lista bem específica, registre a data em que acrescentou o item e inclua a data na extrema direita da folha na qual você poderá acompanhar os dados e atualizá-los. Depois, pelo menos uma vez por dia, dedique o tempo que normalmente passa assistindo a um programa de televisão — trinta minutos ou uma hora — para orar pelas necessidades incluídas em sua lista.

Segundo, *o papel de mentor*. Os líderes espirituais selecionam indivíduos com potencial e, depois, deliberadamente vivem sua vida abertamente diante deles. Temos de viver de forma transparente diante de todos, mas esse é um grau mais profundo e estreito de autenticidade. O relacionamento de mentoria é informal, porém intencional. Um relacionamento de mentoria usa sua vida real como laboratório, convidando o discípulo a aprender por meio do exemplo.

Pense em outro indivíduo, de preferência mais jovem ou menos experiente em algum aspecto. Esse indivíduo seria alguém do mesmo gênero que você e que, um dia, poderia ser um substituto adequado para você em seu papel atual. Comece a convidar essa pessoa a se juntar a você enquanto realiza as tarefas associadas com sua posição. Peça a ajuda dele ou dela, mesmo se não precisar de fato de ajuda, e permita que o indivíduo complete alguma de suas tarefas. Inclua esse indivíduo nas sessões de planejamento e orem juntos com regularidade.

A seguir, uma vez que tenha essa relação estabelecida e funcionando bem, escolha outro indivíduo e repita o processo. Recomendo que se limite a não mais que cinco relações de mentoria; mais que essa quantidade fica complicado.

Terceiro, *o papel de encorajador*. Falando de modo geral, as pessoas não recebem nem de perto afirmação suficiente. É de espantar que continuem fazendo um bom trabalho, considerando quão pouco apreço recebem. Não obstante, o encorajamento é a tarefa mais simples e mais recompensadora do líder espiritual, e é impressionante como é eficaz em termos de motivação. Além disso, é fácil! Simplesmente, quando vir a pessoa fazendo algo certo, chame a atenção para isso. A parte mais difícil desse papel é lembrar de cumpri-lo.

O segredo é transformar a observação em um hábito. Comece estipulando um objetivo para você mesmo: três comentários de encorajamento por dia. Quando for ao supermercado, procure uma forma para afirmar o caixa ou o empacotador. Quando pegar a roupa na lavanderia, observe a atitude da pessoa. Está viajando? É muito fácil ver o que está errado; procure alguém trabalhando com afinco e orientando os passageiros com eficiência. Seja o viajante em sincronia que faz contato visual, sorri, lê o nome na plaquinha, chama o agente pelo nome e diz rapidamente algo positivo.

Se você transformar o encorajamento em um hábito, ficará surpreso com a resposta que recebe das pessoas que lidera.

Se pregar, ensinar, liderar um pequeno grupo, presidir um comitê, organizar uma função ou liderar uma força-tarefa, sua posição carrega três papéis adicionais: intercessor, mentor e encorajador. Cumpra-os fielmente, e a resposta será notável! As pessoas lideradas por você realizarão mais do que você achava possível.

O PASSADO E O PRESENTE
(2TIMÓTEO 1:8—2:26)

Nos próximos minutos, imagine-se preso em uma masmorra — um lugar em que você provavelmente nunca esteve antes. Não há como escapar. Não há alívio. Seus captores têm poder de vida e morte sobre você. Eles podem torturá-lo. Interrogá-lo. Podem matar você sem que haja consequências. Você pode ficar durante meses ou até mesmo anos nesse abismo escuro ou ser morto amanhã. Cada noite, você dorme sem saber se é a última; e acorda a cada manhã para outro dia deplorável de abuso ou para seu último dia na terra.

A maioria de nós não consegue imaginar o que Paulo experimentava enquanto escrevia essas palavras naquela masmorra horrorosa. Bem poucos de nós conseguem imaginar. Meu amigo Sam Johnson lê a segunda carta de Paulo a Timóteo com um sorriso triste e uma lágrima nos olhos. Sam, muito antes de concorrer ao Congresso, voou sobre o Vietnã em um jato F-4 Phantom. Em 16 de abril de 1966, enquanto cumpria sua 25ª missão de voo, ele foi derrubado no Vietnã do Norte e quebrou um braço, deslocou um ombro e fraturou as costas, o que seus captores usaram para o torturar a fim de conseguir informações.

> Eu lutava para ter pensamentos coesos. As lembranças passaram a absorver tudo. Naquela caverna escura de uma cela, rodeado pelo cheiro da morte, o presente era insuportável e o futuro, quase impensável. Só o passado fazia sentido. Eu remoía as lembranças. Rememorei eventos do meu passado que não sabia que lembrava. Mergulhei na minha infância atrás de memórias descartadas havia muito tempo como triviais. De repente, elas passaram a ter um significado imenso. [...]
>
> Voltei minha atenção para Deus. Quando os guardas aumentaram as rondas e a vigilância e minhas conversas com Howie tiveram de cessar, eu ainda podia falar livremente com Deus. Tinha certeza de que ele estava presente naquela escuridão, apertado em uma cela. Ele ouvia quando eu orava — eu não tinha dúvida disso. Ele me respondeu. Quando as histórias e versículos de conforto da Bíblia entravam em meus pensamentos, sabia que ele os pusera ali. Fiquei confortado e fui encorajado. E comecei a conhecer meu Criador de uma forma como nunca o conhecera antes. Agora, em retrospectiva, sei que a interação íntima de Deus comigo [...] me fortaleceu e

aumentou minha fé, de modo que conseguia confiar nele na escuridão dos dias terríveis que ainda tinha pela frente.[1]

TERMOS-CHAVE EM 2TIMÓTEO 1:8—2:26

- ***diamartyromai*** (διαμαρτύρομαι) [1263] "acusar solenemente", "declarar enfaticamente"

Esse verbo enfático, baseado no verbo *martyreō* [3140], "dar testemunho" ou "testificar", carrega a ideia de afirmar algo firmemente ou com absoluta certeza. Quando o verbo é combinado com um imperativo, a declaração assume o caráter de cobrança, uma designação solene de responsabilidade. *Veja 2Timóteo 2:14; 4:1.*

- ***epaischynomai*** (ἐπαισχύνομαι) [1870] "ficar muito envergonhado", "ficar embaraçado"

O principal ponto da raiz da palavra não é tanto o sentimento de vergonha ou embaraço como de ser desacreditado em público. Paulo usa uma forma desse termo quatro vezes nessa carta sucinta, sugerindo que o orgulho passara a ser um problema difundido. Não só os cristãos se distanciavam do evangelho para evitar a morte, mas aparentemente eles não aguentavam a pressão da opinião pública. *Veja 2Timóteo 1:8,12,16.*

- ***paschō*** (πάσχω) [3958] "sofrer", "experimentar algo de fora"

Paulo usa uma forma desse termo cinco vezes ao longo da segunda epístola a Timóteo. No sentido mais amplo, o termo significa "experimentar algo de fora", mas ele é quase sempre usado em um contexto negativo, de modo que se presume a ideia de sofrimento. Em algumas passagens, Paulo combina a palavra com *kakos*, "mal" ou "ruim", para enfatizar o sofrimento de sua experiência. *Veja 2Timóteo 1:12; cf. 2:3,9; 4:5.*

- ***pisteuō*** (πιστεύω) [4100] "confiar", "acreditar em"

A forma do verbo *pistis* [4102], "fé" ou "confiança", significa colocar a fé, ou a confiança, em algo ou alguém. Paulo usa o termo raiz em várias formas na epístola e em diversos contextos; com mais frequência em referência à fé que temos em Cristo. Em algumas circunstâncias, no entanto, em relação à "fé". E com fé ele quer dizer a doutrina definidora do verdadeiro cristianismo: a salvação pela graça por intermédio da fé em Cristo à parte das obras. *Veja 2Timóteo 1:12; 3:8.*

As experiências de vida que são provas de fogo têm a capacidade de trazer à tona o melhor ou o pior de uma pessoa. No caso de Paulo, o melhor emergiu, conforme vemos nessa carta para um amigo de vida toda. Não lemos uma palavra de amargura ou de censura. Nenhuma queixa. Na verdade, encontramos muitas vezes expressões de alegria e até mesmo declarações de gratidão, com frequência misturadas a palavras de louvor para seu Deus. Também vemos o apóstolo imerso em suas lembranças, recordando momentos alegres com os amigos, em especial com Timóteo. Infelizmente, algumas dessas lembranças o fazem recordar que alguns amigos abandonaram não só a ele pessoalmente, mas também as doutrinas puras pelas quais o apóstolo estava disposto a morrer.

Felizmente, nem tudo estava perdido. Enquanto Timóteo lutava para ministrar em Éfeso, ele continuava fiel ao evangelho. Agora, se ele apenas continuasse engajado no *bom combate* contra a apostasia, Paulo sentia que podia morrer em paz.

Conversa franca com o tímido e relutante
LEIA 2TIMÓTEO 1:8-12

A mensagem de Paulo a Timóteo nesse segmento da carta pode ser resumida em apenas três palavras: *fortaleça sua determinação*. Uma vez que os ministros jovens completam seu treinamento no seminário e estão prontos para servir ao Senhor no ministério cristão de tempo integral, quero que essas três palavras ressoem nos ouvidos deles. Eles precisam estar preparados para a dificuldade e o desânimo. Satanás não deixará que eles ensinem ou preguem sem resistência o evangelho. A luta é inevitável. Paulo não escreveu essas palavras, porém, como um panfleto motivacional. *Fortaleça sua determinação* não quer dizer melhore sua situação por seu próprio esforço.

Quando fui chamado a recitar um poema na minha formatura no segundo grau, escolhi o poema "Invicto", de William Ernest Henley, que comove a alma:

> Da noite escura que me cobre,
> Como uma cova de lado a lado,
> Agradeço a todos os deuses
> A minha alma invencível.

Nas garras ardis das circunstâncias,
Não titubeei nem sequer chorei.
Sob os golpes do infortúnio
Minha cabeça sangra, ainda erguida.

Além deste vale de ira e lágrimas,
Assoma-se o horror das sombras,
E, apesar dos anos ameaçadores,
Encontram-me sempre destemido.

Não importa quão estreita a passagem,
Quantas punições ainda sofrerei,
Sou o senhor do meu destino,
E o condutor da minha alma.[2]

> Fonte: www.poesiaspoemaseversos.com.br/invictus/
> *Tradução: Thereza Christina Rocque da Motta*

Coisas emocionantes para um jovem sem experiência de vida, pronto para sair de Houston, Texas. Ensinam-nos a acreditar nessas palavras e reivindicá-las como nosso mandato após a formatura. Acredito que o termo grego para esse tipo de atitude é "tolice"! Essa crença é o caminho para uma queda muito longa. Ninguém é dono de seu destino ou o capitão de sua alma. Ninguém é invencível. Ninguém é indestrutível. E ninguém é insubstituível.

O imperativo *fortaleça sua determinação* não diz respeito a recorrer ao seu próprio poder ou a acabar com seu entusiasmo em um frenesi do tipo "posso fazer". Ao contrário, é um chamado solene a deixar o Espírito de Deus operar por seu intermédio e realizar os propósitos de Deus, do modo de Deus, no tempo de Deus e para a glória de Deus. De uma perspectiva humana, os propósitos, os métodos e o tempo de Deus podem ser dolorosos e confusos. Não obstante, essa é a ordem do Senhor para todos que servem a ele.

Foi esse o desafio de Paulo para Timóteo, e seu desafio para todos que seguem as pegadas do ministro mais jovem.

1:8

O termo *portanto* baseia-se no pensamento expresso nas linhas precedentes. Paulo acabara de encorajar Timóteo a reanimar seu ministério (1:6). Por que ele faz isso? Porque *Deus não nos deu espírito de covardia*, declara o apóstolo, *mas de poder, de amor e de moderação* (1:7).

Conforme observado acima, o termo *espírito* em 1:7 deveria ser "Espírito". Felizmente, você não tem de orar para o Espírito de Deus fazer morada em seu interior ou para ele o capacitar. Nenhum cristão tem de esperar um "segundo dom" ou trabalho árduo a fim de ser digno da presença permanente do Senhor. Deus *concedeu* seu Espírito — no tempo passado — àqueles que estão em Cristo. O Espírito não é conquistado nem merecido mais que a salvação (Ef 2:8,9). Não se engane aqui: Cristo é o Senhor do meu destino; o Espírito Santo é o Capitão da minha alma.

Assim, como "fortaleceremos nossa determinação" se não nos tornarmos nosso próprio mestre e capitão? Paulo apresenta quatro passos a Timóteo nesses versículos.

Passo 1: não tenha vergonha do testemunho do nosso Senhor (2Tm 1:8a). O termo grego *martyrion* [3142] significa "testemunho" ou "prova objetiva". Ele só adquiriu a nuança adicional de morte por causa da crença do indivíduo no final do século II. O "testemunho" de Cristo inclui seus ensinamentos, sua vida, sua morte na cruz — na época considerada uma morte vergonhosa e humilhante — e, mais importante, sua ressurreição.

Na Éfeso do século I, o epicentro ocidental da filosofia grega, a ideia de ressurreição seria muito mais "vergonhosa" que a morte na cruz. Para a forma de pensar grega, influenciada por Platão, toda matéria tangível é detestável. O mundo sensível em que habitamos na terra é apenas a sombra, de qualidade inferior, do reino perfeito da ideia ou pensamento puros. Os seres humanos, portanto, são centelhas divinas presas na prisão da matéria carnal, e a morte é a libertação dessa prisão. A mente, livre de seu cativeiro no mundo sensível, pode voar para sua verdadeira casa no reino da ideia. Por isso, na mente grega, a ressurreição — a reunião da mente com o corpo — era um absurdo (cf. At 17:30-32). Era mais como uma maldição: era o encarceramento repetido. "Por que", perguntavam-se eles, "alguém quereria isso?"

De todo jeito, Paulo ensinava corajosamente a verdade do evangelho, incluindo a impopular noção de ressurreição. Não devia ser fácil para ninguém fazer isso, menos ainda para Timóteo, a quem faltava a constituição férrea de Paulo. É mais provável que Timóteo fosse frágil da perspectiva física e emocionalmente tímido; por essa razão, ele hesitava. O apóstolo encoraja Timóteo a proclamar a verdade da promessa de Cristo com ousadia, a pregar a "desgraça" da cruz e o "absurdo" da ressurreição sem vergonha de encarar a audiência de todos em Éfeso, incluindo os escarnecedores doutores de filosofia. Além disso, ele convida Timóteo a se juntar a ele no sofrimento pelo evangelho, o que, sem dúvida, afasta qualquer remanescente de autopiedade. Paulo escrevia de uma masmorra; Timóteo desfrutava de liberdade. Paulo enfrentava a decapitação por causa do evangelho; Timóteo, pouco mais que o ridículo.

Passo 2: não tenha vergonha do povo de Deus (2Tm 1:8b). Paulo inclui a frase *nem de mim, prisioneiro dele*, que pode afligir o jovem ministro, mas compunge nossa natureza caída. A despeito de quanto amamos alguém, amamos mais a nós mesmos. A carne faz quase tudo, sacrifica qualquer um, para se proteger. Paulo estava sentado sozinho em uma cela de prisão rodeado por outras almas abandonadas porque ninguém, exceto Lucas, ousava se aproximar dele por medo de ser preso e perseguido.

Fortalecemos nossa determinação quando paramos de nos importar com o que os outros pensam e deixamos de lado nosso medo das consequências enquanto exibimos abertamente o evangelho.

Passo 3: esteja disposto a sofrer por causa do evangelho (1:8c). Paulo não se considerava um prisioneiro de Nero. Ele chamava a si mesmo um prisioneiro de Cristo. Jesus é nosso Soberano, e não Nero, nem Roma, Washington, o Parlamento ou o Vaticano ou qualquer outra autoridade. No que dizia respeito a Paulo, ele estava na lista dos que deviam morrer porque o Rei dos reis o queria ali no serviço do reino de Deus. Paulo não buscava o sofrimento. Ele não se voluntariou para ser prisioneiro nem fez uma petição para ser executado. Não tenho dúvida de que Paulo teria recebido com alegria a absolvição e libertação e, a seguir, retomaria seus planos para ir à Espanha. Contudo, ele nunca considerou negar Cristo ou se distanciar do evangelho para garantir sua libertação. Paulo não convidou a perseguição para que a pudesse usar como uma insígnia de honra, mas ele a esperava (3:12).

1:9

Passo 4: ancore sua vida na graça soberana do Senhor (1:9-11). Encaremos isto: gostamos da graça, contanto que seja nos nossos termos. Queremos a graça sem humildade. Queremos a graça sem sofrimento. Queremos a graça que nos traz felicidade e conforto. Queremos a graça no momento e da maneira que escolhemos. Queremos a graça aqui e agora, neste reino, bem como na vida por vir. E queremos a graça em troca da fidelidade.

A perspectiva de Paulo a respeito da graça era diferente em dois aspectos. Primeiro, ele via a graça como um dom eterno que nos coloca em conflito com o sistema mundano de Satanás e, por conseguinte, convida-nos a sofrer enquanto vivermos nesta criação amaldiçoada pelo pecado. Segundo, ele rejeitava qualquer senso de merecimento em relação à graça. Merecemos o tormento eterno no inferno; por essa razão, qualquer coisa melhor que isso é uma bênção imerecida da bondade e misericórdia de Deus. Essa atitude totalmente humilde permitia que o apóstolo descansasse na soberania e bondade de Deus, resultando em uma paz que ultrapassava o entendimento humano.

Paulo se considerava prisioneiro de Cristo, e não de Nero. Ele sofreu pelo *evangelho* SEGUNDO O PODER DE DEUS (1:8, grifo nosso). A preposição grega *kata* [2596], traduzida por *segundo*, é deliberadamente ambígua nesse caso. Ela pode simultaneamente carregar o sentido de "de acordo com", ou "com respeito a" ou "a propósito de".[3] Para Paulo, o sofrimento cristão ficava sob a autoridade de Deus. O Senhor não é a fonte do mal (Tg 1:13; 1Jo 1:5); o mal é perpetuado por Satanás, o mundo pecaminoso que ele governa e aqueles que vivem de acordo com a ordem de mundo de Satanás amaldiçoada pelo pecado. Não obstante, Deus prometeu usar o mal para realizar propósitos bons não só na pessoa afetada pelo mal (Rm 8:28-39), mas também para o bem do mundo por intermédio da submissão dessa pessoa à sua autoridade (2Co 12:9,10). Paulo, por conseguinte, considera os *sofrimentos* que teve por meio de sua prisão e iminente execução como uma parte da graça soberana de Deus.

O apóstolo maduro via seu sofrimento como um único evento no grande plano iniciado por Deus na eternidade passada para redimir a humanidade do pecado e nos dar a graça ao longo da eternidade futura. Naquela existência etérea antes que tempo e espaço viessem a existir, o Pai, o Filho e o Espírito Santo — o Deus trino — determinaram, por assim dizer: "Esse será o plano da salvação. Ele realizará nosso propósito. Será fundamentado na graça, concedida às pessoas que confiam no Filho, que serão os que o transmitirão a toda a humanidade".

1:10,11

Paulo, após refletir sobre o escopo eterno da graça de Deus em seu grande plano de salvação, volta o foco da atenção de Timóteo para a situação atual deles. Jesus Cristo revelou o plano redentor eterno de Deus por meio de seu ensinamento, de sua morte, de seu sepultamento, de sua ressurreição e de seu retorno prometido. Paulo afirma seu lugar no plano eterno de Deus não só em seu ministério de ensino entre Antioquia e Atenas, mas também por intermédio de seu sofrimento em uma prisão romana. Ele disse na verdade: "Timóteo, mantenha sua vida apoiada na graça soberana. Ela não começa com você nem termina com você; ela não diz respeito a você. Você é apenas um elo na corrente do plano de Deus. Ele não funciona por sua saúde e riqueza, felicidade e segurança, ou por sua glória, poder ou relevância. Antes de Deus criar o tempo e o espaço e antes de colocar a humanidade em uma criação prístina, ele estabeleceu seu plano baseado apenas na graça, realizado só por Cristo, para ser recebido apenas por intermédio da fé. E temos o impressionante privilégio de transmitir isso para o resto da humanidade!"

Paulo descreve seu lugar no plano redentor de Deus como *constituído*. O verbo grego significa "colocar", em geral com uma estratégia em mente. O verbo era usado para fundações, investimentos, exércitos, votos ou designações para cargos políticos. Paulo usou a voz passiva — ele foi *constituído* estrategicamente por Deus na promoção de seu plano. Ele, a seguir, declara três títulos que reforçam seu senso de obrigação, mesmo em face da morte.

1. *Kēryx* [2783], arauto, mensageiro, pregador. O termo tem uma conotação especial para os gregos e romanos seculares:

    > Uma vez que a política e a religião são inseparáveis para os gregos, os arautos em missões estrangeiras são considerados sob a proteção não só de seu país, mas também dos deuses. Atentar contra eles é o mesmo que pedir a ira divina. Mesmo que a mensagem deles não seja bem-vinda, eles têm de ser recebidos com hospitalidade. Eles têm uma santidade especial que os capacita a falar sem medo ou favor. Por essa razão, muitas vezes acompanham os enviados. Até mesmo na guerra, eles podem ir ao campo inimigo para iniciar a negociação da paz. Da mesma maneira, eles podem ir a uma capital inimiga para declarar guerra.[4]

2. *Apostolos* [652], "alguém enviado", mensageiro, delegado. O apóstolo, muito parecido com um *kēryx*, era enviado para realizar a vontade daquele que o enviara. Esse termo enfatiza o conceito de autoridade representativa. Um apóstolo não só possuía uma mensagem, mas estava autorizado a tomar decisões como o representante daquele que o enviara. Sua palavra tinha o mesmo peso da autoridade que ele representava.

3. *Didaskalos* [1320], mestre, instrutor. Os gentios e os judeus do século I usavam esse termo para denotar uma pessoa instruída que transmite conhecimento para seus alunos. Os homens que estavam estabelecendo escolas em Éfeso em torno de um sistema filosófico em particular se intitulavam "mestres". Paulo, sem igualar o cristianismo a um sistema filosófico (por exemplo, o estoicismo ou o

epicurismo), afirma ter igual posição, pelo menos, dos mestres em Éfeso, Atenas e Roma.

1:12

Paulo, após ordenar a Timóteo *não te envergonhes* (1:8), declara: *não me envergonho*. A seguir, ele explica o motivo para sua coragem, passagem traduzida pela Nova Versão Internacional por *ele é poderoso para guardar o que lhe confiei*. O grego literal traz algo como "meu tesouro", que pode significar "o que me foi confiado" ou "o que confiei a ele". Alguns expositores apoiam a primeira opção porque ela reflete a declaração paralela de 1:14. Mas Paulo, muito provavelmente, talvez pretendesse se referir à sua ordem recíproca a Timóteo: *Timóteo, guarda o tesouro que te foi confiado* (1Tm 6:20); e: *Guarda o bom tesouro com o auxílio do Espírito Santo, que habita em nós* (2Tm 1:14). Em outras palavras, o Senhor confia o evangelho a seus servos, e Paulo confiou sua alma ao cuidado de Deus.

Também é possível que Paulo tenha deixado ambíguo com um duplo sentido: *meu tesouro* inclui tanto o tesouro que Deus confiou a seu servo quanto a alma do apóstolo, que ele confiara a Deus. O apóstolo convida Timóteo a seguir seu exemplo: como Paulo exorta Timóteo a guardar o tesouro confiado a ele por Deus, ele também exorta Timóteo a confiar sua alma ao cuidado de Deus. E ele nos convida a fazer a mesma coisa.

■ ■ ■

Conforme o sofrimento de Paulo aumenta, ele fortalece sua determinação. Sim, ele usou o poder de pensar positivamente, escolhendo ver seu sofrimento através da lente da graça soberana de Deus. Sim, ele tirou a força espiritual que adquirira ao longo dos anos de serviço fiel. Sim, ele fora condicionado por uma carreira repleta de perigo e dificuldade. Mas nada disso explica sua coragem. Bravo como era, sua coragem não surgiu de sua constituição de aço. Ao contrário, ele se submeteu a seu Mestre, que lhe deu a determinação que lhe faltava naturalmente.

Paulo confiava completamente em seu Mestre. Sem reservas. Sem hesitação. Sem restrições nem planos contingentes. Ele colocou sua fé em uma pessoa, e não apenas em uma mensagem, esperando completamente que Deus o levasse para a glória. Por conseguinte, ele proclamou o evangelho sem descanso e de forma impressionante, pois este vinha de Deus, em quem ele confiava implicitamente.

APLICAÇÃO

2Timóteo 1:8-12
UMA QUESTÃO DE DETERMINAÇÃO

Assim, como você fortalece sua determinação? Acho que a forma mais direta de responder à pergunta é: *estar convencido de que Deus justificará sua vida*. Se achar a palavra "recompensar" melhor, ponha-a no lugar de "justificar". De todo jeito, esteja convencido de que Deus justificará sua vida.

Paulo usa a palavra *tesouro*, que é outro termo para "investimento". O Senhor é capaz de pegar seu tesouro e mantê-lo seguro. Por conseguinte, toda tarefa merece que você dê seu melhor. Toda pessoa merece seu melhor tempo. Toda responsabilidade merece sua melhor disciplina. Seja sábio com seu tempo e energia, mas, quando for chamado e responder de forma positiva, dê tudo que tiver. Não desperdice o tempo das pessoas com uma pregação mal preparada, nem mesmo um breve devocional. Prepare-se com cuidado. Trabalhe com diligência. Deus merece seu melhor; afinal, você está investindo nele, que será fiel em recompensar você, *porque Deus não é injusto para se esquecer do vosso trabalho e do amor que mostrastes para com o seu nome, pois servistes os santos, e ainda os servis* (Hb 6:10).

Reserve um tempo para meditar e, depois, responda a esta pergunta: *você está determinado a dar seu melhor para Deus?* Simples, todavia impacta o resto da sua vida.

Jonathan Edwards, aos 19 anos, enquanto se preparava para o ministério, respondeu a essa pergunta de forma afirmativa e escreveu setenta resoluções para orientar suas atividades diárias. Ele escreveu as primeiras 21 em seu diário de uma vez só, e o resto delas antes de fazer 20 anos. Eis apenas algumas que talvez você considere úteis:[5]

1. Resolução: tudo que fizer, farei pensando no melhor para a glória de Deus e para o meu bem, benefício e prazer, em toda a minha vida.
6. Resolução: viver com todo o meu poder enquanto estiver vivo.
7. Resolução: nunca fazer nada, que deveria ter medo de fazer, como se fosse o último momento da minha vida.
14. Resolução: nunca fazer nada por vingança.
28. Resolução: estudar as Escrituras com regularidade, constância e frequência, de modo que possa ver e perceber claramente meu crescimento no conhecimento delas.

33. Resolução: fazer sempre todo o possível para manter e preservar a paz, sem prejuízo excessivo de outros aspectos.
41. Resolução: perguntar a mim mesmo no fim do dia, semana, mês e ano em que posso melhorar em algum aspecto.
56. Resolução: nunca desistir, nem vacilar, na minha luta com minha corrupção, por menos que seja bem-sucedido nela.
57. Resolução: quando temer a má sorte e a adversidade, examinar se fiz minha obrigação e resolver fazê-la, deixando que o evento seja apenas como a Providência ordena. Não ficarei, tanto quanto possível, preocupado com nada além da minha obrigação e meu pecado.

Essas resoluções eram muito pessoais para Jonathan Edwards, que depois ficou conhecido como o teólogo norte-americano mais relevante e o mais intelectual. Mas talvez a necessidade dele não seja a sua. Se você ousar fazer isso, escreva pelo menos cinco resoluções. Coloque-as em um lugar que as veja todos os dias. Torne-as um assunto de oração diária, pedindo ao Senhor por capacidade acima da sua. Tenho certeza de que você descobrirá que esse tipo de disciplina mental e espiritual transformará sua vida — tudo para a glória de Deus.

Os dois investimentos eternos
LEIA 2TIMÓTEO 1:13-18

Poucas coisas na terra durarão para sempre. De acordo com a Bíblia, só duas coisas durarão: a Palavra de Deus (Is 40:8; Mt 24:35) e a alma das pessoas — daquelas que creem em Cristo, destinadas à glória eterna, e daquelas que o rejeitam, resultando em tormento eterno (Mt 25:31-46). No fim dos tempos, o fogo do julgamento de Deus consumirá tudo o mais, e ele fará uma nova criação (2Pe 3:7,10; Ap 21—22).

Enquanto o apóstolo padece na escuridão de uma masmorra romana, sem dúvida ciente de sua iminente sentença de morte, ele começa naturalmente a pensar nas coisas eternas, refletindo sobre o tesouro atemporal da Palavra de Deus (2Tm 1:13,14).

Paulo também pondera sobre a alma imortal das pessoas (1:15-18). Infelizmente, quando Paulo se volta para as pessoas em busca de ajuda, a maioria delas se afasta. A perseguição pôs a determinação delas sob teste, revelando que eram ministros fracos e amigos inconstantes. Mas Paulo, em vez de ficar amargurado, aprecia muito mais seus amigos genuínos e encoraja Timóteo a fazer o mesmo.

1:13,14

A expressão *o modelo das sãs palavras* incorpora a ideia de um gabarito ou padrão para fazer cópias. Paulo não espera que Timóteo repita seu ensinamento letra por letra, mas que retenha os princípios da sã doutrina ensinados por ele enquanto os adapta para satisfazer as necessidades variáveis de sua congregação. Os educadores chamam isso de "internalização", o que exige um entendimento completo, em vez de memorização.

Paulo reafirma sua ordem, voltando à imagem familiar usada em sua primeira carta (1Tm 6:20): *Guarda o bom tesouro*. Como a Palavra de Deus tem o poder de determinar onde as pessoas passarão a eternidade, Paulo exorta Timóteo a guardá-la, como alguém protege uma sala cheia de tesouros contra os ladrões. O apóstolo devotou boa parte de sua primeira carta a essa exortação, por isso pode parecer desnecessário repeti-la aqui. Mas se passaram dois ou três anos, e muita história do Novo Testamento, entre sua primeira e segunda cartas.

O termo *guarda* é traduzido do verbo grego *phylassō* [5442], cujo sentido é "proteger com a manutenção de vigília cuidadosa". Era o que os guardas da prisão, as sentinelas da cidade e os pastores faziam. O objeto desse verbo é o termo para um depósito ou algo deixado em confiança (cf. 2Tm 1:12). Quando deposita um cheque no banco, você confia que todo o sistema bancário mantenha seu dinheiro seguro daqueles que poderiam pegá-lo ilegalmente. No mundo da Antiguidade, o guardião de um tesouro cumpria uma obrigação sagrada.

Sejamos honestos, se um ministro levasse essa ordem suficientemente a sério, ele se sentiria oprimido. Imagine o presidente dos Estados Unidos lhe dando a responsabilidade de guardar as reservas de ouro da nação em Fort Knox. "Aqui está um rifle com alguns pentes de munição. Guarde o tesouro. Tudo depende de você!" Qualquer um em seu perfeito estado mental ficaria apavorado. Se, por outro lado, ele dissesse: "Guarde o tesouro. Você tem todo o exército norte-americano à sua disposição", então você teria uma chance melhor de lutar.

Paulo, ao repetir sua ordem anterior para guardar o tesouro, acrescentou uma frase-chave para dar ênfase: *com o auxílio do Espírito Santo, que habita em nós*. O Senhor não deixou Timóteo, nem qualquer outro ministro, sozinho para proteger a sã doutrina de Deus dos saqueadores. Temos o poder do Deus todo-poderoso vivendo em nosso interior!

1:15

Paulo, sem anunciar uma mudança de assunto, vai do tópico da Palavra eterna de Deus para tratar de outro objeto eterno: a alma dos homens e mulheres. Ele descreve duas categorias de pessoas: as que desapontam e as que permanecem fiéis.

Paulo refere-se primeiro a *todos que estão na* Ásia e viraram as costas para ele quando precisou de apoio. A Ásia refere-se à província romana da qual Éfeso era a principal cidade. A acusação de Paulo não inclui todas as pessoas da região; na declaração seguinte, o apóstolo cita o nome de alguns amigos verdadeiros. Antes, a expressão descreve ou a maioria ou um conjunto representativo de indivíduos de que Paulo mais precisou.

Paulo cita especificamente Fígelo e Hermógenes, que não são mencionados em nenhuma outra passagem da Escritura. Não temos como saber a importância desses dois homens nem o que eles fizeram para falhar com o apóstolo. Timóteo os conhecia bastante bem. A mera menção do nome deles estabeleceu o ponto de Paulo: *eles provaram ser instáveis comigo, e farão o mesmo com você.*

1:16,17

Paulo, em contraste contundente, menciona Onesíforo como um amigo fiel. Seu nome significa "portador de benefício". Ele descreve a ministração recebida de seu amigo como "ânimo", usando o verbo grego que significa "esfriar ou refrescar com um sopro" ou "secar".[6] A palavra, em seu sentido mais antigo, descrevia a "recuperação" física recebida em um *asclepieion*, um centro sagrado de cura na cultura grega que fornecia água limpa e uma atmosfera refrescante para os pacientes doentes ou feridos. A palavra veio a se referir de forma mais geral a refrigério, e Paulo provavelmente a usou no sentido genérico de prover alimento e outros suprimentos. Aparentemente, Onesíforo enviou suprimentos a distância, de Éfeso, durante algum tempo, e depois visitou pessoalmente o apóstolo, passando por grande transtorno e até mesmo correndo o risco de perigo pessoal no processo. Durante a perseguição de Nero, visitar um cristão na prisão podia resultar em aprisionamento e martírio, mas Onesíforo não fugiu assustado com essa possibilidade. Ele *procurou* Paulo diligentemente, o que não devia ser uma tarefa fácil, em vista da confusão de uma cidade incendiada, governada por um louco usando pessoas como bodes expiatórios.

A fidelidade de Onesíforo se destaca em contraste contundente com o comportamento dos amigos instáveis Fígelo e Hermógenes. Eles não só deixaram Paulo apodrecer na prisão sem alimento ou suprimentos, mas também foram o mais distante que podiam de Roma para permanecer seguros. A mudança abrupta do versículo 14 para o 15 sugere firmemente que eles também falharam em *guarda[r] o bom tesouro* que lhes fora confiado. Contudo, não podemos concluir automaticamente que os homens eram culpados de apostasia. De covardia, com certeza; de abandono da obrigação, provavelmente; mas não necessariamente de abandono total da fé.

1:18

É interessante o fato de Paulo se referir à *casa de Onesíforo* (1:16) no tempo presente e ao próprio Onesíforo no tempo passado. Por que será que ele não escreveu: "Você sabe muito bem que serviços ele *continua a prestar* em Éfeso"? Isso leva muitos expositores a sugerir que o homem morrera na época dessa carta. Se for esse o caso, a bênção de Paulo, *o Senhor lhe conceda que naquele dia obtenha misericórdia diante do Senhor,* seria construída como uma oração pelo morto.

Mas interpretar essa bênção como uma oração pelo morto é forçar o sentido por dois motivos. Primeiro, o uso de Paulo do tempo passado podia facilmente refletir as obras passadas do homem, incitando o apóstolo a abençoar toda a casa dele. Ele fez o mesmo por Estéfanas, que estava muito vivo (1Co 16:15,17). Segundo, mesmo que o homem tivesse morrido na época da bênção de Paulo, sua "oração" seria uma simples expressão de gratidão, como: "Possa Deus recompensar sua bondade porque eu não posso".

Um fato continua claro: Onesíforo provou ser um amigo fiel de imenso valor para Paulo, e o apóstolo expressou profunda admiração e gratidão por ele. Os ministros *precisam* de apoiadores como Onesíforo, em especial porque os críticos tendem a superar os defensores por uma larga margem.

■ ■ ■

Após a dupla ordem: *Preserva o modelo das sãs palavras* e *guarda o bom tesouro,* o contraste entre os amigos instáveis e os fiéis, sem dúvida, fala alto para Timóteo. O apóstolo, sem dizer explicitamente, transmitiu algumas mensagens penetrantes. Primeiro, "não me abandone como Fígelo e Hermógenes; permaneça fiel a mim como Onesíforo". Segundo,

Do meu diário

Prontos ou não, aqui vêm eles!

2TIMÓTEO 1:15

Um domingo à tarde, o telefone toca em nossa casa no sul da Califórnia. Quando atendo, uma voz familiar com a fala arrastada do Texas me saúda: "Swindoll, aqui é McGee!" J. Vernon McGee estava me ligando.

— Sei quem é! — disse. — Reconheço essa voz em qualquer lugar.

— Bem, tenho boas e más notícias!

— Está bem... dê as boas notícias — disse com uma risada.

— Estou enviando até você dois casais da Church of the Open Door que vivem mais perto de você que de nós. Eu os encorajei de fato a ir para sua igreja, e eles irão. Assim, no próximo domingo você terá mais quatro pessoas aí.

— Que ótimo — respondi sem hesitar. — E qual é a má notícia?

— Eles são o tumor da igreja! — e, depois de rir por algum tempo, ele disse: — Estou muito feliz em aumentar sua congregação!

Ele não estava exagerando. Em semanas e durante muitos anos daí em diante, quase toda controvérsia podia ser traçada até esses dois casais e seus amigos encrenqueiros. Como pastor jovem, eu não estava preparado para lidar com encrenqueiros como aqueles. Assim, durante muitos anos, toda a congregação sofreu os efeitos tóxicos daqueles indivíduos insatisfeitos.

"os cristãos instáveis são como assalariados covardes; eles deixam o rebanho ser devorado pelos lobos". E, terceiro, "os ministros precisam de defensores; procure-os com diligência, entesoure-os continuamente, agradeça a eles pessoalmente e os elogie abertamente".

APLICAÇÃO
2Timóteo 1:13-18
VOCÊ *PODE* LEVAR ESSES TESOUROS CONSIGO

Talvez você já tenha ouvido a expressão: "Deste mundo nada se leva". Essa é uma forma inteligente de reafirmar a obviedade de Jó: *Eu saí nu do ventre de minha mãe, e nu voltarei para lá* (Jó 1:21). Já estive presente na morte de muitas pessoas durante meus anos de ministério pastoral e tive a oportunidade de ver o que as pessoas à beira da morte procuram em seus dias finais. Nunca vi ninguém segurar um extrato bancário no peito ou pedir para ser rodeado por antiguidades inestimáveis. Elas, sem exceção, pedem para os entes queridos ficarem perto delas. E, se elas se apegam a algum bem material, é a seu exemplar da Palavra de Deus.

Enquanto o aperto gelado da morte rodeava Paulo escrevendo do buraco escuro em que estava preso, ele refletia sobre os dois tesouros que o sustentaram ao longo das muitas dificuldades que enfrentou: seus amigos e as Escrituras. A julgar por suas cartas e o relato de Lucas da vida do apóstolo, ele adquiriu grande riqueza nos dois aspectos, riquezas que continuaria a desfrutar depois da espada do carrasco.

Que tesouros você juntou na terra? O tipo de tesouro que tem de ser passado para outra pessoa antes de deixar este reino pelo seguinte? Do tipo que o fisco e os ladrões roubam? Ou você acumulou riquezas que *pode* levar consigo? Deixe-me compartilhar duas formas de conseguir riqueza que durará pela eternidade.

Primeiro, *acumule o tesouro da Palavra de Deus*. Meu conselho óbvio é começar seu programa pessoal de memorização da Escritura. Quando eu era adolescente, comecei a armazenar versículos da Bíblia com um sistema desenvolvido por *The Navigators*. O "Sistema de Memória Tópica" deles arranja os versículos pelas questões práticas de vida ou pelo assunto teológico, e continuo a encontrar aplicação para eles todos os dias. Muitas vezes, quando sou confrontado com um desafio em particular, os versículos relevantes que memorizei mais de cinquenta anos atrás vêm automaticamente à mente, trazendo um conforto que não consigo descrever completamente.

Mas a memorização é apenas um meio de armazenar a Palavra de Deus. Em um sentido muito real, você está armazenando a Palavra de Deus agora mesmo enquanto lê a Escritura e reflete sobre seu sentido com a ajuda de um comentário. A memorização da Escritura traz pouco bem sem a compreensão da Escritura. Enquanto lê a Bíblia com a ajuda de auxílios de estudo, entendendo o sentido das palavras, refletindo sobre as circunstâncias em torno da literatura, descobrindo os princípios atemporais contidos em suas páginas e vendo maneiras de aplicar a verdade divina na prática, você está armazenando a verdade divina na medula de seu corpo.

Muito bem!

Uma segunda forma de acumular riqueza eterna é *investir nos relacionamentos cristãos*. Todas as epístolas de Paulo começam e terminam com saudações pessoais. Somados, os nomes que ele conta entre seus amigos e companheiros de trabalho formam uma lista muito longa. Assim, quando passou a ser perigoso continuar amigo de Paulo e muitos o abandonaram, ele ainda tinha vários homens com quem podia contar. Lucas, Marcos, Timóteo e Onesíforo não tinham medo de arriscar a vida para o ajudar pessoalmente.

Infelizmente, nem sempre são convenientes. Às vezes, as amizades são custosas, consomem tempo, requerem trabalho intenso e exaurem emocionalmente. As amizades às vezes ficam no caminho do progresso, como a carreira do indivíduo não avançar com tanta rapidez ou o salário exibir alguns números a menos. As amizades também podem dar dor de cabeça de tempos em tempos, exigindo que perdoemos e, depois, passemos pelo doloroso processo de restaurar a confiança.

Meu ponto não é convencê-lo a não cultivar amizades, mas salientar uma questão óbvia e fácil de ser negligenciada: a maioria do que vale a pena na vida exige sacrifício, a decisão consciente de aceitar menos de algo a fim de desfrutar mais de outra coisa. Abrimos mão de tempo de lazer a fim de ganhar dinheiro. Abrimos mão do dinheiro a fim de ter alimento, roupa e uma casa. Podemos até mesmo comprar uma casa menor para arcar com uma escola melhor para os filhos. Esses são fatos da vida que logo aceitamos em todas as arenas, exceto nos relacionamentos. Estes, de algum modo, devem acontecer automaticamente em nosso tempo livre com pouco ou nenhum esforço consciente.

A verdade é que quase tudo que vale a pena envolve concessão. E isso também acontece com as amizades. Cultivar relacionamentos cristãos relevantes exige um investimento significativo. Então, o que você está disposto a fazer a fim de cultivar uma amizade significativa? Comece com um telefonema — você provavelmente sabe para quem — e tenha sua agenda à mão ao discar.

Percorrendo uma estrada difícil e acidentada

LEIA 2TIMÓTEO 2:1-13

Gostaria de definir o registro direto de uma vez por todas. A despeito do que você ouve de muitos pregadores no rádio ou na televisão, a prioridade número um de Deus *não* é fazer você se sentir bem — não por meio da saúde, riqueza ou qualquer outro meio mundano. Ele, mais que tudo, quer torná-lo igual a seu Filho. O desejo dele não é deixá-lo confortável; é ajudá-lo a crescer, e nunca ouvi alguém dizer que é fácil crescer.

É por isso que Satanás e o sistema mundano continuam a conspirar contra o plano de Deus para nós, e eles fazem todo o possível para impedir que nos tornemos cristãos maduros. Podemos, por conseguinte, esperar que a vida apresente desafios difíceis enquanto o cristão segue uma estrada difícil e acidentada.

Felizmente, a notícia não é de todo má. Na verdade, é incrivelmente boa! Enquanto a felicidade voa nos ventos da circunstância, aportando e fugindo caprichosamente, a vida cristã é uma jornada em direção à alegria eterna. Conforme F. B. Meyer, teólogo e autor britânico, escreveu:

> Não ache estranho, filho de Deus, o julgamento de fogo que o tenta como se algo estranho tivesse acontecido. Regozije-se! Pois esse é um sinal seguro de que você está no caminho certo. Se estou em um país estranho, sou informado de que tenho de atravessar um vale em que o sol está escondido, ou uma estrada pedregosa, para alcançar meu lugar de morada — quando chegar a ele, cada momento de sombra ou de abalo da carruagem me diz que estou na estrada certa. Por isso, quando um filho de Deus sofre alguma aflição, ele não fica surpreso.[7]

O Senhor não prometeu nos guardar *do* sofrimento (Jo 17:15,16); ele prometeu nos sustentar *por meio* do sofrimento (Rm 8:28-39), de modo que cada experiência passa a ser o meio de Deus criar em nós uma capacidade maior para a alegria a cada dia que passa. Embora eu não recomende Simone Weil como uma teóloga crível, concordo com uma de suas observações: "A grandiosidade extrema do cristianismo está no fato de que ele não busca uma cura sobrenatural para o sofrimento, mas um uso sobrenatural dele".[8] Se você não descobrir o uso sobrenatural do sofrimento pelo Senhor, continuará a lutar com a desilusão, talvez se perguntando de quem é a falta, se sua ou de Deus.

Hoje, junto-me a Paulo no convite para uma jornada. Não será uma jornada fácil. Há muita emoção ao longo do caminho, mas nem sempre será prazerosa. Talvez pareça mais fácil ficar onde você está, mas o conforto do *status quo* não durará. Além disso, você não quer perder o que Deus tem para você, nem ao longo do caminho nem em seu destino.

2:1

Paulo, após refletir sobre o passado, encontra-se com Timóteo no presente para o propósito expresso de passar a responsabilidade da liderança para ele. Mas, antes de passar a tocha para Timóteo, o apóstolo chama a atenção do pastor mais jovem com o enfático pronome *tu*. A seguir, ele resume em dois versículos a responsabilidade dupla do pastor: fortificar na graça e ensinar os outros a fazer isso.

A expressão traduzida por *fortifica-te* deriva da forma imperativa passiva do verbo *endynamoō* [1743], "crescer em força". Ademais, o imperativo está no tempo presente, o que exige uma resposta contínua. Assim, a ordem é mais bem traduzida como "continue a se fortificar". Os teólogos chamam esse tipo de verbo passivo de "passivo divino" porque ele sugere firmemente a intervenção divina. Em outras palavras, Deus faz o fortalecimento, de modo que nossa responsabilidade é nos submetermos à sua operação e cooperar com ela.

Mas no caso aqui não há nenhuma dúvida. Paulo ligou duas expressões adicionais identificando a fonte do poder: *na graça que há em Cristo Jesus*. Cristo é a fonte do poder, recebemos esse poder dele, e a graça é o meio pelo qual o poder flui dele para nós. Além disso, esse tem de ser um processo contínuo. Como a eletricidade em sua casa, se o fluxo de energia cessar, nada funciona.

2:2

A ordem de Paulo não acaba com o fortalecimento de Timóteo na graça. Essa é apenas a primeira das duas responsabilidades pastorais. Paulo esperava que Timóteo transmitisse o que aprendera ao longo dos anos de instrução.

No começo da segunda viagem missionária de Paulo, ele convidou Timóteo para se juntar ao seu grupo evangelístico com a intenção de treinar o homem mais jovem para o papel de liderança cristã. É claro que Timóteo era apenas um dos homens que Paulo recrutou e treinou, incluindo Tito, Tíquico, Trófimo, Tércio, Erasto, João Marcos e Lucas, para citar apenas alguns.

Isso não deve ser confundido com a doutrina católica romana da "sucessão apostólica", segundo a qual o papa recebe autoridade apostólica e profética de uma longa linhagem de sucessores remontando aos Doze originais ou, especificamente, a Pedro. John Stott esclarece esse ponto muito bem:

> Tem de ser uma sucessão de tradição apostólica do que de um ministério, autoridade ou ordem apostólica, uma transmissão da doutrina dos apóstolos passada sem mudança aos apóstolos das gerações subsequentes, e passada de mão em mão como a tocha olímpica. Essa tradição apostólica, "o bom tesouro", agora tem de ser encontrado no Novo Testamento:[9]

A ordem de Paulo a Timóteo se aplica a todos os pupilos do apóstolo e também a Timóteo. Paulo esperava que os alunos de Timóteo ensinassem a geração seguinte de professores que, por sua vez, ensinaria a seguinte. Em outras palavras, Paulo "confiou" a verdade a Timóteo, encarregou-o da responsabilidade de guardá-la e, a seguir, ordenou a ele que "confiasse" a verdade a *homens fiéis*[10] *que também serão capazes de ensinar os outros*. Como resultado disso, o papel de pastor nos chegou por intermédio de incontáveis gerações ao longo de dois milênios e permanece o mesmo. O pastor tem de ser continuamente fortalecido na graça que há em Cristo Jesus e guiar seu rebanho na jornada que denominamos de caminhada cristã.

Embora a jornada cristã em direção à alegria seja de fato difícil e acidentada, não viajamos sem ajuda. Temos um GPS divino em nosso interior: o Espírito Santo, que nos dá continuamente orientação exímia em direção a nosso destino — basta ouvirmos e prestarmos atenção na sua instrução! Temos nas mãos um mapa perfeitamente confiável do terreno na forma de 66 livros divinamente inspirados, reunidos como a Bíblia. E o Senhor chamou e equipou guias pastorais confiáveis para liderar o caminho.

Quando Paulo convidou Timóteo para o acompanhar, advertiu-o de que a jornada não seria fácil. Ele escolheu três exemplos para ilustrar: um soldado (2:3,4), um atleta (2:5) e um agricultor (2:6). A seguir, voltou

O PASSADO E O PRESENTE (2TM 1:8—2:26)

à ideia de receber o poder de Cristo por intermédio da graça (2:8-13). Como Paulo já usara essas imagens antes (1Co 9:6,7,24-27), elas seriam familiares a Timóteo.

2:3,4
O foco de um soldado

Stephen Ambrose pegou o título de sua obra clássica moderna, *Bando de irmãos*, do comovente "Discurso do Dia de São Crispim", de Shakespeare, em *Henrique V*. Enquanto o exército se preparava para a batalha — tirado do descanso, com disenteria, cansado de marchar e superado em número de cinco para um —, o rei reúne seus generais:

> A festa de São Crispim e São Crispiniano nunca chegará
> sem que venha associada *à* nossa recordação,
> *à* lembrança do nosso pequeno exército,
> do nosso bando de irmãos;
> porque aquele que verter hoje seu sangue comigo,
> por muito vil que seja, será meu irmão.[11]

Fonte: *educaterra.terra.com.br/voltaire/cultura/shakespeare_epoca2.htm*

Os soldados formam um elo especial no campo de batalha. Paulo convida Timóteo a se tornar seu irmão de armas por meio do sofrimento mútuo e sob o comando de Jesus Cristo. Além disso, ele chama Timóteo a adotar o foco de um soldado. Essa não é meramente a concentração de curto prazo de um homem sob fogo, mas a dedicação de longo prazo de um guerreiro deixando de lado todas as outras preocupações para ser vitorioso numa campanha.

A escolha de Paulo do verbo para "envolve" combina o prefixo grego *en* [1722] com um termo que significa "entrelaçar ou mesclar algo" — o mesmo termo usado por Mateus, Marcos e João para descrever a coroa de espinhos pressionada sobre a cabeça de Jesus. A palavra composta resultante, *emplekō* [1707], significa "envolver-se" — com propósito, por desígnio, voluntariamente.

O bom soldado evita intencionalmente se envolver em distrações para que possa concentrar toda a sua energia na realização do objetivo estabelecido por seu comandante. Ele não está preocupado com o mercado de ações. Ele não é distraído pelo entretenimento ou pela última colocação esportiva. Ele não se envolve na política local. Ele continua focado na vitória. Isso porque um soldado distraído é um soldado morto.

2:5

A dedicação de um atleta

Na época de Paulo, os atletas olímpicos tinham de jurar diante de Zeus que se dedicariam ao treinamento rigoroso por não menos que dez meses. A falha em treinar resultava na desclassificação imediata. E mais, a falha em obedecer às regras da competição rendia uma penalidade para o atleta: uma multa dura por infrações menores e açoitamento por violações sérias.

A Palavra de Deus, entre outras coisas, é um livro de regras, um guia para a vida. Muitas pessoas definem a "graça" como a ausência de regras. Nada poderia estar mais longe da verdade. A Bíblia contém princípios que exigem discernimento para ser aplicados, mas também contém preceitos específicos — regras rigorosas e obrigatórias — que têm de ser obedecidas sem questionamento, como:

- *Afastai-vos da imoralidade sexual* (1Ts 4:3).
- *Sede bondosos e tende compaixão uns para com os outros* (Ef 4:32).
- *Maridos, cada um de vós ame sua mulher* (Cl 3:19).
- *Ameis uns aos outros* (Jo 13:34).

Jesus, o doador de graça, disse: *Se me amardes, obedecereis aos meus mandamentos* (Jo 14:15). Isso não é legalismo; é assim que permanecemos no curso ao longo da jornada.

2:6

A diligência do agricultor

Quando ando de carro pelas fazendas e olho através da janela, vejo o suficiente para saber que quero continuar dirigindo. É um trabalho de sol a sol — adubar, arar, plantar, roçar, proteger, colher, estocar, transportar e vender — e não esqueçamos da oração constante. Pestes, doenças, geada, seca ou inundação podem arruinar toda uma estação de trabalho; por essa razão, a diligência do agricultor não tem garantia de bom retorno de seu investimento. Além disso, a agricultura não é uma ocupação para a pessoa impaciente. Postergar a recompensa define a existência do agricultor. O investimento diligente do agricultor de suor e trabalho árduo lhe rende o direito de ser o primeiro no campo a desfrutar sua generosidade. E ninguém a desfrutará mais que ele!

2:7

Paulo, a seguir, encoraja Timóteo a refletir sobre suas imagens do ministério: um pastor tem de exercitar o foco do soldado, a dedicação do atleta e a diligência do agricultor. O Senhor lhe daria entendimento à medida que ele refletisse sobre o que tinha aprendido.

2:8-10

As ilustrações de Paulo são reconhecidamente centradas no ser humano, colocando uma grande responsabilidade em Timóteo para crescer em graça: fique focado. Seja dedicado. Seja diligente. Então, não deveria surpreendê-lo ver Paulo voltar seu foco para o papel de Cristo. Sim, participamos do nosso crescimento em piedade, mas Cristo é a fonte da graça, e ele, em última instância, é o responsável pelo progresso do cristão.

Embora soframos provações por causa do evangelho e percorramos uma estrada difícil e acidentada, seguimos os passos daquele que deu o exemplo por meio de sofrimento tão profundo que não conseguimos imaginar. "Lembra-te de Jesus Cristo, de fato!" "Ressurreto dentre os mortos" porque experimentou a morte de todas as mortes. Ele, como "descendente de Davi", merecia um trono, e não uma cruz; portanto, ninguém tem o direito de clamar "injustiça" mais que ele. O Filho de Deus fez isso para dar aos mensageiros como Paulo as boas-novas para transmitir.

Cristo liderava o caminho. Por isso, Paulo considerava seu aprisionamento um privilégio — seguir a Cristo em uma morte injusta. O Senhor morreu para tornar as boas-novas possíveis; Paulo antecipou a morte para ver as boas-novas proclamadas. Na verdade, o apóstolo, como tinha tanta confiança em Timóteo e em seus outros alunos, podia celebrar a ironia da injustiça de Nero. Este prendera Paulo e outros cristãos fiéis, mas a Palavra de Deus desfrutava de maior liberdade ainda. O imperador demente matou cristãos, mas a mensagem cristã só se espalhou cada vez mais rápido.

2:11

Quando Paulo escreve: *Esta palavra é digna de crédito,* ele afirma algo profundamente importante: você deve se preparar para uma verdade relevante. Nesse caso, Paulo pretendia preparar Timóteo para um hino, dois pares de epigramas expressando quatro verdades paradoxais. Ele as apresenta como quatro orações condicionais — *se...* — seguidas de um resultado.

Paradoxo 1: Se já morremos com ele, também com ele viveremos.

Essa é a promessa fundamental do evangelho. Se confiarmos em Cristo, recebendo seu dom da vida eterna, viveremos com ele para sempre. Não precisamos sofrer martírio para receber esse dom. Quando recebemos esse dom pela graça, por intermédio da fé, experimentamos uma união mística com ele, de modo que sua morte é nossa, sua ressurreição é nossa e sua vida eterna é nossa (Rm 6:1-23; 1Ts 5:9,10).

2:12

Paradoxo 2: Se perseveramos, com ele também reinaremos.

A natureza condicional da "perseverança" não deve ser enfatizada demais. Os cristãos genuínos *perseverarão*, como o apóstolo garante em 2:12. A promessa é que quem suportar a injustiça nesta vida será justificado na próxima vida. Reinaremos sobre a nova criação, enquanto aqueles que nos perseguiram sofrerão tormento. Enquanto desfrutamos intimidade infinda com o Pai, todos os maus serão lançados no abismo.

Paradoxo 3: Se o negamos, ele também nos negará.

Mais uma vez, a natureza condicional da "negação" não deve receber atenção demasiada. A perseguição tem uma forma de separar os cristãos genuínos da intromissão dos não cristãos. Os impostores negarão Cristo e abandonarão o evangelho antes de sofrer por alguém em quem não acreditam genuinamente. Os que o negam não estão *em Cristo* e nunca estiveram. Por conseguinte, os que são verdadeiramente seu povo não precisam se preocupar com ceder sob tortura e, depois, perder seu lugar no céu (Jo 10:27-29).

2:13

Paradoxo 4: Se somos infiéis, ele permanece fiel; pois não pode negar a si mesmo.

Se alguma das três declarações condicionais anteriores causa estresse indevido, a quarta restaura toda a confiança. Embora a Bíblia chame repetidamente os cristãos a aguentar até o fim e advirta contra a apostasia, o cristão genuíno pode descansar na fidelidade de Cristo. No ponto em que falhamos, ele é bem-sucedido. Quando perdemos a confiança, ficamos desiludidos, vacilamos em nossa caminhada ou falhamos moralmente, Jesus Cristo será fiel em nos conduzir até o fim (cf.

Do meu diário

Como ser um maníaco convincente por Jesus Cristo

2TIMÓTEO 2:8-10

Cynthia e eu, às vezes, lideramos cruzeiros com a Insight for Living, em geral uma vez por ano. Geralmente, ocupamos metade do navio, que carrega cerca de 1.800 passageiros. Então, imagine você um passageiro não salvo embarcando no navio. Você economiza dinheiro, aguarda com ansiedade uma semana de diversão e lazer nas suas férias de sonho só para descobrir que 900 dos seus companheiros de viagem são um bando de cristãos! A última coisa que você esperava na sua grande aventura eram sete dias com 900 pessoas julgando seu comportamento e pregando para você.

Fazemos isso há 25 anos, por isso reservo alguns momentos no primeiro encontro para ditar o tom. Digo algo como: "Muito bem, todos, ouçam-me. Deus não nos pôs neste navio para sermos cruzados. Vocês não foram divinamente apontados para tornar a viagem dos outros passageiros um horror. Não atravessem o cassino levando panfletos. Eles só acharão que vocês são loucos e, de todo modo, jogarão fora os panfletos. Em vez disso, ajudemos a tornar essas as melhores férias deles. Jesus era um convidado agradável, e as pessoas não conseguiam resistir às boas-novas que ele trouxe. Como somos seus seguidores, façamos a mesma coisa. Tirem os crachás com seus nomes quando não estiverem em nossas reuniões. Sejam bons vizinhos. Fiquem amigos deles. Talvez queiram continuar algumas excursões com seus novos amigos".

Praticamente em todos os cruzeiros, quando nos aproximamos do porto final, um número dos outros convidados e até mesmo alguns membros da tripulação dizem: "Fiquei com medo desta viagem quando soube de todos vocês cristãos a bordo, mas ela provou ser a melhor viagem que eu esperaria fazer".

Nunca ouvi falar de alguém insultado vir a Cristo. Ninguém que se sentiu tolo, em seguida, como resultado disso, disse: "Tenho de crer em Jesus! Essas pessoas odiosas me ajudaram a ver a luz!"

1:12; 1Ts 5:23,24). Paulo sela essa garantia com uma verdade inegável: quando Deus promete salvar alguém e lhe oferece a garantia de vida eterna, ele não pode voltar atrás em sua promessa sem violar sua própria natureza. Ele é santo; não pode mentir nem quebrar uma promessa. Portanto, a perseverança do cristão passa a ser uma questão de honra pessoal para ele.

■ ■ ■

Embora a estrada de Cristo seja difícil, ainda assim leva a um destino maravilhoso. Bênçãos imensuráveis e maturidade como a de Cristo nos aguardam no fim da nossa jornada. Nossa decisão de nos privarmos da felicidade no curto prazo será recompensada com alegria eterna. Essa é a promessa dele, e podemos apostar tudo que temos e tudo que somos que ele a cumprirá. Podemos dizer com Paulo: *Porque eu sei em quem tenho crido e estou certo de que ele é poderoso para guardar o meu tesouro até aquele dia* (2Tm 1:12).

APLICAÇÃO
2Timóteo 2:1-13
AS REGRAS DA ESTRADA

A jornada do fiel segue uma estrada difícil e acidentada. A estrada está destinada ao céu, com certeza, mas é difícil porque segue contra a corrente do mundo. Assim, como permanecer nessa estrada desafiadora durante todo o caminho até nosso destino? Como nos proteger da pressão constante para negar Cristo, abandonar o evangelho e simplesmente seguir a maré mundana? Como impedir nossa mente de se voltar para pensamentos tenebrosos nas noites escuras?

Veja na exortação de Paulo a Timóteo duas regras específicas que, se seguidas, nos manterão na direção certa.

Regra nº 1: Quando lhe faltar entendimento, reflita sobre a Palavra de Deus, e o Senhor o fará entender tudo (2:7). A palavra grega *synesis* [4907], traduzida por "entender", significa "correr junto com", "ato de fluir ao mesmo tempo que", "confluência". A palavra incorpora a ideia de peças de um quebra-cabeça se encaixando para formar uma imagem inteligível. Quando sofremos, em geral é isso que precisamos. Então, saímos à procura de respostas. "Por que Deus está fazendo isso comigo?" "O que fiz de errado?" "E se tentar *essa* solução ou *essa* estratégia? Talvez, então, meu sofrimento termine." Tragicamente, na ausência de respostas satisfatórias, preenchemos os espaços com conclusões desesperadas que levam a escolhas destrutivas. A falta de entendimento leva ao desânimo, e o desânimo sempre faz o pecado parecer atraente.

Em vez de sair em uma busca inútil de soluções de causa e efeito, mergulhe na Escritura. Você não precisa completar estudos detalhados de passagens e escrever um tratado. Apenas leia-a e, depois, pondere. Faça isso com frequência. Descobri que minha necessidade de respostas ou soluções aos poucos ficou em segundo plano e comecei a ver as coisas com uma clareza serena que só pode vir de Deus.

Regra nº 2: Quando se sentir oprimido, apegue-se às promessas de Deus, sabendo que ele as cumprirá em um futuro não muito distante (2:11-13). Aqui é necessário discernimento. Tenha cuidado com livros que declaram compilar listas das promessas de Deus tiradas da Bíblia. Primeiro de tudo, muitas das ditas promessas são apenas declarações tiradas de seu contexto original. Por exemplo, eis uma de um livro afirmando enumerar milhares de promessas da Bíblia: "Deus prometeu libertação do medo: *Busquei o Senhor, e ele me respondeu, livrou-me de todos os meus temores* (Sl 34:4)". Esse versículo não é uma promessa. A Bíblia nos fornece todos os motivos para nos enchermos de coragem no amor cuidadoso de Deus, mas esse versículo é apenas uma declaração, e não uma promessa *per se*.

O segundo motivo para ser cuidadoso é que nem toda promessa da Escritura pertence a você. Por exemplo, a promessa: *A tua descendência será como o pó da terra. Tu te espalharás para o ocidente, para o oriente, para o norte e para o sul; todas as famílias da terra serão abençoadas por meio de ti e da tua descendência* (Gn 28:14). Essa promessa não é para você. Ela pertence a Jacó.

A Bíblia, no entanto, contém muitas promessas de Deus para você, e ele pensava em você quando as fez. Eis apenas algumas delas:

> *Vinde a mim, todos os que estais cansados e sobrecarregados, e eu vos aliviarei. Tomai sobre vós o meu jugo e aprendei de mim, que sou manso e humilde de coração; e achareis descanso para a vossa alma* (Mt 11:28,29).

> *Se Deus veste assim a planta do campo, que hoje existe e amanhã é jogada no forno, quanto mais a vós, homens de pequena fé? Portanto, não vos inquieteis, dizendo: Que comeremos? Que beberemos? Com que nos vestiremos? Pois os gentios é que procuram todas essas coisas. E, de fato, vosso Pai celestial sabe que precisais de tudo isso. Mas buscai primeiro o seu reino e a sua justiça, e todas essas coisas vos serão acrescentadas* (Mt 6:30-33).

Dai, e vos será dado; recebereis uma boa medida, cheia, generosa e transbordante; pois sereis medidos com a mesma medida com que medis (Lc 6:38).

Porque Deus amou tanto o mundo, que deu o seu Filho unigênito, para que todo aquele que nele crê não pereça, mas tenha a vida eterna (Jo 3:16).

Estas ouvem a minha voz, eu as conheço, e elas me seguem. Dou-lhes a vida eterna, e jamais perecerão; e ninguém as arrancará da minha mão. Meu Pai, que as deu para mim, é maior do que todos; e ninguém pode arrancá-las da mão de meu Pai (Jo 10:27-29).

Na casa de meu Pai há muitas moradas; se não fosse assim, eu vos teria dito; pois vou preparar-vos lugar. E, se eu for e vos preparar lugar, virei outra vez e vos levarei para mim, para que onde eu estiver estejais vós também (Jo 14:2,3).

Mas recebereis poder quando o Espírito Santo descer sobre vós; e sereis minhas testemunhas, tanto em Jerusalém como em toda a Judeia e Samaria, e até os confins da terra (At 1:8).

E, se o Espírito daquele que ressuscitou Jesus dentre os mortos habita em vós, aquele que ressuscitou Cristo Jesus dentre os mortos há de dar vida também aos vossos corpos mortais, pelo seu Espírito, que em vós habita (Rm 8:11).

Não veio sobre vós nenhuma tentação que não fosse humana. Mas Deus é fiel e não deixará que sejais tentados além do que podeis resistir. Pelo contrário, juntamente com a tentação providenciará uma saída, para que a possais suportar (1Co 10:13).

Se algum de vós tem falta de sabedoria, peça a Deus, que a concede livremente a todos sem criticar, e lhe será dada (Tg 1:5).

Se confessarmos os nossos pecados, ele é fiel e justo para nos perdoar os pecados e nos purificar de toda injustiça (1Jo 1:9).

Pois todo o que é nascido de Deus vence o mundo; e esta é a vitória que vence o mundo: a nossa fé. Quem vence o mundo, senão aquele que crê que Jesus é o Filho de Deus? (1Jo 5:4,5).

Lidando de forma acurada com a Palavra

LEIA 2TIMÓTEO 2:14-19

Enquanto houver verdade para contar, os charlatões e enganadores se beneficiam mudando-a com esperteza. Eles se apresentam como faróis luminosos da luz de Deus e atraem pessoas inocentes, totalmente confiantes e sofrendo muitíssimo como a chama atrai a mariposa. Esses mascates de fé tóxica não oferecem nada e consomem tudo.

Stephen Arterburn, em seu livro *Toxic Faith* [Fé tóxica], descreve o efeito que esses charlatães religiosos tiveram em sua avó e continuam a ter no mundo:

> Eles pegaram seu dinheiro e o gastaram com eles mesmos e seus grandes planos, esquemas que não tinham nada que ver com o desejo de minha avó de falar ao mundo sobre o amor de Deus ou de alimentar e vestir os órfãos. Alguns desses ministros que ela apoiou tão fielmente acabaram na cadeia, divorciados da esposa, ou foram presos por exposição indecente ou cometeram outro pecado público. Eles proclamavam a fé na televisão ou no rádio, mas viviam algo diferente. Não tinham problema em pedir à minha avó e a outros como ela que sacrificassem seu dinheiro do alimento para que eles pudessem comprar combustível para o avião e dar uma escapada de fim de semana para Palm Spring. O que eles faziam era desonesto, injusto — e muito humano. O tipo de fé que eles viviam parecia radicalmente diferente da fé que eles proclamavam nas transmissões públicas. [...]
>
> Eles construíam grandes impérios para si mesmos enquanto minha avó desligava o aquecedor de noite para economizar alguns dólares e, assim, poder doar mais. A fé desses homens era *tóxica*. Envenenou muitos que confiaram neles e distorceu a visão de Deus mantida por muitos que assistiram quando esses ministros da mídia caíram da graça. Como resultado disso, hoje muitos acreditam que *todos* os ministros são charlatães e querem espoliar o rebanho. Esses cínicos produziram uma visão tóxica e não saudável da fé pelos exemplos tóxicos que viram na mídia.[12]

O apóstolo Paulo lamenta a existência dos mesmos desafios menos de uma geração depois de o Senhor ter comissionado seus apóstolos a evangelizar o mundo. A tecnologia amplifica a voz dos exploradores da religião — duplicando e disseminando suas mentiras com maior velocidade e eficiência —, mas muito pouco mudou. As perversões e métodos deles permanecem os mesmos. Assim, quando a luz começava a se desvanecer na masmorra de Paulo, o apóstolo escreveu para seu tímido amigo em Éfeso, encorajando-o a expor e confrontar os mascates da apostasia. Dois mil anos depois, suas palavras continuam a inspirar e equipar todos os defensores da verdade.

2:14

Paulo, sempre um pregador prático, dá instruções específicas a seu pupilo de como expor e confrontar os charlatães, começando com a instrução óbvia: proclame a verdade!

A Almeida Século 21 e outras versões usam o pronome *lhes* porque o verbo "lembrar" em português, ao contrário do verbo grego, parece estranho sem um objeto direto. Uma tradução literal da ordem de Paulo seria: "Lembre essas coisas". Lembrar quem? Todos. Em todas as oportunidades.

A expressão *essas coisas* refere-se às verdades que Paulo celebra em seu hino:

> *Se já morremos com ele, também com ele viveremos;*
> *se perseveramos, com ele também reinaremos;*
> *se o negamos, ele também nos negará;*
> *se somos infiéis, ele permanece fiel; pois não pode negar a si mesmo* (2:11-13).

Paulo, além de proclamar a verdade, exorta o pastor a proibir *discu[ssão] por causa de palavras*. Essa expressão traduz a mesma palavra composta rara usada por Paulo em sua primeira epístola (1Tm 6:4), cujo sentido literal é "luta de palavras". Um sátiro grego descreveu o debate entre os estoicos e os epicuristas como uma "luta de palavras",[13] usando o termo para caracterizar os homens como efeminados demais para uma luta com os punhos ou a espada. Paulo usa o termo para desonrar a prática de debater a teologia por ela mesma.

2:15,16

A ordem em que Paulo apresenta seu mandamento me deixa intrigado. O versículo 14 ordena que o pastor conduza um ministério *público* de proclamação da verdade e proíbe as discussões sem utilidade. Os versículos 15 e 16 exortam Timóteo a se dedicar ao ministério *privado* para adquirir excelência pessoal na palavra da verdade e evitar pessoalmente as discussões sem utilidade. Paulo, na verdade, disse: "Pregue e, depois, pratique o que prega".

Seria possível esperar a ordem inversa. Pratique e, depois, pregue. Mas isso poderia sugerir que um pastor, de algum modo, chega a um patamar de destreza e, então, passa a ser um especialista permanente em todas as coisas piedosas em uma congregação em particular. Na verdade, o pastor nunca "chega"; ele está sempre progredindo, sempre crescendo. Além disso, a autoridade do pastor para exortar não vem de ser um exemplo perfeito; ele se alicerça na autoridade da Palavra de Deus. Os sermões do pastor não são menos para ele que para qualquer um na congregação. (Muitas vezes me vejo condenado por minhas mensagens de domingo!)

A ordem de Paulo — pregar, depois praticar — sugere mais que o pastor ter de se retirar com regularidade do ministério público para ficar diante de Deus a fim de ser examinado. Os ministros *precisam* disso, sobretudo os pastores. De acordo com o resultado de uma pesquisa relatada em um respeitado periódico de liderança, falta a muitos líderes a qualidade de ter consciência de si mesmos. Na verdade, essa deficiência comum fez com que os especialistas em administração desenvolvessem uma dolorosamente acurada avaliação de liderança denominada "Avaliação 360°", que pede para pelo menos seis pessoas — dois superiores, dois pares e dois subordinados — responderem anonimamente a um questionário detalhado sobre um indivíduo. O relatório, em geral, espanta os líderes. A maneira como eles se veem e como são percebidos pelos colegas com frequência varia muitíssimo.

Paulo exorta Timóteo a se apresentar a Deus para exame contínuo, algo que os charlatães evitam a todo custo. Eles se afastam da reflexão sobre si mesmos, rejeitam a prestação de contas e não ousam ficar diante de Deus para ser inspecionados. Se um pastor, por outro lado, passa na inspeção do Senhor, vive acima de reprovação diante do rebanho. E isso é vital para encorajar o pastor a proclamar uma verdade particular da Palavra de Deus. Esteja certo, suas ovelhas estarão observando para ver se ele vive essa verdade que prega.

Preste atenção especial na expressão *maneja bem*. A Nova Versão Internacional traduz o termo grego por *maneja corretamente*, mas a expressão comunica melhor desta maneira: "ensina fielmente e vive na prática". Em outras palavras, Timóteo tem de manejar bem a palavra da verdade — tanto em seu discurso quanto em sua conduta. Conforme um estudioso observou, "ele é superior aos falsos mestres não porque pode apresentar melhor a palavra nem porque a oferece em uma forma legítima da perspectiva teológica, mas porque ele segue essa palavra da verdade corretamente em sua vida e, assim, a confirma".[14]

Não há substituto para a pregação expositiva — o estudo diligente, a interpretação acurada e a comunicação eficaz da Palavra de Deus. Essa tarefa essencial está no cerne do ministério pastoral. Mas esse é o padrão *mínimo* exigido por Paulo nesse versículo. No conceito hebraico de sabedoria — não podemos esquecer que Paulo passou a primeira metade de sua vida mergulhado na cultura judaica e estudando nos mais altos patamares da tradição rabínica —, o conhecimento à parte da vida prática é sem sentido.

Tenha cautela com nutricionistas obesos, advogados que cumprem sentenças de prisão, médicos que fumam como uma chaminé, conselheiros financeiros que quebram e pregadores que vivem o contrário da Palavra de Deus!

EXCURSO: O SENTIDO DE *ORTHOTOMEŌ* EM 2TIMÓTEO 2:15

Pelo que me lembro, os expositores entendem 2Timóteo 2:15 como sua ordem para estudar a Escritura a fim de discernir o sentido preciso dela e, depois, pregá-la adequadamente. Mas isso talvez não fosse tudo o que o apóstolo tinha em mente com esse versículo. Não entenda mal, a pregação expositiva — o estudo diligente, a interpretação acurada e a comunicação eficaz da Palavra de Deus — está no cerne do ministério pastoral. Não há substituto para ela. Paulo, no entanto, talvez caminhasse em direção a um aspecto mais profundo do ministério pastoral: a integridade pessoal.

O verbo grego traduzido por *maneja bem* é *orthotomeō* [3718], cujo sentido literal é "cortar reto", mas pode ter um de dois usos metafóricos possíveis. O primeiro, preferido pela maioria das traduções de 2Timóteo 2:15, é "maneje corretamente e com habilidade". Isso, pela aplicação, significaria "entender a palavra da verdade corretamente e, depois, pregá-la apropriadamente". Mas a evidência para essa interpretação é praticamente inexistente.

A evidência é muito mais forte para o outro sentido figurativo: "pôr em prática" ou "transformar o que é teórico em uma realidade prática". É interessante o fato de o verbo *orthotomeō* não ser encontrado em nenhum outro tipo de literatura grega, a não ser em dois versículos na tradução grega do Antigo Testamento (em destaque nos seguintes excertos):

Reconhece-o em todos os teus caminhos, e ele ENDIREITARÁ tuas veredas (Pv 3:6).

> *A justiça dos perfeitos endireita-lhes o caminho, mas o ímpio cai por sua impiedade* (Pv 11:5).
>
> Ou os estudiosos judeus traduzindo esses provérbios hebraicos para o grego resolveram cunhar um termo,[15] ou o termo grego era usado oralmente na comunidade judaica. Nos dois provérbios, o verbo toma como objeto direto *hodos* [3598], "caminho" ou "estrada", aproveitando assim a imagem de limpar detritos e, depois, nivelar as colinas e vales. Nesse sentido, é possível dizer que uma equipe de construção "cortou um caminho reto" de um lugar a outro.[16] Metaforicamente, a expressão incorpora a ideia de transformar um desejo em uma possibilidade prática. Assim, Provérbios 11:5 declara que o comportamento justo endireita o caminho por meio da vida, permitindo que o justo chegue aonde quer chegar.
>
> Paulo podia escolher qualquer número de palavras ou expressões ao exortar Timóteo em relação à *palavra da verdade*, mas escolheu um verbo único para dois provérbios exortando à obediência como um meio de fazer a jornada ao longo da vida. Por conseguinte, em vista do contexto do argumento de Paulo nesse segmento (2Tm 2:14-19), parece melhor entender *orthotomeō* em 2:15 desta maneira: "Procura apresentar-te aprovado diante de Deus como obreiro que não tem de que se envergonhar, *fazendo um caminho direto com a palavra da verdade*" (edição nossa em itálico). Decompondo a metáfora, eu traduziria o versículo assim: "Seja diligente em se apresentar aprovado diante de Deus como obreiro que não tem de que se envergonhar *vivendo na prática* a palavra da verdade".

2:17,18

Paulo, depois de proibir *discussões sem propósito algum* (veja comentário sobre 1Tm 1:6,7; 6:20; Tt 3:9), lembra o amigo das consequências mortais e, então, ilustra seu ponto com exemplos negativos que Timóteo, sem dúvida, conhecia bem.

A palavra "gangrena" vem diretamente do termo grego usado aqui, *gangraina* [1044], que incorpora a ideia de veneno se alastrando pelo sistema. A gangrena era uma condição médica amedrontadora antes da invenção de antissépticos e antes de as pessoas entenderem a importância da higiene cuidadosa. Como muito poucos de nós já testemunharam algum caso de gangrena, uma ilustração mais pungente hoje seria o câncer. As *discussões sem propósito algum* — a caracterização de Paulo da filosofia, a tentativa da humanidade de entender as verdades espirituais à parte da Escritura — têm de ser cortadas ou terão metástase e matarão o corpo. Essa é a ideia.

Paulo, para ilustrar seu ponto, menciona dois homens que "cortara" da congregação. Em anos passados, Himeneu se juntara a Alexandre, o popular herege (2Tm 4:14; cf. At 19:33). Mais tarde, ele se juntou a Fileto para promover um conceito distorcido da ressurreição, que era apenas espiritual (1Co 15:12) ou que já ocorrera (2Ts 2:1-4). Como a filosofia grega, que permeava Éfeso, considerava a ressurreição corpórea um absurdo, esses falsos mestres estavam provavelmente adaptando a doutrina cristã para aliviar a tensão. Os gregos achariam a mera ressurreição espiritual muito mais a seu gosto e não muito diferente de suas próprias crenças.

Infelizmente, o sistema mundano sempre acha a doutrina cristã ofensiva ou absurda. As questões mudam, mas a tensão permanece. A *palavra da verdade* exige uma escolha. Por essa razão, temos de estudar a Escritura mais que qualquer outra disciplina. Isso não significa que não devemos estudar ciências, matemática, política, literatura ou até mesmo filosofia. Como o ditado diz: "Toda verdade é verdade de Deus". Quando as pessoas tentam subjugar a Escritura para harmonizar com a ciência ou a filosofia, elas promovem um falso evangelho e uma fé tóxica.

2:19

Todavia. Paulo faz uma linha dupla negativa na página, por assim dizer, começando a sentença seguinte com uma forte conjunção adversativa. A despeito de todos os perigos de apostasia, a despeito da deserção de líderes influentes, a despeito de eles desviarem muitas almas, independentemente de quanta injúria a igreja sofre, ainda assim, a verdade fundamental de Deus permanece firme e segura.

Não se esqueça das circunstâncias pessoais de Paulo quando ele escreveu essas palavras. O apóstolo, em uma época em que queria levar o evangelho na direção do Ocidente, sofreu a deplorável injustiça de ser mandado para a masmorra de um criminoso. Quando a igreja podia estar acrescentando milhares de almas a suas fileiras, um imperador louco capturou, humilhou, torturou e assassinou cristãos, tudo por entretenimento e para agradar a seus compatriotas.

Todavia, o firme fundamento de Deus permanece.

E tem este selo. Paulo usou a imagem familiar de uma pedra angular de construção com um selo oficial. Um selo cravado na pedra protegia a construção contra a intrusão ou destruição. Transmitia uma advertência implícita para qualquer violador em potencial: "Prejudique esse prédio e responderá a mim!"

Essas duas declarações, esculpidas na fundação da igreja, falam da questão de identidade de perspectivas diferentes.

Inscrição nº 1: *O Senhor conhece os seus* (cf. Jo 10:14; Rm 8:29; 1Co 8:3). A verdadeira igreja consiste naqueles que pertencem ao Senhor Jesus Cristo, o eleito (Mt 24:31; Rm 8:33; Cl 3:12; 2Tm 2:10), aqueles que creram em Jesus Cristo colocando sua confiança nele como sua única esperança de salvação (Jo 3:16; 11:25,26).

Ninguém tem de declarar ao Senhor: "Sou seu; não me negligencie!" Ninguém na terra consegue determinar quem é salvo e quem está perdido — pelo menos não com certeza —; só Deus sabe isso com certeza. Ele não pode ser enganado pela hipocrisia, e o fracasso pessoal não pode tornar irreconhecível aqueles que pertencem a ele.

Inscrição nº 2: *Afaste-se da injustiça todo aquele que profere o nome do Senhor* (cf. Jo 14:15; 1Jo 3:6,9; 5:18). A verdadeira igreja está repleta daqueles que rejeitam obstinadamente o pecado. Eles não são sem pecado; na verdade, todos pecam e muitos são terrivelmente falhos. Mas eles odeiam seu pecado e se devotam a viver acima e além da influência do mal.

Enquanto Deus conhece os seus, os cristãos têm de se identificar uns com os outros por meio da obediência. Os que afirmam pertencer a Deus ainda assim continuam a caminhar em pecado, a trazer vergonha para a igreja e a promover uma fé tóxica.

A soberania de Deus não nega a responsabilidade humana, mas podemos contar com isto: a fundação permanece firme!

■ ■ ■

Em 1775, John Rippon, aos 22 anos, começou a servir na congregação *Carter's Lane Baptist Church*, em Londres, posto esse que deteve por 63 anos. Ele, querendo expandir o papel da música na igreja, compilou o que denominou "Um apêndice dos salmos e hinos do dr. Watts", publicado como *A selection of hymns from the best authors* [Uma seleção de hinos dos melhores autores]. A coletânea se tornou um sucesso desenfreado em toda a Grã-Bretanha, tendo não menos que quinze edições. No fim, ela se tornou o principal material de música nos Estados Unidos.

Ele incluiu um hino de um autor conhecido apenas como "K—", originalmente intitulado *Exceedingly great and precious promises* [Promessas excessivamente grandes e preciosas]. Conhecemos o hino hoje pelas primeiras quatro palavras da primeira estrofe.

Como é firme a fundação, santos do Senhor,
Posta para sua fé em sua Palavra excelente!
O que mais ele pode lhe dizer além do que você já disse,
Você, que fugiu para se refugiar em Jesus?

Em toda condição, na doença, na saúde,
No vale de pobreza ou na abundância de riqueza,
Em casa e no exterior, na terra, no mar,
Conforme os seus dias exigem, sua força sempre será.

Não tema, estou com você. Não desanime,
Pois sou seu Deus e o auxiliarei;
Eu o fortalecerei e ajudarei, e farei com que fique de pé
Apoiado por minha mão justa e onipotente.

Quando, através das águas profundas, o chamar para ir,
Os rios de aflição não o submergirão,
Pois estarei com você, seus problemas abençoarei
E santificarei sua aflição mais profunda.

Quando, através de provas de fogo seus caminhos o levarem,
Minha graça, suficiente, será seu suprimento;
A chama não o ferirá; projeto apenas
Sua escória para ser consumida; e seu ouro, refinado.

Até a velhice, todo o meu povo deverá provar
Meu amor soberano, eterno e imutável.
E, quando os cabelos grisalhos adornarem sua têmpora,
Eles ainda permanecerão como cordeiros no meu seio.

A alma que em Jesus se inclinou para o repouso,
Não a abandonarei a seus inimigos;
Aquela alma, embora todo o inferno se esforce para abalá-la,
Nunca, nunca, nunca, a abandonarei.[17]

APLICAÇÃO
2Timóteo 2:14-19
A PREPARAÇÃO DO MEU SERMÃO SEMANAL

Há um ditado entre os pastores: "O domingo continua chegando!" Essa frase geralmente provoca uma risada de conhecimento. Se você é dotado ou não, independentemente de a semana não ter ocorrências especiais ou ser cheia de surpresas, a despeito do implacável cansaço com os detalhes, a manhã de domingo se aproxima como um trem de carga impossível de ser parado. Então, você tem de se preparar para pregar ou se preparar para sair do caminho!

A pregação é o aspecto mais visível do papel de um pastor sênior. Algumas igrejas exigem que o pastor prepare três mensagens diferentes a cada semana: para o culto de domingo de manhã, de domingo à noite e o culto de "oração" no meio da semana na noite de quarta-feira. Felizmente, nossa igreja tem uma abordagem diferente, e muitos outros homens fortes compartilham o fardo da liderança comigo. Assim, preparo um sermão por semana, que prego duas vezes no domingo. No passado, pregava em cinco cultos aos domingos! Pregava um sermão nos três cultos da manhã e preparava outra mensagem para os cultos do fim do dia.

Com o tempo, desenvolvi uma rotina semanal que funciona bem para mim. Ter uma rotina me ajuda a administrar esse aspecto muito visível do ministério pastoral sem negligenciar as muitas obrigações que quase ninguém vê. A programação abaixo descreve como um sermão se forma para mim ao longo de uma semana típica.

Uma grande vantagem da pregação expositiva é que nunca tenho de me perguntar o que pregarei no próximo domingo. Não será sobre um tópico controverso pinçado de alguma manchete nem uma percepção engenhosa com a qual deparei ou vi em um sonho. Prego a passagem que vem depois daquela que acabei de expor, e a própria passagem me diz o assunto. Apenas digo à congregação o que o Senhor me revelou naqueles versículos. Embora às vezes pregue uma série de mensagens em torno de um assunto em particular, como o casamento ou o caráter de Cristo, a pregação ainda é expositiva. Reúno passagens que falam do tópico em pauta e, depois, explico-as e aplico-as.

Quando prego de um livro da Bíblia, em geral leio o livro inteiro como um todo e, depois, divido-o em segmentos. Não compartilho isso com ninguém porque invariavelmente ajusto o plano ao longo do caminho. Mas isso me ajuda a ter um senso de quantos domingos serão necessários, incluindo os feriados e intervalos, e ajuda o resto da equipe (em especial nosso ministro de louvor e adoração) a planejar suas atividades.

Domingo à noite

Domingo à noite, depois do almoço e uma longa soneca à tarde (com frequência, na frente da televisão com um jogo de futebol!), não resisto ao desejo de ler a próxima passagem. Mas isso é tudo que faço. Uma vez que ela está em minha mente, passa a fazer parte de todos os meus pensamentos, o que ajuda muitíssimo.

Segunda-feira

Eu deveria de fato tirar toda segunda-feira para descansar ou cuidar das coisas relacionadas com a casa. Mas a igreja precisa de um esboço da quarta-feira; então, preciso ter uma apreensão suficiente do texto e saber que direção ele segue. Então, dedico algum tempo durante o dia à leitura da passagem — sempre em voz alta — e a fazer um primeiro rascunho que, é claro, refino depois.

Terça-feira

A terça-feira é um ótimo dia para o estudo. Começo com o exame do texto na língua original, de início sem o auxílio de nenhuma referência, a não ser alguns dicionários. Presto atenção nos termos-chave e observo a sintaxe, embora não analise o verbo ou diagrama de cada sentença, como fazem alguns expositores. Se vejo algo incomum, intrigante ou relevante, examino com mais atenção. Considere, por exemplo, Mateus 1:16: *Jacó gerou José, marido de Maria, da qual nasceu Jesus, chamado Cristo*. Percebi de imediato que o pronome relativo preposicionado *da qual* está no singular e no feminino no grego, o que não fica completamente claro em inglês. Mateus construiu a sentença com cuidado para afirmar que Jesus era filho biológico só de Maria. Não queria sobrecarregar a congregação com estudos da palavra e lições sobre sintaxe grega desnecessários, mas me certificaria de incluir essa informação.

Após observar a passagem do começo ao fim, começo o trabalho de interpretação. O que o autor humano pretendia transmitir e com que propósito? Faço referência a obras históricas para entender as circunstâncias que cercam a passagem. Quero saber tanto sobre o autor humano quanto for possível — suas influências, perspectiva e até mesmo as circunstâncias e local em que escreveu. Examino a situação que estimulou sua obra, incluindo as necessidades da audiência original, a localização, cultura, influências e circunstâncias deles. Se o texto incluir figuras de linguagem, metáforas, referências ao Antigo Testamento ou histórias, quero conhecê-las da perspectiva da época e cultura deles. As enciclopédias, referências históricas e comentários podem suprir boa parte dessa informação.

Também quero fazer o trabalho de correlação, que examina como a passagem se ajusta ao contexto do livro e da Bíblia como um todo — em especial à luz de outras passagens que falam das mesmas questões. Talvez Paulo e João tenham dito coisas diferentes sobre o mesmo assunto. Porque os dois escreveram a verdade divina inerrante, temos de entender como as palavras deles se correlacionam.

Tento não pensar muito sobre como apresentarei a passagem como ela se aplica, mas geralmente três elementos cruciais começam a tomar forma na minha mente: as aplicações potenciais, o título e a introdução. Tomo nota delas enquanto prossigo, para não as esquecer, mas continuo focado no estudo do texto bíblico. No fim, no entanto, sinto-me compelido a trabalhar nesses aspectos, começando com a introdução.

Quarta-feira

Quase sem exceção, a aplicação da passagem se consolida na minha mente no dia anterior, embora eu não tenha trabalhado o vocabulário real. Um título também toma forma. Talvez eu tenha começado a trabalhar na introdução na terça-feira, mas dedico a maior parte da quarta-feira na elaboração cuidadosa dela. Já sei a direção que o sermão seguirá e que partes do texto quero salientar; assim, minha abertura do sermão passa a ser extremamente importante para mim. Refino o ponto a que quero chegar com a mensagem e esclareço como farei a congregação seguir em direção a esse destino. Em geral, encho uma página toda com notas dedicadas apenas à introdução. Muitas vezes, memorizo as linhas iniciais, o que dá ao sermão um início vigoroso.

Preparo o esboço do sermão para constar no boletim dominical e o envio para as pessoas responsáveis pela impressão.

Quinta-feira

Passo a maior parte da quinta-feira detalhando a mensagem. Com a introdução escrita e o esboço completo, é só uma questão de determinar quanta ênfase dar a cada ponto e como explicar alguns dos aspectos mais técnicos da linguagem ou teologia de uma forma que informe sem ficar pedante. Embora as aplicações já me tenham ocorrido antes, espero até elaborar a mensagem antes de juntar os princípios.

Penso nas aplicações em termos de como elas se relacionam com a vida das outras pessoas, embora pense às vezes em como se relacionam com a minha vida. As ilustrações, muitas vezes, vêm da minha própria experiência, mas tento pensar no que os indivíduos da congregação precisam. Naturalmente, isso significa que tenho algum conhecimento das necessidades deles por intermédio da interação pessoal.

Embora a terça-feira e a quarta-feira envolvam muito tempo de estudo, consigo tolerar interrupções com bastante facilidade. Na quinta-feira, no entanto, preciso de fato de um tempo sem interrupções para conseguir juntar tudo e preparar minhas anotações. Assim, protejo a quinta-feira como não o faço com nenhum outro dia. No fim do dia, tenho o sermão quase completo.

Sexta-feira

Dedico a sexta-feira às outras obrigações, mas o sermão nunca está distante da minha mente. Revejo mentalmente o sermão e o absorvo. Às vezes, mudo algo ou até mesmo digito uma página em substituição para refinar a seção. Mas o trabalho, a essa altura, é mínimo.

Sábado

Faço a passagem e o sermão um assunto de oração boa parte do dia e os leio várias vezes. Com frequência, leio a passagem em algumas outras versões. Às vezes, produzo uma introdução melhor ainda. Quando é esse o caso, digito-a e a coloco na frente da antiga. No entanto, mantenho a antiga introdução junto com minhas notas. Ela pode ser útil para outra ocasião.

Quando leio as notas, converso calmamente em voz alta, o que significa que preciso estar a sós. Não posso ter ninguém por perto, ou minha mente se distrai com a pessoa, em vez de prestar atenção na minha mensagem.

Tudo isso leva, em média, trinta horas, presumindo que não tenha de resolver uma questão textual ou teológica particularmente difícil.

Domingo

Hora de pregar! Resisto à vontade de fazer ajustes de última hora, a menos que eles sejam absolutamente necessários. Como não tenho muita oportunidade de ler minhas notas mais uma vez no domingo de manhã, o sermão no segundo culto, em geral, é melhor que no primeiro.

Quando tudo acaba, arquivo minhas notas na ordem em que as preguei, mantendo as ilustrações com as notas. O lado negativo desse método é que não tenho acesso rápido às ilustrações em outro momento porque não reservo tempo para fazer cópias e mantê-las anexadas. Mas, quando prego o sermão de novo em outro contexto, tenho tudo junto e pronto para usar.

Domingo, depois do almoço, tipicamente desabo na minha cadeira reclinável e durmo por várias horas. O processo de pregar me deixa absolutamente exaurido. Satisfeito, mas exausto.

* [NE] Imagens de folhas de uma pregação original de Charles Swindoll.

Os princípios elementares da liderança cristã

LEIA 2TIMÓTEO 2:20-26

Os líderes eficazes — não só na igreja, mas em todas as áreas — têm de ser dotados generosamente com competência *e* caráter.

A competência se relaciona com o que fazemos. Para ser competente, o indivíduo tem de adquirir o conhecimento e a habilidade necessários para realizar a tarefa dada e, então, realizá-la de forma consistente com excelência. A competência tende a ser uma qualidade pública. As pessoas testemunham o resultado do esforço do indivíduo e, depois, julgam se ele é competente.

O caráter, por sua vez, é uma questão mais privada, tendo mais que ver com as qualidades interiores que são mais difíceis de identificar, como honestidade, confiabilidade, responsabilidade ou diligência. Enquanto a competência descreve o que fazemos, o caráter reflete o que somos.

Há ocasiões raras em que a competência excede o caráter em termos de qualificações. Enquanto escrevo este segmento do comentário, um colega pastor se recupera de um procedimento cirúrgico de sete horas para remover um tumor no cérebro. Para ser totalmente honesto, preocupo-me mais com a habilidade das mãos do neurocirurgião que com o fato de ele ser ou não um bom marido e pai, trapacear nos seus impostos ou gostar de maledicência. Não me entenda mal; é verdade que me importo com o caráter. Mas, antes de um médico começar a cortar o cérebro de um homem, eu examinaria seu currículo de cirurgias antes de investigar sua vida interior.

No entanto, o caráter, na maioria dos casos, afeta a competência. Isso é verdade em relação à liderança no reino secular e é inescapável no reino sagrado. E se esse cirurgião talentoso, embora moralmente deficiente, expressasse um interesse em ensinar em sua igreja ou se apresentasse como candidato para o cargo de diácono ou presbítero? Suas habilidades na sala de cirurgia ficariam imediatamente em segundo plano. No papel de liderança espiritual, o caráter sempre eclipsará a competência.

Conforme a sombra da morte envolve aos poucos a masmorra de Paulo em Roma, e o apóstolo prepara seu amigo jovem para carregar a tocha da liderança depois dele, ele salienta continuamente a importância do caráter. Ele recomenda o foco concentrado de um soldado (2Tm

2:3,4), a dedicação de um atleta vencedor (2:5), a diligência resignada do agricultor (2:6) e a bondade transparente de um trabalhador confiável (2:15). Paulo sabia que Timóteo era um homem de caráter elevado, ou não o teria colocado em Éfeso para liderar a igreja estrategicamente mais importante na Ásia. O apóstolo se preocupava tanto com Timóteo quanto com a próxima geração de homens que Timóteo capacitaria e daria poder para liderar.

2:20

Conforme Warren Wiersbe comentou em seu esplêndido livro *Preaching and teaching with imagination* [Pregando e ensinando com imaginação]:

> As parábolas [e outras ilustrações] começam como *imagens* e, depois, passam a ser *espelhos* e, aí, viram *janelas*. Primeiro, há uma *vista*, como se víssemos uma fatia de vida na imagem; depois, há uma *percepção*, como se nos víssemos no espelho; e, aí, há uma *visão*, quando olhamos através da janela da revelação e vemos o Senhor.[18]

A imagem de um fundamento usada por Paulo no versículo 19 traz naturalmente à mente a imagem de uma casa. O Senhor faz uma sólida fundação de verdade sobre a qual repousa a estrutura da igreja.

A casa de Deus, como todas as casas, contém vários tipos de vasos, incluindo a porcelana fina para os convidados especiais e os pratos de uso diário para as refeições regulares. As casas, antes do advento do encanamento interno, também usavam um vaso chamado "urinol". Ele era reservado para detritos humanos. O indivíduo, em vez de enfrentar o tempo inclemente no meio de uma noite fria, usava um urinol, coberto com uma tampa e, depois, o esvaziava na manhã seguinte.

Ao examinarmos e aplicarmos a ilustração de Paulo, precisamos ser claros quanto ao contexto. Sua analogia carrega uma forte semelhança com a imagem usada em sua epístola aos Romanos em defesa da eleição soberana de Deus na salvação (Rm 9:20-24). Aqui, no entanto, a analogia não tem nada que ver com a salvação e tudo que ver com o serviço. Em Romanos, os vasos não decidem qual será seu uso. Aqui, os vasos podem escolher se tornar vasos para honra. Em Romanos, Deus purifica e santifica. Aqui, os vasos purificam a si mesmos.

2:21

Paulo introduziu uma condição, *se*, seguida de quatro resultados. A única condição para se tornar um vaso de honra é se purificar de tudo que é desonroso. Isso coloca a responsabilidade pela purificação no indivíduo. Mais uma vez, a questão não é a salvação, mas o serviço. Os cristãos, da perspectiva posicional, estão purificados do pecado, foram declarados justos na corte do céu e separados para as boas obras. *Funcionalmente*, no entanto, o Espírito Santo tem de nos conduzir durante um processo de santificação. Embora ele seja fiel para completar a tarefa, ainda assim chama-nos a participar de seu programa de purificação.

A expressão *se purificar* usa o verbo grego *ekkathairō* [1571], que tem a mesma raiz da palavra "catarse", a "liberação" de emoções por meio de uma experiência poderosa. Paulo escolheu uma forma intensificada do verbo querendo dizer que o vaso tem de ser totalmente limpo e desinfetado antes de poder ser usado para um propósito nobre. Imagine por quanto tempo e com que afinco você limparia um urinol antes de usá-lo para cozinhar!

Uma vez que a limpeza é concluída, seguem-se quatro resultados.

Primeiro, *o indivíduo se torna um* VASO PARA HONRA. Isso não se refere apenas ao valor inerente do vaso — qualquer recipiente é bastante bom para guardar excremento, mas valorizamos os vasos limpos o bastante para servir alimento —; a expressão também descreve o propósito pretendido para o recipiente. O vaso purificado servirá em um papel honroso.

Segundo, *o indivíduo é* SANTIFICADO, ou seja, separado para um propósito específico. Não uso as facas de cozinha para consertar algo na garagem. Esses utensílios são reservados para a preparação de alimento. Os utensílios limpos são guardados em um lugar especial e usados só para as funções designadas para eles.

Terceiro, *a pessoa é* ÚTIL AO SENHOR. O adjetivo *euchrēstos* [2173] significa "valioso" ou "útil". Antes de entrar no ministério, treinei para ser engenheiro mecânico enquanto trabalhava em uma loja de máquinas. Como aprendiz, logo descobri que só podia produzir peças de alta qualidade quando usasse ferramentas de alta qualidade. Foi quando aprendi a valorizar as ferramentas boas.

Quarto, *o indivíduo está* PREPARADO PARA TODA BOA OBRA. O verbo traduzido por *preparado* é um particípio passivo perfeito que pode ser traduzido literalmente por "alguém que foi preparado e continua preparado".

Do meu diário

O elo perdido

2TIMÓTEO 2:20-26

Não nasci com o conhecimento da verdade. Como todo mundo, vim a este mundo alienado de Deus, a anos-luz de caminhar na luz. Pela graça do Senhor, nasci em uma casa em que o nome de Cristo era falado. E também, por sua graça, aprendi sobre Jesus Cristo com minha mãe e meu pai. Quando eles me levaram à igreja, os professores da Escola Dominical me amaram como Jesus amava as crianças; os líderes de jovens, os diáconos, presbíteros e pastores expressavam a vida de Cristo. Enquanto servia na Marinha, baseado longe de casa, um fiel mentor dos The Navigators me ensinou a ver todas as circunstâncias através dos olhos de um Deus amoroso. No seminário, sob a orientação perspicaz de professores sábios, aprofundei meu entendimento das verdades de Jesus Cristo. E, ao longo dos anos no ministério pastoral, os amigos, companheiros de equipe e mentores me encorajaram e ajudaram a me conduzir através de águas difíceis.

Sou beneficiário de um legado inestimável. Outros homens e mulheres fiéis, que certa vez receberam a tocha da liderança cristã da geração anterior, a colocaram nas minhas mãos e disseram: "Corra. Mantenha essa luz no alto e a guarde!" Agora, estou segurando a tocha, totalmente confiante que Deus tem uma mão dessa geração preparada para recebê-la. Você é esse homem ou mulher? Pegue essa luz. Segure-a alto enquanto corre e a guarde bem!

2:22

Paulo, a seguir, explica como a pessoa se purifica para ser um vaso adequado para o ministério. Primeiro, temos de fugir *das paixões da juventude*, que a maioria das pessoas associam com o pecado sexual. Quando a juventude dá lugar à idade adulta, as glândulas se deslocam para o excesso de atividade e temos de aprender a moderação. Mas isso é apenas uma parte da luta. Timóteo não era um adolescente na época dessa carta, mas um homem no fim da casa dos 30 anos e começo dos 40.

O apóstolo usou a fórmula *foge* [...] *segue* em sua primeira carta, o que nos ajuda a interpretar o sentido que ele queria aqui.

> *De fato, a piedade acompanhada de satisfação é grande fonte de lucro. Porque nada trouxemos para este mundo, e daqui nada podemos levar; por isso, devemos estar satisfeitos se tivermos alimento e roupa. Mas os que querem ficar ricos caem em tentação, em armadilhas e em muitos desejos loucos e nocivos, que afundam os homens na ruína e na desgraça. Porque o amor ao dinheiro é a raiz de todos os males; e por causa dessa cobiça alguns se desviaram da fé e se torturaram com muitas dores. Mas tu, ó homem de Deus, foge dessas coisas e segue a justiça, a piedade, a fé, o amor, a constância e a mansidão* (1Tm 6:6-11).

Uma comparação dessas duas passagens sugere firmemente que as *paixões da juventude* são aquelas que tiram a satisfação da pessoa madura. A paixão por dinheiro. A paixão por poder ou controle. A paixão por admiração. A paixão por realização. As pessoas consumidas por essas paixões acabam se tornando impacientes, dogmáticas, competitivas, inclinadas a discussões, difíceis, arrogantes e teimosas — exatamente o tipo de personalidade que estilhaça uma congregação em milhares de facções.

Mas não basta tirar o conteúdo impuro do vaso. Antes de ele ser usado, é necessária uma boa limpeza. Paulo menciona quatro agentes de purificação:

- A *justiça* alcança o exterior para fazer o que é certo pelos outros.
- A *fé* alcança o alto para colocar a confiança em Deus.
- O *amor* estende graça aos outros ao buscar o bem mais elevado e maior deles.
- A *paz* é experimentada em nosso interior ao repousarmos na amizade que compartilhamos com Deus.

Observe que o apóstolo encoraja aqueles que desejam se purificar a fazer isso *com* outros que pensem igual a ele. Nunca se pretendeu que percorramos o caminho da justiça sozinhos.

2:23

A pessoa se purifica ao rejeitar ou, literalmente, "implorar" (o mesmo verbo traduzido por *dar desculpas* e *escusar-se* em Lc 14:18,19), o que Paulo chama literalmente de especulações *tolas* e *inúteis* (cf. 1Tm 6:4; Tt 3:9). Isso inclui a discussão sem propósito com outros cristãos e também com aqueles de fora do corpo de Cristo.

O debate de pontos teológicos eminentes com outro cristão pode ser estimulante e divertido. Já me envolvi em mais de uma discussão de seminário e gostei muito da disputa mental. Mas essa é uma ferramenta ruim de ensino. Não me lembro de haver mudado minha posição em um ponto relevante da doutrina nem de ter influenciado alguém a mudar sua posição por meio do debate ardente e de argumentação e contra-argumentação. Fiel às palavras de Paulo, as discussões não fazem nada além de desperdiçar tempo e levantar a animosidade entre as pessoas. O fato é que temos um trabalho enorme para viver de acordo com os pontos claros da doutrina cristã sem ter de especular sobre as questões que não estão claras.

Também temos de evitar as discussões sem sentido com descrentes. Estas incluiriam discussões com pessoas que ou questionam a doutrina cristã sem ter nenhum conhecimento da Bíblia ou que desejam debater questões filosóficas ou religiosas que não têm relevância para a doutrina cristã. Nunca vi alguém decidir se tornar cristão como resultado de perder uma discussão.

O ponto de Paulo é claro: discutir é algo fútil. As pessoas que querem genuinamente a verdade não discutem o que você tem a dizer a elas. Elas fazem perguntas. Pedem esclarecimento. Mas raramente discutem.

2:24

Paulo, após explicar a futilidade de tentar corrigir ou ensinar por meio da discussão, oferece uma abordagem diferente. Em apenas algumas frases, ele descreve o líder cristão ideal. Os líderes não discutem; eles influenciam. Observe como um líder espiritual influencia os que se opõem à verdade divina.

Primeiro, *o líder espiritual é amável*. Temos uma boa ideia do que Paulo quer dizer com esse termo em 1Tessalonicenses 2:7: *pelo contrário, fomos bondosos entre vós, como a mãe que acaricia os próprios filhos*. (A A21 traduz esse termo, *ēpios* [2261], por *amável* em 2Tm 2:24.) Ouvi minha irmã, Luci, dizer que gostaria que os cristãos "fossem gentis". Esse pensamento capta o espírito do conselho de Paulo a respeito de um líder espiritual eficaz. Temos de ser ponderados e corteses. O líder espiritual obedece às regras básicas das boas maneiras.

Segundo, *o líder espiritual tem de estar preparado, disposto e ser capaz de transmitir a verdade bíblica*. Ele adquire conhecimento bíblico pelo estudo diligente e aprende a transmiti-lo de uma forma que ajude os outros a também entendê-lo.

Terceiro, *o líder espiritual é paciente*. A paciência é valiosa! Algumas pessoas andam por aí esperando ser ofendidas e têm uma resposta pronta quando se sentem injustiçadas. O líder espiritual permite que os insultos pessoais fiquem sem resposta a fim de escolher uma resposta diferente.

2:25,26

Se você nunca esteve na liderança cristã, talvez não saiba disso, mas o papel de líder inclui dizer o que pode ser difícil de ouvir. Você espera que isso aconteça a portas fechadas, em particular. Espero que façamos isso com tato, com graça. Às vezes, temos de ajudar uma família, confortar uma mãe ou um pai. Às vezes, temos de confortar um companheiro de ministério ou um irmão em Cristo que é líder. E temos de corrigir aqueles que se opõem ativamente ao ensino ortodoxo da Escritura.

Paulo escolheu usar uma palavra diferente para amável aqui da usada em 2:24, *mansidão*. Esse termo (*prautēs* [4240]) significa "mansidão e amizade gentil". Na cultura grega, os líderes respeitados tratavam seus súditos com generosidade, porém sem sacrificar a força. Jesus usou esse termo para si mesmo (Mt 11:29), e Paulo declarou que o termo é um fruto do Espírito (Gl 5:23). Os líderes espirituais têm de exibir essa força gentilmente quando confrontam aqueles em oposição à verdade divina.

Se essas pessoas recebem a correção ou continuam a rejeitar a verdade, estão fora do poder do líder espiritual. Paulo introduz uma condição com uma conjunção grega que se inclina na direção negativa. Assim, a expressão *na esperança* pode não ser muito neutra. Talvez uma expressão que capte o espírito negativo da conjunção grega seja: "no raro evento". Paulo não duvidava da habilidade do Senhor de levar um coração rebelde ao arrependimento; ele só reconhecia como é raro isso acontecer. A maioria das pessoas que se opõem à verdade continua entrincheirada em sua rebelião (Mt 7:14). Se alguém que se opõe à verdade se arrepende — ou seja, muda de ideia e direção —, será o poder de Deus em operação no interior dele. Uma pessoa na *armadilha do diabo* é escrava do pecado (Jo 8:34; Rm 6:17,18) e, por conseguinte, não pode escolher a verdade para restaurar seus sentimentos sem a intervenção divina direta.

O líder espiritual eficaz entende isso, tendo aceitado que é apenas um instrumento para transmitir a verdade divina. Só o poder de Deus pode fazer uma pessoa querer ouvir a verdade.

■ ■ ■

Paulo, sem dúvida, esperava enviar mais cartas para Timóteo compartilhando sua experiência e explicando as percepções adquiridas do ministério na fronteira ocidental. Por acaso, o tempo ficou curto. Ele estivera na prisão antes. Enfrentara o perigo incontáveis vezes ao longo de seu ministério. E o apóstolo, em todas as circunstâncias, escolhera ver a mão soberana de Deus em operação. Ao ler suas epístolas da prisão, tem-se o sentimento de que Paulo sabia que, mais cedo ou mais tarde, seria solto. Não só nessa segunda carta a Timóteo. Paulo, ainda positivo — até mesmo otimista, considerando suas circunstâncias — não obstante, parece ter aceitado que a libertação da masmorra o levaria à presença de Cristo.

Assim, o fiel servo de Deus, após refletir sobre o passado e ter encorajado Timóteo no presente, levou seu protegido a enfrentar um futuro sem ele. Deus é soberano, e seu fundamento da verdade é seguro, mas há dias desafiadores à frente.

APLICAÇÃO

2Timóteo 2:20-26
O QUE HÁ EM SEU VASO?

Não importa quanto você tente melhorar o aspecto da velha natureza pecaminosa, ela ainda é feia. Por isso, está na hora de nos fazermos algumas perguntas difíceis:

Pergunta 1: *Sou um vaso de honra ou desonra?* Os outros conseguem dizer olhando para você. Aprendemos como mascarar nossa natureza caída com rituais religiosos, boas obras e um discurso perspicaz. Sabemos como esconder nossos desejos pecaminosos e encobrir nossos motivos egoístas. Só você e o Senhor sabem o que há de fato em seu interior.

O Espírito de Jesus Cristo vive em você, ou você nunca confiou nele como seu salvador? Você é um servo justo ou existe um veneno se infiltrando em sua vida? Você proclama a verdade ou vive uma mentira? O que você acredita se enquadra com a Escritura ou simplesmente você repete como papagaio o que ouve na igreja ou entre os amigos cristãos? Você está separado para o uso especial do Senhor ou passa a maior parte do seu tempo agradando a si mesmo ou perseguindo a autogratificação? Só você pode responder a verdade. Você é um vaso de honra ou de desonra?

Pergunta 2: *Será que resolvo as disputas ou as perpetuo?* Você se sente atraído pelo drama ou se mantém afastado do tumulto emocional? Quando vê um conflito, você joga lenha na fogueira ou tenta acalmar os ânimos? Você se nega a entrar em controvérsia ou alimenta a discórdia? Toda família, toda comunidade, toda igreja tem conflitos que podem ser estimulados ou resolvidos.

Muitos anos atrás, servi em uma comunidade não muito distante de uma igreja grande que quase acabara alguns anos antes. O declínio deles começou quando a congregação chamou um pastor com credenciais impressionantes — mestre em Teologia e até mesmo grau de doutor de uma excelente instituição educacional evangélica. Mas ele era briguento. Era um homem contencioso que pressionava dogmaticamente sua perspectiva sobre os outros e não conseguia manter uma conversa sem acabar em discussão. Você *tinha* de acreditar no que ele pregava. E *tinha* de entender que a opinião dele reinava suprema. E *tinha* de estar alinhado com o que ele dizia e *não* podia discordar da perspectiva dele. E isso continuava. O dogmatismo intensificou com o tempo, e em alguns anos a igreja se esvaziou gradualmente.

As únicas pessoas que ficaram foram as briguentas. A congregação brigava com o pastor, e os membros argumentavam uns contra os outros. Eles se envolveram em rivalidades e luta pelo poder. Em uma ocasião, as portas da igreja foram fechadas com cadeado para impedir uma facção de entrar nas dependências da igreja e assumir o controle. Em outra ocasião, um policial de folga teve de ajudar a manter a paz durante o tempo de adoração para que não saísse uma luta corpo a corpo. A igreja passou a ser governada por uma mentalidade generalizada de briga e disputa.

Através de uma série de eventos, o pastor foi afastado e outro homem foi chamado para assumir o pastorado da igreja. Eu não conseguia acreditar que alguém estivesse disposto a aceitar o posto. Na época, poucos iam à igreja, e era preciso chegar cedo para conseguir um assento atrás. Mas um pastor jovem, amoroso e atencioso — com as mesmas credenciais do briguento — concordou em pastorear esse rebanho despedaçado.

Ele percebeu que todas as pessoas se sentavam no fundo e estavam com um semblante carrancudo. Então, ele disse: "Bem, se vocês não vierem até mim, eu irei até vocês". Ele tirou o púlpito da plataforma, arrastou-o pelo corredor e disse: "Agora, sim, estamos todos juntos..." Ele ficou de pé em frente das duas últimas fileiras e pregou sobre a graça de Deus com a Palavra de Deus como base de cada mensagem. Ele era um modelo de gentileza, graça, entendimento e perdão.

Conforme os meses passaram, ele teve de arrastar o púlpito mais e mais em direção à frente do santuário, de costas para um coro cheio, com cadeiras extras por toda a plataforma. O lugar estava apinhado de gente. O mesmo prédio de igreja. A mesma comunidade. A mesma teologia básica. Mas um pastor era amoroso enquanto o outro era briguento. Um era gentil; o outro, difícil. Um era um edificador de relacionamentos; o outro, um destruidor de relacionamentos.

Escolha se tornar um pacificador. Os pacificadores não correm na direção dos conflitos nem fogem deles. Os pacificadores permanecem firmes, falam a verdade em amor, encorajam com raciocínio calmo, estimulam o sacrifício abnegado e buscam soluções mutuamente satisfatórias para as disputas. Os pacificadores tentam unir as pessoas ajudando-as a ver o quadro maior, em vez de separá-las estimulando o ressentimento. Os pacificadores reúnem os outros em torno da verdade da Escritura sem discutir.

Ah, que todos nos tornemos vasos de honra, vasos que servem aos outros com a elegância da compaixão, entendimento, amor, discernimento, verdade, justiça, perdão e sempre a graça cristãos.

O FUTURO
(2TIMÓTEO 3:1—4:22)

Sou um grande fã do pensamento positivo. A atitude "posso fazer" consegue que as coisas sejam feitas em face da adversidade, enquanto os pessimistas se encolhem nas sombras, reclamando do hoje e pedindo por tempos melhores. Paulo, claramente, era uma pessoa que pensava positivo. Ele via o potencial para o bem emergir de cada circunstância. Para ele, o copo estava sempre meio cheio. Ele nunca duvidou do poder de Deus para transformar qualquer dificuldade em vantagem para o evangelho. Esse é o principal motivo para o apóstolo conseguir realizar tanto em tão pouco tempo — quinze anos, talvez vinte. Mas o pensamento continuou realista; ele não mantinha uma atitude positiva por ignorar o mal.

TERMOS-CHAVE EM 2TIMÓTEO 3:1—4:22

- ***phylassō*** (φυλάσσω) [5442] "guardar", "vigiar", "proteger", "cuidar"

Esse termo se fundamenta em um dialeto mais antigo do grego e descreve a atividade da sentinela na torre de guarda da cidade.[1] Também denota a tarefa dos pastores, que têm de proteger seus rebanhos dos predadores e dos ladrões. Em 4:15, Paulo usa o verbo na voz média para enfatizar o que Timóteo teria de fazer para *se* guardar. *Veja 2Timóteo 1:12,14; 4:15.*

- ***anthistēmi*** (ἀνθίστημι) [436], "opor-se", "colocar-se contra", "resistir"

As duas palavras gregas *anti* [473], "contra", e *histēmi* [2476], "permanecer ou estabelecer", são combinadas para descrever uma pessoa tentando impedir alguém de ser estabelecido ou permanecer inoperante. Quando esse termo é usado em relação a uma pessoa, significa tentar destruí-la ou impedi-la de realizar algo. *Veja 2Timóteo 3:8; 4:15.*

> - **kēryssō** (κηρύσσω) [2784], "pregar", "proclamar", "ser um arauto"
>
> Enquanto um enviado (*apostolos* [652]) era autorizado a dar ordens e tomar decisões em nome da pessoa que o enviara, o arauto (*kēryx* [2783]) apenas levava uma mensagem. Não obstante, o ato de proclamar tinha tal relevância que o arauto desfrutava de proteção especial enquanto estava em sua missão. Qualquer pessoa que molestasse o arauto ou o impedisse de cumprir sua missão corria o risco de enfrentar a ira da pessoa que o enviara. *Veja 2Timóteo 4:2; cf. 1:11.*

O capítulo 3 marca uma transição sutil, ainda que relevante, na carta de Paulo. O apóstolo preso, depois de refletir sobre o passado, exorta o ministro mais jovem a encarar o futuro. Ele, sem duvidar da bondade ou soberania de Deus, declara em termos claros que *haverá tempos difíceis*. Na verdade, ele diz: "O evangelho prevalecerá no fim, mas os dias entre hoje e essa vitória gloriosa serão repletos de mal cada vez maior. Espere a vitória, mas prepare-se para a batalha".

A depravação em exibição

LEIA 2TIMÓTEO 3:1-9

Às vezes, ajuda ir direto ao ponto, não fazer rodeios com banalidades ou brincadeiras, mas apenas afirmar a verdade como ela é. A carta de Paulo dá uma virada abrupta e dramática com as palavras *Sabe, porém*. O que se segue é uma autópsia da depravação humana e uma predição assustadora das atrocidades que as pessoas — sobre as pessoas religiosas — são capazes de perpetrar.

A imagem desoladora de Paulo do futuro me lembra uma linha clássica da pena de James Russell Lowell, que se opôs ativamente à escravidão nos Estados Unidos. Lowell, tendo testemunhado o aumento do poder de políticos escravocratas e a expansão da escravidão no Texas, lamentou:

> A verdade para sempre no patíbulo, o erro para sempre no trono.[2]

Nos tempos antigos, o corpo dos criminosos mortos era pendurado em um patíbulo do lado de fora da cidade como uma advertência vívida para todos que se opunham aos poderes estabelecidos. Enquanto Paulo escrevia de sua masmorra, e Nero torturava os cristãos, a verdade parecia estar pendurada no patíbulo.

3:1

Paulo, com as palavras *Saiba disto* (NVI), golpeou Timóteo no peito com cada sílaba. O verbo *ginōskō* [1097] aparece no tempo presente no modo imperativo, que é traduzido ao pé da letra por: "Você, continue sabendo isto!" Em outras palavras, "esteja sempre atento a isso enquanto realiza suas tarefas".

O que é *isto*? Seis palavras de mau presságio: *nos últimos dias haverá tempos difíceis*. Alguns sugerem que Paulo se referia à grande tribulação descrita mais tarde por João (Ap 7:14; cf. Dn 12:1; Mt 24:21; Mc 13:19), mas seu uso da expressão *nos últimos dias* se refere com mais frequência ao tempo entre o nascimento do Messias em Belém e seu retorno a Jerusalém para estabelecer seu reino. Os últimos dias têm duração de séculos e irão de mal a pior. O apóstolo não pretendia amedrontar nem desencorajar Timóteo; apenas dar uma orientação correta para as expectativas dele. Se Timóteo esperava que o tempo entre a ressurreição de Cristo e seu retorno em poder fosse marcado pela retirada firme do mal, então ele estava prestes a ficar desapontado.

O termo grego *chalepos* [5467], traduzido por *difíceis*, só é usado uma outra vez no Novo Testamento para descrever os dois homens endemoninhados que viviam entre as sepulturas perto de Gadara (Mt 8:28). Eles, capacitados pelo Maligno, arrebentaram as cadeias que os prendiam e aterrorizavam a região com sua extrema violência. Dizer que eles eram "difíceis" é uma atenuação! O termo significa "feroz", "difícil de tolerar", "perigoso", "duro" ou "selvagem". O grego clássico usava o termo para descrever animais selvagens ou o mar revolto. Um de meus mentores preferia a palavra "selvagem". Ele usava o termo para advertir: "Nos últimos dias, teremos tempos selvagens".

3:2-4

Paulo, a seguir, apresenta o motivo para esses *tempos difíceis*. A diminuta conjunção grega *gar* [1063] ("pois" ou "porque") introduz não menos que dezenove adjetivos e expressões descritivas que caracterizam a depravação humana. Não podemos culpar os desastres naturais, a fome, a poluição, a pobreza ou a peste por toda miséria que cai sobre o mundo; as pessoas são culpadas. A maioria do sofrimento experimentado pela humanidade hoje é resultado da violência. Embora muitos morram e sofram em desastres naturais, muitos mais sofrem e morrem porque seus irmãos humanos não ajudam nas consequências desses desastres. O termo *anthrōpos* [444] ("homens") refere-se a todas as pessoas de todos os lugares — jovens e velhos, homens e mulheres.

Essas características de depravação merecem a nossa atenção. Podemos ser pessoas que pensam positivo, mas temos de estar cientes dos perigos e nos preparar para enfrentá-los.

- *Amantes de si mesmos* — todas as pessoas são dadas ao egoísmo, mas esse item descreve um grau mais profundo de amor por si mesmo para o qual usaríamos o termo "narcisismo". Os amantes de si mesmos veem tudo no mundo só como os afeta. Eles distorcem sua percepção de cada evento para reforçar seu próprio senso de superioridade, relevância ou segurança. Eles buscam, acima de tudo, o conforto e a promoção do ego.
- *Amantes do dinheiro* — "materialistas" é o termo moderno para isso. Os materialistas buscam a riqueza e as posses como um meio de poder, controle, segurança, valor pessoal e até mesmo amor. Não há nada de errado com a riqueza. É o amor pela riqueza que temos de evitar. Os amantes do dinheiro são guiados pela ganância.
- *Presunçosos* — o termo grego *alazōn* [213] descreve a antiga versão de um malandro, um trapaceiro que muda de cidade em cidade, fazendo grandes promessas, arrecadando dinheiro e, depois, sumindo na calada da noite. Eles buscam a glória para si mesmos sem fornecer nada de digno para aqueles que os rodeiam.
- *Arrogantes* — a palavra grega composta subjacente combina *hyper* [5228], "sobre", e *phainō* [5316], "aparecer" ou "tornar-se evidente", para expressar a ideia de parecer estar sobre os outros. No grego secular, o termo pode ser positivo, no sentido de "distinguir", ou negativo, como "arrogante". Os judeus helenistas, seguindo o Antigo Testamento, viam a arrogância como a qualidade que representa a característica central de Satanás.[3]
- *Blasfemos* — a palavra grega é *blasphēmos* [989], da qual deriva o termo "blasfêmia". Blasfemar é amaldiçoar ou difamar alguém, tratar alguém verbalmente com desprezo. Embora agora reservemos o termo para os que insultam Deus, a blasfêmia é qualquer modo de falar que desconsidere, ou desrespeite, o valor do outro.
- *Desobedientes aos pais* — a palavra *desobedientes* traduz o primeiro de cinco termos gregos com o prefixo negativo *a-*. A raiz

da palavra é *peithō* [3982], "ser convencido" ou "ser persuadido". Os desobedientes não rejeitam apenas as regras do pai para a família; eles são adultos que rejeitam o conselho dos pais. Jamais contrato pessoas com problemas emocionais não resolvidos com origem em um relacionamento insalubre com os pais; elas também têm problemas com autoridade que estendem a todos os aspectos de sua vida.

- *Ingratos* — o prefixo *a*- aqui nega a palavra para "graça" ou "gracioso" para incorporar a ideia de uma atitude geralmente de ingratidão. Essas pessoas carregam um espírito de merecimento. Quando não conseguem o que querem, reclamam como se algo tivesse sido tirado delas.
- *Ímpios* — o prefixo *a*- nega a qualidade positiva denotada por *hosios* [3741], que geralmente descreve atos "sagrados", "legais" ou "zelosos". O termo também descreve as pessoas que respeitam as tradições e têm um sentimento de obrigação com as leis eternas. O "ímpio" não rejeita apenas a lei de Deus; recusa-se até mesmo a seguir as regras da decência comum. Os gregos pagãos condenariam essa pessoa como mau cidadão e vizinho ruim.
- *Sem afeição natural* — uma pessoa "sem coração" não tem afeições naturais pelos outros; ou, caracterizada pela insensibilidade, não oferece nada para os outros sem esperar algo em troca.
- *Incapazes de perdoar* — o sentido literal do termo grego *aspondos* [786] é "sem libação". Quando as nações em guerra assinam uma trégua ou indivíduos hostis reconciliam suas diferenças, eles costumam derramar uma bebida oferecendo (uma libação) diante de um deus e fazer um juramento. A expressão "trazer uma libação" significava uma oferta de paz. Alguém "sem libação" não admite a injustiça, recusa-se a perdoar as ofensas e continua em conflito com todos.
- *Caluniadores* — a palavra grega é *diabolos* [1228], "diabo", outro designativo de Satanás por sua mentira e pelo fato de apanhar as pessoas em uma armadilha. O diabo seduz as pessoas ao pecado e, depois, apresenta a Deus o relato disso a fim de criar uma fenda no relacionamento deles e aumentá-la o máximo possível. Um *diabolos* humano faz o mesmo em uma comunidade, igreja, faculdade ou família.
- *Descontrolados* — um termo relacionado a "autocontrole" aparece duas vezes em 1Coríntios. Em 1Coríntios 7:9, Paulo sugere que a pessoa sem moderação sexual ("dominar-se") não deve tentar ficar solteira, mas se casar, em vez de "arder de paixão". Em 1Coríntios 9:25, o apóstolo alude à dedicação do atleta ao

treinamento para uma competição, controlando sua dieta e evitando tudo que possa comprometer sua vantagem competitiva. Os indivíduos descontrolados não conseguem se manter eticamente honrados, pois a moralidade exige a negação do ego.
- *Cruéis* — a palavra grega significa o oposto de "gentil" ou "manso" e era usada com frequência para animais selvagens, em especial os leões.
- *Inimigos do bem* — os supervisores da igreja tinham de ser amantes do bem (*philagathos* [5358], Tt 1:8), o que significava que buscavam ativamente a restauração da ordem original de Deus para a criação, mesmo que não tivessem sucesso. A palavra grega aqui é *aphilagathos* [865], que significa "que se opõem à bondade". Esse indivíduo tem mais afinidade com um mundo corrupto.
- *Traidores* — esse mesmo termo é usado por Lucas (Lc 6:16) para descrever Judas como um "traidor". O sentido literal da forma verbal dessa palavra é "entregar, transferir". Essa palavra é prima próxima da "entrega" do Senhor. Jesus é "entregue" ao Sinédrio por Judas (Mc 14:10), a Pilatos pelo Sinédrio (Mc 15:1) e aos soldados por Pilatos (Mc 15:15). O termo — na maioria dos contextos, embora não em todos — incorpora a ideia de trair o bem-estar de outra pessoa para auferir ganho pessoal. Refere-se a alguém que dá as costas a um amigo quando este mais precisa de ajuda.
- *Inconsequentes* — o sentido literal da palavra grega é "cair para a frente", presumivelmente sem a possibilidade de evitar a queda. Em português, diríamos que a pessoa está "correndo" para o problema. Essa pessoa é precipitada e teimosa, fácil de ser provocada e, portanto, suscetível de prejudicar os outros sem pensar.
- *Orgulhosos* — a expressão grega significa "envoltos em fumaça" ou "com a cabeça nas nuvens", retratando alguém cuja alta percepção de si mesmo está acima de tudo mais, alguém iludido com seu próprio senso de importância. Podemos dizer "inchado de orgulho".
- *Mais amigos dos prazeres do que amigos de Deus* — um "amante do prazer" adota um estilo de vida hedonista, elevando os desejos do momento acima de tudo mais, até mesmo de Deus. Essa é apenas outra expressão do amor por si mesmo.

3:5

Paulo conclui sua lista de comportamentos "selvagens" com talvez o mais desprezível de todos. Alguns se vestem com os mantos augustos da "religiosidade", porém buscam satisfazer os seus próprios desejos. Fingem ser piedosos a fim de justificar os próprios desejos egoístas. Eles rejeitam o verdadeiro poder da piedade, que Paulo associa ao contentamento (cf. 1Tm 6:5,6).

Hoje, essa falsa piedade vai de fanáticos depravados e dementes lançando aviões sobre prédios altos a pastores corruptos depenando o rebanho para ganho pessoal, a homens de negócios à procura de possibilidades na igreja para as emissoras de comunicação, a cristãos hipócritas racionalizando sua ganância. John Stott apresenta este pensamento de condenação:

> Eles evidentemente frequentavam os cultos de adoração da igreja. Cantavam os hinos. Diziam "amém" nas orações e punham seu dinheiro nos pratos de oferenda. Eles pareciam e soavam flagrantemente piedosos. Mas era forma sem poder, aparência externa sem realidade interna, religião sem moral e fé sem obras.[4]

Um resumo dessa lista nos fornece um retrato realista do nosso tempo. Selvagem, de fato! Paulo exorta Timóteo a evitar as pessoas caracterizadas por quaisquer das dezenove marcas de depravação.

Passagens como essa fazem com que algumas pessoas evitem a exposição honesta das Escrituras. Quando eu era um jovem ministro, achei essa seção da carta de Paulo sombria demais para aceitá-la pelo que era. Não obstante, acreditei que, se Timóteo precisou ser lembrado dessas coisas, então todos os ministros do evangelho também precisam. Ao longo dos anos, o realismo de Paulo nesses versículos não me trouxe desilusão.

O apóstolo não pintou uma imagem cor-de-rosa do ministério para Timóteo. Satanás está determinado a deter o Senhor de reclamar sua criação, portanto não nos surpreende ver o mal aumentar. Além disso, as pessoas não deixam de uma hora para a outra sua depravação ao entrar para a igreja. Os cristãos deixam gradualmente o mal — alguns mais devagar que outros —, e a sabedoria nos lembra que nem todos na congregação são o que parecem ser.

3:6,7

Paulo, após instruir Timóteo a evitar essas pessoas, continua com a conjunção *gar* [1063], "pois" ou "porque". Entre esses tipos de pessoas encontramos certo tipo de charlatão que ainda está ativo hoje.

A descrição de Paulo de *mulheres tolas carregadas de pecados* não caracteriza as mulheres em geral, conforme afirmam alguns expositores sem discernimento. Esse é um subgrupo específico de mulheres de

Éfeso que eram imaturas, muitíssimo influenciadas pela novidade e pela moda e dadas à curiosidade fútil. Os falsos mestres tinham como alvo essas famílias em particular, introduzindo-se no seio familiar, fingindo oferecer ensinamento cristão. Paulo expõe a característica reveladora desses mestres e seus alunos ingênuos: *estão sempre aprendendo, mas nunca podem chegar ao pleno conhecimento da verdade.*

Isso ainda acontece hoje. Seitas pseudocristãs oferecem literatura que usa versículos da Bíblia e termos familiares da Escola Dominical, mas com uma mudança sutil e sinistra. Essas seitas estão sempre impregnadas de estudos espirituais, boa parte deles ostensivamente cristãos, contudo seus adeptos nunca creem no evangelho simples da salvação por meio da graça mediante a fé em Jesus Cristo. Chegar ao *pleno conhecimento da verdade* significa receber a salvação (1Tm 2:4; 2Tm 2:25).

3:8

Talvez você note que uma pesquisa na Escritura não revela outra menção a Janes e Jambres. O folclore judaico liga esses nomes aos feiticeiros do faraó chamados para se opor a Moisés (Êx 7:11):[5] No relato bíblico, Deus deu a Moisés e Arão a capacidade de transformar uma vara de pastor em uma serpente. Os mágicos da corte egípcia imitaram o milagre, ou por meio da ilusão ou do poder de Satanás, mas a serpente produzida pelo poder divino logo devorou as serpentes rivais. Como consequência, o faraó endureceu o coração contra o Senhor.

Paulo condena os falsos mestres que proliferavam em Éfeso como incorrigivelmente depravados e, portanto, *reprovados na fé*. A palavra grega para *reprovados* é *adokimos* [96], que é o termo *dokimos* [1384] mudado para o negativo com o prefixo *a-*. A palavra *dokimos*, "aprovado, comprovado", deriva seu sentido do verbo "vigiar"; retrata um metalúrgico colocando uma amostra de ouro, ou prata, sob intenso calor para observar como ela reage. O termo veio a ser usado para soldados e atletas, cuja determinação era "comprovada" pela persistência deles em combate ou na competição. Alguém que é *dokimos* foi aprovado pelo teste. O *adokimos* é reprovado pelo teste e, por conseguinte, rejeitado por sua própria falta de mérito.

3:9

Conforme a advertência de Paulo sobre um futuro tenebroso piora com o versículo, e sem dúvida Timóteo, sente-se oprimido. Felizmente, o apóstolo desloca-se das más notícias para um pouco de boa notícia com uma vigorosa conjunção contrastante, *mas*. Os mascates de mentiras e os fornecedores do mal não irão muito longe. No fim, o falso ensinamento deles será engolido pela verdade, e os apóstatas serão revelados como os insensatos que são.

Quando James Russell Lowell, poeta abolicionista, lamentou a eleição de senhores de escravos para a presidência dos Estados Unidos, ainda acreditava no triunfo inevitável do bem sobre o mal. Ele escreveu:

> A verdade para sempre no patíbulo, o erro para sempre no trono.
> Contudo, esse patíbulo abala o futuro e, por trás do sombrio desconhecido,
> Deus está na sombra, vigiando os seus.[6]

Menos de vinte anos depois, outro presidente norte-americano assinou e promulgou a Proclamação da Emancipação e, em 1865, os Estados Unidos declararam ilegal a escravidão com a 13ª emenda à Constituição.

O ponto de Paulo é simples: o mal tem um tempo de vida limitado. Os enganadores proliferarão, e sua influência expandirá. A falsidade pode devastar algumas igrejas e perseguir muitos cristãos genuínos. Homens maus podem consumir muitas vidas com seu ódio. Mas o mal, em última análise, fracassa. A verdade divina sempre prevalece. No fim, Deus vence.

José *viveu* para ver a justiça acontecer. O faraó, finalmente, *deixou* os hebreus irem, e eles *atravessaram* o mar Vermelho em segurança. Os trezentos homens de Gideão *prevaleceram* contra um exército muitíssimo maior. Davi *derrotou* seu inimigo imenso e blasfemo. Daniel *sobreviveu* na cova dos leões. Neemias *reconstruiu* o muro em volta de Jerusalém mesmo com uma oposição incrível. Jesus *ressuscitou* da morte após sua crucificação. E um punhado de homens comuns chamados apóstolos *virou* o mundo de cabeça para baixo.

Além disso, Paulo *escapou* da sua masmorra para desfrutar a presença de seu Senhor na eternidade e, hoje, dois milênios depois, celebramos sua genialidade concedida por Deus.

APLICAÇÃO

2Timóteo 3:1-9

COMO RESPONDER AO MAL

Se alguma verdade emerge da advertência de Paulo, é que todo cristão se encontrará com o mal. Não é uma questão de "se", mas de "quando". Por essa razão, os cristãos — em especial os ministros — têm de se preparar para isso. Afinal, o que haverá de bom na advertência se não nos prepararmos? Encontro quatro princípios na declaração realista de Paulo do futuro, cada um sugerindo uma resposta específica ao mal.

Primeiro, *tempos difíceis virão, quando o mal tentará destruir o bem. Aceite essa verdade*. Uma atitude positiva exige expectativas realistas. Os oponentes da verdade lutarão com afinco para preservar seu "direito" de pecar sem condenação nem consequência. Não devemos nos surpreender quando eles rejeitam os apelos à razão e, depois, respondem de forma irracional. Nem podemos ficar chocados quando eles tentam silenciar a verdade por meio do engano, da resistência e da perseguição.

A verdade é: o ministério para um mundo depravado será difícil. Aceite isso.

Segundo, *os enganadores se apresentarão como ministros genuínos do evangelho. Rejeite os falsos mestres*. Nem toda oposição à verdade virá de fora pela força; alguns agentes do mal entrarão na igreja disfarçados, trazendo o falso ensinamento com eles. Independentemente da aparência externa deles, do impressionante histórico cristão ou das credenciais excelentes deles, sempre compare o ensinamento deles com a Palavra de Deus. Se eles ensinam algo contrário, ou ousam acrescentar nova revelação ou afirmam ter capacidade exclusiva para tornar a Bíblia compreensível, *confronte-os*. Se a confrontação não trouxer uma mudança, talvez seja necessário discipliná-los. A igreja tem de se proteger do erro. Se você ocupa um lugar de liderança em sua igreja, remova-os do recinto. Do contrário, saia você mesmo da presença deles.

A verdade é que os falsos mestres são tóxicos para o corpo de Cristo. Rejeite-os.

Terceiro, *o mal ocupa às vezes posições de poder que não podem ser subvertidas. Suporte a perseguição.* Quando Paulo escreveu a segunda carta a seu pupilo, Nero usava seu imenso poder para torturar e matar os cristãos. Nesse meio-tempo, Timóteo servia numa igreja em uma cidade inundada de falsos mestres. Ele, sem dúvida, sofreu alguma perseguição quando as personalidades populares agradaram a congregação com ensinamentos que apelavam à natureza caída deles. O poder do mal pareceu invencível... por um tempo. No entanto, quando baixou a fumaça de sua arrogância, a verdade permaneceu — e ainda permanece.

Quarto, *a principal arma do mal é o engano. Revele a verdade.* Embora tenhamos de encarar o mal de frente, não podemos tomar o mal literalmente, pois as pessoas más exageram sua influência. As pessoas más parecem mais fortes ou mais influentes do que realmente são. As pessoas más criam a ilusão de justiça, em geral à custa das pessoas piedosas. Fale a verdade abertamente, tanto quanto for capaz, recuse-se a tolerar segredos, questione as declarações dos falsos mestres pedindo evidências, e não tenha medo de chamar as obras más pelo que elas são. O mal não suporta a luz da verdade; ele foge com vergonha ou luta em vão para encobri-la. Que brilhe a luz!

Fazendo a diferença duradoura
LEIA 2TIMÓTEO 3:10-15

A maioria das pessoas que conheço quer fazer a diferença; na verdade, elas querem fazer uma diferença duradoura na vida dos outros. A maioria das pessoas não quer continuar à deriva na mediocridade. Elas não querem ser engolidas no anonimato ou na obscuridade. Não são guiadas pelo dinheiro. Não são atraídas pela fama. Não temem a provação nem o sacrifício. Não se preocupam com o risco envolvido. Não trabalham por uma aposentadoria precoce porque não nasceram com um "prazo de validade" carimbado no pé. Apenas querem que sua vida valha algo.

Um exemplo clássico desse anseio de fazer uma diferença positiva aconteceu em 1914, quando Ernest Henry Shackleton decidiu realizar um feito que nunca tentara antes. Ele decidiu liderar uma expedição através da Antártida, de mar a mar através do polo. Ele sabia que não podia fazer isso sozinho. Teria de recrutar uma equipe de aventureiros de coração forte como ele. Diz a história que ele colocou um anúncio no *The London Times*, embora o original ainda tenha de ser localizado. De acordo com o livro *The 100 greatest advertisements, 1852-1958* [Os 100 maiores anúncios de 1852-1958], o anúncio apareceu da seguinte maneira:

> HOMENS PROCURADOS
> Jornada arriscada, salário pequeno, frio congelante, longos meses de completa escuridão, perigo constante, retorno seguro duvidoso, honra e reconhecimento em caso de sucesso.
> Ernest Shackleton
> 4 Burlington St.[7]

Os artigos posteriores do jornal relataram uma avalanche de candidatos. Mais de 5.000 homens e algumas mulheres enviaram seus nomes para avaliação. Shackleton avaliou muitos deles, à procura de pessoas talentosas e fisicamente fortes com outras qualidades intangíveis, como atitude, caráter, determinação, criatividade e adaptabilidade. Ele pretendia transformar uma lista dos indivíduos certos em uma união sinérgica de almas — uma equipe.

O famoso aventureiro atraiu o tipo certo de pessoas ao anunciar claramente suas intenções, pedindo voluntários com coração forte e declarando os riscos e recompensas sem ambiguidade. O livro com o apropriado título *Endurance* [Resistência] registra a história de Shackleton e sua tripulação de homens que queriam fazer a diferença.

A aventura de Paulo na terra estava chegando ao fim. Ele só deixaria sua masmorra para enfrentar a espada do carrasco e, sem dúvida, sabia disso. Nesse segmento do chamado de Paulo à aventura, o apóstolo garante a Timóteo que ele estava de fato bem equipado para fazer uma diferença relevante para o reino de Deus. Conforme examinamos essa passagem, deixe-me fazer um resumo da mensagem de Paulo:

> O passado é como o presente (3:10,11),
> E o futuro será como o passado (3:12,13),
> Portanto, continue no presente como esteve no passado para se engajar no futuro (3:14,15).

Paulo disse de muitas maneiras: "Quero que você faça a diferença, ao contrário de todos os outros ao seu redor".

3:10,11

Paulo, após a horripilante autópsia da depravação — que enumerou pelo menos dezenove falhas fatais —, chamou a atenção de Timóteo com o uso enfático do pronome *tu*. Ele diz na verdade: "Os falsos mestres e outras pessoas más se comportam assim; no entanto, *você* tem de ser diferente porque você é diferente".

Todos os verbos em 3:10,11 aparecem no tempo aoristo, que vê a ação em um ponto no tempo no passado. Traduzimos os verbos no aoristo como tempo passado simples: "sofri", "suportei", "livrou". Paulo fez Timóteo ver onde eles estiveram juntos. Ao contrário dos falsos mestres que não adquiriram seu conhecimento dos apóstolos, ao contrário daqueles que não sofreram por causa do evangelho e ao contrário de qualquer um que recebeu mais que uma década de treinamento, Timóteo tinha uma longa história nas trincheiras do ministério cristão. Paulo enumerou nove lembranças dos muitos anos em que Timóteo o *observ*[ou].

Doutrina: Quando Timóteo desenrolou o pergaminho e leu a epístola pela primeira vez, ele se lembrou dos anos que viajara com Paulo.

O FUTURO (2TM 3:1—4:22)

Lembrou-se das vezes em que Paulo, sentado sob a luz de velas, inclinava-se para dizer: "Agora lembre-se disso" ou "Deixe-me mostrar o que o Senhor me revelou", e instruía o homem mais jovem. Timóteo também ouviu os sermões e as lições de Paulo das Escrituras do Antigo Testamento, feitas centenas de vezes nas dezenas de cidades e vilas.

Procedimento: A palavra significa "modo de vida" — não apenas como Paulo se comportava na frente das pessoas ou mesmo com amigos próximos, mas também como ele se conduzia em particular. A autenticidade de um mentor representa o mundo para um ministro promissor e em ascensão!

Lembro-me de ter ido uma tarde do meu alojamento para o escritório do meu mentor quando uma chuva torrencial encharcou a ilha de Okinawa. Cheguei para vê-lo através da janela, ajoelhado, derramando seu coração para Deus. Ele não sabia que eu estava ali, mas fiquei na chuva observando a conduta desse autêntico seguidor de Cristo, e me senti encorajado a também continuar seguindo-o.

Intenção: Paulo não escreveu apenas uma declaração de missão. O termo grego, *prothesis* [4286], "apresentação de algo", tem grande relevância para os judeus, que o usavam para se referir ao pão consagrado no templo (Êx 25:23-30; Lv 24:5-9). A intenção do apóstolo — os objetivos da sua vida — era "apresentar-se diante" de Deus, como o pão consagrado.

As quatro palavras seguintes andam juntas. *Fé, paciência, amor* e *perseverança* são virtudes essenciais da vida cristã. Timóteo observara a confiança diária de Paulo no Senhor; sua paciência diante das críticas e ataques cruéis a seu caráter por parte dos hereges; seu amor terno pelos cristãos insensatos e inconstantes nas dezenas de igrejas; e sua resistência com coração firme a muitos apedrejamentos, açoitamentos, julgamentos simulados e aprisionamentos. Timóteo testemunhara pessoalmente seu mentor experimentar toda gama de emoções enquanto Paulo cumpria o papel de um pai espiritual. Ele, sem dúvida, fizera curativo nas feridas sofridas por Paulo na perseguição e ouvira as súplicas de Paulo por livramento de seu *espinho* (veja 2Co 12:7-10). Tudo isso seriam memórias vívidas na mente de Timóteo.

A referência de Paulo a Antioquia, Icônio e Listra levou Timóteo de volta à região onde crescera — onde vira pela primeira vez Paulo. Timóteo, mesmo antes do apóstolo o convidar para se tornar seu aprendiz, testemunhara o alto custo pessoal do ministério (At 13:14—14:23). O apóstolo conclui sua breve revisão do passado reconhecendo as provações e louvando a Deus por libertá-lo por meio delas.

Paulo revê rapidamente a história deles juntos para apresentar uma questão. Ele diz de fato: "Timóteo, viemos até aqui juntos, e você viu o melhor e o pior dessa caminhada. E ainda estamos vivos, ainda engajados na obra do evangelho".

3:12,13

Os principais verbos dos versículos 12 e 13 estão no tempo futuro: *sofrerão* e *irão*. A visita ao passado pôs o futuro em perspectiva. As perseguições sofridas por Paulo se tornarão o sofrimento de qualquer cristão que aposte sua vida no evangelho e ouse vivê-lo abertamente. É claro que Timóteo reconhecia que estava incluído em *todos*. Ele, com certeza, ouvira seu mentor adverti-lo várias vezes, em especial depois de ter sido expulso da cidade por uma multidão raivosa: "Se quiser levar uma vida piedosa, se quiser fazer uma diferença duradoura, você será mal compreendido, maltratado, caluniado e odiado. Conte com isso".

Paulo caracteriza os inimigos do evangelho como *homens maus* e *impostores*. O termo *goēs* [1114], "impostor", só aparece uma vez na Bíblia, e o significado literal dele é "lamentador", como alguém que uiva encantamentos como se estivesse possuído por um espírito. A literatura grega clássica sempre usa a palavra em um sentido depreciativo, computando o "impostor" como um viajante trapaceiro para com os de mente fraca. Uma das primeiras experiências de Paulo com um impostor (At 13:3-12) foi, sem dúvida, a primeira de muitas. Ele prediz que muitos mais *homens maus* e *impostores* ocupariam cargo de proeminência — talvez até mesmo nas congregações — e levariam muitos para a apostasia.

3:14,15

Agora Paulo, depois de visitar o passado e dar uma olhada no futuro, quer que Timóteo foque no presente. Como em 3:10, ele chama a atenção do homem mais jovem repetindo um enfático *tu*, seguido de um verbo no presente do imperativo, *permanece*. O verbo é *menō* [3306], o mesmo usado por Jesus em sua expressão *permanecerdes em mim* no Cenáculo (Jo 15:1-11). O verbo significa "permanecer", "residir", "ficar". Além disso, o presente do imperativo tem uma força contínua nele; assim, a mensagem "continua ficando".

Paulo, ao trazer Timóteo para o presente, disse de muitas maneiras: "A dificuldade infestou nosso passado, contudo continuamos em frente. A dificuldade só se intensificará à medida que o evangelho cresce, mas isso não significa que devemos fazer algo diferente. Continue fazendo o que dá certo".

O FUTURO (2TM 3:1—4:22)

Paulo sintetiza seu encorajamento ao lembrar Timóteo mais uma vez de sua vigorosa herança cristã e da extensão de seu treinamento. O ministro mais jovem, evidentemente, lutava com a confiança em si mesmo, de modo que Paulo tinha de estimulá-lo a permanecer em seu posto, confrontar o mal, proclamar corajosamente a verdade e pôr seu conhecimento em ação.

As expressões *aprendeu* e *tem convicção* (NVI) não denotam a mesma ideia. Aprendemos ao adquirir informação, mudar de perspectiva e adquirir habilidades. *Te[r] convicção*, no entanto, invade a vontade. A convicção motiva a pessoa a transformar o conhecimento em ação.

Como a fé sem obras é morta, também o treinamento teológico não tem sentido, a menos que o ministro, motivado por suas convicções, decida fazer a diferença.

■ ■ ■

Ernest Shackleton e sua equipe nunca completaram a viagem que começaram. O navio deles, *Endurance* [Resistência], ficou preso entre duas massas de gelo flutuante e, no fim, foi comprimido por elas. Quando o navio naufragou, a tripulação pegou madeira e suprimentos a fim de sobreviver e tentar voltar para casa. Contra todas as probabilidades e superando obstáculos surpreendentes na região inóspita, o aventureiro conseguiu levar todos os seus homens de volta à segurança.

Shackleton voltou para casa como herói e fez um circuito de palestras com sucesso, mas ele, sem dúvida, lutava para superar o sentimento de fracasso. Ainda assim, sua expedição "fracassada" não desperdiçou o esforço. Anos depois, outro aventureiro chamado Edmund Hillary, que escalou o monte Everest, escreveu:

> De todas os exploradores que eu gostaria de conhecer, Shackleton era o mais admirável. [...]
>
> Foi como um líder de homens e um vencedor de obstáculos aterradores que Shackleton realmente alcançou excelência. Não era para ele a tarefa fácil nem o sucesso rápido — ele estava em seu melhor quando a situação era mais difícil. O enorme afeto e respeito que ele adquiriu dos membros da sua expedição (muitas vezes, homens mais fortes que ele) se espalha ao longo dos diários e escritos deles.[8]

Talvez você se sinta mais como um fracasso que um sucesso ou pense que sua vida é vã. Mas não pode ter certeza de quantas vidas impactou com o fato de seguir e obedecer fielmente a Jesus Cristo. Por isso, *permaneça nas coisas que aprendeu e das quais tem convicção* (NVI).

Independentemente de como veja o resultado, você está fazendo a diferença para alguém. Vá em frente!

APLICAÇÃO
2Timóteo 3:10-15
A DOIS PASSOS DA LINHA DE CHEGADA

Paulo desafia Timóteo a fazer a diferença onde ele vive e serve. Essa era uma ordem inacreditável para um homem com uma cidade inteira trabalhando contra ele. Para deixar as coisas piores, a cidade era Éfeso, e parece que ele não tinha o apoio de sua igreja. Então, o que o solitário e batalhador Timóteo faz para fazer a diferença?

Paulo dá duas instruções específicas a seu colega mais jovem que faríamos bem em aplicar onde servimos e vivemos.

Primeiro, *continue nas coisas que você aprendeu*. Naturalmente, essa declaração pressupõe o aprendizado, pelo menos, em relação à Escritura. Talvez você não tenha tido o benefício do treinamento bíblico. Se for esse o caso, é aí que você começa.

Para aqueles que têm uma herança cristã firme, volte à sua criação. Refaça seus passos ao lugar em que a fundação da verdade foi colocada. Volte em sua mente a quaisquer influências positivas que você teve — um dos pais, avós, professor, pastor, mentor ou na escola — e lembre-se das coisas que lhe foram ensinadas. Reveja a vida das pessoas que foram modelo da verdade para você, que exemplificaram a verdadeira piedade. O que elas faziam? Como viviam? De que maneiras ensinaram e influenciaram você? Volte às lições da Escritura que elas transmitiram para você.

Agora, continue no que aprendeu.

Segundo, *tenha convicção das coisas que você aprendeu*. Desde nossos primeiros anos, começamos a formar impressões sobre nós mesmos, o mundo, o Senhor e como diferenciar entre o certo e o errado, a sabedoria e a insensatez. Absorvemos o conhecimento e começamos até mesmo a exercitar o discernimento. Depois, em algum ponto em nossa jornada em direção à idade adulta, passamos a ter convicção do que aprendemos. O que ouvimos e entendemos passa a ser assunto de crença. O conhecimento leva à convicção porque a convicção provoca a ação. As pessoas, em geral, fazem escolhas que resultam no mínimo de desconforto ou inconveniência — a menos que elas sejam movidas pela convicção.

Há um elo poderoso entre a lembrança e a continuação, entre o que lembramos e como continuamos. Os que terminam bem fazem isso porque não esquecem o que lhes foi ensinado. Nem deixam de formar a parte inerente de suas próprias convicções.

Então, uma boa pergunta a fazer é: "Você sabe no que acredita? Consegue defender isso diante de várias pessoas que não são cristãs? Sua convicção é tão firme que quando em inferioridade numérica você não se entrega? Ela é firme o bastante para mantê-lo sob controle? Por exemplo, quando está fora da cidade e toda a sua estrutura normal de prestação de contas se foi —, você está livre para se comportar como escolher sem que ninguém em casa saiba — você tem o tipo de convicção que diz: 'Não vou me aproximar dessa tentação?'"

Volte às coisas que aprendeu e tenha convicção delas.

A verdade soprada por Deus
LEIA 2TIMÓTEO 3:16,17

Nunca esqueci as Olímpiadas do verão de 1984, em Los Angeles, em grande parte por causa de Gabriela Andersen-Schiess. Na hora em que ela entrou no estádio para completar os 400 metros finais da primeira maratona olímpica para mulheres, o corpo dela sucumbiu. Cansada, desidratada e quase paralisada pela exaustão e pelo calor, ela cambaleou e abriu caminho pela pista acenando para os médicos ficarem longe. Um simples toque de algum deles a teria desclassificado. Ela levou quase seis minutos para completar aquela última volta, mas terminou! Quando ela cambaleou naqueles angustiantes passos finais atravessando a linha de chegada e desabou nos braços dos médicos, fiquei de pé e aplaudi a imagem na televisão, dando vivas como um louco.

Quase todos começam fortes. Poucos terminam bem. É claro que depois de correr 42,19 quilômetros, *qualquer* término é um bom término.

Como qualquer atleta bem-sucedido pode lhe dizer, a decisão de terminar bem começa com um compromisso com o treinamento árduo, meses ou até mesmo anos, antes do dia da corrida. Timóteo fora beneficiado com o melhor treinamento desde os primeiros dias da sua vida (2Tm 1:5; 3:15), o que continuou por não menos que quinze anos sob a tutela de Paulo (3:10,11). Enquanto o apóstolo se aproximava da linha de chegada, ele exorta seu aprendiz a continuar correndo como começara, pois a parte mais difícil da corrida ainda estava por vir (3:12-15).

É claro que Paulo não escreveu essas palavras só para Timóteo. Ele, impulsionado e orientado pelo Espírito Santo, escreveu-as para todos que correriam em suas pegadas — não apenas para os ministros vocacionais de tempo integral, mas para todos os cristãos. O Senhor preservou e protegeu pessoalmente essas palavras ao longo de dois mil anos de perseguição e tumulto para que pudéssemos ler as palavras escritas de Paulo e prestar atenção em sua exortação: "Treine bem, corra bem e, por todos os meios, termine bem".

Paulo, sempre o homem prático de fé, explica como fazer isso em uma sentença composta. É *a* sentença isolada mais relevante em todo o Novo Testamento referente às Escrituras porque toca *na* questão divisora de águas da fé em nossa época. O que você acredita a respeito da Bíblia influencia tudo em que acredita e afeta cada decisão que toma.

3:16

O termo grego *graphē* [1124] significa "escritura" no sentido mais genérico. Ele também assume vários sentidos técnicos, dependendo da comunidade. Nos círculos legais, *graphē* descrevia o "decreto" ou "veredicto" de um rei ou juiz. Os judeus de fala grega referiam-se ao Antigo Testamento como *graphai*, "as Escrituras", termo esse usado por Mateus em seu Evangelho (por exemplo, Mt 21:42; 22:29; 26:54).

Alguns expositores afirmam que Paulo se referia apenas às Escrituras hebraicas quando fez essa declaração para Timóteo. No entanto, o exame cuidadoso do fraseado usado por ele sugere outra coisa. A expressão *Sagradas Letras*, em 3:15, refere-se claramente às Escrituras hebraicas que Timóteo estudara desde a infância. A expressão *toda a Escritura*, em 3:16, faz paralelo com *Sagradas Letras*, colocando-as no mesmo plano. Além disso, Paulo usou o singular *graphē* para compor a expressão *toda a Escritura*, em vez da forma plural *graphai*, que seria mais familiar para o Antigo Testamento. Paulo, claramente, pretendia com *toda a Escritura* indicar cada pronunciamento divino escrito por intermédio de um profeta inspirado de forma sobrenatural.

Em outras palavras, Deus não fechou o cânon da Escritura com o Antigo Testamento — o cânon de *toda a Escritura* inclui tanto as Escrituras do Antigo Testamento quanto os escritos autoritativos dos profetas e apóstolos do Novo Testamento:[9]

Esses escritos — e nenhum outro — são *inspirad[os] por Deus* (NVI). Essa expressão é traduzida por uma única palavra que combina *theos* [2316], "Deus", e o adjetivo com a mesma raiz do verbo *pneō* [4154], "respirar, soprar". A tradução literal desse adjetivo é *pneuma* [4151], "sopro, espírito"; derivamos "pneumonia" e "pneumático" da mesma raiz.

Essa imagem de palavras envolvendo a respiração traz um sentido significativo para o relato da criação na Bíblia hebraica. No princípio, Deus criou o primeiro ser humano, Adão, do pó da terra (Gn 2:7), mas ele não seria nada além de pó organizado se o Senhor não fizesse algo milagroso — algo que ele escolheu fazer apenas em relação à humanidade. Ele soprou vida no homem, e este passou a ser uma *alma vivente* — ou seja, a ter corpo e alma (cf. 1Co 15:45).

Dizemos muitas vezes que as palavras dos poetas e compositores são "inspiradas", mas, falando estritamente, esse é um uso equivocado do termo. Só as palavras dos profetas e apóstolos escritas sob a orientação sobrenatural do Espírito Santo são verdadeiramente inspiradas por Deus. Só as palavras sopradas por Deus possuem sua vida. Além disso, como *Deus é luz, e nele não há treva alguma* (1Jo 1:5), ele não pode mentir. Por conseguinte, qualquer palavra dada por ele por meio da inspiração tem de ser verdadeira. Deus supervisionou a transferência de seus pensamentos para os escritores humanos, de modo que estes compuseram e registraram sem erro sua Palavra.

O propósito da Escritura é quádruplo: ensinar, repreender, corrigir e instruir em justiça.

O *ensin[o]*, *didaskalia* [1319], é um elemento crucial no crescimento em direção à maturidade. Da mesma forma que as pessoas que não são ensinadas a ler nunca alcançam seu potencial todo, também as pessoas sem o ensino da Escritura não se desenvolvem totalmente. A Palavra de Deus lhe fornece ferramentas para a vida.

A *repreen[são]*, *elegmos* [1650], convence-nos de nos comportarmos de forma diferente ao nos repreender, revelando áreas que os outros não podem ver ou que preferimos ignorar. O Espírito de Deus usa a Palavra de Deus para revelar a verdade do pecado ou a insensatez dele.

A *corr[eção]*, *epanorthōsis* [1882], constrói sobre a reprovação. Significa "restauração" ou "reforma". Enquanto a reprovação revela nossa pecaminosidade ou insensatez, a correção nos mostra como endireitar o que estamos fazendo errado.

A *instru[ção]*, *paideia* [3809], leva o processo de transformação da alma ainda mais adiante. O termo grego, do qual deriva a palavra "pedagogia", é baseado na ideia de conduzir uma criança à idade adulta. Um instrutor não pode ensinar apenas pela correção, apontando no que o aluno está errado. Isso é como tentar guiar olhando pelo espelho retrovisor. A instrução mostra a forma correta de se comportar *antes* que os erros sejam cometidos.

A Escritura nos treina a alinhar nosso comportamento de modo que ele se harmonize com nossa identidade nova e justa (2Co 5:17; Ef 2:10; 4:24; Cl 3:10). Observe que a Escritura não nos dá justiça. Não há nada mágico a respeito do livro, ou da impressão ou até mesmo das próprias palavras. A Bíblia não é um amuleto da sorte. Você não pode purificar algo colocando a Bíblia sobre ele. As palavras não são cantadas como uma mágica para fazer algo acontecer. O próprio Deus purifica as almas.

3:17

Deus revelou a verdade divina por meio da ação de profetas e apóstolos que a registraram para sempre, *de modo que* cada indivíduo possa alcançar o fim, ou propósito, específico que o Senhor tem em mente.

A palavra traduzida por *preparado* (NVI) é *artios* [739], que seria mais bem traduzida por "qualificado". Infelizmente, o substantivo *preparo* não significa mais o que significava antes. Antes *preparo* significava "apto para a tarefa", mas agora tem sabor de mediocridade. Ninguém que queira de fato um emprego enumeraria *preparo* como uma qualidade pessoal no currículo. Hoje, chamaríamos a pessoa correta para o cargo de "qualificada" ou "competente". Ele ou ela tem o treinamento e a perícia corretos para dominar as tarefas que esperamos ver realizadas.

A palavra grega para *equipado, exartizō* [1822], é uma forma verbal do adjetivo traduzido por "adequado". É um particípio passivo, "um indivíduo equipado", sugerindo firmemente que o provimento do necessário é feito pela atividade divina (esse passivo é chamado de "passivo divino"). Deus pretende que sejamos equipados de forma sobrenatural para realizar cada tipo de boa obra (cf. 2:21).

■ ■ ■

O indivíduo, para correr bem e terminar bem, não pode cultivar um relacionamento casual com a Escritura. Ouvir a pregação expositiva é um excelente começo. Adquirir um livro de estudo da Bíblia é um passo seguinte maravilhoso. Devotar tempo a ler um comentário, como você está fazendo agora, o faz se aprofundar no assunto. Não pare! Quando tiver devorado este volume, adquira outra exposição dos mesmos livros da Bíblia. Ouça mais que uma voz. Então, dê mais um passo. Considere ter aulas formais em um seminário próximo ou *on-line*.

Isso parece extremo? Deixe-me fazer outra pergunta. Quão importante é terminar bem? Que prioridade você dá ao chamado de Deus para ter *pleno preparo para realizar toda boa obra*? Quero me juntar a Paulo e exortá-lo a separar um tempo que desperdiça com atividades sem nenhuma importância para se devotar à instrução na Escritura. Ouça-a. Leia-a. Estude-a. Memorize-a. Medite a respeito dela. Viva-a. Faça tudo isso, e terminará bem.

Gabriela Andersen-Schiess treinou muito tempo e arduamente para a corrida de 42,19 quilômetros até o Coliseu de Los Angeles e mal teve fôlego para terminar em 37º lugar. Não ficou impressionado? Ela terminou na frente de outros sete corredores. Seis nem mesmo terminaram.

APLICAÇÃO
2Timóteo 3:16,17
O PRIMEIRO PASSO PARA FAZER A DIFERENÇA

Como pastor, não quero liderar uma igreja que apenas afirme acreditar na verdade da Bíblia. *Anseio*, com todas as células do meu corpo, que o corpo de Cristo *viva* a verdade bíblica. Quero tanto isso que, às vezes, dói. Por isso acredito firmemente que minha principal obrigação no púlpito é a pregação expositiva que sempre inclui a aplicação prática e específica. Os sermões baseados na Palavra inerrante de Deus têm de levar à aplicação prática das passagens que eles exploram. E cada aplicação prática tem de descrever não só como é o comportamento piedoso — o legalismo já faz isso muito bem —, mas *como* os cristãos devem *pleno preparo para realizar toda boa obra* (3:17). Paulo escolheu essas palavras com cuidado. Queremos que os cristãos treinados e qualificados vivam de forma obediente, uma vez que isso leva a transformar sua parte do mundo com boas obras.

Se quiser cumprir meu papel em equipar os homens e as mulheres de Deus por meio da pregação expositiva, meu trabalho começa com meu estudo com uma análise detalhada da passagem. Então, sigo um padrão que aprendi com meu mentor, o dr. Howard Hendricks. Eu respondo a estas quatro perguntas:

1. *O que a passagem diz? (Observação.)* Não "o que a passagem significa?" Determinaremos isso logo. De início, temos de observar o que as Escrituras *dizem*. Que palavras o autor humano pôs na página e em que ordem? Que conjunções ele usou? Que tempos verbais empregou? Quem ou qual é o sujeito de cada verbo? Quais são os objetos dos verbos? Examino cuidadosamente as definições das palavras-chave, usando dicionários e léxicos para entender o uso delas na cultura e no período de tempo da obra original. Algumas pessoas chegam até mesmo a diagramar cada sentença. Só quando conseguimos uma boa apreensão do que a

passagem *diz*, podemos passar para o que ela *significa*. Isso exige tempo, concentração, paciência e oração.

2. *O que a passagem significa? (Interpretação.)* Uma vez que examino os termos e observo como são arranjados, discirno o pensamento que o autor humano pretendia expressar. Evito as implicações do sentido do autor nesse estágio e guardo as aplicações para mais tarde. Nesse momento, foco apenas o que ele pretendia com suas palavras. Tenho de me apoiar no contexto das declarações do autor, considerar seu propósito para escrever, explicar as expressões coloquiais e respeitar a influência da cultura dele. Tenho de reconhecer o impacto de gênero. A passagem é poética, narrativa, parábola ou profética?

3. *Como a passagem se ajusta? (Correlação.)* Uma vez que determino o sentido do autor, tenho de reconhecer que a passagem é apenas uma parte de um corpo todo de trabalho produzido por um único Autor sobrenatural, Deus. Tenho de considerar as passagens paralelas ou outras porções da Escritura que falam da mesma questão. Isso me ajuda a reconhecer o propósito da passagem no plano total do Senhor para seu povo. Também me mantém sob controle para que quaisquer princípios que derivo do meu estudo sejam sustentados por outras porções da revelação divina. Usar uma concordância é essencial, uma vez que ela me ajuda a encontrar outras referências bíblicas em que as mesmas palavras aparecem.

4. *Como a passagem afeta a maneira como vivemos? (Aplicação.)* Finalmente, como último passo — após examinar cuidadosamente a passagem —, comece a derivar princípios eternos da passagem, aqueles preceitos que afetam todas as pessoas, independentemente de quando, onde ou com quem elas vivem. A expressão exata do princípio pode assumir formas diferentes dependendo do ambiente da pessoa, mas o princípio subjacente permanece o mesmo. Por exemplo, o princípio de "ser bom" é universal; a expressão da bondade assume infinitas formas.

A pregação expositiva, portanto, segue um padrão similar no púlpito, desvelando a passagem para a congregação para que seus membros também entendam o que ela diz, o que significa, como se ajusta à situação deles e que princípios eternos ela ensina. A introdução, as ilustrações e a conclusão aumentam e aprimoram esse objetivo de longo alcance de explicar a Palavra de Deus de formas interessantes e criativas. A seguir, como as sementes jogadas pelo semeador, oramos para que a Palavra de Deus encontre corações férteis, e confiamos no Espírito Santo para nutrir seu crescimento.

O perfil de trabalho de todos os pastores

LEIA 2TIMÓTEO 4:1-5

"Não entre no ministério se não puder ajudá-lo."

Talvez você se surpreenda em saber quem escreveu esse conselho. Talvez um intelectual cínico? Um pastor com esgotamento nervoso descarregando sua frustração? Na verdade, essas palavras são de Charles Haddon Spurgeon, citando o pastor puritano britânico Joseph Alleine, conforme registro no clássico de Spurgeon *Lições aos meus alunos*.[10] Dificilmente, ele foi um homem que acabou amargurado com seu chamado.

Spurgeon, aos 17 anos, aceitou um chamado para pregar em sua primeira igreja. Depois, aos 20 anos, ele aceitou o chamado para pastorear a *New Park Street Chapel*, seguindo os passos de Benjamin Keach, John Gill e John Rippon. Ele serviu a essa congregação durante 38 anos até pouco antes de sua morte prematura aos 58 anos. Logo depois de ele começar a pregar, a capela foi aumentada para receber as multidões cada vez maiores. A seguir, os cultos foram transferidos para salas de concertos até a conclusão do *Metropolitan Tabernacle*, que acomodaria 6.000 pessoas em um único culto (sem nenhum sistema de alto-falantes!). E ele fazia vários sermões por semana. Antes de sua morte, a membresia aumentara para mais de 14.500 pessoas.

Spurgeon estendeu o ministério para incluir um instituto educacional, *The Pastor's College*, financiando a iniciativa de seu próprio bolso por mais de vinte anos. Ele fundou uma editora, que continuou a publicar seus sermões durante 25 anos após sua morte. Eles, na verdade, ficaram sem dinheiro antes de ficarem sem sermões para imprimir. E ele fundou um orfanato, que ainda opera como instituição de caridade hoje.

Toda pessoa no ministério tem de ter um exemplar de *Lições aos meus alunos*, de Spurgeon, e lê-lo com frequência. Meu primeiro exemplar estragou com o uso e continuo a ler no meu segundo exemplar do livro. As percepções de Spurgeon sobre as realidades do ministério me encorajam e repreendem ao longo dos anos.

Na "Lição II: O chamado para o ministério", Spurgeon, citando seu mentor Joseph Alleine, dá este sábio conselho para os homens jovens que almejam o ministério: "Não entre no ministério se não puder ajudá-lo". Por que Spurgeon achava esse conselho tão útil a ponto de o expressar em uma sala cheia de estudantes se preparando para o ministério? Se amava o Senhor e gostava de sua vocação tanto quanto ele gostava, por que desencorajaria alguém com tanta franqueza? Porque ninguém deve buscar o ministério de forma precipitada ou irrefletida ou sem a garantia de um chamado divino.

Essa ordem enviada pelo céu para servir não é uma voz, audível ou não audível. O chamado de Deus começa com uma insatisfação perturbante com qualquer vocação ou trabalho de vida que não serve a Deus de forma específica ou direta. Como Spurgeon afirmou com tanta sabedoria: "Se algum estudante desta sala pudesse se contentar em ser um editor de jornal, merceeiro, fazendeiro, médico, advogado, senador ou até mesmo rei, em nome do céu e da terra, deixe-o seguir seu caminho. Pois um homem tão repleto de Deus ficaria completamente exausto de qualquer busca além daquela para a qual o mais íntimo de sua alma anseia".[11]

O chamado de Deus inclui um senso de destino combinado com uma paixão consumidora de trabalhar para o Senhor. O chamado de Deus, quando completo e confirmado, manifesta-se como uma certeza inegável e inevitável de que o indivíduo não deve fazer nada mais. Ao contrário dos outros "chamados" na vida, que podem ser descritos como um imperativo interior para fazer algo específico, um chamado divino para o ministério é Deus *afastando* o indivíduo de outras buscas dignas para se devotar ao ministério vocacional. Esse chamado também mistura talento com diligência e responsabilidade, resultando em benefício para os outros. Se o dom é ensinar, os outros são ensinados. Se o dom é pregar, as congregações são desafiadas. Se o dom é aconselhar, os outros superam dificuldades emocionais e espirituais ao se tornarem cristãos saudáveis e semelhantes a Cristo.

Conforme o apóstolo se aproxima do fim de sua carta — e do fim de sua vida —, ele intensifica seu foco em Timóteo e no ministério deste. Ele deu a Timóteo, e a todos os pastores por extensão, uma incumbência solene consistindo em quatro partes:

- Uma intimação (4:1)
- Ordens específicas (4:2)
- Predições realistas (4:3,4)
- Lembretes pessoais (4:5)

4:1

Qualquer um que já foi chamado diante de um juiz em uma corte e teve de jurar solenemente: "Juro dizer a verdade, toda a verdade e nada além da verdade" sabe como esse momento pode ser amedrontador. A linguagem de Paulo parece lembrar uma antiga intimação, uma ordem oficial expedida pela corte para comparecer ali ou enfrentar a punição.

"Deus" é o juiz, e "Cristo Jesus", como Deus, é a pessoa diante de quem toda a humanidade ficará de pé para receber o julgamento (Jo 5:22,23).

Na verdade, Paulo está chamando Timóteo a entrar na corte suprema do céu e ficar diante do juiz todo-poderoso para receber uma incumbência solene. Paulo não podia chamar a atenção de Timóteo de modo mais convincente. Ele disse, por assim dizer: "Timóteo, você, no fim, ficará diante do Senhor para prestar contas de seu trabalho. Ele julgará seus motivos. Avaliará seu ministério público, sua vida privada e examinará os segredos da sua alma. Por isso, preste atenção no conselho que vou lhe dar".

4:2

O apóstolo menciona cinco ordens específicas associadas com o chamado de Timóteo para o ministério: pregar, insistir, aconselhar, repreender e exortar. Em algum grau, todo ministro do evangelho é responsável por cumprir essas tarefas, mas Paulo as dirige para o papel de pastor em particular. O chamado de todo pastor exige a obediência fiel a essas ordens divinas. E todo pastor, como Timóteo, responde ao juiz supremo.

Prega a palavra

O termo *kēryssō* [2784] significa "anunciar" ou "proclamar". Um representante oficial do reino poderia anunciar a mensagem do rei para o reino ou para uma pessoa específica. O arauto, *kēryx* [2783], desfrutava da proteção do rei enquanto desempenhava sua tarefa. Ferir um arauto era pedir a ira da corte. Paulo chamava a si mesmo de *kēryx* (1:11) e, agora, passa o papel para Timóteo.

A mensagem levada pelo pastor é *a palavra*, a revelação especial de Deus para a humanidade também denominada de *Sagradas Letras* (3:15) e *toda a Escritura* (3:16). Alguns podem se sentar, outros ouvir passivamente e ainda outros observar, mas o pastor tem de ficar de pé e transmiti-la. Seu chamado é para a Palavra de Deus, e a Palavra de Deus é sua única base de autoridade. Afastar-se da proclamação fiel da Escritura significa perder toda a credibilidade.

Insiste a tempo e fora de tempo

A tradução literal do verbo imperativo é "ficar de olho". O guarda fica de olho na cidade, no tesouro ou em uma pessoa para proteger o que lhe foi confiado em custódia de ataque. O verbo, muitas vezes traduzido por "aparecer" ou "confrontar", incorpora a ideia de urgência e vigilância.

Ninguém sabe o sentido cultural preciso da expressão *a tempo e fora de tempo*, mas ele parece bastante claro. Um pastor tem de estar preparado o tempo todo e em toda circunstância. Quando é conveniente ou quando não é conveniente. Quando é cedo ou quando é tarde. Quando a multidão é grande ou quando há apenas poucas pessoas. Quando afirmado e amado ou quando criticado. Ele tem de estar a postos, não importa o que aconteça.

Aconselha

Esse termo significa "mostrar", "convencer", "refutar" ou "persuadir".[12] Ele incorpora a ideia de substituir ideias incorretas por ideias corretas — muito parecido com o professor mostrar ao aluno de ciências uma nova teoria para explicar um fenômeno em particular. O termo, quando relacionado com o pecado, é uma ordem para ajudar os outros a entenderem a verdade em relação à sua pecaminosidade. O pastor não pode proteger nem encobrir o pecado. O pecado precisa ser exposto. Do contrário, as pessoas não têm esperança, além de permanecerem presas em um ciclo de transgressão por ignorância.

Repreende

Repreender é chamar a atenção para o mau procedimento e determinar a responsabilidade. O termo é próximo de "reprovar", exceto que a resposta desejada é a humildade, em vez da acusação. Repreender também envolve a possibilidade de uma consequência, de modo que o pastor tem de declarar a verdade e suas consequências, se estas forem ignoradas.

Exorta

Nosso nome para o Espírito Santo é "Paracleto" e deriva do verbo *parakaleō* [3870], que retrata um treinador encorajando o atleta em treinamento. O pastor tem de se tornar um professor da graça diligente e paciente. Isso fornece o equilíbrio necessário: um regime firme só de repreensão e reprovação desmoraliza a pessoa, levando-a ao desespero. O treinador desafia e corrige, mas ele também conforta e encoraja.

A expressão *com toda paciência e ensino* combina as palavras *makros* [3117], "longo, demorado", e *thymos* [2372], "raiva", para ter o sentido literal de "longanimidade" (*makrothymia* [3115]). O pastor precisa ter longanimidade e resignação, significando que é lento em buscar a correção do erro cometido contra ele. Isso não quer dizer que ele tem de se tornar um capacho; ele ainda tem de reprovar e repreender quando encontra o erro, mesmo contra si mesmo. Mas se mantém acima da rixa, de modo que as emoções não criem uma reação automática ou o levem a ter um comportamento ruim.

É difícil permanecer paciente. O pastor encontra membros da congregação que nunca superaram sua mentalidade pré-cristã. Verdade seja dita, alguns preferem continuar sem se desenvolver e sem ser transformados. Eles escolhem resistir ao ministério do Espírito Santo e permanecem carnais. Esses indivíduos tendem a dar muita dor de cabeça ao pastor e a todos os outros. Ainda assim, o pastor tem de cumprir todas as cinco ordens divinas com paciência.

4:3,4

Então, por que o pastor permanece tão intransigente em suas obrigações? Paulo muda das cinco ordens divinas com a conjunção coordenativa *gar* ("pois" ou "porque") para a revelação do futuro de cada pastor. Os versículos 3 e 4 contêm cinco verbos no tempo futuro referentes ao futuro da congregação de Timóteo — e das congregações de futuros ministros.

O "eles", subentendido nessa predição, refere-se às pessoas em geral — aos não cristãos na comunidade circunvizinha e às pessoas nos círculos cristãos na igreja. Virá o tempo — futuro para Timóteo, mas já aqui para aqueles que vivem depois dele — em que as pessoas não *suportarão* a sã doutrina. Paulo escolheu a intrigante palavra grega *anexomai* [430], traduzida por *suportarão*, que significa "manter-se ereto e firme, no sentido de aguentar possíveis dificuldades".[13] A ideia de Paulo é que as pessoas acharão a verdade de Deus tão tortuosa para seu desejo pecaminoso que se recusarão a "suportá-la". As frases seguintes explicam o plano delas em duas etapas para superar sua ansiedade pela verdade divina.

Primeira, *desejando muito ouvir coisas agradáveis*. Essas pessoas rejeitam os pregadores que expõem a Bíblia como foi escrita e que interpretam suas palavras de modo literal. Elas escolhem pregadores que, ao contrário, evitam a palavra "pecado", preferindo pregar mensagens motivacionais que "dão às pessoas o incentivo para a semana" e "focam a bondade de Deus".

Segunda, *não só desviarão os ouvidos da verdade, mas se voltarão para as fábulas*. As fábulas, ou mitos, são histórias que supostamente falam de eventos antigos a fim de justificar o universo como ele existe e racionalizar determinado comportamento. Basicamente, os mitos servem ao desejo das pessoas de usar uma história inventada para substanciar e afirmar suas escolhas. A Bíblia, é claro, não justifica nem racionaliza o pecado; a Bíblia nos desafia a estar à altura de seu padrão de certo e errado.

4:5

Paulo chama mais uma vez a atenção de Timóteo com o uso enfático do pronome *tu* (cf. 3:10,14) e, depois, fornece a ele quatro instruções pessoais usando quatro verbos no imperativo.

1. *Sê sóbrio* (ARC). O termo grego *nēphō* [3525] tem um sentido tanto literal quanto figurativo, como em português.[14] O sentido literal, é claro, significa não estar inebriado pela ingestão de bebida alcoólica. O sentido figurado é ter a mente clara quanto a tudo que pode prejudicar o pensamento. O pastor tem de reconhecer e ensinar a revelação divina com foco voltado para um propósito único e obedecer a essa revelação.

Paulo disse de tantas maneiras: "A estabilidade tem de caracterizar o pastor fiel em um mundo virado de cabeça para baixo, constante em seu caminhar tortuoso. Permaneça equilibrado. Continue a ser um modelo de autocontrole. Não tente competir com os bajuladores. Um mundo insano precisa de uma voz firme".

2. *Sofre as aflições.* Paulo escolheu o termo *kakopatheō* [2553], usado apenas três vezes no Novo Testamento, duas delas nessa epístola (2:9; 4:5; Tg 5:13). Ao chamar os pastores a suportarem as provações, o uso do termo *kakopatheō* por Paulo leva imediatamente a mente do leitor grego de volta a 2Timóteo 2:8,9: *Lembra-te de Jesus Cristo, ressurreto dentre os mortos, descendente de Davi, de acordo com o meu evangelho,* PELO QUAL SOFRO *a ponto de ser preso como criminoso; mas a palavra de Deus não está presa* (grifo nosso).

Todos os pastores, como Paulo que continuou no sofrimento de Cristo por causa do evangelho, podem esperar percorrer esse mesmo caminho de sofrimento. Ele receberá crítica injusta. Será mal compreendido. As pessoas tamparão os ouvidos para a verdade e irão atrás dos mitos, e o pastor fiel será caracterizado como tolo, antiquado e irrelevante. Mas como Cristo ressuscitou do túmulo justificado, também a verdade, no fim, esmagará a apostasia e o mito.

3. *Faze a obra de um evangelista.* O termo *evangelista* (*euangelistēs* [2099]) ocorre apenas outras duas vezes no Novo Testamento (At 21:8; Ef 4:11) e indica uma pessoa que traz as boas-novas. No uso secular, essa pessoa transmitia a notícia de um nascimento real ou trazia relatos de vitória na frente de batalha. Nesse caso, é claro, as boas-novas são o evangelho.

No entanto, observe o fraseado de Paulo. *Faze a obra de um evangelista* envolve mais que apenas apresentar o plano de Deus da salvação. A *obra* inclui alimentar o faminto, vestir o pobre, abrigar o sem-teto, cuidar da viúva e do órfão, lutar por justiça e resgatar o indefeso. A obra de um evangelista põe as palavras do evangelho em ação.

4. *Cumpre teu ministério*. O termo grego *plērophoreō* [4135], traduzido por *cumpre*, significa "fazer com que algo seja percebido como cheio, pleno, completo". Isso nos lembra um grande navio a vela com as velas desfraldadas, cheias de vento, levando a embarcação para seu destino e permitindo que a tripulação cumpra seu propósito.

A palavra para "ministério" é *diakonia* [1248], o mesmo termo usado para o serviço dos diáconos (veja At 6:1), o qual Paulo descrevera antes. Ele, no entanto, não limita a *diakonia* ao cargo de diácono. Paulo via o trabalho de "servir às mesas" — tanto no sentido literal quanto no figurativo — como a obrigação de todos os ministros: presbíteros, pastores e ele mesmo (1Tm 1:12).

APLICAÇÃO
2Timóteo 4:1-5
AS QUATRO OBRIGAÇÕES DO PASTOR

Os trabalhos, na maioria das vezes, são acompanhados de um perfil, um documento que, junto com outros detalhes, determina o principal objetivo do emprego. Esse perfil identifica as tarefas específicas que se espera que o empregado execute. Paulo estabelecera antes o principal objetivo para todos os ministros:

> *E ele designou uns como apóstolos, outros como profetas, outros como evangelistas, e ainda outros como pastores e mestres, tendo em vista o aperfeiçoamento dos santos para a obra do ministério e para a edificação do corpo de Cristo* (Ef 4:11,12).

Paulo, após ecoar esse objetivo em 2Timóteo 3:16,17, delineia as quatro principais obrigações de um pastor.

Primeira, *o pastor tem de pregar fiel e consistentemente a Palavra de Deus*. Há uma diferença sutil, ainda que profunda, entre ensinar e pregar a Escritura. As duas atividades explicam o sentido das palavras e frases. As duas extraem princípios eternos do texto e, depois, aplica-os. Mas o ensino e a proclamação têm intenções diferentes. O objetivo de ensino é conhecer a Escritura, com sugestões para a aplicação dela. A pregação, no entanto, tenta compelir os ouvintes a agir no que aprenderam da Escritura. O ensino alimenta a mente; a pregação desafia a vontade.

A pregação eficaz não tem de ser emocionalmente estimulante; às vezes, o emocional clama por ajuda; às vezes, a emoção se torna uma distração. A pregação eficaz não chama a atenção para si mesma; se

Do meu diário

A única qualificação que importa

2TIMÓTEO 4:5

No verão de 1959, na entrevista para me tornar aluno do Dallas Theological Seminary, o dr. Donald Campbell, o examinador, olhou para mim, depois para minha esposa e, então, de novo para mim. Após uma pausa, ele fez uma pergunta que jamais esquecerei: "sr. Swindoll, ficaria feliz e realizado fazendo qualquer outra coisa?"

Eu tinha um bom emprego à minha espera em Houston — até a velhice, não menos que isso. Teria uma vida tranquila. Não tínhamos filhos. Poderíamos nos estabelecer em uma ótima casinha perto da família e de tudo que nos era familiar. Poderíamos criar um futuro confortável para nós mesmos.

Pensei por um momento, embora meu coração já tivesse a resposta. "Não, dr. Campbell, eu não ficaria satisfeito fazendo qualquer outra coisa." Anos depois, ele me disse que, se eu tivesse dado outra resposta, eles nunca teriam me aceitado como aluno. Contudo, eles me aceitaram em caráter experimental porque vim com mais que alguns riscos para a escola — pelo menos em termos de qualificação. Não tinha um curso superior formal completo. Não tinha experiência oficial no ministério. Muitos homens com meu histórico não se formavam.

Felizmente, sou o recipiente de um legado estabelecido por uma linha de vasos falhos e imperfeitos. De pessoas como Paulo. De pessoas como Timóteo. De pessoas consideradas inadequadas de uma perspectiva mundana, porém ostentando a única qualificação que importa: um ministro chamado por Deus.

as pessoas deixam a igreja comentando o estilo do pregador — quer seja bom quer seja ruim —, então o ponto da proclamação se perdeu. A marca da pregação eficaz é a mudança duradoura que incentiva ao longo do tempo e é vista como progresso na direção certa. A igreja como um todo começa a se comportar de forma diferente quando seus membros começam a fazer escolhas melhores e encorajam uns aos outros a tomar a mesma atitude. As ovelhas do Senhor, com a pregação eficaz, começam a ir na direção certa sem precisar de estímulo.

Segunda, *o pastor tem de confrontar a transgressão e corrigir o erro*. O pastor tem de manter um padrão inflexível de pureza em relação à doutrina e ao ensino. O pastor separa cuidadosamente os professores para ter certeza de que eles entendem a Escritura e, depois, permanecem fiéis quando instruem os outros. E, quando o ensino se desvia da Bíblia, o pastor confronta, corrige, encoraja e instrui com gentileza e paciência. Infelizmente, ele, às vezes, também tem de ser firme. Guardar o rebanho do erro pode exigir que o líder espiritual remova os professores de seu posto quando o ensino deles prova ser incompetente ou teimosamente contrário à Escritura.

O pastor também tem de estar ciente das tendências culturais e acadêmicas que influenciam as pessoas durante os seis dias em que não estão na igreja. Ele tem de se preparar com conhecimento suficiente para conseguir confrontar o falso ensinamento com respostas da Bíblia. Os pastores fiéis protegem o rebanho de Deus.

Terceira, *o pastor tem de liderar o esforço para evangelizar a comunidade*. Um dos principais motivos para Jesus instituir a igreja é levar as boas-novas ao mundo e fazer discípulos. O Espírito Santo capacita as igrejas locais para alcançar suas comunidades e levá-las para a fé em Cristo. Uma igreja visionária é o alongamento da sombra de seu pastor visionário.

Observe, no entanto, que o pastor não é apenas o evangelista. Nem é necessariamente o principal evangelista. Muitas igrejas veem seu pastor como um assalariado e esperam que ele cumpra suas responsabilidades em favor deles. O pastor tem de pastorear. Ele lidera o esforço evangelístico do rebanho, mas não é o substituto para o que a igreja toda foi ordenada pelo Senhor a fazer.

Quarta, *o pastor tem de servir* à *congregação*. O termo para "ministério" na ordem *cumpre teu ministério* (4:5) é a palavra usada para o cargo de diácono. *Diakonia* é o ato de servir às mesas, a metáfora do Novo Testamento para servir aos outros. Essa é a função mais básica do pastor.

O pastor serve às necessidades de sua congregação de diversas maneiras. Ele coordena o cuidado emocional e espiritual dos indivíduos da congregação. Também ajuda a verificar as necessidades físicas deles durante os momentos de perda ou estresse. Oferece conselho e outros recursos para manter as famílias unidas e saudáveis. Ele se envolve em atividades que tocam a vida da congregação naquelas ocasiões especiais. Em outras palavras, ele celebra casamento, batiza e sepulta os membros da sua congregação. Antecipa as necessidades dos indivíduos e famílias a fim de guiar a igreja de forma apropriada.

O perfil do cargo de pastor não é para todos. Na ausência de um chamado, essas obrigações logo se tornam penosas, levando ao ressentimento e ao esgotamento. Mas, quando Deus chama um homem para servir como pastor, nada além dessas obrigações o deixaria satisfeito. Ele *tem* de pregar, repreender, evangelizar e servir. Ao fazer isso, ele *cumpre* o seu ministério.

Olhando em retrospectiva — sem arrependimentos
LEIA 2TIMÓTEO 4:6-8

Quando as pessoas sabem que o fim de sua jornada na terra está próximo, elas tendem a olhar a vida em retrospectiva pouco antes de entrar no futuro eterno. Algumas se sentem satisfeitas com o que veem; outras se encolhem arrependidas. Considere as palavras de vários homens que, uma vez na vida, a olharam em retrospectiva e, depois, permitiram que conhecêssemos seus pensamentos.

O falecido Henri Nouwen refletiu sobre sua vida durante um período particularmente difícil. Seu diário foi publicado após sua morte no livro *A voz íntima do amor*:

> Os anos que ficaram para trás, com todas as suas lutas e sofrimentos, com o tempo serão lembrados apenas como o meio que levou à sua nova vida. Mas, visto que a nova vida não é totalmente sua, suas memórias continuam a causar sofrimento. Quando você continua a reviver os eventos dolorosos do passado, pode se sentir vitimado por eles.[15]

Nouwen reconhecia que, se não abraçarmos nossa nova vida em Cristo, o desapontamento com decisões insensatas ou atos pecaminosos pode manter o tumulto do arrependimento perpetuamente em ebulição. Os efeitos tóxicos do arrependimento podem destruir os últimos anos da pessoa como fizeram com o homem que escreveu estas palavras desoladoras:

Através dos campos do ontem
Ele vem a mim às vezes,
Um rapazinho recém-chegado do jogo —
O menino que costumava ser.

E, uma vez que sorri com tanta melancolia
Enquanto se achega,
Pergunto-me se ele espera ver
O homem que eu poderia ter sido.[16]

O principal personagem infeliz do romance francês *O nó de víboras* chega ao fim de sua vida e descobre em seu coração um nó retorcido de ódio e arrependimentos. Ele confessa em seu diário:

> Mas o horror de envelhecer consiste nisto: a idade é a soma total da vida, e não um aspecto dela que podemos mudar. Levei sessenta anos — pensei — para "criar" esse homem velho, morrendo agora de ódio. Sou o que sou. Devia ter me tornado outra pessoa... Oh, Deus!... Oh, Deus... se pelo menos você existisse![17]

É assim para todos os que chegam ao fim de seus dias servindo apenas ao ego e não amando a mais ninguém. Eles, tendo abandonado Deus, se mexem e gemem em sua sepultura, sentindo-se abandonados por Deus.

Isso poderia ter acontecido com Paulo. Ele teve todo motivo para se sentir ressentido. Ele fora alvo de abuso durante anos. Suportara dezenas de traições, sem dúvida sofrendo o pesar por cada uma delas. Ele suportou o peso das falsas acusações de todo tipo de charlatão e herege do século I. Sofreu perigo, aprisionamento, açoitamento e até mesmo apedrejamento por causa do evangelho. Assim, na época em que escreveu essa carta, ele parecia muito mais velho do que deveria, encurvado e cheio de cicatrizes, provavelmente sentindo dor em cada osso que fora quebrado. Não seria absurdo ele esperar ter uma aposentadoria confortável como recompensa por um serviço tão dedicado ao Senhor e sua igreja. Em vez disso, ele escreve em seu leito de morte — como era: não podia ser mais que um lugar no chão de uma masmorra sem detritos. Ele não tinha dinheiro. O único suprimento que tinha em abundância era a solidão. Nenhum rosto familiar, a não ser o do doutor Lucas, para o encorajar. E, contudo, suas últimas palavras não trazem nenhuma sombra de amargura, ressentimento ou arrependimento. Em lugar de todos esses sentimentos, seu espírito indômito emergiu.

Sua carta revela um homem muito mais preocupado com os outros que consigo mesmo. Do começo ao fim da carta, Paulo foca em Timóteo e, por extensão, nos que seguem suas pegadas. Os verbos no tempo imperativo transmitem as instruções urgentes. Seu uso repetido do pronome na segunda pessoa do singular, *tu*, conduzia suas instruções ao coração do ministro mais jovem (os grifos abaixo são nossos):

Mencion[*o*]-*te sempre em minhas súplicas noite e dia* (1:3).

Tu, porém, meu filho, fortifica-te na graça que há em Cristo Jesus (2:1).

Tu, porém, permanece naquilo que aprendeste (3:14).

Tu, porém, sê equilibrado em tudo, sofre as aflições, faze a obra de um evangelista e cumpre teu ministério (4:5).

Então, de repente, o *tu* dá lugar ao *eu*, *mim* e *meu*. Paulo afasta o foco de Timóteo para revelar algo de si mesmo. Conforme o véu entre esta vida e seu futuro eterno se aproxima, o apóstolo olha em retrospectiva. Considere as palavras de reflexão de um homem preparado para morrer, sem arrependimentos.

4:6

Paulo usa duas figuras de linguagem interessantes para descrever seus últimos dias. A primeira envolve um ritual não familiar na cultura ocidental do século XXI, mas comum no mundo de Paulo. A "libação" era um costume judaico conhecido em que o adorador "derramava" vinho vermelho na base do altar. O vinho representava o sangue de um cordeiro oferecido como sacrifício. A imagem usada pelo apóstolo toma por empréstimo a expressão hebraica poética *derramado* (Jó 30:16; Sl 22:14), em que a pessoa é esvaziada de sua força a ponto de morrer. Ser *derramado* é ter a energia de vida drenada.

Paulo, durante seu primeiro período na prisão, escreveu para os cristãos de Filipos: *Contudo, ainda que eu seja derramado como libação sobre o sacrifício e o serviço da vossa fé, alegro-me e me congratulo com todos vós* (Fp 2:17). Ele sentiu sua vida ser drenada durante a longa espera pelo julgamento e estava preparado para dar a vida pelo Senhor. Mesmo assim, ele considerava que o sacrifício da sua vida valia a pena por causa da salvação deles e continuava a crescer em graça (Fp 1:21).

Sua segunda figura de linguagem descreve uma jornada, falando de sua morte como *minha partida*. Mas esse termo grego muito vívido, *analysis* [359], "desprendimento (como de coisas entrelaçadas)", retrata não menos que quatro palavras-imagens.

A primeira imagem é a ideia do exame. A palavra "análise", transliterada para o português, incorpora a ideia de destrançar uma corda, dividindo a unidade complexa em seus fios individuais. Paulo antecipa que sua morte resultaria em sua vida e realizações serem deslindadas, postas a olho nu para todos verem.

A segunda imagem é a ideia de libertar da escravidão. Esse termo era usado para livrar o animal do jugo. Paulo considerava a morte como uma libertação de sua vida do jugo de sua responsabilidade. A imagem, quando usada para seres humanos, retrata a quebra dos grilhões e ferros colocados na perna. A morte significava libertação.

A terceira imagem é a ideia de mudar a residência do indivíduo. Os gregos usavam o termo para descrever a desmontagem de uma tenda a fim de colocá-la em outro lugar. Temos uma expressão semelhante em português: "estamos levantando as estacas". Paulo via a morte como uma transferência para outro lugar em uma terra muito melhor.

A quarta imagem e mais pungente é a ideia de uma viagem. Os marinheiros usavam essa palavra no sentido de partida. Eles desamarravam o navio do ancoradouro a fim de lançá-lo ao mar. A morte de Paulo libertou-o de seu ancoradouro terreno para fazer a viagem para o reino de seu Pai celestial.

4:7

Uma olhada anelante para seu futuro eterno incitou Paulo a examinar o passado. Ele lembrou os desafios e vitórias do passado, exatamente como as pessoas enfrentando a morte fariam. Os professores veem o rosto de antigos alunos. As enfermeiras lembram os pacientes que causaram maior impacto nelas. Os policiais consideram seu legado. Os pastores pensam em seu tempo no púlpito, esperando que permaneçam fiéis à Palavra. Os missionários esperam deixar uma região transformada em um posto avançado do reino de Deus. Todos os ministros em todos os tipos de ministério querem deixar um legado de fidelidade. De realizações? Com certeza que sim. Mas, primeiro e acima de tudo, de fidelidade.

Paulo olhou em retrospectiva para ver um combate travado até o fim, uma carreira concluída e a fé mantida. É interessante o fato de ele mudar a ordem normal da palavra no grego para enfatizar o objeto de cada verbo. Ele escreve ao pé da letra: "O bom combate combati, a carreira terminei, a fé mantive". O efeito dessa mudança é focar a atenção do leitor no chamado que Paulo cumpriu fielmente.

O termo para "combate" é *agōn* [73], cujo sentido é "empenho por vitória". Nossa palavra "agonia" vem desse conceito grego de dar tudo de si mesmo para vencer uma disputa ou alcançar um objetivo (cf. 1Tm 4:10). Os atletas de elite — profissionais e campeões mundiais — conhecem a "agonia" do treinamento. E, no dia da competição, eles "agonizam" para alcançar a vitória. O competidor, nesse tipo de empenho para vencer, não retém nada e "deixa tudo no campo".

Paulo se lembra do dia que o Senhor o parou no caminho com uma revelação cegante de si mesmo, desafiou e condenou o homem sincero e ardente, todavia arrogante, e depois o chamou, equipou, enviou, apoiou e fortaleceu para o ministério. Ele revê a carreira árdua que teve de correr — uma supermaratona de trinta anos — e afirma que deu tudo que tinha nela. Não reteve nada.

Mais cedo em sua vida, quando mestres apóstatas ousaram questionar as credenciais de Paulo e seu comprometimento, ele reviu sua corrida até aquele ponto:

> *São servos de Cristo? Sou ainda mais (falo como se estivesse louco), muito mais em trabalhos; muito mais em prisões; em chicotadas sem medida; em perigo de morte muitas vezes; cinco vezes recebi dos judeus trinta e nove chicotadas. Três vezes fui espancado com varas, uma vez fui apedrejado, três vezes sofri naufrágio, passei um dia e uma noite em mar aberto. Muitas vezes passei por perigos em viagens, perigos em rios, perigos entre bandidos, perigos entre os do meu próprio povo, perigos entre gentios, perigos na cidade, perigos no deserto, perigos no mar, perigos entre falsos irmãos; em trabalho e cansaço, muitas vezes em noites sem dormir, com fome e com sede, muitas vezes sem comida, com frio e com falta de roupas. Além de outras coisas, ainda pesa diariamente sobre mim a preocupação com todas as igrejas* (2Co 11:23-28).

Sem um pingo de orgulho, o conhecimento de que ele "agonizara" bem — dera tudo de si no empenho por vitória — dava satisfação a Paulo, não obstante a questão de resultados ou sucesso.

Contudo, ele não só correra bem; ele terminara bem. Sua declaração *Terminei a carreira* usa uma palavra que combina as ideias de propósito e conclusão. Além disso, o verbo na forma perfeita parece reminiscente de *tetelestai* [5055], a tradução grega da declaração de Jesus na cruz *Está consumado* (Jo 19:30).

Ninguém, nem mesmo Paulo, escolhe sua carreira. A carreira é preparada para nós. Podemos, no entanto, escolher se a corremos. Não há duas carreiras iguais, porém somos chamados a correr nossa respectiva carreira com igual fidelidade e determinação. Ademais, talvez você se surpreenda com a dificuldade da carreira diante de você, mas o Senhor não se surpreende. Ele sabe de antemão os desafios que você enfrentará e promete nos equipar para superá-los — não necessariamente a todos de uma vez, mas diariamente, de acordo com a necessidade.

A carreira de Paulo o levou por algumas curvas aterradoras e mais que alguns buracos traiçoeiros. No fim, a carreira o levou para uma masmorra abaixo das ruas de Roma. Mas esse não foi o fim da sua jornada. Foi apenas uma parada para outra etapa. O fim da jornada de Paulo na terra o colocou em um curso em direção à glória. Cultivar essa perspectiva eterna e mantê-la durante a jornada de vida do indivíduo requer confiança.

A terceira declaração de Paulo, *guardei a fé*, tem um duplo sentido. Primeiro, ele continuou a confiar no Senhor e na correção e solidez do evangelho que fora comissionado a pregar. Segundo, ele guardou o tesouro que lhe fora confiado (veja 2Tm 1:12,14; 1Tm 6:20). Preservou a verdade divina com a pureza com que a recebera e utilizou essa verdade para confrontar e erradicar a apostasia na igreja.

4:8

Paulo, após reconhecer sua atual situação e olhar em retrospectiva com satisfação o todo de sua vida, lançou um longo olhar para o futuro. E viu vindicação.

Escolhi essa palavra com muito cuidado, mas ela pode levar a algum entendimento equivocado; então, deixe-me primeiro explicar o que vindicação *não* é. Vindicação não é uma oportunidade para exultar com malignidade a respeito daqueles que pecaram contra nós. Vindicação não é a habilidade de dizer: "Eu estava certo enquanto todos os meus críticos estavam errados". Vindicação não é o direito de julgar os outros depois de ser julgado de forma equivocada. Tudo isso são preocupações egoístas que ficaram no passado. A vindicação é olhar para a frente. A vindicação, no sentido mais antigo da palavra, é a condição de ser libertado do perigo. A vindicação é ficar livre de alegações ou culpa, ser justificado, ser declarado justo, receber o que fora prometido. A vindicação é a recompensa suprema pela carreira fiel. Ela diz: "Sua dedicação, a despeito das críticas, provou ser valiosa. Agora é possível ver sua esperança" (veja Rm 8:24).

A justificação, de todas as bênçãos da vindicação, reina suprema. Paulo descreve sua recompensa como uma *coroa*. Isso lembra o costume do atleta vitorioso receber uma grinalda de louro, simbolizando tudo que ele estava para receber. Os competidores particularmente bem-sucedidos ou dignos de nota recebiam tratamento real ao voltar para casa. Os funcionários faziam um grande buraco no muro da cidade e, depois, o cobriam com uma placa de cobre gravada com o nome dele. Todas as dívidas do atleta eram canceladas, já que o vencedor recebia a posição de isento de impostos pelo resto da vida. Os comerciantes, muitas vezes, garantiam ao vencedor e sua família suprimento de alimento pela vida toda deste. Um atleta vitorioso podia, literalmente, descansar sobre seus louros.

A "*coroa*" recebida por Paulo era de *justiça*. Nem Paulo nem ninguém mais podem adquirir justiça. A carreira fiel e o fim firme de Paulo não lhe renderam nenhum mérito contra seu pecado. A justiça é um dom de Deus, dado pela graça àqueles que confiam em seu Filho. Durante a vida na terra, a justiça é prometida; na eternidade, a justiça é recebida. Paulo terminou a carreira e recebeu o que fora prometido: um veredicto de "inocente" do juiz supremo na corte do céu.

■ ■ ■

A autoanálise de Paulo e sua capacidade de enfrentar a morte sem arrependimentos é especialmente comovente ao considerarmos as circunstâncias em que ele escreveu. A ironia enfatiza as maneiras muitíssimo diferentes que o céu e a terra julgam o conteúdo da vida da pessoa. Paulo escrevia sua carta da prisão, esperando o dia em que ficaria diante de Nero ou um de seus representantes para ser julgado. Paulo, pelos padrões do mundo, era um fracasso e ficaria diante da própria incorporação do sucesso terreno. Em termos de riqueza, ninguém podia rivalizar com o imperador de Roma; Paulo não tinha nada além de roupas sujas em suas costas. Em termos de poder, Nero governava todo o mundo mediterrâneo; Paulo, provavelmente, não conseguia nem mesmo ficar ereto em sua cela. Em termos das leis humanas, Nero *era* a lei; Paulo esperava ser declarado "culpado" e, depois, ser decapitado como um criminoso.

Mas o reino da eternidade julga de forma diferente. Onde estão os dois homens agora?

APLICAÇÃO
2Timóteo 4:6-8
TRÊS PERGUNTAS PARA SONDAR A ALMA

Este é um bom momento para considerar três questões levantadas pela autoavaliação de Paulo. Dedique tempo suficiente para fazer e responder as perguntas com honestidade. Garanto isto: elas mudarão a forma como você pensa no amanhã.

Pergunta 1: *Será que reconheço a realidade da minha situação atual?* Paulo considerou suas circunstâncias e as aceitou pelo que eram. Isso significa que ele não tentou imaginá-las melhor do que eram; isso é iludir a si mesmo. E ele não tentou se convencer de que poderia ser libertado de forma milagrosa (veja At 5:18-20; 16:25-27); isso, na melhor das hipóteses, é se iludir e, na pior, presumir qual é a vontade do Senhor. O apóstolo, sem desconsiderar nenhum potencial futuro, aceitava a verdade de seu lugar na vida, dizendo: *Já estou sendo derramado como oferta de libação* para o Senhor. Paulo manteve essa mesma atitude em todas as circunstâncias ao longo de sua vida — independentemente de estar livre ou preso, saudável ou doente, cercado ou sequestrado.

Reflita agora mesmo sobre suas circunstâncias atuais. As coisas poderiam estar melhores; poderiam estar piores. Independentemente disso, esse é seu lugar na vida para ser vivenciado por você e por ninguém mais. Se puder mudar algo para melhor, por todos os meios, faça isso! Se você desfruta neste momento de grande bênção, saboreie isso com gratidão e compartilhe-o com os entes queridos. Acima de tudo, deixe sua vida valer para a eternidade. Reconheça suas circunstâncias de forma realista e, depois, submeta-as ao cuidado soberano do Senhor.

Pergunta 2: *Quando me lembro dos eventos do meu passado, há arrependimentos dos quais preciso cuidar?* Agora é o momento de fazer essa pergunta, enquanto você tem tempo e capacidade para fazer algo a respeito de arrependimentos, antes que eles assombrem seu leito de morte.

Será que ofendi ou prejudiquei alguém sem ter corrigido isso? Essa pessoa está viva? Será que pedi desculpas e tentei restaurar esse relacionamento? Ou, se essa pessoa já se foi, será que levei minhas ofensas ao pé da cruz e busquei o perdão do Senhor e permiti que ele me aliviasse desse fardo? Estou de fato livre de culpa?

Aceitei as consequências do comportamento insensato ou pecaminoso como uma expressão da misericórdia de Deus? Ou reagi contra as barras da Providência ou continuei, de forma insensata, a me punir? Será que me arrependi completamente, recebi a graça do Senhor e voltei a caminhar em uma nova direção e permiti que o residual de meu ato me mantivesse sensível à sua liderança?

Será que há alguém a quem preciso agradecer? Alguém que merece ouvir minha avaliação sincera por seu impacto positivo? Não economize os elogios para o discurso durante o ofício fúnebre da pessoa. Reserve tempo *agora* para expressar sua gratidão.

Lide com os arrependimentos agora, antes que os problemas remanescentes envenenem seu espírito ou roubem a alegria dos dias que ainda tem para viver.

Pergunta 3: *Será que posso afirmar a certeza de alguma recompensa futura, de alguma coroa futura?* Paulo sabia o que o aguardava, independentemente de como ou quando morresse. Além da vida eterna — que ele não conquistou por si mesmo, mas recebeu mediante a graça pela fé em Cristo —, ele esperava totalmente receber algumas honras que trabalhara para merecer. Você tem essa certeza? A Bíblia menciona cinco coroas:

- *A coroa do regozijo* (Fp 4:1) — por levar os outros à fé em Cristo.
- *A coroa da justiça* (2Tm 4:8) — por aguardar ansiosamente o retorno de Cristo.
- *A coroa da vida* (Tg 1:12) — por sofrer para a glória de Deus.
- *A coroa da glória* (1Pe 5:4) — reservada aos presbíteros e ministros que servem à congregação com disposição, de forma fiel e consistente.
- *A coroa do domínio próprio* (1Co 9:25) — por manter a carne sujeita.

Apocalipse 4:10,11 projeta uma bela imagem dos cristãos — 24 anciãos — no céu lançando sua coroa diante daquele que os recompensara. Quando todos nós nos juntarmos nesse magnífico ato de adoração, estaremos com o rosto voltado para uma rua brilhante como um espelho, na qual veremos a nós mesmos pela primeira vez como Deus nos vê.

Pare um pouco e se imagine ali. O que você trará para essa cerimônia maravilhosa?

Eu o exorto a nos anos que ainda lhe restam — quem sabe quantos? — voltar sua atenção para as coisas eternas. Afaste seus olhos das pessoas que tornam sua vida miserável. Resolva superar o remorso inútil. Determine-se a parar de arrastar a âncora do ressentimento e da culpa. Comece a viver à luz do dia desse amanhã eterno. Quando fizer isso, você descobrirá uma alegria interior que nunca conheceu.

Um círculo de honra e um círculo de desonra
LEIA 2TIMÓTEO 4:9-15

Em 1975, o recém-designado bibliotecário do Congresso Daniel J. Boorstin descobriu uma caixa de sapatos escondida em uma galeria. Ela continha o conteúdo dos bolsos de Abraham Lincoln na noite em que foi morto. Entre os objetos estava um recorte de jornal elogiando as obras do presidente. Um pedaço de papel de jornal pareceu especialmente gasto para Boorstin, que observou que ele continha um discurso de John Bright na Casa dos Comuns britânica elogiando Lincoln como "um dos maiores homens de todos os tempos".

Hoje, muitas pessoas concordariam de coração com Bright; mas, em 1865, milhões consideravam Lincoln incuravelmente maligno ou um completo bufão. As críticas ao presidente eram implacáveis e inúmeras. A dele foi a agonia solitária de um homem trabalhando desesperadamente para manter sua nação unida e conduzi-la pelo caminho da moral.

Acho comoventemente patético o fato de Lincoln carregar esses pequenos pedaços de afirmação. Imagino esse líder agora celebrado sozinho desdobrando os recortes de jornal sob a luz trêmula de sua escrivaninha, buscando conforto e apoio para enfrentar outro dia de liderança não apreciada.

A liderança e a solidão andam de mãos dadas. Isso é uma surpresa para pessoas que não são chamadas a ocupar posições de liderança. A maioria pensaria que os líderes passam tanto tempo com outras pessoas que uma rica vida social passa a ser quase automática. Mas nada pode estar mais distante da verdade. O fato é que a solidão se avizinha quando a responsabilidade intransferível pesa sobre os ombros do líder.

Com que frequência Moisés deve ter sentido o frio ombro da solidão enquanto liderou durante quarenta anos o povo rebelde e queixoso de Israel!

Como Josué deve ter ansiado por um parceiro com quem dividir a responsabilidade de liderar a conquista de Canaã!

Como a solidão deve ter perseguido a moradia de Davi durante a rebelião de Absalão e nos dias de pesar após o jovem ser morto!

Como os grandes profetas devem ter se sentido totalmente sozinhos — de coração tão forte e firmemente leais a Deus, contudo repetidamente mal compreendidos, difamados e, muitas vezes, martirizados! Portanto, não deve surpreender o fato de Paulo sofrer de solidão no escuro de sua cela. Ele sempre tivera a companhia de alunos e colegas em suas jornadas. Agora, a obrigação ou o abandono levara quase todas as vozes familiares e faces bondosas para longe de Roma. Só Lucas ousava correr o risco de ser preso e perseguido para suprir as necessidades de Paulo e cuidar de suas dificuldades médicas. O líder solitário encerra a carta com um pedido tocante que nos lembra que o apóstolo heroico, afinal, era apenas um homem: *Vem antes do inverno* (2Tm 4:21).

Logo o frio do outono começaria a piorar as antigas feridas de Paulo. Nesse meio-tempo, na escura solidão de uma masmorra malcheirosa compartilhada com outros homens condenados, as lembranças povoavam a mente do exaurido ministro — algumas dolorosas e outras, prazerosas. Conforme Paulo se aproximava do fim de sua carta, ele recordou duas lembranças dolorosas e de cinco amigos fiéis.

4:9

Paulo pediu a Timóteo: *procura visitar-me em breve*. A expressão em grego traduzida por *em breve*, como um pedido, duplica a pressa e o zelo. Paulo, obviamente, não sabia quanto tempo mais tinha de vida. Seu julgamento podia acontecer a qualquer momento, após o qual ele só teria alguns dias antes da execução. Ele passaria provavelmente esses dias nas instalações de máxima segurança, uma cisterna subterrânea abandonada, acessível apenas por um buraco com apenas 91 centímetros de diâmetro no chão de uma antecâmara fortemente guardada.

4:10

Paulo lamenta de forma eloquente a primeira das duas lembranças dolorosas. O nome Demas só aparece em outras duas passagens do Novo Testamento, e mesmo assim só de passagem. Demas enviou saudações junto com Lucas no fim das epístolas aos Colossenses (Cl 4:14) e a Filemom (Fm 1:24). Paulo considerava Demas um *cooperador*, um alto cumprimento do apóstolo. Mas algo aconteceu no interior de Demas. Ele antes seguira Cristo de modo ardente, ou Paulo nunca o teria convidado para se juntar à sua comitiva. Ele antes demonstrara coragem e determinação, pois viajar com Paulo não exigiria menos que isso (cf. At 15:37,38).

Mas isso ficara para trás. Demas abandonara Paulo pelo que o apóstolo denominou *am[or] [por] este mundo*, o que não é uma condenação insignificante. Ele usa o verbo caracteristicamente cristão *agapaō* [25], normalmente reservado para pessoas, dizendo que Demas expressou *agapē* por *este mundo*. A expressão *este mundo* se refere não só à busca mundana por dinheiro, poder, posição, prazer ou posses. Jesus identificou o inimigo do reino de Deus como *o mundo* (Jo 15:18,19). O *mundo* não significa a terra em si mesma. O planeta não tem uma mente, portanto não pode ser mau. A natureza foi desfigurada e corrompida pelo mal, mas ela, em si mesma, não é má. Na verdade, Paulo personifica a natureza como um espectador inocente que sofre os efeitos malignos do mal e geme por redenção para seu justo possuidor (Rm 8:20-22). O *mundo*, ao contrário, representa o sistema mundano caído que opera de acordo com os valores de Satanás e está sujeito à maldição do pecado (Gn 3:14-19). O *mundo* também representa as pessoas que vivem pelos valores dele e servem voluntariamente aos fins dele. Jesus veio originalmente para redimir o mundo (Jo 3:17; 12:47), mas o mundo o rejeitou (Jo 3:18; 12:48); por essa razão, ele começou a separar os *seus* do mundo (Jo 10:14,26,27; 13:1; 15:19). Dizer que alguém ama *este mundo* é dizer que ele é inimigo do reino de Deus (cf. 1Jo 2:15-17).

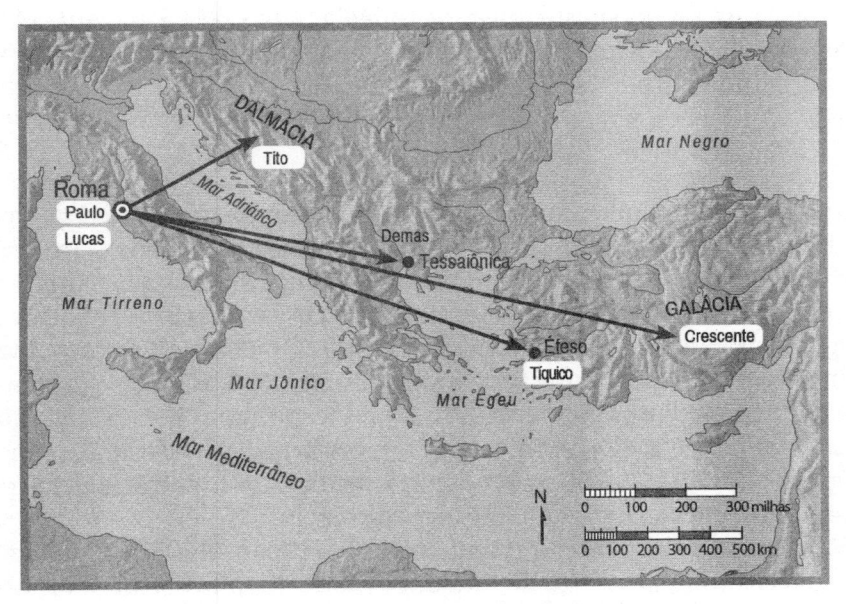

Durante seu segundo período na prisão em Roma, Paulo viu-se praticamente sozinho. Ele enviara Tito para a Dalmácia; Crescente, para a Galácia; e Tíquico, para Éfeso. Demas o abandonara e fora para Tessalônica, deixando apenas Lucas para cuidar das necessidades do apóstolo.

Felizmente a memória de Paulo se demora na lembrança de Demas mais que alguns momentos. Ele logo lembra o nome de cinco homens fiéis que podemos colocar no círculo de honra do apóstolo. O primeiro deles é Crescente, sobre o qual não sabemos quase nada. Seu nome não aparece em nenhuma outra passagem da Escritura. O fato de ele ser mencionado com outros quatro homens notáveis sugere que Paulo o considerava muitíssimo. É provável que Paulo o tivesse posicionado na Galácia em algum momento entre seu primeiro e segundo períodos na prisão.

O segundo homem fiel é Tito. Paulo pedira originalmente que Tito se juntasse a ele em Nicópolis, onde planejara passar o inverno antes de navegar para Roma. Não temos motivo para acreditar que Paulo não seguiu essa parte do seu plano. Seja como for, em algum momento durante sua estada em Roma, ele enviou Tito para a Dalmácia, também conhecida como Ilírico. A designação talvez não tenha sido fácil. O povo era notoriamente teimoso, resistindo à subjugação romana e, de acordo com as informações disponíveis, abrigava salteadores e piratas. Estrabão, contemporâneo de Tito, chamava a região de Ilírico de desprezível "por causa da selvageria dos habitantes e seu hábito de praticar a pirataria".[18]

Crescente estava muito longe na Galácia para fazer a viagem em um tempo razoável, e Tito não podia deixar a Dalmácia sem liderança; pelo menos, ainda não.

4:11

Paulo menciona Lucas como o terceiro homem fiel, e o único que permaneceu ao seu lado. Como as prisões forneciam apenas provisões escassas, os prisioneiros dependiam da família e dos amigos para trazer alimento, água, roupa e suprimentos médicos — em geral subornando os guardas. Nessa época, Lucas provavelmente já escrevera seu Evangelho. Atos dos Apóstolos, sua crônica dos primórdios da igreja, conclui com o primeiro período de Paulo na prisão romana. Por essa razão, o *médico amado* (Cl 4:14) conhecia as muitas injustiças e feridas sofridas por Paulo (2Co 11:23-28) e, sem dúvida, testemunhara muitas delas pessoalmente. Ele era inestimável para o apóstolo.

Marcos, o quarto homem fiel, refere-se a João Marcos, o primo do amigo cristão mais antigo de Paulo, Barnabé. Essa breve afirmação da utilidade de Marcos testifica do perdão e da redenção disponíveis entre irmãos em Cristo.

Anos antes, Paulo conduzira sua primeira viagem missionária sob a liderança de Barnabé, cujo primo, João Marcos (Cl 4:10), abandonou a missão na metade dela (At 13:13). Assim, quando chegou o momento de reunir uma equipe para uma segunda viagem, *Barnabé queria levar também João, chamado Marcos. Mas para Paulo parecia não fazer sentido levar consigo quem desde a Panfília havia se afastado deles e não os acompanhara no trabalho. E a divergência entre eles foi tão grave que se separaram um do outro. E Barnabé, levando Marcos consigo, navegou para Chipre. Mas Paulo, tendo escolhido Silas, partiu, confiado pelos irmãos à graça do Senhor* (At 15:37-40).

O tempo passou. Marcos amadureceu. Paulo o perdoou. Que cumprimento incrível ser chamado para ajudá-lo! Paulo, obviamente, sabia que o pedido para ir a Roma tinha um perigo relevante, mas também sabia que agora podia depender de Marcos. O benevolente Paulo completara o círculo e não relutava em revelar isso.

4:12

O quinto homem fiel no círculo de honra de Paulo é Tíquico, que o apóstolo conhecera provavelmente em Éfeso (At 20:4). Tíquico viajara com o apóstolo e servira como mensageiro, levando as cartas de Paulo para sua cidade (Ef 6:21), Colossos (Cl 4:7), e provavelmente para Filemom (Cl 4:9). Tíquico pode ter substituído Tito em Creta (Tt 3:12), permitindo que este se juntasse a Paulo em Nicópolis. Depois, Paulo, em algum momento antes da sua segunda prisão, enviou Tíquico para Éfeso.

Alguns indivíduos especulam por que Paulo diria isso a Timóteo. Se Timóteo estivera servindo em Éfeso, ele não saberia isso? Acho que isso argumenta contra a percepção de que Tíquico levou essa segunda carta. É mais provável que ele estivesse servindo em alguma outra cidade e tenha recebido instruções para substituir Timóteo em Éfeso, permitindo que este fosse imediatamente para Roma.

4:13

Paulo pediu a Timóteo que o auxiliasse em Roma, insistindo para ele se apressar (4:9) e se antecipar ao inverno (4:21). A fé de Paulo lhe permitiu acrescentar dois pedidos práticos a *quando vieres*. Ele pediu que Timóteo trouxesse sua capa, presumivelmente para mantê-lo aquecido no frio do inverno que logo envolveria Roma. E pediu seus livros, os quais, sem dúvida, incluíam uma cópia das Escrituras.

4:14,15

O círculo de desonra de Paulo incluía Alexandre. Este, ao contrário de Demas, que abandonara Paulo e a fé quando a influência do mundo finalmente revelou sua verdadeira condição espiritual, nunca fingiu ser colega de Paulo. Ele se opôs firmemente ao apóstolo, a seu ministério e a seus objetivos quase desde o início.

O nome Alexandre aparece três vezes no contexto do ministério de Paulo: um judeu que tentou se dirigir à multidão revoltada em Éfeso (At 19:33); um mestre apóstata em Éfeso que Paulo disciplinou junto com Himeneu (1Tm 1:18-20); e *Alexandre, que trabalha com bronze*. Como o nome era comum, não temos como saber com certeza se esses três eram o mesmo homem. No entanto, estou propenso a pensar que um homem em Éfeso causou problemas sem fim para Paulo e continuou a perseguir Timóteo.

O verbo *endeiknymi* [1731], traduzido por *prejudicou*, significa "mostrar", "manifestar" ou "provar". O verbo tem a conotação de tratar-se de um informante. Eu traduziria o texto grego por "ele acusou-me de muitos males". Aparentemente, Alexandre prejudicou muito Paulo com falsas acusações. Para quem ele acusou Paulo, não sabemos. Talvez para as autoridades da cidade. Ou, mais provável, para o corpo da igreja, tentando abalar a fidelidade deles ao evangelho para abraçar o falso ensinamento de Alexandre.

Paulo não expõe Alexandre a fim de embaraçá-lo por dois mil anos, mas para advertir Timóteo do perigo que Alexandre representava. Paulo logo morreria. Alexandre permaneceria. Quando um mestre da verdade sai de cena, o apóstata simplesmente volta os olhos para o passo seguinte.

■ ■ ■

A liderança e a solidão andam de mãos dadas. O líder espiritual não pode esperar receber muito no que diz respeito à afirmação do ser humano. Ele detém informação confidencial que o impede muitas vezes de explicar suas decisões. Por isso, o entendimento equivocado torna nebuloso o que, do contrário, poderia ser um relacionamento estreito. Ele tem de fazer escolhas difíceis que beneficiam a comunidade, mas traz desconforto para alguns indivíduos. A reação adversa de uma minoria ruidosa fica sem resposta enquanto uma maioria aprobativa fica em silêncio. O líder espiritual em geral lida sozinho com a oposição — não quer ninguém por perto para uma confrontação desagradável. A afirmação, se houver, em geral vem muito depois e com frequência de forma anônima. O líder espiritual tem de viver com os olhos no horizonte; ele vive dois ou mais anos no futuro, fazendo o que tem de ser feito para manter o progresso, enquanto os demais vivem no momento presente. Assim, o líder tem de provar seus planos na solidão até o dia em que puder moldar a visão e inspirar as pessoas ao seu redor.

Embora a solidão se avizinhe quando a responsabilidade intransferível pesa sobre os ombros do líder espiritual, este no fim aprende a saborear sua solidão. Os outros podem entender mal, mas o Senhor sabe de tudo. A comunidade pode não apreciar as escolhas difíceis, mas o Senhor respalda a obediência. O líder tem de permanecer firme contra o erro, mas o Senhor é o Autor da verdade. O líder tem de aprender a desenvolver sua visão e encontrar ressonância e harmonia no coração do Senhor. Por isso, a solidão da liderança passa a ser a oportunidade para o líder cultivar uma intimidade mais profunda com o Todo-poderoso. A liderança espiritual tem seus fardos, mas compartilhar da camaradagem com Deus é uma recompensa maior do que qualquer líder merece. Portanto, a liderança no reino do Pai, no fim, é um privilégio sem igual.

APLICAÇÃO

2Timóteo 4:9-15

AS CARÊNCIAS DO NECESSITADO

É fácil esquecer que os heróis têm carências humanas como todos. Nós os colocamos em um pedestal sobre-humano, mas até mesmo os heróis da fé da Antiguidade lutavam como lutamos hoje. As linhas finais de Paulo revelam um homem firme em sua fé e seguro de suas convicções, todavia com muitas necessidades. Seu pedido por ajuda oferece quatro lembretes atemporais para os momentos de dificuldade:

Primeiro, *quando está sozinho, você precisa de amigos íntimos e afetuosos*. Isso é quase tão óbvio quanto dizer: "Quando você tem fome, precisa comer". Infelizmente, o modernismo e nossa cultura ocidental nos condicionaram a sentir vergonha de nossa necessidade de companhia. Deus nos fez para termos relacionamentos — com ele mesmo e uns com os outros. Paulo nunca incluiu o "individualismo rigoroso" entre seus principais atributos. Ele se cercava de pessoas sem se tornar alguém cativo para agradá-las; ele tirava força e conforto de seus colegas sem comprometer sua dependência do Senhor.

Desenvolver uma vida social rica lhe dá a oportunidade de cultivar vários relacionamentos próximos e afetuosos. Transforme isso em uma prioridade agora; amigos afetuosos não surgirão de repente quando você estiver solitário.

Segundo, *quando é ferido, você precisa de defensores leais*. Um defensor é mais que um amigo; um defensor é alguém que apoia ou defende você em uma causa, alguém que age em prol do seu melhor interesse, em seu nome, em especial quando você está incapaz de se defender.

Toda pessoa que atravessa algum tipo de processo judicial precisa de um advogado. Os advogados costumam ser conhecidos como "defensores". Quando diante de um juiz, seu advogado passa a ser seu intermediário. Da mesma maneira, quando somos feridos, precisamos de um intermediário, alguém para agir em prol de nosso melhor interesse, em nosso nome, e nos representar diante daqueles que têm o poder de nos ajudar ou de nos prejudicar. Eles encorajam, ajudam a ver as coisas de forma objetiva, aliviam o fardo da sobrevivência e ajudam a encontrar soluções que seríamos impotentes para encontrar por conta própria.

Terceiro, *quando é amado, você precisa ser agradecido*. Se você é amado por um círculo de pessoas, na verdade é rico. Compartilhe a riqueza. Por que guardar todo o amor para si mesmo? Quando foi a última vez que olhou para outro indivíduo e disse: "Eu amo você"? Os outros precisam saber que você os ama e precisam ouvir a primeira pessoa do singular, "eu", ser mencionada. E não um casual "amo você", mas o "eu amo você" completo.

Talvez você não seja do tipo casualmente expressivo, alguém que não expressa emoção com frequência nem com facilidade. Bem, supere-se! Isso não é a respeito de você; é a respeito das pessoas que fazem parte da sua vida e que gostariam das suas palavras. Se acredita nisso, expresse-o. Se as ama, mostre sua gratidão dizendo-lhes isso com frequência.

Quarto, *quando precisar, admita isso.* Quando foi a última vez que você telefonou para alguém e disse: "Oi, hoje está sendo um dia realmente difícil para mim. Preciso de você agora mesmo"? Se você é como a maioria das pessoas, duas coisas o impedem de expressar esse tipo de vulnerabilidade: o orgulho e o medo.

O orgulho está na raiz de tantos pecados, e o medo nos mantém reféns de nossa aflição. A simples admissão "Preciso de você" ou "Preciso de ajuda" tem o poder de romper essas duas limitações mortais. Admitir a necessidade estabelece um elo rápido com os amigos, dá boas-vindas aos defensores, multiplica as soluções potenciais para os problemas e libera os outros para entrar na nossa vida e compartilhar os fardos do sofrimento ou da solidão.

Paulo — talvez o seguidor de Cristo mais valente, resiliente, paciente e fiel de toda a Bíblia — não sofreu sem pedir ajuda. Ele, como um homem de graça que estendia graça a tantos, acreditava na suficiência da graça para pedi-la e recebê-la com gratidão quando oferecida. Sigamos o exemplo dele.

Graça até o fim
LEIA 2TIMÓTEO 4:16-22

Olhar a morte de frente pode trazer o melhor da pessoa. A verdadeira perspectiva da morte nos afasta deste mundo e nos força a não dar importância às mesquinharias quando focamos no que é mais relevante.

Talvez o exemplo recente mais vívido disso sejam os eventos de 11 de setembro de 2001. Antes que aquele dia terminasse, quatro aviões caíram. Os dois símbolos do comércio norte-americano que antes permaneciam altos e eretos sobre Manhattan caíram. O Pentágono tinha um buraco de sessenta metros do lado oeste em chamas. Os destroços de outro avião de passageiros caíram num local remoto no interior da Pensilvânia, sem deixar sobreviventes para contar sua história heroica. Nossa nação atordoada assistia impotente e em silêncio à televisão e com pesar enquanto o número de mortos continuava a aumentar — para centenas e, depois, milhares de pessoas.

Jamais saberemos todos os eventos que ocorreram naquela manhã terrível, mas sabemos que a realidade imediata da morte trouxe o melhor na maioria das pessoas. Os bombeiros e os policiais se tornaram heróis, entrando nos prédios para ajudar as pessoas a escapar da fumaça, do fogo e, em última instância, do colapso total. Centenas de pessoas no Pentágono ajudaram seus colegas a sair da parte destruída do prédio, mesmo quando a roupa e a pele delas mesmas estavam queimando. E quem consegue esquecer aquele grupo corajoso de 38 passageiros do *United* 93, incentivando a cabine a recuperar o controle da aeronave? Quem sabe o que teria acontecido se todas aquelas pessoas não reconhecessem o que era importante e, a seguir, fizessem o que tinha de ser feito?

Às vezes, a morte, ou até mesmo o prospecto dela, pode trazer o melhor das pessoas.

Seja onde você estiver, pare por um momento e reflita na sua resposta para esta pergunta: se você soubesse que não tem mais que algumas horas de vida, o que emergiria do seu interior?

Agora é o momento de começar a responder a essa pergunta. Você estaria cheio de graça ou os rancores persistentes trariam a amargura à tona? A graça fluiria dos seus lábios ou os arrependimentos persistentes o fariam amaldiçoar? A graça cairia sobre você como um cobertor ou você se sentiria nu e envergonhado? A graça poria uma haste de ferro na sua coluna vertebral ou você tremeria de medo e horror? Hoje é o dia no qual você tem de decidir como enfrentará a morte. Escolha a graça hoje, pratique a graça todos os dias daqui para a frente e talvez você se assemelhe a Paulo nos últimos dias de sua própria vida.

Agora você está familiarizado com as circunstâncias de Paulo. Ele está sentado em uma masmorra aguardando o julgamento, embora o veredicto fosse uma conclusão inevitável: ele enfrentaria a espada do carrasco. Exceto o doutor Lucas, ele não tinha ninguém para o confortar. Frio, fome, solidão, dor e provavelmente doença, ele suportou a injustiça sem amargura. Ele fora abandonado por todos em seu julgamento, mas não guardou rancor. Ele pôde possivelmente ter morrido sozinho como um criminoso comum, mas não encontramos autopiedade em suas palavras finais. Paulo enfrentou um tipo de Getsêmani pessoal. O resultado de sua provação excruciante podia ser a bílis amarga ou a graça doce. Agora você já conhece Paulo bastante bem para saber qual ele produziu.

4:16

A campanha de Nero de fazer os cristãos de bodes expiatórios não só transformou matá-los em um espetáculo, mas também tornou a perseguição deles em moda. De acordo com Tácito, Plínio e outros historiadores contemporâneos, todos os tipos de alegações levavam os cristãos diante de juízes para ser condenados. Eles eram acusados de ódio contra a humanidade e condenados por ateísmo, pois adoravam um Deus que não podia ser visto e se recusavam a reconhecer os deuses da fantasia romana. Os rumores mudaram a cerimônia da eucaristia em um ritual canibal. Os cristãos se recusavam a se juntar aos vizinhos romanos nos rituais pecaminosos que atribuíam deidade a César, de modo que eram acusados de sedição.

Paulo poderia ser processado por qualquer uma dessas acusações, mas o mérito delas não era a questão. Ele vivia sob um regime no qual a verdade se tornara irrelevante e a lógica fora recrutada para servir aos caprichos do imperador. John Pollock escreve: "Do julgamento final de Paulo não se conhece nada além da tradição de que ele foi condenado por decisão do Senado sob a acusação de traição ao imperador divino".[19]

Depois de tudo que Paulo fizera por seus colegas e amigos, você esperaria que eles pelo menos viessem e se levantassem em defesa dele; mas apoiar um cristão em seu julgamento seria pedir a morte. Como aconteceu, os amigos de Paulo em Roma ou foram capturados e julgados ou fugiram como ratos do navio afundando. No entanto, a despeito disso, Paulo falou com graça: *Que isto não lhes seja cobrado.*

4:17,18

Paulo, nos opressivos últimos dias de sua vida, viu a mão divina de Deus se mover para lhe dar misericórdia e propagar o evangelho entre seus perseguidores. Sua orientação vertical no serviço ao Senhor o deixou sem energia para a amargura horizontal. Na verdade, não encontramos evidência de ressentimento, mas só de gratidão.

Paulo declara que o Senhor esteve ao lado dele para realizar dois objetivos. Primeiro, para que a *pregação* fosse *cumprida* (ARC). O primeiro termo é *kērygma* [2782], o conteúdo da pregação. Mais cedo, Paulo chamara a si mesmo de *kēryx* [2783], arauto, mensageiro ou proclamador (1:10). O segundo termo é o verbo composto *plērophoreō* [4135], que combina "estar repleto" e "levar". Paulo não se ilude com o pensamento de que a proclamação do evangelho terminaria com ele. Sua cidadania lhe garantia o direito de ser julgado nas cortes romanas; assim, ele via seu julgamento como ainda outro meio divino pelo qual as boas-novas podiam alcançar a elite de Roma. Sua posição como cidadão romano também o poupou de uma morte dolorosa e humilhante no Coliseu. Paulo, independentemente do resultado final de seu julgamento iminente, sabia que sairia da masmorra um homem livre. Ele esperava plenamente que o Senhor o livrasse *de toda obra má* não para ajudá-lo a evitar o sofrimento ou a dor, mas para triunfar sobre ela. O Senhor faz isso ao dar às obras más da humanidade um propósito divino e ao dar glória eterna àquele que suporta o sofrimento com paciência, resignação, fidelidade e graça.

Paulo não chegou à sua perspectiva eterna da noite para o dia. Ela foi uma parte de sua visão de mundo durante muitos anos. Durante seu primeiro período na prisão em Roma, ele escreveu aos filipenses:

> *Irmãos, quero que saibais que as coisas que me aconteceram contribuíram para o avanço do evangelho; a tal ponto de ficar claro para toda a guarda pretoriana e para todos os demais que é por Cristo que estou na prisão. E, animados pelas minhas prisões, a maior parte dos irmãos no Senhor tem muito mais coragem para falar sem medo a palavra de Deus. [...] Mas que importa? De qualquer forma, contanto que Cristo seja anunciado, quer por pretexto, quer não, alegro-me com isso e, sim, sempre me alegrarei. Pois sei que isso resultará em salvação para mim, pela vossa súplica e pelo socorro do Espírito de Jesus Cristo, segundo a minha intensa expectativa e esperança de que em nada serei decepcionado; pelo contrário, com toda a ousadia, tanto agora como sempre, Cristo será engrandecido no meu corpo, seja pela vida, seja pela morte. Pois para mim o viver é Cristo, e o morrer é lucro* (Fp 1:12-14,18-21).

Enquanto o Senhor salvaria Paulo por meio de sua execução e permitiria que ele entrasse na glória por toda a eternidade, Paulo dá glória a Deus em meio à sua angústia. Ele usa o termo *doxa* [1391], do qual derivamos nosso termo "doxologia". Ser glorificado é ser revelado de modo a ser considerado bom. Ser glorificado é ser justificado aos olhos de todas as testemunhas. Paulo promoveu a justiça de Deus enquanto sofria na prisão e planejava proclamar a bondade dele ao morrer bem.

4:19

Paulo, conforme seu estilo usual, termina a carta com várias saudações. Ele menciona Prisca e Áquila. Ele encontrou esse casal pela primeira vez em Corinto logo depois de o imperador Cláudio expulsar os judeus de Roma (At 18:1-3). Eles se tornaram amigos próximos, compartilhando o ofício de fabricar tendas e a convicção do evangelho. Quando Paulo deixou Corinto por Éfeso, o casal foi com ele (At 18:18) e, no fim, estabeleceu-se ali permanentemente. Não sabemos as circunstâncias específicas, mas eles provaram ser defensores de Paulo até mesmo quando isso os punha em perigo (Rm 16:3,4).

Paulo também se dirige à casa de Onesíforo. Nessa época, esse homem já teria morrido ou se perdera em algum lugar por conta da perseguição romana.

4:20

Paulo acrescentou algumas observações, como assuntos administrativos. Ele menciona dois homens de interesse pessoal para Timóteo. Erasto de Corinto, provavelmente o administrador da cidade mencionado em Romanos (Rm 16:23), fora um parceiro de ministério de Timóteo. Paulo enviara os dois à frente dele para preparar a Macedônia para sua visita depois de deixar Éfeso (At 19:22). Trófimo, originalmente de Éfeso (At 21:29), fizera parte da equipe ministerial de Paulo (At 20:4) e, aparentemente, viajara com o apóstolo depois de sua libertação da prisão. Paulo disse a Timóteo que fora forçado a deixar Trófimo aos cuidados de amigos em Mileto, uma cidade a 64 quilômetros ao sul de Éfeso.

Vejo a graça de Paulo evidente até mesmo nesse breve aparte de um pós-escrito. Ele poderia ter falado com amargura: "Por que eles estão seguros do perigo enquanto estou aqui? Por que eles podem viver em relativo conforto enquanto sou condenado a morrer?" Em vez disso, encontramos Paulo compartilhando saudação e encorajamento. Ele fica satisfeito com a segurança e prosperidade deles. Que homem esse Paulo! Ele era cheio de graça sobre graça.

4:21

Paulo, após pedir mais uma vez para Timóteo visitá-lo (cf. 4:9), envia saudações de quatro cristãos de Roma não mencionados em nenhuma outra passagem da Escritura. Apesar de não termos informação sobre eles, vejo na menção deles outro exemplo da graça de Paulo.

Mais cedo, Paulo reclamou que todos o tinham abandonado e ficou sozinho diante da corte romana em seu primeiro julgamento. Onde estavam Êubulo, Pudente, Lino, Cláudia e *todos os irmãos*? Eles viviam em Roma, contudo só Lucas cuidava de Paulo. Ele poderia tê-los julgado por seu silêncio e ausência, mas em vez disso envia saudações à igreja de Éfeso em nome deles.

4:22

Paulo dirige sua bênção final primeiro a Timóteo individualmente. O pronome *teu* está no singular. Paulo expressa mais uma vez seu desejo de que o Senhor reforce e capacite o espírito tímido do homem mais jovem.

Ele, a seguir, expressa seu desejo de que a graça caia sobre todos que ouvirem ou lerem suas palavras finais. No fim do versículo o pronome é *convosco*, plural. No fim, Paulo queria que a graça fosse o legado de seu ministério. E seu desejo, sem dúvida, foi atendido. Muitos expositores e ministros do evangelho se referem a esse servo fiel de Deus como "o apóstolo da graça". Com todos eles, digo: "Amém".

APLICAÇÃO
2Timóteo 4:16-22
PRONTO PARA O FIM?

John Phillips, nas linhas finais de seu comentário sobre 2Timóteo, escreve:

> [Paulo] abaixou a cabeça sobre o bloco de pedra, fechou os olhos e os abriu de novo para olhar direto o rosto de Jesus.
> Lembramos da execução de *sir* Walter Raleigh. Quando o ingrato rei Tiago o enviou para a morte, o intrépido explorador enfrentou seu destino com serenidade. O carrasco tentou facilitar os últimos momentos de *sir* Walter mostrando-lhe a melhor forma de deitar a cabeça no bloco. Raleigh agradeceu a ele, mas disse: "Quando o coração está certo, não importa como a cabeça repousa".
> Paulo pôde bem ter usado as mesmas palavras. Seu coração está com Jesus agora por quase dois mil anos. Ele está em repouso, e suas obras o seguiram (Ap 14:13).[20]

Que as palavras finais de Paulo ressoem em sua vida e lhe deem paz quando sua morte se aproximar: *A graça seja convosco.*

Tem de haver graça. Graça em aceitar a vida que lhe é dada. Graça para enfrentar a morte que o aguarda. Graça em sua resposta para as pessoas. Graça para aqueles que ministram a você. Graça para os que o prejudicam. Graça para suportar o pior na expectativa do melhor de Deus. E, se isso parecer impossível, é provavelmente porque você não começou um relacionamento com aquele que modelou a graça melhor que qualquer um que já viveu: Cristo, que nos amou e deu a si mesmo por nós.

Se não houve nunca um tempo em sua vida em que você confiou pessoalmente no sacrifício do Senhor Jesus em seu lugar — em que ele pagou a pena completa por seus pecados e ressuscitou para lhe oferecer nova vida —, então você não está preparado para que o machado caia. Não está preparado para o fim.

O mesmo Senhor que preparou Paulo para esse momento monumental também pode preparar você. Confie nele. Receba sua graça. Deixe que ele viva sua vida por seu intermédio. E deixe sua graça lhe dar paz — agora e pelo resto de seus dias.

PERCEPÇÕES SOBRE TITO

Ninguém entendia melhor que Paulo como o ministério pode ser custoso e como é possível ficar profundamente ferido ao servir a outros. Não é uma vocação em que alguém consegue manter um distanciamento controlado e profissional. O serviço para Cristo exige o coração todo do ministro e promete esmagá-lo a cada vez. Contudo, Deus, nesse esmagar do coração, promete não só sobrevivência, mas uma porção ainda maior de vida abundante. Ele promete deixar seu povo mais como ele mesmo — mais puro, sábio, forte e gentil —, começando com os líderes que ele designa.

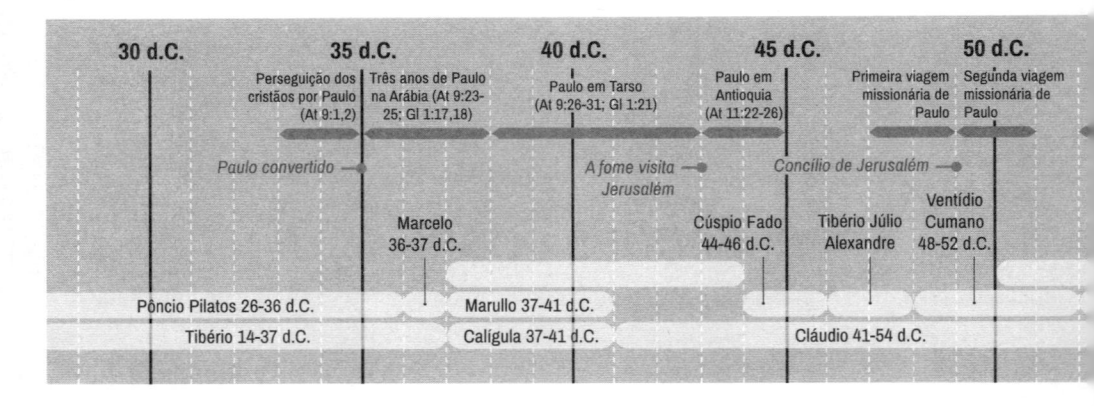

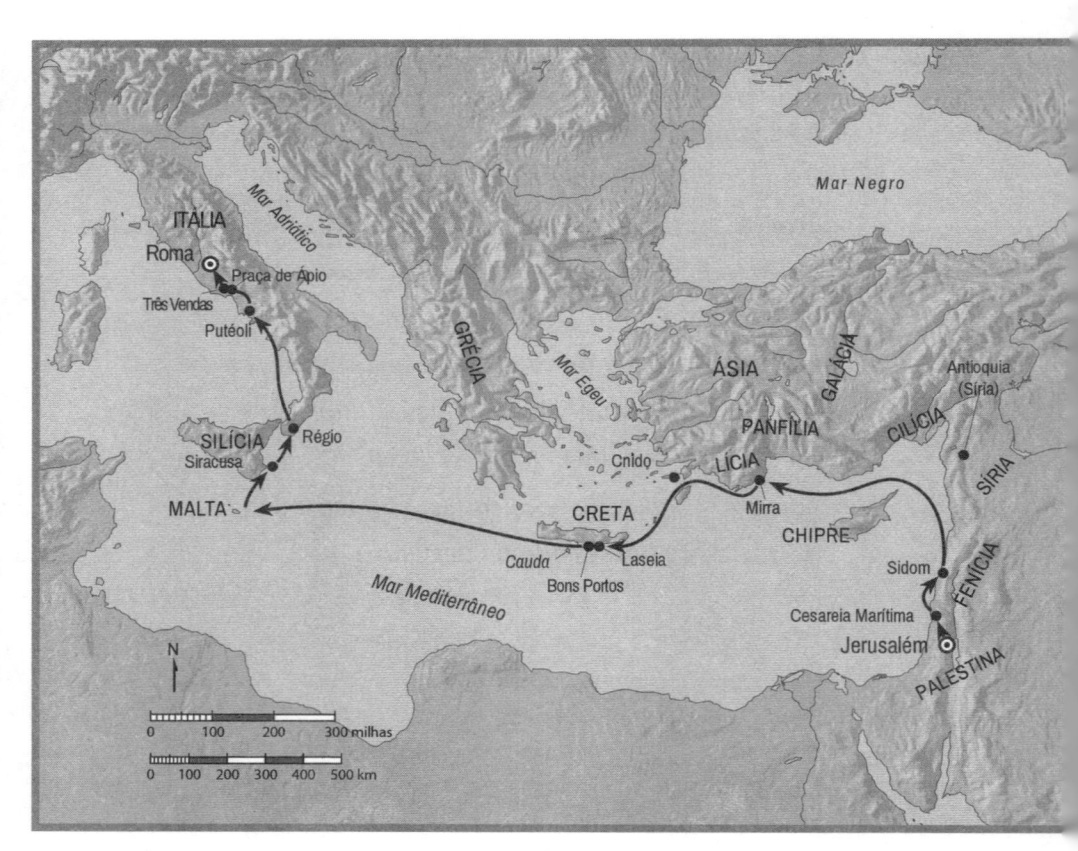

30 d.C.	35 d.C.	40 d.C.	45 d.C.	50 d.C.
	Perseguição dos cristãos por Paulo (At 9:1,2)	Três anos de Paulo na Arábia (At 9:23-25; Gl 1:17,18)	Paulo em Tarso (At 9:26-31; Gl 1:21)	Paulo em Antioquia (At 11:22-26)	Primeira viagem missionária de Paulo	Segunda viagem missionária de Paulo

Paulo convertido — *A fome visita Jerusalém* — *Concílio de Jerusalém* —

| | Marcelo 36-37 d.C. | | Cúspio Fado 44-46 d.C. | Tibério Júlio Alexandre | Ventídio Cumano 48-52 d.C. |

Pôncio Pilatos 26-36 d.C. | Marullo 37-41 d.C. |

Tibério 14-37 d.C. | Calígula 37-41 d.C. | Cláudio 41-54 d.C. |

Viagem de Paulo a Roma. Paulo encontrou primeiro a ilha de Creta no caminho para Roma, onde apresentaria sua defesa diante de César. Enquanto estava ali, ele descobriu uma igreja isolada, sem líder e perdida.

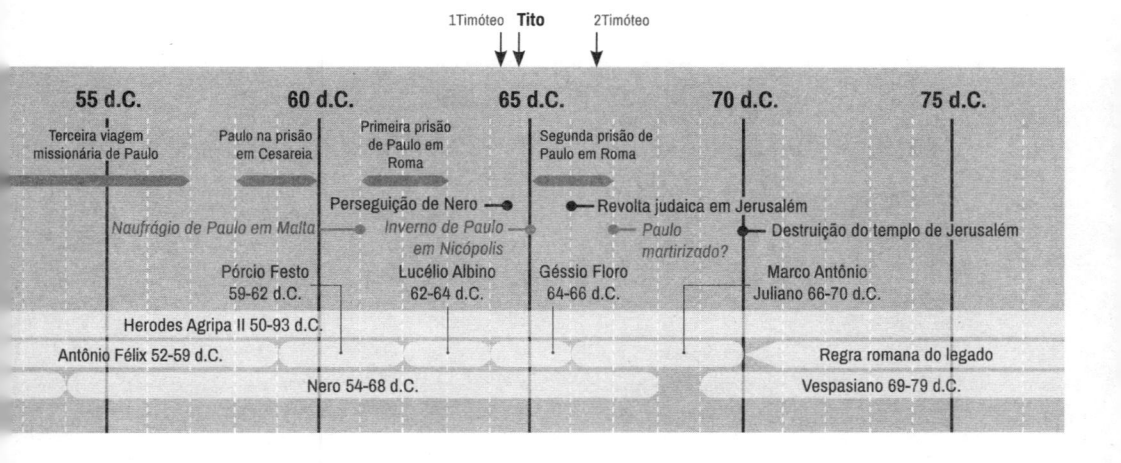

	1Timóteo **Tito** 2Timóteo		
55 d.C.	**60 d.C.**	**65 d.C.**	**70 d.C.**	**75 d.C.**

- Terceira viagem missionária de Paulo
- Paulo na prisão em Cesareia
- Primeira prisão de Paulo em Roma
- Segunda prisão de Paulo em Roma
- Naufrágio de Paulo em Malta
- Perseguição de Nero
- Inverno de Paulo em Nicópolis
- Revolta judaica em Jerusalém
- Paulo martirizado?
- Destruição do templo de Jerusalém
- Pórcio Festo 59-62 d.C.
- Lucélio Albino 62-64 d.C.
- Géssio Floro 64-66 d.C.
- Marco Antônio Juliano 66-70 d.C.
- Herodes Agripa II 50-93 d.C.
- Antônio Félix 52-59 d.C.
- Nero 54-68 d.C.
- Regra romana do legado
- Vespasiano 69-79 d.C.

TITO

INTRODUÇÃO

Na época em que Paulo, o apóstolo, escreveu para seu colega mais jovem, Tito, ele já vivenciara toda a gama de pesares e alegrias no serviço cristão — tudo, desde a exaltação como um deus mítico, a qual ele desprezara, até o tipo de abuso reservado aos criminosos, no qual ele se gloriava. Ele se tornara um soldado maduro na grande guerra contra o mal, e seu corpo ostentava as cicatrizes de muitas vitórias. Depois de vinte anos no campo, o apóstolo tenaz podia apontar cada marca em seu corpo e começar um relato de como o Senhor provara ser fiel e, depois, lembrar a percepção que adquirira como resultado daquela experiência. E, como Tito fora discípulo de Paulo boa parte desse tempo, ele podia terminar a maioria das histórias de guerra de seu mentor.

Ninguém entendia melhor que Paulo como o ministério pode ser custoso e como é possível ficar profundamente ferido ao servir aos outros. Não é uma vocação em que alguém consegue manter um distanciamento controlado e profissional. O serviço a Cristo exige o coração todo do ministro e promete esmagá-lo a cada vez. Contudo, Deus, nesse esmagar do coração, promete não só sobrevivência, mas uma porção ainda maior de vida abundante. Ele promete deixar seu povo mais como ele mesmo — mais puro, sábio, forte e gentil — começando com os líderes que ele designa.

O coração de Paulo foi esmagado muitas vezes, o bastante para fazer qualquer homem são deixar o ministério e voltar ao negócio seguro e

O LIVRO DE TITO EM UM RELANCE

SEÇÃO	SAUDAÇÃO	LIDERANÇA DA IGREJA		
PASSAGENS	1:1-4	1:5-9	1:10-16	2:1-10
TEMAS	A autoridade de Paulo como apóstolo	A autoridade de Tito Qualificação dos presbíteros baseada na evidência visível	Falsa autoridade de pessoas rebeldes e mestres falsos	Qualidades visíveis que autenticam o ensino de Deus
TERMOS-CHAVE		Domínio próprio		Domínio próprio
	O conhecimento da verdade	Exortação		Palavra de Deus Doutrina Sã doutrina Falar Doutrina de Deus
		Fiel Palavra Ensino		Falar Encorajar Treinar
	A pregação	Sem culpa	Obras Boas obras	Boas obras

INTRODUÇÃO

MINISTÉRIO DA IGREJA			CONCLUSÃO
2:11-15	3:1-8	3:9-11	3:12-15
A graça que leva à piedade	A graça demonstrada como submissão à autoridade e como boas obras	A identificação e remoção das pessoas rebeldes	Instruções finais
Domínio próprio	Domínio próprio		
Graça de Deus	Essas verdades		
Instrução Falar Reprovação Repreensão	Lembrar Insistir		
Boas obras	Obras de justiça Boas obras		Boas obras

previsível de fabricar tendas. Ele experimentou a mágoa de uma fissura tempestuosa com Barnabé, o homem que Paulo considerava como seu próprio pai na fé (At 15:36-41). Ele se submetera à autoridade dos apóstolos em Jerusalém, só para enfrentar a tarefa nada invejável de se opor ao principal apóstolo, Pedro, por causa da concessão doutrinária feita por este (Gl 2:11-21). Paulo investia na vida dos protegidos como Timóteo, Tito, Lucas, Priscila e Áquila, Silas e João Marcos; não obstante, ele — por vários motivos — se viu totalmente sozinho enquanto esperava o julgamento em Roma (2Tm 1:15). Ao longo do seu ministério, dissidentes egoístas e homens influentes obstinados questionaram a autoridade de Paulo e solaparam seu ensinamento em cada igreja que ele fundou ou nutriu. E Paulo, para cada Timóteo e Tito fiéis, podia apontar um Demas e um Himeneu que desertaram dele e bem provavelmente tenham abandonado a crença genuína em Cristo.

TERMOS-CHAVE EM TITO

- ***didaskalia*** (διδασκαλία) [1319], "ensino", "doutrina"

Paulo usa esse termo menos de onze vezes em sua instrução a Timóteo e quatro vezes nessa epístola a Tito. O termo aparece junto com vários termos sinônimos, como *palavra fiel* (Tt 1:9), *linguagem sadia* (2:8) e *perfeita lealdade* (2:10). O ensino, tão essencial para a maturidade cristã, era especialmente necessário na ilha de Creta, e baseado no *pleno conhecimento da verdade, que leva à piedade* (1:1). Veja Tito *1:9; 2:1,7,10.*

- ***ergon*** (ἔργον) [2041], "obra", "serviço"

A língua grega usa essa palavra para descrever qualquer coisa que uma pessoa faz para afetar o mundo ao seu redor, "um ato, obra, algo feito" como oposto a algo meramente pensado ou crido. Conforme um comentarista observou: "Em todo lugar no mundo grego encontramos certa tensão entre palavra e ato. A filosofia assume a harmonia lógica e ética deles":[1] A correlação entre crença e comportamento era um problema para todos, cristãos e também pagãos. *Veja Tito 1:6; 2:7,14; 3:1.*

- ***hygiainō*** (ὑγιαίνω) [5198], "são", "saudável", "inteiro"

A palavra "higiene" deriva desse verbo grego que significa "estar com boa saúde, inteiro, são". A literatura grega usa a palavra tanto no sentido literal quanto no figurativo. Dizia-se que algo era saudável quando estava livre de contaminação. *Veja Tito 1:9,13; 2:1,2.*

- **hypomonē** (ὑπομονή) [5281], "perseverança corajosa", "progresso constante"

Hypomonē, no mundo grego secular, é uma dedicação heroica e sem merecimento que pode incluir "o suportar a dor pelo ferido, a calma aceitação dos golpes do destino, o heroísmo em face da punição física ou a firme recusa de suborno".[2] Essa qualidade, junto com a fé, o caráter provado e a esperança, leva o eleito em direção ao seu destino eterno no céu. *Veja Tito 2:2.*

- **phaneroō** (φανερόω) [5319], "manifestar", "tornar visível", "revelar", "expor"

O grego clássico usava muito pouco esse termo, que significa "tornar visível o que era invisível". Ele é causativo, significando que faz algo acontecer, e dá particular ênfase ao estado anterior do ser invisível. Por essa razão, o termo encontra amplo uso no Novo Testamento, que registra um período notável de revelação divina. A graça sempre esteve ativa no plano de Deus para o mundo, mas ela alcançou sua expressão máxima no aparecimento de Jesus Cristo na terra. *Veja Tito 1:3.*

- **sōphrōn** (σώφρων) [4998], "equilibrado", "autocontrolado", "moderado"

O termo raiz, vagamente baseado na combinação de *sōs* [4674] ("seguro") e *phren* [5424] ("mente"), raramente aparece na Bíblia, mas se encontra entre os gregos seculares como uma virtude cívica. Dizia-se que uma sociedade era "de constituição sã" quando todas as classes conflitantes e rivais concordavam com uma direção ou liderança.[3] Os Evangelhos usam esse adjetivo para descrever o homem jovem que vivia entre os túmulos antes de Jesus libertá-lo do controle enfurecido dos demônios. Das onze ocorrências na Escritura, o termo raiz aparece seis vezes em Tito. *Veja Tito 1:8; 2:2,5.*

O entendimento equivocado, a controvérsia, a calúnia e a traição cabal acompanharam cada passo das jornadas do apóstolo. Os discípulos o emocionavam e falhavam com ele. Os amigos iam e vinham. As igrejas prósperas, que tinham sucesso, flertavam com a apostasia.

As congregações o procuravam para ter orientação e, depois, lhe agradeciam rejeitando sua autoridade ou questionando sua integridade. No sucesso, ele foi acusado de se vangloriar; na prisão, foi descartado como um fracasso. Ninguém sabia melhor que Paulo como o ministério pode ser recompensador, ainda que frustrante. Ele sofreu repetidos desapontamentos com as pessoas, mas nenhum sofrimento terreno diminui a recompensa desfrutada de uma forma especial pelos que são ministros por vocação: a doce intimidade com o Todo-poderoso.

As cicatrizes que ele recebeu ao longo dos anos seriam seu presente para Tito, que precisava desses lembretes enquanto lutava para estabilizar as igrejas na incontrolável ilha de Creta.

O MINISTRO HONORÁVEL

O mais provável é que Tito tenha se tornado aluno de Paulo durante a primeira viagem missionária do apóstolo em 48 d.C., embora ele raramente seja mencionado nos outros livros do Novo Testamento. Seu nome significa "honorável", e ele, aparentemente, servia como um exemplo excelente de como um gentio pode se tornar um seguidor genuíno do Messias sem primeiro se tornar judeu. Essa experiência poderia servir bem para Tito durante sua designação para a ilha de Creta.

TITO NO NOVO TESTAMENTO
Gálatas 2:1-5
Atos 15:1-35 (cf. Gl 2:1-5)
2Coríntios 2:12,13
2Coríntios 7:4-9,13-15
2Coríntios 8:1-6,16,17,23
2Coríntios 12:14-18
2Timóteo 4:9-15

Os primeiros convertidos ao cristianismo vieram de Jesus Cristo pela porta do judaísmo e o Antigo Testamento. O Filho de Deus, afinal, era o Messias judeu. E se Jesus era a *videira verdadeira* e seu Pai, o lavrador, então, suas raízes corriam fundo no solo de Israel. Por conseguinte, como o fruto dessa videira poderia ser menos que judeu? Como poderia ser um participante da nova aliança sem primeiro ser um participante da aliança anterior, a velha aliança? Os homens que vieram a ser conhecidos como "judaizantes" argumentavam de fato: *os gentios, com certeza, têm de ser circuncidados e aprender a lei de Moisés. Eles devem entrar em um relacionamento com Cristo pela porta preparada por Deus: o judaísmo.*

A questão da circuncisão cristã se tornou o primeiro erro doutrinal a ameaçar o evangelho quando as igrejas começaram a surgir de solo gentio através do Império Romano. Para acertar a questão de uma vez por todas — ou assim pensavam todos —, Barnabé e Paulo concordaram em se juntar a um contingente de judaizantes em uma viagem a Jerusalém para apresentar a questão diante dos homens que foram treinados pessoalmente por Jesus. Paulo argumentaria que a salvação vem só pela graça por intermédio da fé apenas em Cristo. Para demonstrar o poder do evangelho à parte da velha aliança, ele introduziu o testemunho de Tito, um cristão gentio cuja estatura deixaria muitos judeus humilhados.

Vários anos depois, por volta de 56 d.C., Paulo começou a receber relatos inquietantes enquanto estabelecia e fortalecia a igreja em Éfeso. A igreja em Corinto tomara o evangelho como uma licença para pecar e perdoou publicamente o caso de um homem com sua madrasta! A investigação posterior revelou que o pecado permeava a igreja e ameaçava corroê-la de dentro para fora. Paulo, após enviar uma carta dura (1Coríntios) e fazer uma visita em pessoa dolorosamente de confrontação, enviou Tito com uma carta ainda mais firme na mão (agora perdida) e uma diretiva: ajudar os líderes a reformar a igreja em Corinto.

Embora as dificuldades tenham exigido que Tito permanecesse muito mais tempo que o planejado, ele concluiu fielmente sua tarefa e, então, trouxe boas notícias para Paulo: a missão fora cumprida. Os cristãos coríntios confrontaram o pecado em meio a eles de forma decisiva e, mais uma vez, mantiveram Paulo em alta consideração. Além disso, eles doaram generosamente para o fundo de ajuda para a fome instituído por Paulo (Rm 15:26).

Infelizmente, uma nova ameaça surgiu antes de Tito partir. O pêndulo pendeu na direção da abertura para o legalismo, o que tornou o ambiente perfeito para os judaizantes, os falsos mestres *da circuncisão*. Tito, após relatar essa última mudança para Paulo, provavelmente voltou para Corinto.

Tito provara ser tão fiel em designações difíceis que, aparentemente, sua especialidade passou a ser as igrejas problemáticas. Na época da carta de Paulo para ele, Tito foi enviado para a província romana da Dalmácia (2Tm 4:10), também conhecida como Ilírico, onde Paulo pregara antes o evangelho com algum sucesso. Uma igreja que lutava para sobreviver em uma região que resistia obstinadamente à regra da lei romana e continuava a ser um notório paraíso para os piratas. De acordo com o historiador romano Políbio, "os habitantes de Ilírico não eram inimigos desse povo ou daquele, mas eram os inimigos em comum de todos".[4] Estrabão, geógrafo e contemporâneo de Tito, afirmou que o povo de Ilírico não conseguiu ver a utilidade de seus recursos "principalmente por causa da selvageria dos habitantes e hábitos de pirataria".[5] Essa foi a última designação registrada para o prático e eficaz líder Tito.

Paulo descreve seu protegido como entusiasmado para o serviço (2Co 8:17), motivado pelo amor (2Co 7:13) e sensível aos sentimentos feridos (2Co 12:18). Ele chama Tito de *verdadeiro filho na fé que nos é comum* (Tt 1:4), um *irmão* (2Co 2:13), seu *companheiro e cooperador* (2Co 8:23). Todas essas qualidades, junto com a confiança de seu mentor, tornavam Tito o homem ideal para trazer ordem às assembleias turbulentas e indisciplinadas dos cristãos em Creta.

ETERNOS MENTIROSOS, BESTAS MALIGNAS E GLUTÕES PREGUIÇOSOS

Paulo encontrou pela primeira vez o povo de Creta enquanto era transportado para Roma para sua audiência no tribunal de César (At 27:1-13). Um forte vento do norte forçou seu navio a viajar junto da costa sul da ilha e se refugiar em Bons Portos durante um tempo. Embora Paulo estivesse tecnicamente sob prisão, seu guarda lhe dava uma liberdade sem precedentes para visitar as igrejas e conduzir o ministério (At 27:3), o que sem dúvida ocupava o tempo do apóstolo em Creta.

A ilha ouviu falar pela primeira vez em Cristo por intermédio de peregrinos judeus regressos de Jerusalém com histórias impressionantes sobre o Pentecostes (At 2:11). A crença deles, embora genuína, não recebia o mesmo tipo de nutrição apostólica de que desfrutavam as igrejas do continente. Muito depois de o concílio de Jerusalém ter decidido questões importantes a respeito do papel da lei do Antigo Testamento na vida dos cristãos (At 15:19,20), os cristãos cretenses lutavam sem o benefício do ensino competente. Esse isolamento também os deixou particularmente suscetíveis à influência de tradições locais, filósofos itinerantes e tentações romanas. Infelizmente, o trabalho de Paulo para estabilizar e fortalecer as igrejas da ilha mal tinha começado quando o capitão do seu navio insistiu que partissem de Bons Portos para o porto mais confortável de Fenice. Os homens, contra a advertência de Paulo de provável naufrágio, tentaram alcançar a ponta ocidental da ilha, só para serem lançados mar adentro por um vento violento. Voltar provou ser impossível.

INTRODUÇÃO

O apóstolo voltou provavelmente a Creta em algum momento depois de sua libertação da prisão domiciliar em Roma, retomando seu trabalho de organização e estabilização e, depois, deixou Tito no comando com muito a realizar. Isso faz com que as palavras de Paulo façam mais sentido: *Foi por isso que te deixei em Creta* (Tt 1:5). Não "enviei", mas *deixei*, sugerindo que ele estivera presente na ilha com Tito. É improvável que isso tenha acontecido durante a viagem de Paulo para Roma. Lucas acompanhou Paulo e descreveu os eventos em vívidos detalhes, porém sem mencionar nada sobre deixar algum dos seus para trás. O mais provável é que Paulo, depois de deixar Roma, tenha viajado para Creta para executar o plano que formulara antes. Paulo, após uma breve visita à ilha, provavelmente embarcou em um navio com destino a Éfeso, onde deixou Timóteo no comando antes de visitar os cristãos da Macedônia.

Tito, após receber instruções e autoridade apostólica de Paulo, começou o imenso desafio de proclamar a verdade cristã e encontrar homens firmes e disciplinados para dar a essa verdade uma fundação firme e uma casa permanente em Creta. A autoridade delegada de Paulo lhe deu um bom ponto de partida, mas ele precisaria do encorajamento de um cooperador maduro. Seu trabalho entre os cretenses não seria fácil. A população da ilha adquirira a reputação de pouca cultura, comportamento animalesco e entusiasmo por tudo, menos pelo trabalho. Os judaizantes inspiravam a população com uma ética de trabalho para abraçar o legalismo, enquanto os filósofos pagãos traziam à tona apetites sequiosos em direção à licenciosidade. A mistura cosmopolita de comerciantes e mendigos desafiava constantemente a fidelidade dos cristãos genuínos, muitos dos quais falhavam na prática do que criam. Colocando de forma simples e direta, a igreja em Creta era uma confusão de profano e desorganização.

PARA QUE PUSESSES EM BOA ORDEM O QUE FALTAVA

Paulo escreveu essa carta a Tito por dois motivos. Primeiro, o pastor mais jovem precisava de algo para separá-lo de qualquer outro homem que pudesse presumir exercer autoridade sobre as igrejas de Creta. Essa carta, provavelmente logo lida nas reuniões cristãs, delegava autoridade apostólica a Tito e o encarregava da tarefa de organizar e fortalecer as comunidades cristãs. O fato de ele receber essa comissão de ouvir as pessoas resolveria com certeza quaisquer disputas antes que surgissem.

Paulo também escreveu essa carta para descrever a natureza de uma igreja genuína e definir a missão e a mensagem desta. Embora a epístola seja sucinta — consistindo em apenas 46 versículos em três capítulos —, ela forma um guia conciso e notavelmente completo para os pastores de hoje, sobretudo para os que estão estabelecendo igrejas novas. Paulo, notavelmente, não faz um diagrama de uma organização específica da igreja a partir da qual possamos fazer uma representação gráfica. Nem sugere que cada um tinha de estar ligado a algum tipo de hierarquia. Poderia parecer que qualquer meio de organização e governo é aceitável, contanto que a igreja realize seu propósito original: *ser o meio pelo qual os eleitos vêm à crença em Cristo, nutrir o entendimento deles da verdade para que isso resulte em comportamento piedoso e ajudá-los a superar os desafios até que entrem na presença de Deus por toda a eternidade* (veja 1:1,2).

O manual em miniatura de Paulo sobre a igreja, como os fios de uma corda, entrelaça três temas principais.

O primeiro tema é *Deus como salvador*. Enquanto outras Escrituras, com frequência, distinguem os papéis do Pai, do Filho e do Espírito Santo no plano da salvação, as "epístolas pastorais" (1Timóteo, 2Timóteo e Tito) têm muito cuidado em enfatizar a "tri-unidade" de Deus. Em Tito, encontramos *Deus [...] prometeu* (1:2), *Deus, nosso salvador* (1:3; 2:10; 3:4), *de Deus Pai e de Cristo Jesus, nosso salvador* (1:4), *a graça de Deus se manifestou* (2:11), *nosso grande Deus e salvador, Cristo Jesus* (2:13), *o lavar da regeneração e da renovação realizadas pelo Espírito Santo* (3:5) e *Jesus Cristo, nosso salvador* (3:6). Cada pessoa da Trindade participa em cada aspecto da redenção, que é realizada pela graça por meio da fé do indivíduo e à parte de qualquer boa obra que possa ter realizado.

O segundo tema é a *sã doutrina* que Paulo articula em 2:11-14 e 3:4-7. É a verdade central em torno da qual tudo na igreja tem de girar. Ele enfatiza reiteradamente ao longo da carta a importância do pensamento certo, chamando-o de forma variada de *conhecimento da verdade* (1:1), *palavra fiel* (1:9), *sã doutrina* (1:9; 2:1; 2:7), *linguagem sadia* (2:8), *doutrina de Deus* (2:10) e *esta palavra é digna de crédito* (3:8). Ele também encarrega todos com a responsabilidade de transmitir essa verdade a cada indivíduo e ao mundo por meio da *pregação, exortação, repreensão, ensino, instrução, lembrança* e, mais importante de tudo, *boas obras*.

O terceiro tema de Paulo é *comportamento piedoso*, que ele chama com frequência de *boas obras* (1:16; 2:7,14; 3:1,8,14). Ao longo da carta, ele descreve o comportamento piedoso com detalhes específicos, deixando claro o que esse comportamento inclui e não inclui. Os líderes da igreja têm de ser *irrepreensíve[is]* ou "sem culpa", enquanto as pessoas rebeldes se tornam conhecidas pelas obras más. Os membros da igreja têm de dar evidência de fé genuína sendo *equilibrado[s]* (1:8; 2:2,5,6,12), além de possuir outras qualidades admiráveis. O comportamento piedoso não só valida e reforça a crença genuína, mas beneficia todos e autentica a doutrina da igreja diante de um mundo observador.

Esses três temas interdependentes — a graça redentora de Deus, o conhecimento da verdade e o comportamento justo — definem a maturidade cristã e devem caracterizar cada cristão em cada igreja. Além disso, esse é o objetivo do ministério cristão e tem de ser a principal razão para as igrejas existirem. Os desafios podem mudar com o tempo, e a estrutura da organização pode se ajustar para engajar a cultura, mas a missão e a mensagem da igreja permanecerão sempre as mesmas.

Ademais, conforme um pastor observou: "Conforme caminham os líderes, assim caminha a igreja".[6] Embora Paulo, claramente, pretendesse descrever as características essenciais de uma congregação saudável, sua primeira e principal audiência era Tito, que ele esperava que fosse exemplo fiel do que fora encarregado de cultivar nas igrejas cretenses: graça, verdade e comportamento piedoso.

Um líder digno de ser seguido
LEIA TITO 1:1-4

De vez em quando recebo uma carta que me mantém acordado durante a noite. A seguinte carta lembrou-me da imensa responsabilidade que os pastores têm quando ficam diante de uma congregação.

Querido Chuck,

Fiquei profundamente comovido com sua fala sobre Martinho Lutero. Na verdade, tentei cantar com você no fim, mas em vez disso chorei. Senti-me tão pequeno. Nossos heróis parecem tão grandes. Tão profundos. Tão melhores que eu. Estou tão confortável. E sou tão medíocre.

Quero saber algo. Quando você tinha 27 anos, você era como é agora? Já tinha lido todos os livros certos? Sabia todos os hinos? Era tão profundo? Cristo era tão real em sua vida que suas palavras penetravam o coração das pessoas? Pergunto isso porque quero saber se existe alguma esperança para mim. Não sou tolerante nem tão profundo. Não fui criado na igreja. Não conheço os hinos. Ainda tenho de ler todas as palavras deles. Também não fui criado para ser um grande leitor. Quero ler os livros certos, mas fico muito frustrado quando vou às livrarias cristãs. Quem precisa de livros como *Pray your way to big bucks* [Ore da sua maneira para grandes tarefas], ou *If you're sick, you're a Lousy Christian* [Se está doente, você é um cristão ruim], ou ainda *Positive thinking: never say "sin"* [Pense positivo, nunca diga "pecado"] ou quem sabe de um livro cheio de rimas idiotas para substituir a conversa com Deus?

Também ouvi você dizer que o indivíduo acaba parecido com aqueles com quem passa seu tempo. Estou cercado de pessoas medíocres. Quanto mais amadureço no Senhor, menos pessoas que merecem ser imitadas encontro. Embora não seja tão maduro de que Deus seja o único modelo. Você é um dos meus modelos. Quero saber, você é como meus outros "modelos"? Você acaba com sua esposa repreendendo-a e criticando-a na frente dos outros? Você fala grosso, mas se mostra um fracote quando chega a hora de agir? Você é digno de ser imitado?

Como posso ser excelente? Não quero impressionar ninguém. Só não quero ser medíocre.

Esse homem é demais. Ele quer desesperadamente saber se seus líderes espirituais são de fato dignos de ser seguidos. A questão em pauta para esse homem é a autoridade. A quem o pastor responde e como posso saber se sua mensagem é genuína? Ele, naturalmente, procurou evidência de autoridade espiritual nas obras de seus mentores espirituais. Atitude muito sábia.

Quando Paulo deixou Tito na ilha de Creta para organizar e estabilizar as igrejas, ele entendeu a necessidade de estabelecer uma clara linha de autoridade vinda de Deus, por intermédio do apóstolo, e finalmente para o homem designado para liderar. Ele faria isso em uma carta, começando com uma saudação cuidadosamente elaborada.

1:1,2

Paulo começa sua carta a Tito como faz em quase todas as suas epístolas do Novo Testamento. Ele se identifica, valida sua autoridade apostólica, saúda seus recipientes e, então, pronuncia uma bênção. Mas, se examinarmos com um pouco mais de atenção, descobriremos que os quatro primeiros versículos formam uma longa sentença composta, cada frase dela antecipando um tema importante na mensagem a seguir. A linha inicial de Paulo prenuncia os temas da autoridade, graça, doutrina e pregação.

Paulo se identifica usando o termo *doulos theou* [1401, 2316], *servo de Deus*. As culturas gentias do Império Romano valorizavam a autonomia e autodeterminação e consideravam a servidão um destino pior que a morte. Na verdade, esperava-se que o soldado romano capturado em batalha se matasse "de forma honrável", em vez de carregar "covardemente" a vergonha da servidão. Mas Paulo não via maior honra no mundo que portar o título *servo de Deus* e não encontrava maior liberdade que a servidão ao Todo-poderoso.

Ele juntou essa ideia com o termo *apóstolo*, um enviado designado. Na cultura grega secular e na Septuaginta (a tradução do Antigo Testamento para o grego), o termo *apóstolo* se refere a alguém enviado para realizar uma tarefa em nome daquele que o enviou. Paulo reivindica autoridade não com base em seu currículo impressionante, mas na ordem daquele que o enviara — Jesus Cristo.

Convenhamos, nenhum homem ou mulher merece ficar diante do povo de Deus por seu próprio mérito. Nenhuma quantidade de educação, sucesso, longevidade, popularidade, carisma ou poder pessoal qualifica um indivíduo para ser o porta-voz de Deus para os outros. Os pastores que ousam estar no púlpito para transmitir qualquer mensagem que não seja derivada da Escritura estão em terreno movediço. Paulo reivindica a autoridade de um servo enviado, um enviado que exercia o poder daquele que o enviara.

Tito, é claro, já sabia disso por experiência. Ele nunca questionou o chamado, ou a autoridade, de Paulo. O apóstolo afirma sua autoridade apostólica para benefício daqueles que ouviriam a carta lida em público, incluindo quaisquer falsos mestres que, com certeza, espreitavam as congregações de cristãos genuínos. Paulo, depois, delegou essa autoridade a Tito junto com um esclarecimento de sua missão em Creta (1:5).

Paulo, após declarar seu papel como enviado de Deus, descreve seu triplo propósito.

Primeiro, ele tinha de ser o meio pelo qual os "escolhidos" de Deus creem em Jesus Cristo (1:1). A Almeida Século 21 traduz fielmente a frase para *conduzir os eleitos de Deus à fé* (grifo nosso). A preposição grega *kata* [2596] tem uma gama muito ampla de usos e pode ser traduzida por "abaixo de", "contra", "de acordo com", "junto com" ou de várias outras maneiras. Por conseguinte, os tradutores lutam para dar um sentido definitivo a ela. No entanto, quando o termo *kata* é combinado com certos tipos de palavras, a possível gama de sentidos se estreita de forma relevante. Em vista do contexto imediato, a tradução mais razoável é *"por causa da* fé dos escolhidos de Deus". Entendo que essa tradução indica o desejo de Paulo de ser o meio pelo qual os eleitos (os cristãos predestinados) vêm a confiar em Cristo, começando assim sua jornada espiritual.[7]

Segundo, *ele tinha de nutrir o conhecimento deles da verdade para que seu comportamento exterior refletisse sua crença interior* (1:1). De acordo com alguns especialistas, o aprendizado acontece quando o comportamento do indivíduo muda como resultado da nova informação adquirida. Uma vez que a verdade seja entendida e assimilada, é natural começar a fazer escolhas diferentes. Por exemplo, uma pessoa que entende genuinamente a lei da gravidade deve se comportar de acordo com esse conhecimento quando fica de pé na borda de um arranha-céu.

Além disso, a prática traz a perfeição. A palavra grega traduzida aqui por *conhecimento* é *epignōsis* [1922], que se refere ao conhecimento experimental ou sabedoria prática. Alguém sem *epignōsis* pode genuinamente acreditar na verdade, todavia falta-lhe a habilidade prática para aplicá-la com eficácia. Entendo perfeitamente bem como um piano funciona e acredito sinceramente que cada tecla toca uma nota correspondente. Mas meu conhecimento só vai até aí! Falta-me a habilidade prática de fazer uma bela música sair do piano.

Paulo via seu papel como mais que trazer as pessoas para a crença em Jesus Cristo. Ele ansiava fazê-las entender as complexidades da graça e ajudá-las a aplicar isso com habilidade em todos os aspectos da vida. Esse é o *conhecimento da verdade, que leva à piedade*, um componente-chave da maturidade espiritual.

Terceiro, *ele tinha de ajudar continuamente os cristãos a superarem os desafios até que entrassem em seu destino eterno após o término desta vida* (1:2). Observe a progressão começo-meio-fim da missão dele.[8] Paulo queria levar as pessoas à crença em Cristo, nutrir o crescimento delas na graça e encorajá-las a antecipar o dia em que inevitavelmente encontrariam Cristo face a face. E ele fundamenta a certeza absoluta desse destino eterno na sólida rocha da promessa de Deus, que é garantida por seu caráter imutável e foi feita muito antes do início do tempo. O lembrete de Paulo de que Deus não pode mentir prenuncia uma futura discussão sobre os falsos mestres (1:10-16) que fixam sua esperança de vida eterna na própria habilidade para obedecer à lei.

A promessa de vitória certa sobre a luta atual e a garantia de vida eterna é uma característica central da teologia de Paulo, que ele desenvolve completamente em sua epístola aos Romanos (Rm 8:18-31). Para ele, apegar-se à garantia de vitória passa a ser o meio de viver pelo Espírito. Ele pode viver corajosamente como um vitorioso sobre o pecado e o mal porque já conhecia o resultado final.

1:3

Paulo, a seguir, conclui a porção *para* de sua saudação descrevendo os meios pelos quais exerce sua autoridade apostólica e realiza o propósito que lhe foi ordenado: a pregação expositiva. Ou seja, a pregação que explica o sentido da Escritura e a aplica à vida diária. A ligação de três termos define essa principal atividade do pastor:

MANIFESTO + PALAVRA DE DEUS + PROCLAMAÇÃO = PREGAÇÃO EXPOSITIVA

A palavra grega *phaneroō* [5319], traduzida por *manifestou*, significa "tornar visível, deixar claro". Nos Evangelhos, a palavra descreve o processo de explicar o sentido de uma parábola (Mc 4:22). Isso não equivale a sugerir que o indivíduo precisa ter treinamento especial ou conhecimento místico para entender a Escritura. Na verdade, o Novo Testamento foi escrito originalmente em grego coiné — a língua falada mais comumente em todo o Império Romano —, de modo que alguém capaz de ler pudesse ter acesso direto à mente de Deus. A educação especializada pode ajudar a transpor a lacuna entre a cultura atual e o mundo da Antiguidade, mas não há nada de místico ou mágico nisso.

A pregação do pastor, em vez de revelar sentidos escondidos, traduz os princípios da Palavra de Deus na vida diária, primeiro por meio de sua própria maturidade espiritual e, depois, pela explanação feita no púlpito. A conexão deliberada de Paulo entre a crença genuína e o comportamento piedoso, que define a maturidade cristã, começa com o líder espiritual. Embora sua autoridade venha da Palavra de Deus, a obediência fiel lhe dá credibilidade.

1:4

A saudação prolongada de Paulo termina com o nome de seu recipiente, Tito, a quem chama *meu verdadeiro filho na fé que nos é comum*. Mais uma vez, a carta de Paulo, na superfície, é uma mensagem pessoal de um mentor para seu protegido; mas ele, claramente, pretendia que a conversa fosse ouvida por aqueles que Tito estava comissionado a liderar (veja 3:15). Por conseguinte, ele calcula cuidadosamente a maneira de se dirigir a Tito.

O sentido literal da frase em grego é: "meu filho verdadeiro em relação à fé em comum". Um filho verdadeiro é aquele que nasce em uma família por meio dos meios naturais em oposição a se tornar um membro da família por meio da adoção. O filho verdadeiro, portanto, carrega os traços do pai. Além disso, a "fé que nos é comum", por assim dizer, liga Paulo e Tito na mesma linhagem sanguínea. A alusão de Paulo a família e legado sugere que Tito é muito mais parecido com ele e, por isso, é qualificado para ficar em seu lugar. Esse elo ancestral também faz Tito herdeiro de toda autoridade e posição de Paulo, como o filho de um nobre.

■ ■ ■

É óbvio que Paulo esperava que Tito precisaria da autoridade e posição delegada a ele a fim de realizar a difícil tarefa que tinha diante dele em Creta. Afinal, um componente importante de sua missão incluía identificar os líderes espirituais autênticos e, depois, estabelecê-los em posições de autoridade. Se era para as igrejas prosperarem, elas precisavam saber que seus líderes eram dignos de ser seguidos e que a verdade ensinada por eles era de fato a verdade divina.

APLICAÇÃO
Tito 1:1-4
QUEM É VOCÊ E QUAL É SEU PROPÓSITO?

Acho a saudação de Paulo desafiante. Às vezes perco a perspectiva quando os detalhes e os estresses da vida começam a tomar conta da minha agenda e diminuem minha sanidade. Esqueço quem sou e o que se espera que eu faça. E admito que os desafios do ministério já me levaram mais de uma vez a quase abrir mão da minha posição. Durante esses períodos difíceis, tenho de ser lembrado da minha identidade e propósito.

Paulo entendia a importância disso para um ministro, que muitas vezes serve sozinho, sem ninguém por perto para o encorajar e apoiar. O apóstolo sabia como o sofrimento e a oposição podem debilitar a coragem da pessoa. Ele sabia por experiência que, quando tudo o mais esmorece, o chamado da pessoa tem de bastar, pois isso pode ser tudo que um servo de Deus tenha para mantê-lo seguindo em frente.

A carta de Paulo comissionando Tito para o serviço em Creta começa com uma declaração clara de sua identidade e propósito, o que nos dá a oportunidade de fazer e responder a quatro perguntas.

Primeiro, *Paulo se identifica como servo de Deus e apóstolo de Jesus Cristo* (1:1).

Qual é a sua identidade? Deus equipou-o com um conjunto único de habilidades e as alimenta com as experiências que vivemos. Se você ainda não pensou nisso, talvez esteja na hora de fazer um inventário sobre o assunto. Se você tiver dificuldade de as identificar sozinho, peça ajuda às pessoas que melhor o conhecem. Pode escrever um *e-mail* sucinto para dar a essas pessoas a oportunidade de preparar uma resposta refletida.

Eis um modelo para escrever sua mensagem.

Querido (a) _____,

Depois de _____ anos de vida, pensei que era o momento certo para parar e me perguntar que habilidades e experiências únicas o Senhor investiu em mim que posso usar para a glória dele. Para ser honesto, não passo muito tempo pensando em mim; então, preciso da sua ajuda. Não estou querendo elogios nem afirmação; então, por favor, não se sinta obrigado(a) a me elogiar. O que preciso de você é mais difícil que isso. Tire alguns minutos para considerar a seguinte pergunta e responda a ela com toda a honestidade possível.

Que habilidades ou experiências únicas (ponha seu nome aqui) pode usar para servir ao Senhor e trazer glória para ele?

Obrigado por sua ajuda,

_____

Segundo, *Paulo declarou seu principal propósito na vida*, que inclui três pontos específicos: ser o meio de os pecadores que creem virem à fé, fortalecer o conhecimento deles da verdade e estabelecê-los em sua expectativa certa para a vida eterna (1:1,2).

Qual é seu principal propósito na vida? Com o que você é comprometido? Pense sobre o assunto com cuidado. O que você mais quer ver cumprido como resultado de sua estada aqui na terra? Evite qualquer resposta que tenha um sentimento do tipo "deveria" conectada a ela. Tente ser bem específico e seja absolutamente honesto. Se não gostar da sua resposta, tem uma oportunidade para mudá-la mais tarde.

Terceiro, *Paulo identifica seu chamado: proclamar a Palavra de Deus* (1:3).

Qual é seu chamado? O que está fazendo para cumprir seu propósito? O que está fazendo que o impede de cumprir seu propósito na vida e quando pode mudar seu foco? Se está ativamente envolvido no cumprimento do seu propósito, você ainda se delicia com ele?

Quarto, *Paulo afirma seu relacionamento com Tito* (1:4). Seu compromisso com o homem mais jovem é firme e íntimo.

Com quem você está comprometido? Você cultiva um relacionamento profundo e íntimo com essas pessoas queridas? Tem um filho verdadeiro na fé? Tem alguém com quem passa uma quantidade maior de tempo investindo em sua vida? Ou suas habilidades e experiências desaparecerão quando você partir deste mundo para o seguinte?

V. Raymond Edman ofereceu um desafio sensato enquanto era presidente do Wheaton College:

> Existe deleite mais profundo ou mais agradável que a tarefa feita com diligência? Conhecer sua responsabilidade, enfrentar suas circunstâncias, tanto favoráveis quanto desfavoráveis, seguir a linha de serviço sem desvio causado por dificuldades ou distrações e cumprir a tarefa designada — tudo isso traz grande alegria. Entre encontrar nossa tarefa e cumpri-la, ali repousa a disciplina da obrigação, muitas vezes árdua e difícil, chegando mesmo a ponto de ser impossível. Batalhar contra "a ira dos homens / o desperdício de anos, as ondas de desespero / e a perversidade do adversário". [...] A disciplina da obrigação não é fácil nem leve, sua execução é dolorosa e perigosa, mas sua culminação é um deleite:[9]

Estamos em algum ponto ao longo do caminho em nossa jornada. Talvez você tenha chegado a uma parte árdua e perigosa; o rio é largo; a corrente, forte; e a água, profunda. Talvez você esteja enfrentado algum sofrimento pessoal. Talvez tenha tomado decisões impopulares que fizeram os outros duvidarem, entenderem mal e até mesmo o caluniarem. Se você estabeleceu sua identidade, propósito e chamado e se cultiva relacionamentos significativos, está bem equipado para sair vitorioso.

Se não tomou o tempo necessário para construir esse alicerce, posso sugerir que comece agora mesmo? Talvez a crise que enfrenta seja o Senhor usando as circunstâncias para afirmar seu caminho atual ou colocá-lo em um novo caminho. Como Hudson Taylor observou: "Não importa quão grande seja a pressão; o que importa de fato é onde está a pressão — se ela está entre você e Deus ou se o pressiona para mais perto dele".[10]

A LIDERANÇA DA IGREJA
(TITO 1:5—2:10)

Para Paulo, a liderança da igreja e a mensagem do evangelho eram uma e a mesma coisa. Não havia nenhuma divisão entre as duas coisas na mente dele. Como a verdade divina assumira a carne humana e o evangelho viveu entre nós na pessoa de Jesus Cristo, também a mensagem da igreja reside em seus líderes. Sim, a Palavra de Deus foi fielmente recebida e registrada pelos profetas e os apóstolos e, depois, preservada para ser nossa única fonte de verdade divina 100% confiável. Não obstante, o Senhor estabeleceu a igreja para que o corpo de Cristo possa *viver* a Palavra diante do mundo, ser, como Jesus, a luz nas trevas. Por essa razão, Paulo praticamente não conseguia imaginar alguma divisão entre os líderes e a verdade divina. Paulo, para transmitir essa verdade essencial, usou um raciocínio quase circular, escrevendo de fato: *Os líderes da igreja podem ser identificados por sua conformidade à verdade divina (1:5—2:10); a conformidade à verdade divina produz líderes da igreja (2:11—3:11).*

Por uma questão de clareza, dividi o corpo da carta do apóstolo em duas seções:

- A liderança da igreja (1:5—2:10)
- A missão da igreja (2:11—3:11)

Não é de surpreender que Paulo inicie com uma descrição de liderança da igreja, dando toda a sua atenção aos aspectos de caráter e praticamente ignorando a estrutura organizacional. Afinal, nenhum modelo de governo da igreja, nenhum sistema de checagem e balanços pode conter as más intenções da humanidade. Se os homens, por sua vez, possuem caráter piedoso, liderarão bem a igreja, independentemente do modelo de governo que adotem.

À procura de alguns homens bons
LEIA TITO 1:5-9

Pouco depois de chegar a São Diego para o treinamento básico da Marinha, nosso instrutor de treino colocou uma braçadeira vermelha em um recruta da nossa esquadra, designando-o como líder. Então, várias semanas depois, enquanto estávamos no estande de tiro, o instrutor de treino, sem cerimônia, arrancou a braçadeira do braço dele e gritou meu nome. Enquanto eu estava ereto em posição de atenção, ele colocou a braçadeira em meu braço, dizendo: "Agora, você é o líder. Você tem o que é necessário para isso. Faça *exatamente* como eu disser, ou darei a braçadeira a outro". Essa foi minha primeira indicação de que eu tinha as qualidades de um líder. Ele, obviamente, viu algo que eu não via.

Se há um segmento da nossa sociedade que entende a necessidade de líderes qualificados é o militar. Desde o momento em que um novo grupo de recrutas indisciplinados e assustados desce do ônibus no centro de treinamento, os instrutores durões começam a identificar os líderes, e eles fazem suas escolhas com eficiência inflexível. Eles não se preocupam com os sentimentos, tempo de serviço, política ou popularidade, porque, quando as balas voam e os mísseis explodem, a vida dos outros depende da liderança capaz. Os líderes não qualificados acabam levando os guerreiros à morte; os líderes qualificados cumprem sua missão. É simples assim.

Considerando a aposta eterna envolvida no ministério cristão, fico surpreso de ver algumas igrejas levarem a questão da liderança de forma tão superficial. Uma igreja saudável precisa ter líderes qualificados a fim de realizar seu principal propósito, que Paulo delineou em três pontos, parafraseado assim:

> O propósito da igreja é (1) se tornar o meio pelo qual o eleito vem a crer em Cristo; (2) nutrir o entendimento deles da verdade para que esse entendimento resulte em comportamento piedoso; e (3) ajudá-los a superar cada desafio até reivindicarem seu destino eterno (1:1,2).

Os cristãos de Creta precisavam, acima de tudo, de liderança espiritual capaz. Enquanto o cristianismo progredia no continente sob o ensino dos apóstolos e a orientação experiente de Paulo, os cristãos isolados de Creta lutavam para desenvolver comunidades de fé estáveis e produtivas. Infelizmente, a ilha muitíssimo populosa — conhecida pelos escritores da Antiguidade como "a ilha de cem cidades" — exigia muito mais tempo do que Paulo tinha para dar. Ele iniciou o trabalho e, depois, passou a missão para Tito, incumbindo-o de duas tarefas separadas, mas inter-relacionadas: *p[ôr] em boa ordem o que faltava* e em *cada cidade estabelece[r] presbíteros*.

1:5

O verbo traduzido por *pôr em ordem* é uma palavra dupla e composta cujo sentido literal é "endireitar totalmente e ainda mais". Esse verbo sugere que Tito devia continuar o padrão estabelecido por Paulo. O apóstolo encontrou as igrejas aos pedaços ou pervertidas pela apostasia e determinou o realinhamento delas. O verbo "endireitar" vem do termo grego *orthoō*, que os escritores médicos usavam para descrever o processo de arrumar e imobilizar ossos quebrados. Obtemos nossas palavras "ortodontia" e "ortopedia" desse termo. O sentido preciso de Paulo para *pôr em ordem* fica mais claro quando encontramos as principais ameaças tratadas na carta: líderes sem qualificação, ensino falso e comportamento impróprio.

Além disso, ele instrui Tito a endireitar *o que faltava*, o que pode se referir à desordem remanescente em cada igreja ou às igrejas incontroláveis que Paulo não visitara. Em vista do tamanho e da complexidade da missão, ele provavelmente se referia a ambos.

A frase *como já te orientei* informa-nos que Paulo não deixou Tito para encontrar o caminho por conta própria. O termo *orientei* é *diatassō* [1299], outra palavra composta que consiste em um verbo cujo significado é "ordenar, colocar no lugar, estabelecer", com um prefixo com o sentido de "totalmente". Tito, após anos de serviço dedicado a Paulo, fora totalmente treinado. Ele sabia exatamente o que seu mentor esperava dele. Tito tinha de treinar outra geração de líderes da mesma forma que Paulo o preparara (cf. 2Tm 2:2).

Paulo orienta Tito a *estabelece[r] presbíteros*. Paulo usa dois termos gregos intercambiáveis, *presbyteros* [4245] e *episkopos* [1985], quando se refere a *presbíteros*. Muitos expositores concordam que os dois termos se referem à mesma posição, mas uma leve diferença na ênfase é digna de nota. Enquanto *presbyteros* salienta a pessoa, *episkopos* enfatiza a função. A primeira significa apenas "homem mais velho", enquanto a segunda significa "supervisor". Não obstante, cada termo toma o outro como garantido. Em outras palavras, os homens mais velhos eram venerados por sua sabedoria e esperava-se que eles guiassem a comunidade. Da mesma forma, presumia-se que aqueles reconhecidos como superintendentes da comunidade eram homens mais velhos. No entanto, apenas a idade não qualificava um homem para liderar a congregação. Esse cargo da igreja se ajusta bem à imagem de um pastor, que Pedro usou em sua primeira carta, referindo-se a Cristo como Pastor e Bispo (1Pe 2:25). Por essa razão, esse papel envolvia certas qualidades que Paulo decide deixar explícitas nessa abertura da carta aos cristãos de Creta.

1:6

As igrejas muitas vezes procuram as qualidades erradas ao escolher seus líderes. O mundo quer um currículo impressionante que demonstre um trajeto recorde de sucessos comprovados nos negócios. Enquanto as empresas querem homens de negócios perspicazes, cheios de carisma e exercendo influência poderosa, a igreja precisa de homens que se ajustem a um padrão diferente. Uma igreja precisa de *líderes-servos* que tenham as mesmas qualidades que nosso Senhor demonstrou quando veio para dar e servir (Mc 10:45). O líder piedoso é exemplo de graça, estende misericórdia, demonstra compaixão, transpira alegria, cultiva uma atmosfera de paz e encoraja os outros a participar usando seus dons e habilidades. Ele procura a opinião dos outros, aplica discernimento apurado e, depois, presta atenção nos conselhos sábios dos outros. Talvez o líder piedoso, acima de tudo, busque o bem maior dos outros, recusando-se a buscar sua própria maneira de fazer algo ou manobrar para ocupar posições de poder.

Homens assim são incrivelmente raros, porém inestimáveis para a igreja. Paulo descreve o tipo de homem adequado para esse cargo alto e santo usando quinze termos, cada um deles definindo uma qualidade indispensável de liderança espiritual. A escolha de termos por Paulo merece um exame detalhado.

Irrepreensível significa literalmente "sem culpa" ou "sem acusação". Essa não é uma exigência para a perfeição sem pecado ou um passado imaculado; é uma avaliação geral da maturidade e reputação de um homem. João Calvino parafraseou essa ideia como "não arruinado pela desgraça". Essa qualidade geral de caráter estrutura todo o resto, que pode ser dividido em três categorias abrangentes: vida familiar, vida pública e vida na igreja.

EXCURSO: *MARIDO DE UMA SÓ MULHER* E A QUESTÃO DO DIVÓRCIO

TITO 1:6

De acordo com Tito 1:6, um pastor ou presbítero tem de ser *marido de uma só mulher*. Tenho em minha biblioteca catorze volumes sobre a epístola de Paulo a Tito. Isso é algo bom. O que não é bom é isto: eles transmitem onze opiniões diferentes sobre a interpretação precisa da expressão *marido de uma só mulher* e sua aplicação prática. Não é de admirar que haja tanta confusão!

Essa expressão, no nível mais básico, refere-se a um homem que é casado com uma mulher e vive em harmonia com ela. Ela envolve pureza sexual e uma reputação de devoção a seu cônjuge.

É útil observar que todas as qualificações enumeradas para Tito e Timóteo (veja também 1Tm 3:1-7) apontam para questões de caráter. Como essa qualificação aparece em segundo lugar nas duas listas, logo depois de *irrepreensível*, adquirimos um senso de sua importância na mente de Paulo. O casamento carrega com ele essas responsabilidades justas que revelam muito sobre a pessoa; o casamento é um ótimo termômetro do verdadeiro caráter interior de um homem. Como um homem se conduz no casamento diz muito a respeito de como ele desempenhará suas responsabilidades de liderança espiritual entre os membros da congregação.

John Phillips escreve com sabedoria prática: "O casamento traz disciplina tanto quanto deleite. É uma arena em que o amor e a lealdade são praticados, em que as lições em relacionamento pessoal são aprendidas, em que as teorias são testadas no crisol da experiência, em que os limites têm de ser observados. Um bom marido é fiel à sua esposa, um bom provedor, um líder espiritual, ama sua esposa como Cristo amou a igreja".[1]

Outro comentarista acrescentou: "Muitos pastores sensatos aconselham potenciais líderes cujo casamento precisa de atenção para não procurar um cargo na igreja, a despeito do fato de serem tecnicamente casados. Deus exige que a igreja determine se o casamento de um presbítero em potencial é íntegro, saudável e sólido. Como um resultado disso, homens com o casamento deteriorado ou deficiente não devem buscar posições de liderança na igreja achando que os outros não se importarão com isso ou não notarão o problema. Eles se importam e *notarão*".[2]

Em um mundo ideal, todos os bispos têm de ser sem culpa, impecáveis, maridos e pais fiéis. Infelizmente, o pecado frustra o ideal. A depravação está sempre entre nós, cobrando seu preço dos maridos e também das esposas. Como resultado, as inconsistências e falhas infestam todos nós. Por isso, seria hipócrita ser rígido demais a respeito da questão do divórcio. Considero um absurdo que um homem que viveu com várias mulheres antes de se converter e, então, casou-se com uma mulher após sua conversão possa ser recebido como um pastor ou presbítero, enquanto um homem cujo casamento terminou em divórcio (muitas vezes contra sua vontade) tenha negada a ele a oportunidade de liderar, independentemente do motivo de seu divórcio. Sem dúvida, essa é uma questão complicada.

Levando tudo em consideração, deixe-me apresentar essas listas contrastantes para esclarecer minha posição. Quando Paulo escreve que o bispo tem de ser *marido de uma só mulher* em Tito 1:6 e 1Timóteo 3:2:

Não acredito que:

- Paulo pretendesse excluir aqueles que nunca se casaram.
- Paulo pretendesse excluir aqueles que são viúvos, quer casados de novo quer não.
- Paulo pretendesse sugerir que o indivíduo *tem* de se casar para servir como bispo.
- Paulo pretendesse enfatizar especificamente a importância da moralidade constante e da fidelidade consistente do indivíduo com seu cônjuge e os votos matrimoniais.
- Paulo pretendesse manter o padrão alto, tão perto do ideal quanto possível.

Por essa razão, determino que, ao selecionar bispos, é seguro e sábio *dar preferência* àqueles que permanecem fielmente casados com a mesma esposa e, portanto, incorporam a interpretação literal de *marido de uma só mulher* (o ideal). Reconheço, no entanto, as exceções legítimas a esse padrão ideal, como o caso de um marido fiel cuja esposa infiel se recusa a continuar casada com ele. Ele, contra sua vontade e a despeito de seus melhores esforços para se reconciliarem, passa a ser um homem divorciado dessa primeira esposa e talvez se case com outra, a quem ele permanece totalmente fiel. Eu chamaria esse homem de *marido de uma só mulher*.

> É claro que determinar de quem é a culpa em um divórcio pode se tornar um exercício dúbio e fatigante. Todo casamento envolve uma combinação de duas vidas — ambas pecaminosas —, cada uma contribuindo para o motivo do divórcio. Não podemos considerar nenhum dos parceiros completamente inocente ou "irrepreensível". Só Deus vê os segredos do coração deles, combina os detalhes e analisa os motivos deles para determinar quem causou o fim do casamento. Portanto, volto para minha política geral de *dar preferência* àqueles que permanecem fielmente casados com a mesma esposa.

Marido de uma só mulher. Essa expressão, no nível mais básico, descreve um homem que é casado com uma mulher e continua a viver em fidelidade e harmonia com essa mesma mulher. (Veja o excurso "Marido de uma só mulher e a questão do divórcio" para uma explicação extensa dessa qualificação.)

A expressão *que tenha filhos crentes* descreve um homem que realiza com eficácia em sua casa o que esperamos que promova seu trabalho na igreja. O termo grego *teknon* [5043], geralmente traduzido por "filho", não indica nenhuma gama particular de idade, mas em geral tem em mente qualquer prole que ainda vive sob o teto e a autoridade dos pais. O termo, conforme usado nessa frase, é plural, sugerindo que consideramos seus filhos em geral, e não algum filho em particular. Encaremos este fato: muitas das melhores famílias têm filhos que se desviam, pelo menos por um tempo. O patriarca de uma família crente, ao contrário, não é desqualificado por ter um filho pródigo. Conforme Kent Hughes sugere sabiamente: "A boa liderança não é determinada pela ausência de dificuldade, mas pela disciplina prudente de lidar com os problemas quando as dificuldades surgem".[3]

Os filhos de um líder espiritual, além de professarem a crença, têm de ser pessoas estáveis e sensíveis cuja vida testemunha da liderança sã de pais piedosos. A conduta deles não deve apresentar duas características negativas que sugerem uma criação problemática.

A expressão *que não sejam acusados de libertinagem* exige pessoas cuja vida não é conhecida por ser caótica, desordenada, dissipadora ou, ao contrário, cheia de drama. A vida de algumas pessoas parece ir de crise em crise com ocasionais períodos de calmaria nos intervalos. E, se esse for o caso na família de um presbítero, ele terá muito pouca capacidade emocional e intelectual para guiar os outros. Embora ninguém esteja imune às angústias de viver em um mundo caído, o presbítero deveria ter aprendido por experiência como dirigir sua família.

A expressão *nem [sejam acusados de] desobedientes* provavelmente seria mais bem traduzida por "não insubordinados", "não indisciplinados" ou "não dispostos a seguir orientação". Todo mundo é sujeito a alguém. O presbítero, como líder, também tem de estar disposto a se submeter e não pode ter problemas pessoais com a autoridade. Ele, sem tentar dominar os outros, tem de se permitir ser um exemplo de submissão para os que lidera — em especial os filhos.

1:7

A expressão *não arrogante* descreve um espírito submisso. A pessoa arrogante despreza até mesmo a autoridade apropriada dos outros em sua vida. Quer seguir o próprio caminho, fazer o que lhe agrada. É teimosa e reluta em se submeter às decisões dos outros. O homem arrogante é presunçoso, egoísta, guiado por forte independência e tem um espírito geral de direito adquirido. Ele é tão teimoso quanto arrogante e egoísta.

A expressão *nem inclinado a brigas* significa que um homem escolhe o que o levará a sentir raiva apropriada, como a blasfêmia, o abuso, o molestamento ou a brutalidade. Ele, no entanto, não possui um espírito subjacente de raiva que se manifesta quando "perde o controle". O homem *não inclinado a brigas* evita explosões de ira ou palavras raivosas, em especial quando é confrontado ou contestado.

A expressão *nem [inclinado] ao vinho* não se restringe ao alcoolismo. Essa ideia inclui os que falham com frequência em reconhecer seus limites, independentemente de estarem sob o efeito de bebida alcoólica. Além disso, um presbítero evita cuidadosamente entregar o controle de seu corpo aos efeitos de qualquer substância.

A expressão *nem violento* descreve um homem que não é briguento nem irascível. As emoções intensas não alimentam suas interações com os outros nem mesmo em meio à discórdia. Os presbíteros não podem ter um espírito combativo com relação a suas emoções.

A expressão *nem [ser] dominado pela ganância* refere-se à disposição de não ser "sordidamente ávido por ganho", ou "insaciável por riqueza e pronto a buscá-la por meios deploráveis", conforme traduzido dos escritores gregos clássicos Heródoto e Aristófanes. Os homens de negócios experientes e bem-sucedidos podem se tornar presbíteros excelentes quando adquirem sua riqueza de forma honrável e têm um espírito generoso. Mas é preciso ter cuidado com os avarentos! Eles tendem a querer menos para a igreja que para a sua casa.

1:8

O termo *hospitaleiro* tem o sentido literal de "amante de estrangeiros". O sentido primário de "estrangeiro" no Novo Testamento é alguém que é estranho ou diferente. Um homem hospitaleiro recebe bem aqueles que são diferentes e supera com facilidade a tensão natural existente entre eles por causa de suas diferenças.

A expressão *amigo do bem* descreve um amor profundo pelo Senhor e submissão a ele — sua Palavra e vontade — enquanto esta é realizada da forma e no tempo do Senhor. Esse homem é rápido em examinar suas ações e seus motivos em um esforço constante para fazer o que é certo.

O termo *sóbrio* sugere ser razoável, ter julgamento são. Esse termo, traduzido muitas vezes por "domínio próprio", descreve uma qualidade que Paulo queria ver nos homens *mais velhos* (2:2), nas *mulheres novas* conforme ensinadas pelas mulheres mais velhas (2:5), nos *jovens* (2:6) e na igreja como um todo (2:12). Em outras palavras, a sobriedade tem de ser uma qualidade definidora da congregação, começando com os líderes. Gene Getz, em seu livro *A medida de um homem espiritual*, começa sua análise dessa característica com a observação: "Um homem sóbrio é um homem humilde".[4] A humildade e a sobriedade mantêm o homem focado no que é melhor para a congregação à qual ele serve e no que honra Cristo, que é o cabeça do corpo.

O termo *justo* significa "conforme aos costumes, cumpridor das obrigações e observante das normas legais".[5] Os gregos clássicos chamavam essa característica de "virtude"; os escritores do Novo Testamento, no entanto, levam o significado adiante, reconhecendo Jesus como o exemplo supremo de justiça. Ser *justo* é ser inocente como Cristo, mesmo como uma vítima de injustiça. Um homem justo busca a justiça para os outros, mas raramente para si mesmo.

A palavra *piedoso* fala de alguém que se devota de forma autêntica e total ao Senhor. Ele não busca a perfeição, mas cultiva uma caminhada consistente com Cristo em que permanece aberto a mudança, está preparado para sacrificar seu próprio caminho e é sensível à convicção e ao encorajamento do Espírito.

O termo *equilibrado* nessa circunstância vem da palavra grega *enkratēs* [1468], cujo sentido é "ter domínio ou posse sobre si mesmo". Como nosso objetivo no ministério cristão é cultivar a maturidade, encontramos naturalmente muita imaturidade ao longo do caminho, o que, às vezes, exige imenso autocontrole. O líder espiritual não pode permitir que suas emoções ditem suas reações.

Do meu diário

Seja generoso antes de mudar de ideia

TITO 1:8

Quando eu estudava no Dallas Seminary, Cynthia e eu vivíamos em um pequeno apartamento no câmpus. Apartamento número 9. Um cubículo rodeado de todos os lados por apartamentos de outros estudantes. Não estou dizendo que as paredes eram finas, mas, quando contava uma anedota para ela, os vizinhos riam. E é claro que o dinheiro era escasso. Felizmente, tínhamos amigos em Houston, nossa cidade, no Texas, que cuidavam de nós. Um dos homens em nossa igreja de casa, sr. Kane, acreditava realmente em devolver a graça recebida em expressões tangíveis de sua fé pagando nossa taxa no seminário durante todos os quatro anos que passamos ali. Ele fez a mesma coisa para outros dezesseis estudantes da região de Houston.

Mas isso não é tudo. Ele percebeu em certa ocasião que estávamos ficando um pouco esfarrapados. Ele não gostou da aparência das nossas roupas quando viemos para casa em visita; então, ele foi até Dallas, levou-nos a uma maravilhosa loja de roupa masculina após um almoço excelente e comprou casacos esportivos para todos nós. Sabe, o sr. Kane nunca falou sobre isso. Ele poderia dizer: "Bem, não quero que os meninos sintam como se não pudessem fazer isso por si mesmos". O fato era que não podíamos. E estávamos longe de nos sentirmos humilhados pela generosidade dele. Seria difícil ficar! Ainda consigo me lembrar... atravessamos aquela loja de roupas masculinas como crianças em uma confeitaria. Nosso coração estava disparado de gratidão.

Você está pensando em ser generoso? Vá em frente! Sem dúvida, pode ser um sacrifício, mas você não se arrependerá no longo prazo. Incito-o a agir logo antes que mude de ideia!

1:9

A expressão *se mante[r] firme na palavra fiel* se refere a homens que fundamentam sua vida na sã doutrina conforme esta foi ensinada por uma autoridade digna de confiança. Durante a época do Novo Testamento, a sã doutrina era o ensino dos apóstolos; hoje é a Escritura. Os protestantes não defendem o ensino tradicional da igreja como inerrante ou infalível, reconhecendo apenas a Bíblia como a Palavra de Deus. Contudo, qualquer desvio de dois mil anos de consenso sobre um assunto tem de ser visto com cautela saudável. Se um presbítero não pode por bons motivos ensinar o que lhe foi ensinado, ele tem de se afastar do serviço até ter certeza a respeito do que acredita.

A primeira e última das qualidades, *irrepreensível* e *se mante[r] firme na palavra fiel*, no que diz respeito a Paulo, são sinônimas e formam um parêntese em torno das qualidades intermediárias. A fé e as obras são inseparáveis. Para o apóstolo, o único ensino que vale a pena é a *verdade, que leva à piedade* (1:1).

As características do líder espiritual o qualificam para duas atividades cruciais na igreja, as quais Paulo introduz com as palavras *para que* (1:9).

O presbítero tem de ser capaz de exortar na sã doutrina. O verbo *exortar* vem de *parakaleō* [3870], do qual adquirimos "Paracleto", termo que se refere ao Espírito Santo. Um equivalente moderno a esse termo do Novo Testamento seria "treinar". Um bom treinador conhece intimamente aqueles a quem ele treina. Ele afirma os pontos fortes e encoraja o sucesso. Reconhece os pontos fracos e formula um plano para ajudar aquele a quem treina a superá-los. Ele sabe quando pressionar e quando confortar. E, mais importante de tudo, ele mesmo é um bom exemplo. É possível ver sua crença em suas boas obras, e ele quer o mesmo para os liderados por ele.

O presbítero tem de ser capaz de convencer os seus opositores. Do começo ao fim do Novo Testamento, a palavra grega *elenchō* [1651], traduzida por *convencer*, tem o sentido específico de "mostrar às pessoas seus pecados e intimá-las a se arrependerem"[6] (Mt 18:15; Lc 3:19; Jo 16:8; 2Tm 3:16; Hb 12:5, 2Pe 2:16; Jd 1:15; Ap 3:19). Paulo não tinha interesse em ganhar debates filosóficos nem em fazer distinções filosóficas insignificantes. Para ele, o perigo dos "opositores" estava não só em seu falso ensinamento, mas também na capacidade de propagar seu comportamento corrupto.

■ ■ ■

Conforme afirmou João Calvino: "Um pastor precisa de duas vozes, uma para reunir as ovelhas e a outra para espantar os lobos e os ladrões.

A Escritura lhe fornece os meios para fazer as duas coisas para que a pessoa instruída corretamente na Escritura seja capaz de guiar aqueles que querem aprender e refutar os que são inimigos da verdade".[7] Se é para a congregação amadurecer e servir a seu propósito, sua liderança tem de ser um exemplo que merece ser imitado por seus membros. O pastor tem de conhecer a verdade, viver a verdade, ensinar a verdade e defender a verdade contra um inimigo esperto e implacável.

APLICAÇÃO
Tito 1:5-9
O GOVERNO DA IGREJA

Às vezes, eu gostaria que o Senhor tivesse instruído Paulo a delinear um padrão específico para estabilizar e organizar a igreja. Um manual bem grosso com plantas de piso, organogramas, regras de ordem e liturgia que deixariam tudo muito mais fácil para o pastor. Assim, poderíamos simplesmente nos submeter a Deus e à sua "Constituição divina e estatutos", em vez de tentar equilibrar as infinitas opiniões e perspectivas que inevitavelmente competem em qualquer igreja. E, então, talvez pudéssemos focar totalmente só na adoração, instrução, comunhão e no evangelismo.

O Senhor fez exatamente isso para Israel. Moisés registrou fielmente o desenho exato de Deus com as especificações para sua casa de adoração, incluindo plantas de piso, organogramas, regras de ordem e liturgia... mesmo assim, as pessoas ainda falharam na adoração a ele e na obediência à sua Palavra. Isso porque homens infiéis ocupavam posições de autoridade no templo e, depois, desviavam as pessoas.

Claramente, o segredo para estabilizar e manter uma igreja fiel não está em alguma forma específica de governo da igreja. Acho que a igreja tem de ser supervisionada por presbíteros qualificados e liderada por pastores dotados e piedosos, mas essa é a minha preferência. Outras formas de governo incluem:

- **Hierárquica** — típica de muitas denominações da corrente principal, em que um corpo central dirige as igrejas por meio de uma estrutura de comando semelhante aos governos civis.
- **Presbiteriana** — governa de dentro por meio de conselho de presbíteros que pode ou não se reportar a outro corpo de governo.
- **Congregacional** — governo da maioria pelos membros da congregação, que se reúne com regularidade para decidir sobre cada assunto da igreja.

Enquanto examinamos a estrutura e qualidade da liderança exigida por Paulo para as igrejas de Creta, precisamos ter cuidado para não ver mais do que está escrito. O conjunto das denominações justifica seu método particular de governo ou estrutura fundamentado nessa passagem e em instruções similares em 1Timóteo 3. O fato é que nem Cristo nem Paulo prescreveram um modelo específico de liderança para a igreja. Em certas diretrizes temos liberdade para implementar qualquer método que lide com as necessidades da congregação, as quais podem ser diferentes em cada cultura e podem mudar com o tempo. Durante o período apostólico, as igrejas permaneceram autônomas, mas isso não significa que a cooperação ou a hierarquia é necessariamente um erro. A igreja em Éfeso tinha tanto diáconos quanto presbíteros, mas Paulo define só presbíteros para Tito. E poucas igrejas, se alguma, contratavam equipe em tempo integral para dirigi-las, mas hoje essa é claramente uma boa ideia.

Em vez disso, encontramos na Escritura — indícios nos ensinamentos de Cristo, descrições em Atos dos Apóstolos e instruções específicas nas epístolas paulinas — determinados princípios que devem reger qualquer modelo que escolhermos seguir.

Paulo exige *que em cada cidade estabelecesses* PRESBÍTEROS (1:5, grifo nosso), e não "*um presbítero por cidade*". *A liderança da igreja sempre tem de ser plural, nunca concentrada em um homem.* À medida que a igreja cresce e impacta um segmento maior da comunidade circunvizinha, o corpo de liderança tem de aumentar com ela. Conforme a responsabilidade fica mais pesada, são necessárias mais pessoas para carregá-la, ou logo o homem que tenta fazer tudo isso sozinho desmoronará com a pressão. No fim, ele sofre um esgotamento emocional ou físico, ou começa a acreditar em sua própria pressão e se torna um ditador ou ignora sua obliteração de julgamento, permitindo que a decadência moral corroa seu caráter. Nunca se pretendeu que a liderança da igreja fosse exercida por apenas um homem.

Além disso, Paulo instrui Tito a enviar presbíteros selecionados para cada congregação. *Os líderes da igreja têm de ser designados, e não eleitos* (1:5). A prática de selecionar os presbíteros tem séculos de tradição, em especial conforme observado pelos hebreus na sinagoga. Em nenhuma passagem da Escritura, os líderes são eleitos para seus postos pelas congregações; eles são sempre selecionados por outros líderes maduros, estes mesmos qualificados para reconhecer as características necessárias para a liderança.

Mais importante de tudo, Paulo exige que os líderes sejam homens de caráter, independentemente de sua idade, riqueza, experiência, poder ou posição. *Os líderes da igreja têm de demonstrar maturidade cristã comprovada* (1:6-9). Muitas igrejas procuram homens de negócios bem-sucedidos para servir em seu conselho de presbíteros, o que não é necessariamente errado em si mesmo, mas tem de haver mais para provar que são qualificados para o cargo. Se a experiência comercial for a principal qualificação, ninguém ficaria surpreso quando a igreja começasse a parecer uma empresa com uma cruz presa no topo.

O presbítero tem um cargo *espiritual* e tem de demonstrar que sua vida é vivida sob o controle do Espírito Santo. Suas qualidades têm de incluir submissão constante ao controle do Espírito, a capacidade de ser exemplo de uma liderança amorosa em sua própria casa, um coração humilde e contrito que permanece intensamente sensível à presença do pecado ou de qualquer ato de orgulho, obstinação ou egoísmo e estar pronto a confessar seu próprio erro, ter o compromisso firme de conformar seu comportamento à instrução da Escritura e humilde vulnerabilidade diante do Senhor como resultado da autoanálise profunda, conforme descrito por Davi em Salmo 139:23,24.

Uma pessoa que não tem essas qualidades não terá nunca uma posição de autoridade na igreja, não importa quão bem-sucedida seja nos negócios ou quanta influência tenha na comunidade. O papel de presbítero requer características que se ajustam a um padrão diferente, o da *liderança piedosa*, a liderança de servo exemplificada por nosso Senhor.

Lidando com a dificuldade e o perigo
LEIA TITO 1:10-16

Defender a verdade não é um passatempo popular. Defender a verdade não é para os covardes nem para os que querem ser amados acima de tudo. Não, só as pessoas corajosas podem assumir essa tarefa difícil e ingrata. O talento e a inteligência são qualidades excelentes em um líder, mas a qualidade essencial tem de ser a coragem. Isso porque o reino da verdade não é um parque de diversões; é um campo de batalha.

Os líderes espirituais logo têm de aceitar uma realidade difícil: toda comunidade de cristãos encontra oposição — às vezes, de fora, mas com mais frequência de dentro dela. Essa dificuldade pode ser degradante para a congregação, a não ser que seus líderes reconheçam que o mal sempre é, e sempre será, uma ameaça para a igreja. Isso era verdade na época de Paulo e continua a ser nosso desafio hoje. Além disso, temos um adversário agressivo que ataca os indivíduos comprometidos com a verdade de Deus. Como o apóstolo lembrou aos cristãos de Éfeso: *Pois não é contra pessoas de carne e sangue que temos de lutar, mas sim contra principados e poderios, contra os príncipes deste mundo de trevas, contra os exércitos espirituais da maldade nas regiões celestiais* (Ef 6:12).

1:10

Satanás é o mestre do engano. Ele, para afligir a igreja, disfarça artisticamente suas mentiras com o manto real da verdade. Ele seduz homens e mulheres encantadores e inteligentes, prometendo o mundo em troca da ajuda deles para enganar os outros. E como eles são convincentes! Eles, mantendo sua verdadeira natureza cuidadosamente escondida — até de si mesmos —, movem-se com habilidade entre os eleitos, galgam os postos de autoridade e as posições de poder. Eles, faltando com a verdade, conquistam amigos e pessoas influentes por meio de um carisma artificial ao qual é difícil resistir, mesmo para aqueles que desprezam a falsidade. Não obstante, o olho treinado consegue localizá-los. A carta de Paulo a Tito explica como fazer isso. Ele instrui seu colega mais jovem a observar três indícios.

Primeiro, *o ensinamento deles não é bíblico*. Paulo usa três termos, *insubordinados*, *meros faladores* e *enganadores*, para caracterizar a relação entre os falsos mestres e a fonte de toda verdade cristã.

A palavra traduzida por *insubordinados* é mais bem traduzida por "irresponsáveis". Esses indivíduos em Creta rejeitavam aqueles em posição de autoridade sobre eles e se recusavam a se submeter a qualquer supervisor ou prestar contas a alguém (cf. Jd 1:8). Essa característica em particular do falso mestre estabelece *ele mesmo* como a autoridade religiosa, tipicamente por meio do poder pessoal estimulado pela adoração de seguidores sem discernimento. Esses homens se veem como a fonte da "verdade" espiritual, passando suas especulações como revelação, claramente em contradição direta com a Escritura (1Tm 1:4).

Tenha cuidado com os líderes espirituais que se intitulam publicamente "bispo", "profeta", "apóstolo" ou "ungido de Deus", embora não exista ninguém ali com poder para tirar o título deles se eles não o honrarem com um comportamento piedoso. Até mesmo Paulo se

Do meu diário

Quando vou aprender?

TITO 1:10-16

Depois de mais de cinco décadas no ministério pastoral, você pode achar que eu teria superado meu idealismo juvenil. Com certeza, a essa altura, que eu teria deixado para trás a "tola" noção de que, se eu trabalhar firme o bastante, pregar com firmeza suficiente, orar por tempo suficiente e investir bastante na vida das pessoas, no fim, minha igreja estaria livre das garras da depravação e criaria algo próximo do paraíso na terra. Com certeza, que a essa altura eu teria percebido que o sucesso pelo qual anseio não está logo além de seja qual for a crise que estiver enfrentando na época. Quando aceitarei que a saúde, a cura e a felicidade que anseio que o povo de Deus desfrute só serão deles quando entrarmos juntos na nova criação dele? Talvez nos próximos cinquenta anos!

Muito tempo atrás, finalmente reconheci que nenhuma igreja jamais seria perfeita. Enquanto Satanás estiver vivo e livre para perambular por aí, a ignorância, o egoísmo, o pecado e a depravação solaparão qualquer tentativa nossa de trazer até mesmo o menor pedacinho do céu para a terra. Ademais, "as obras da carne" estão sempre conosco. Minha teologia é sã o bastante para reconhecer que a queda da humanidade só será apagada quando Cristo retornar e lançar o "príncipe" deste mundo (Jo 12:31; 16:11; cf. Ef 2:2; 1Jo 5:19) no abismo até o fim dos tempos. Contudo, francamente, cada encontro com o mal ainda tira meu fôlego.

Por que será que fico tão surpreso? Por que será que o desencorajamento quase sempre me deixa à beira de renunciar depois de todos esses anos vendo o povo de Deus em repetidas escapadas carnais? Quando será que vou perder esse idealismo, com frequência doloroso? Espero que nunca. Se o perder, então estará na hora de me afastar do ministério.

Um chamado para ministrar é um chamado para a tensão perpétua entre a vida como ela é e a vitória disponível. É uma vida agridoce e dolorosamente alegre de serviço para as pessoas doentes por causa do pecado por cujo triunfo o Pai anseia continuamente. É a decisão de homens e mulheres que conhecem um lugar melhor, todavia escolhem viver entre os que lutam para chegar ali. Por essa razão, nunca fiquei insensível à capacidade detestável e deformante do pecado. E que eu nunca perca o poder do Espírito Santo de dominá-lo aqui e agora, antes mesmo da vitória final de Cristo. Contanto que continue a lamentar cada vítima do mal como se fosse a primeira, contanto que continue a esperar o deleite depois de cada crise e encontre arrependimento e restauração depois de cada queda, estou no lugar a que pertenço. Sou chamado para esta vida de expectativas irrealistas, para essa vocação insensatamente otimista chamada "pastor".

Se Deus está puxando seu povo em direção ao destino dele, então suponho que use o líder espiritual como sua corda. Embora a tensão seja quase insuportável e, às vezes, eu tema que minha corda se desfaça, ninguém deve ter pena de mim. Enquanto uma extremidade arrasta a igreja a cada dificuldade, a outra extremidade sente a mão firme e tranquilizadora de um Deus sempre fiel. E, por motivos que nem mesmo consigo explicar, não há nenhum lugar em que eu prefira estar.

Talvez seja por isso esse não seja um trabalho, mas um chamado.

submeteu aos presbíteros em Jerusalém (Gl 2:2) — e Tito testemunhou isso. Paulo, por sua vez, fazia os presbíteros prestarem contas quando se desviavam do ensino de Cristo (Gl 2:11-17). Ninguém se livra da necessidade de prestar contas.

A expressão *meros faladores* vem de uma palavra composta, cuja primeira parte significa "vazio", "vão" ou "fútil" e "denota o mundo de aparência como distinto do mundo do ser".[8] É muito difícil encontrar no Antigo Testamento um termo mais depreciativo. Ele retorna às palavras de Salomão, que chamou as filosofias mundanas de *absurdo, cansativo* e *perseguir o vento* (Ec 2:15-17). Os profetas do Antigo Testamento usavam esse conceito para descrever a adoração de falsos deuses (Jo 2:8,9) ou a adoração do único Deus verdadeiro na ausência de boas obras (Is 1:13-17). Em Éfeso, os mestres de absurdos desviavam a atenção da Escritura e do ensino dos apóstolos para focar *outra doutrina* [...] *fábulas ou genealogias intermináveis* [que] *produzem discussões* (1Tm 1:3,4). Para piorar: *Suas palavras se alastrarão como gangrena* (2Tm 2:17), envenenando os que persistem em cada palavra deles.

Um de meus mentores costumava dizer: "Você sempre reconhece os que não ensinam a verdade pelo modo como eles dizem absolutamente nada de modo agradável e belo". Os *meros faladores* falam com firmeza calma, cativante e até mesmo persuasiva, mas têm pouco ou nada em que basear seus ensinamentos. Eles apresentam com habilidade suas opiniões pessoais como verdade espiritual.

O termo usado para a terceira categoria de Paulo, *enganadores*, é curioso. Embora o termo usado comumente, *apatai* (enganadores), fosse suficiente, Paulo combinou-o com *phren* (coração, mente) para formar uma nova palavra composta: "enganadores da mente". Suspeito que Paulo tenha cunhado o termo para descrever os falsos mestres que se envolviam deliberadamente em controle da mente, igual aos cultos para iniciados, como a maçonaria ou o rosacrucianismo, que proliferaram nos Estados Unidos especialmente durante a década de 1970. Um sinal clássico de que alguém se tornou o alvo do controle da mente é o medo de que sustentar opiniões divergentes traga consequências negativas.

A ameaça particular para as igrejas em Creta vinha daqueles que Paulo chamava *da circuncisão*, nome tipicamente destinado aos judeus, quer cristãos quer não (Rm 3:30; 4:9; Gl 2:7-9; Ef 2:11; Cl 3:11). No entanto, é mais provável que Paulo pretendesse um sentido mais especializado, referindo-se aos judeus cristãos que insistiam que o caminho para Cristo passava necessariamente pela porta do judaísmo (At 15:1; Gl 5:11; 6:12,13). Essa heresia em particular, embora derrubada pelos presbíteros em Jerusalém, recusava-se obstinadamente em morrer no continente e, aparentemente, continuava a progredir em Creta. Na ausência de comunidades cristãs fortes, em que os cristãos estudassem juntos e se beneficiassem da prestação de contas e do encorajamento mútuos, as famílias se tornavam alvos fáceis dos falsos mestres.

Essa mesma tática é comumente usada hoje. As religiões pseudocristãs, como o mormonismo e as Testemunhas de Jeová, procuram os cristãos mal informados que têm pouco ou nenhum envolvimento em uma igreja local. Eles organizam estudos da Bíblia em casa, nos quais a Escritura é gradualmente substituída por outros materiais de ensino, e esses falsos mestres, para evitar alarmar sua presa, expressam com habilidade suas lições em termos que muitos reconheceriam como da Escola Dominical. A doutrina deles, no entanto, é qualquer coisa, menos a verdade cristã ortodoxa.

AS MENTIRAS DOS MENTIROSOS SOBRE UM MENTIROSO!

TITO 1:12

Quando Paulo citou *um dos seus próprios profetas*, ele, sem dúvida, fez isso com ironia. A frase *os cretenses são sempre mentirosos, animais ferozes, glutões preguiçosos* (1:12) supostamente vem da pena de Epimênides, um poeta-profeta quase mítico do século VI a.C. De acordo com a lenda cretense, Epimênides buscou abrigo em uma caverna enquanto procurava uma ovelha perdida e caiu no sono, dormindo por 57 anos. Quando ele saiu dali, não só adquirira um impressionante conhecimento em medicina e história natural, mas também conseguia viajar grandes distâncias fora do seu corpo, conversar com deuses e profetizar com grande precisão.

Quando seus irmãos cretenses insistiram que Zeus nascera em Creta e afirmaram possuir o túmulo dele, Epimênides (supostamente) escreveu em seu poema *Cretica*:

>Eles criaram um túmulo para você, ó santo e altíssimo —
>Os cretenses, sempre mentirosos, feras malignas, glutões preguiçosos!
>Mas você não está morto; você vive e habita para sempre,
>Pois em você vivemos, nos
>movemos e temos nosso ser.

> Durante séculos, os matemáticos e especialistas em lógica meditaram sobre o paradoxo criado quando Epimênides, um cretense, declarou que todos os cretenses são mentirosos. Será que ele dizia a verdade ou estava mentindo? Além disso, a suposta fonte é um homem cuja história foi exagerada a ponto de não ser crível — pelos cretenses! É como a lenda do rei Arthur, não podemos nem mesmo ter certeza se Epimênides existiu.
>
> As muitas camadas de engano — as mentiras dos mentirosos sobre um mentiroso que mentiu — ilustram perfeitamente a dificuldade enfrentada por Tito. A declaração impassível de Paulo *Esse testemunho é verdadeiro* provavelmente fez o pastor mais jovem dar uma boa gargalhada. Às vezes, você tem simplesmente de rir do absurdo para não chorar.

1:11

Paulo descreveu uma segunda característica dos falsos mestres: *os motivos deles são maus*. O termo *ganância* tem a mesma conotação que damos à expressão "dinheiro proveniente do tráfico de drogas". A mera posse de riqueza obtida com os falsos ensinamentos traz vergonha para a pessoa que a detém. E não se engane: os falsos mestres fazem o que fazem pelo dinheiro. Eles podem tentar esconder seu verdadeiro motivo, mas não por muito tempo. No fim, quando eles ficam mais isolados da realidade e iludidos com o mesmo feitiço que lançam sobre seus seguidores, adotam um espírito impetuoso e descarado de merecimento quando exigem apoio financeiro. Muitos justificam seu estilo de vida exorbitante, opulento e luxuoso declarando: "Ensino a prosperidade e vivo a prosperidade". Os falsos mestres, à medida que a base financeira deles aumenta mais e mais, naturalmente ficam mais exibicionistas, até mesmo excêntricos, principalmente porque lhes faltam a bússola moral e o crivo fornecidos pela Escritura.

Paulo agora aconselha de forma direta que é preciso fazê-los calar. Isso soa muito duro, em especial na nossa era de tolerância religiosa por atacado. De início, achei que um entendimento mais claro da palavra original podia deixar a ordem de Paulo mais fácil de digerir, mas o sentido literal dela é "amordaçar", em geral colocando algo na boca da pessoa! A ordem de Paulo para Tito, dada na presença da congregação, não podia ser mais clara: *fa[ça-os] calar*. Ele disse de fato: "Confronte os falsos mestres sem delonga, ou eles despedaçarão a igreja".

1:12

A terceira — e para Paulo, a principal — característica dos falsos mestres é esta: *o comportamento deles é uma desgraça*. Paulo, com um toque de ironia (e talvez com ar de troça), usa o testemunho de um profeta pagão que afirmou que os *cretenses são sempre mentirosos, animais ferozes, glutões preguiçosos* (1:12). Por favor, note que o profeta era ele mesmo um cretense! Assim, Paulo, com um duplo toque de ironia, declara que o oráculo dos falsos mestres é verdadeiro.

Temos de lembrar que Paulo pretendia que sua carta fosse lida na presença dos cristãos de Creta. Ele usa uma anedota cultural local, por assim dizer, para apresentar uma questão muito séria sobre a conduta dos falsos mestres em Creta. Isso também servia para lembrar os cristãos cretenses que herdaram uma nova entidade como cristãos (cf. 3:3-7). Ao salientar essa diferença entre os falsos mestres e os cristãos genuínos, Paulo volta ao tema principal de sua carta: a conduta do indivíduo revela sua crença (cf. 1Tm 6:3-5).[9]

1:13

Paulo, por causa do rebanho, instrui Tito a *repreend[ê-los] severamente*. A palavra "repreender" é o mesmo termo traduzido por "convencer" em 1:9 para descrever o papel e a responsabilidade do presbítero. Embora essa repreensão tenha de ser imediata e direta, o que sem dúvida *parece* duro para os falsos mestres, ela não tem por objetivo insultá-los ou humilhá-los. Paulo não recomenda que Tito aniquile os inimigos da verdade com um ataque verbal devastador, mas que os redima. Observe o propósito dele: *para que tenham uma fé sadia*. A mensagem cristã sempre tem a restauração como sua motivação. O trabalho disciplinador de uma igreja saudável é restaurar o caído e fortalecer o fraco.

O MITO DOS HOMENS-DEMÔNIOS DE ENOQUE

TITO 1:15

A maioria de nós é bem familiarizada com a mitologia grega, talvez por causa da escola ou até mesmo de filmes. Conhecemos nomes como Zeus, Apolo, Afrodite e Hércules. Mas os judeus também tinham seus mitos antigos. Cada geração, vagamente baseada na história e na Escritura, transmitia um folclore bizarro que muitas vezes passava a ser mais influente que a verdade divina. Eis uma amostra de mitologia judaica nas minhas palavras:

Os homens-demônios de Canaã

Muito tempo atrás, quando o véu entre os reinos da terra e do espírito ainda era tênue, o céu enviou criaturas poderosas conhecidas como Grigori para zelar por seu povo. Muitos os chamavam *Irin*, ou "sentinelas". O maior entre eles, Semjaza, designou dezenove vice-regentes — Samiazaz, Arakiba, Rameel, Kokabiel, Tamiel, Ramiel, Danel, Ezeqeel, Baraqijal, Asael, Armaros, Batarel, Ananel, Zaqiel, Samsapeel, Satarel, Turel, Jomjael e Sariel (*1Enoque* 6:7,8) — para comandar seu exército de duzentos anjos guardiães. Mas, durante os dias de Jared, os anjos observaram as filhas de Canaã e as acharam irresistíveis. Então, eles fizeram um juramento de se unirem, abandonar sua missão e tomar esposas dentre a raça humana.

Os anjos rebeldes começaram a ter relações sexuais com as mulheres, para quem eles revelaram o poder dos encantamentos e feitiços, astrologia e os sinais da terra e como fazer poções de determinados tipos de bagas, folhas e raízes. Azazel, um dos Grigori, ensinou os homens a fazer armas de metal e fabricar cerâmica. Aos poucos, as mulheres deram à luz uma raça de gigantes chamados *Nephilim*, que se tornaram imensamente poderosos, tendo a forma e o aspecto de homens enormes com as qualidades sobre-humanas dos anjos. Além disso, eles comiam tudo à vista e tiravam dos outros o que queriam, simplesmente porque podiam fazer isso. E, quando o alimento acabou, eles passaram a devorar os homens e "começaram a pecar contra os pássaros, os animais, os répteis e os peixes e a devorar a carne e beber o sangue deles um depois do outro" (*1Enoque* 7:5,6) [fonte: Livro de Enoque completo Primeiro e Segundo Livro em Português.pdf *https://pt.slideshare.net/MARINS2015/livro--de-enoque-46274235*].

Finalmente, os arcanjos — Miguel, Uriel, Rafael e Gabriel — não puderam mais ficar inativos. Eles fizeram um pedido ao Senhor, dizendo: "Tu viste o que Azazel tem feito, como ele tem ensinado toda espécie de iniquidade sobre a terra, e tem aberto ao mundo todas as coisas secretas que são feitas nos céus. [...] As mulheres igualmente têm gerado gigantes. Assim toda a terra tem se enchido de sangue e iniquidade" (*1Enoque* 9:6,7,9,10) [fonte: Livro de Enoque completo Primeiro e Segundo Livro em Português.pdf *https://pt.slideshare.net/MARINS2015/livro-de-enoque-46274235*].

> Então, o Senhor enviou Uriel para instruir Noé, o filho de Lameque. Ele instruiu Rafael para cavar um buraco no deserto de Dudael, para amarrar as mãos e os pés de Azazel, lançar o anjo rebelde no buraco e cobri-lo com pedras e trevas até o dia do julgamento. O Senhor ordenou a Gabriel abater os *Nephilim*, voltando-os uns contra os outros em batalha, e enviou Miguel para agarrar os outros Grigori e "amarrá-los por setenta gerações debaixo da terra" [fonte: Livro de Enoque completo Primeiro e Segundo Livro em Português.pdf *https://pt.slideshare.net/MARINS2015/livro-de-enoque-46274235*], depois do que eles seriam julgados e lançados no fogo eterno.
>
> Tudo isso foi registrado por Enoque. Durante o tempo que ele ficou escondido nos céus, o Senhor o comissionou a profetizar contra os atormentados Grigori, o que ele fez fielmente.

1:14

Os comentários de Paulo sugerem que dois tipos de falsos ensinos desafiavam as igrejas em Creta: a mitologia judaica e a abstinência rigorosa (asceticismo).

Na época de Jesus, a literatura judaica era inundada de fábulas sobre anjos e demônios, como eles procriavam e interagiam com as pessoas e como suas atividades afetavam a história. Os falsos mestres fundamentados em uma mistura de filosofia grega com mitologia judaica tiveram sucesso nesses escritos e se multiplicaram como ervas daninhas durante os três primeiros séculos depois de Cristo. Infelizmente, essas histórias sensacionais desviavam a atenção da verdade conforme revelada por Jesus Cristo e ensinada pelas pessoas treinadas por ele. A preocupação de Creta com lendas não parou com Epimênides. As congregações precisavam voltar ao básico.

1:15

Alguns mestres promoviam uma vida de abstinência estrita de qualquer prazer — um estilo de vida chamado "asceticismo". A filosofia grega ensinava que o universo consistia em dois reinos muitíssimo diferentes: o reino da ideia ou do pensamento puros, que era o reino de Deus, e o reino material, onde vivemos. Para os gregos, o reino da ideia

— o reino espiritual — só podia ser vivenciado pelos seres humanos quando eles se distanciavam das distrações do mundo físico. A isso, Jesus disse de fato: *Isso é um absurdo!* (Mc 7:15; Lc 11:39-41). No princípio, Deus criou todas as coisas, tanto materiais quanto imateriais, e achou tudo bom. Paulo afirma que tudo tem de ser recebido e desfrutado com gratidão, já que vem por meio da graça do Senhor (1Co 8:8; Cl 2:20-23; 1Tm 4:1-5).

O conceito judaico (e, portanto, o cristão), ao contrário da visão do universo dos filósofos gregos, vê as coisas materiais nem como boas nem como más em si mesmas. As coisas materiais podem ser *usadas* para o bem ou para o mal, dependendo da intenção da pessoa. Por isso, Paulo disse: *Tudo é puro para os puros*. Quando os cristãos se conduzem de acordo com a vontade de Deus, até mesmo a coisa mais detestável pode se tornar um meio para o bem nas mãos deles. Mas a pessoa que ainda é escrava do mal não pode praticar o bem por sua própria conta (veja Rm 3:9-18). Até mesmo a Bíblia — a Palavra santa de Deus escrita — pode ser pervertida para servir às agendas depravadas e enganadoras dos falsos mestres.

1:16

Para concluir seu discurso sobre o desafio mais difícil da igreja em Creta, Paulo volta ao tema central da carta. A crença genuína na verdade de Deus produz um estilo de vida de comportamento piedoso. A ausência de boas obras é um bom motivo para se suspeitar da crença. Os falsos mestres apenas professam entender as verdades espirituais, mas na verdade são incapazes de ter comportamento piedoso porque não possuem a verdade que declaram.

■ ■ ■

John Stott, baseado em seu estudo das epístolas de Paulo a Timóteo e Tito, com muita astúcia separou o assunto dos falsos mestres e do falso ensinamento em três questões: "Primeiro, sua *origem* é divina ou humana, revelação ou tradição? Segundo, sua *essência* é interior ou exterior, espiritual ou ritual? Terceiro, seu *resultado* é uma vida transformada ou apenas um credo formal?"[10] O ensino que não leva a uma conduta cristã madura é falso. Esteja atento!

APLICAÇÃO

Tito 1:10-16

O TRABALHO SEM *GLAMOUR* DE LIDERANÇA ESPIRITUAL

À medida que lemos as palavras de Paulo para Tito, fica claro que um grupo bastante grande de *insubordinados* causou estragos entre as igrejas de Creta com sua conversa vazia e engano absoluto. Infelizmente, esse tipo de rebeldia não acabou depois do século I. Toda geração tem "javalis na vinha de Deus" que semeiam a discórdia entre seu povo e usam a igreja para ganhos pessoais. Além disso, toda igreja tem seus encrenqueiros. Infelizmente, eles nunca se corrigem. Os homens e mulheres insubordinados quase sempre prosperam e se multiplicam, a menos que sejam confrontados.

Os seminários, em geral, equipam os líderes espirituais com o conhecimento necessário para ensinar a Bíblia e cuidar das necessidades espirituais das pessoas. Eles até mesmo os ajudam a adquirir habilidades organizacionais. Mas fala-se muito pouco sobre o lado menos atraente da liderança: confrontar os enganadores e se opor aos rebeldes. Como consequência disso, muitos homens jovens e sem experiência vestem o manto da liderança em igrejas repletas de luta por poder e logo são esmagados. Não basta orar e "esperar pelo melhor".

Então, de que conselho um líder precisa em momentos como esses? Quando se preparar para enfrentar um enganador ou rebelde, considere essas cinco sugestões:

- Comece entregando tudo que tem pela frente ao Senhor em oração. Tenha certeza de que os presbíteros estão firmes com você e apoiam seu plano para confrontar o transgressor.
- Em vez de ir para o conflito sozinho, escolha duas ou três pessoas maduras e sensatas em quem você confia para o acompanhar. Certifique-se de que elas estejam bem preparadas para o que encontrarão.
- Sempre que encontrar fundamento bíblico para suas palavras e ações, baseie-se nele. Deixe a Palavra de Deus lhe fornecer a direção que seu plano segue. Algumas passagens que vêm à mente, junto com Tito 1:10-16: são Provérbios 27:6; Romanos 16:17,18; Gálatas 6:1,2; Efésios 6:10-12 e 1Pedro 5:2-4. Isso lhe dará coragem para seguir em frente.
- Fale a verdade com amor. Lide com as áreas específicas que precisam ser tratadas. Permaneça calmo. Não se desvie do assunto por causa da sua própria raiva nem permita que o começo de

uma discussão ou palavras ameaçadoras o distraiam. Continue focado no que é melhor para a igreja. Essa não é uma questão entre vocês dois, mas entre o ofensor e a igreja de Deus. (É extremamente importante manter isso em mente.) A resolução de conflito é um trabalho difícil — permaneça paciente, permaneça forte.

- Busque uma solução. Evite "fazer tratos" com o ofensor, citar fontes secundárias (fofocas) ou permitir a mudança de assunto. Permaneça firme, justo e decidido. Se o ofensor não mostrar sinal de arrependimento ou, depois de promessas iniciais de concordar com seus pedidos, você não vir nenhuma evidência de mudança, marque um horário para ele se reunir com seu conselho de governo. Explique que o objetivo dessa reunião é remover oficialmente o ofensor da igreja. Não tente fazer isso em seu encontro inicial. Tenha o corpo inteiro de presbíteros presente para tomar uma decisão dessa magnitude. Garanta ao ofensor que o arrependimento genuíno dele é essencial.

O caráter da igreja
LEIA TITO 2:1-10

Somos todos vigiados. Não só pelos anjos, que se movem invisivelmente entre nós, mas também pelo exército maligno de Satanás, que espreita nas sombras para multiplicar o mal. Somos vigiados pelas crianças e adolescentes, que querem saber como o mundo funciona de fato e se acreditamos mesmo em tudo que dizemos sobre o bem e o mal, o certo e o errado. Somos vigiados pelos cristãos mais velhos, que esperam que a nova geração assuma fielmente o que eles construíram e somos vigiados pelos cristãos mais jovens, que precisam da garantia de que o caminho que seguem é bom. E ainda somos vigiados por aqueles que escolheram não acreditar. Nosso comportamento ou confirma a suspeita deles de que o cristianismo é uma farsa ou os convida a se aproximarem para uma olhada mais de perto. Talvez alguns até mesmo leiam a Palavra de Deus e, então, observem nosso comportamento para ver se ele se harmoniza com ela.

Somos todos vigiados. Paulo disse isso. Observe a progressão da sua carta até aqui. Ele insiste que a crença pode ser observada (Tt 1:1). Ele envia Tito, que observou a fé de Paulo em ação durante seus anos juntos e, mais recentemente, em Creta (1:5). Orienta Tito a designar líderes espirituais cujo comportamento foi observado e, depois, foram considerados *irrepreensíve[is]* ou "sem culpa" (1:6). Ele disse aos líderes cretenses para silenciar os falsos mestres, cujo comportamento refletia a doutrina falha (1:6). A seguir, Tito e os presbíteros designados tinham de cultivar um exemplo piedoso nas congregações, principalmente dando um exemplo digno. Por fim, Paulo expressa seu desejo de que cada congregação busque o comportamento piedoso *para que ensinem* (2:4), *para que não se fale mal da palavra de Deus* (2:5), *que a tua conduta seja exemplar em tudo* (2:7) e *para que em tudo mostrem a beleza da doutrina de Deus, nosso salvador* (2:10).

O caráter da igreja é observado, tanto de dentro dela quanto de fora.

2:1

Paulo separou essa seção de sua carta da anterior com um contraste contundente: *Tu, porém* (grifo nosso). O apóstolo descreveu os falsos mestres como *detestáveis, desobedientes* e *incapazes de qualquer boa obra* (1:16). Por contraste, ele ordena que Tito ensine a *sã doutrina* ou, mais ao pé da letra, instrução "saudável". A palavra grega *hygiainõ* [5198], traduzida por *sã*, é o termo do qual se origina nossa palavra "higiene". Ela se refere ao que é saudável e benéfico. Ele escreve na verdade: "Que seu ensino seja puro, benéfico e doador de vida. Que a pureza do seu ensinamento desinfete o que foi contaminado e, então, estimule o crescimento saudável".

O apóstolo, a seguir, delineia como Tito deve organizar o revigorar do caráter de cada congregação, primeiro dividindo-a em categorias distintas. Além dos líderes visíveis da igreja, como o próprio Tito (2:1), Paulo cita cinco grupos, todos os quais têm de ser observados:

- *homens mais velhos* (2:2)
- *mulheres mais velhas* (2:3)
- *mulheres novas* (2:4)
- *jovens* (2:6)
- *servos* (2:9)

2:2

Os homens mais velhos

Embora pensemos tipicamente nos homens mais velhos como mais sábios, maduros e fortes na fé, os que estão à frente em número de anos nem sempre justificam nossas expectativas. A passagem do tempo e a experiência de vida convidam cada pessoa a adquirir sabedoria, mas muitas recusam a oferta e, em vez disso, passam a ser mais críticas, cínicas, mal-humoradas, negativas e até mesmo preguiçosas.

A idade, por outro lado, muitas vezes beneficia outras pessoas. Moisés começou os quarenta anos mais produtivos de sua vida aos 80 anos. Quando os israelitas se prepararam para conquistar a terra prometida, Calebe escolheu e conquistou o território pedregoso e bem defendido na idade madura de 85 anos, dizendo: *Dá-me agora este monte* (Js 14:12). A maioria dos patriarcas e heróis do Antigo Testamento realizou a maior parte do bem de sua vida nos últimos anos dela.

Paulo esperava que os homens mais velhos cultivassem em si mesmos seis qualidades que ele esperava definiriam a igreja como um todo.

Equilibrados significa evitar extravagâncias e indulgência demais em qualquer área da vida. A pessoa equilibrada mantém tudo em equilíbrio e dentro dos limites. No sentido literal, o termo se refere à libertação de intoxicação, mas Paulo pretendia o senso mais abrangente da palavra de se livrar do excesso de coisas boas, como trabalho, medicamentos, alimento ou sexo e se livrar da dependência de coisas destrutivas, como drogas ilícitas ou pornografia.

Respeitáveis vem de uma palavra que se refere em geral às pessoas ou coisas que são majestosas. Do lado negativo, o termo significa evitar se tornar frívolo, trivial, entediante ou superficial. Do lado positivo, uma pessoa respeitável é digna de respeito.

Sóbrios é a qualidade definidora que Paulo procura para todos os cretenses, talvez porque faltava a eles, de forma universal e consistente, esse sinal de maturidade. Sóbrio significa "moderado", "prudente", "modesto", "comedido" e "disciplinado".[11] É o único termo que o apóstolo usa para os dois gêneros e cada grupo por idade.

Sadios na fé, cujo sentido literal é "saudáveis na fé". Esse conceito, junto com os dois seguintes, é apenas uma extensão da *sã doutrina* ordenada em 2:1. Essa crença autêntica em Cristo é um estilo de vida que começa com a confiança nele como salvador e, a seguir, estende-se progressivamente para cada aspecto da vida.

[*Sadios*] *no amor* refere-se ao amor *agapē* [26] saudável, com o foco no outro, o tipo de amor do exercício da vontade mais bem exemplificado pelo Senhor.

A expressão [*sadios*] *na constância* usa *hypomonē* [5281], um termo grego profundamente relevante que incorpora a própria essência da maturidade espiritual. Em outras epístolas de Paulo, a *constância* produz comportamento piedoso (Rm 2:7), suporta a tribulação e leva a provar o caráter (Rm 5:3,4; 2Co 1:6; 2Ts 1:4), liberta os cristãos de seu destino eterno (Rm 8:25), produz esperança (Rm 15:4), é resultado da intimidade com Deus (Cl 1:10,11) e permanece singularmente focado

Do meu diário

Sentimento incomum

TITO 2:2

Quanto mais vivo, mais valorizo o que Paulo menciona várias vezes nesses versículos: a sensibilidade (2:2,5,6,12). Em toda igreja que servi como pastor, tive de lidar com pessoas que saíram do fundo do poço. Elas ficaram fanáticas, ou abusaram demais da graça, ou ainda se recusaram a ser razoáveis quando um relacionamento terminou. Verdade seja dita, tenho de admitir os lapsos periódicos de sensibilidade em minha própria vida. Como é fácil "condenar" algo sem importância enquanto prego ou chegar a me defender com veemência quando sou criticado, em vez de permanecer calmo e confiante — em uma palavra, sensível.

Lembro-me de ter realizado o casamento de uma noiva e de um noivo mais velhos alguns anos atrás. Ela se tornara bastante independente e estabelecera o próprio caminho, e ele era dominador, superintenso e, acima de tudo, ciumento. Logo ficou claro que essa mistura volátil levaria rapidamente a uma explosão, a menos que os dois permanecessem de algum modo "sensíveis". Tive três ou quatro sessões com eles antes do casamento, enfatizando a importância de manter o equilíbrio e exortando-os a se guardarem contra os extremos. Cheguei até a dar a eles dois projetos práticos para trabalhar para ajudá-los a se ajustarem um ao outro.

Alguns meses depois do casamento, eles estavam de volta ao meu escritório, encarando um ao outro. Ela estava furiosa com ele por sua recusa em "dar mais espaço para ela". Perguntei calmamente o que ela queria dizer com isso. Você está preparado para a resposta? Ele tirara toda as portas internas da casa e as colocara na garagem porque "não queria que nenhum deles tivesse algum segredo". Ele também começou o hábito de examinar o velocímetro do carro dela quando ela saía para o trabalho de manhã e quando voltava para casa. Ele dava continuidade ao assunto com um interrogatório verbal durante o jantar. "Onde você foi hoje? O que a levou a 29 quilômetros de casa?"

Chega! De propósito, ela passou deliberadamente bastante tempo no carro dirigindo sem destino e, depois, saboreando as dúvidas dele quanto à sua fidelidade. O comportamento dos dois chegou a extremos ridículos. Os dois precisavam desta virtude essencial: sensibilidade. A ausência dela provou ser devastadora. Pelo que me lembro, o casamento deles durou menos de dois anos.

em Cristo (2Ts 3:5). A *constância* é o melhor indicador da fé genuína durante a vida e a prova culminante da fé autêntica após a morte.

2:3
As mulheres mais velhas

Paulo, após descrever o caráter desejado nos homens mais velhos em quem a congregação tinha de encontrar exemplo digno, volta sua atenção para as *mulheres mais velhas*. Em 1Timóteo 5:9, o apóstolo refere-se às viúvas mais velhas como aquelas que tinham pelo menos 60 anos. Não obstante, podemos interpretar com segurança *mulheres mais velhas* em um sentido relativo, dizendo que as mulheres de qualquer idade têm de ensinar as mulheres mais jovens que elas.

Embora o termo usado por Paulo para descrever as mulheres mais velhas seja diferente do usado para descrever os homens mais velhos, o uso da expressão *de igual modo* sugere que as qualidades delas fazem paralelo com as dos homens mais velhos. Do mesmo modo que os homens mais velhos têm de ser equilibrados e respeitáveis, as mulheres mais velhas têm de ser *reverentes*, palavra que vem do termo grego composto *hieroprepēs* [2412], cujo sentido é "adequado para o templo". Os implementos e móveis do templo eram criados especificamente para o serviço a Deus e consagrados para esse propósito. A ideia de reverência sugere que a pessoa, por sua conduta, demonstra que pertence a Deus e que sua vida é reservada à adoração a ele. A ordem pode ser traduzida assim: "As mulheres mais velhas, como os homens mais velhos, têm de se comportar como aqueles indivíduos especialmente reservados para o serviço do Senhor".

As mulheres mais velhas tinham de ser o oposto de *caluniadoras*, termo que traduz *diabolos* [1228], o mesmo usado na Septuaginta para descrever Satanás como *o acusador* ou *o adversário* (1Cr 21:1; Jó 1; Zc 3:1). As *caluniadoras* sempre têm uma história para contar sobre alguém, e sua informação, não por coincidência, nunca eleva a reputação da pessoa na mente dos outros.

Além disso, as mulheres mais velhas não podiam ser *dadas a muito vinho*. Ao contrário, elas tinham de ser *mestras do bem — kalodidaskalos* [2567], outra palavra composta cunhada por Paulo — por causa das mulheres jovens.

Embora as mulheres jovens raramente abordem as mulheres mais velhas em busca de conselho, elas observam. Aprendem pelo exemplo, mesmo quando não estão completamente conscientes do fato que é ensinado a elas. As meninas, muitas vezes, ficam rebeldes e resistem à forma como suas mães pensam. Depois, anos mais tarde, elas, instintivamente, nutrem sua família e cuidam de sua casa exatamente como observavam a mãe fazer.

2:4,5

As mulheres novas

As mulheres mais velhas, por meio do exemplo, poderiam *ensin[ar]* as mulheres novas. O verbo escolhido por Paulo é baseado no mesmo termo traduzido antes por *equilibradas*. Elas, com seu bom comportamento, "trariam por meio dos bons ensinamentos" as mulheres mais novas "a serem mais sensatas e sensíveis", resultando em sete qualidades observáveis, muitas das quais autoexplicativas. Três desses termos merecem atenção especial.

O termo *puras* vem da palavra grega *hagnos* [53], traduzida em geral por "santo". As mulheres mais novas têm de ficar parecidas com seus exemplos, as mulheres mais velhas: reservadas para os propósitos santos de Deus. O comportamento delas demonstra que elas, como os utensílios sagrados de adoração no templo, pertencem ao Senhor.

A expressão *eficientes no cuidado do lar* não deve ser entendida e aplicada como muitos faziam nas gerações anteriores, que viam o trabalho das mulheres fora de casa em escritórios e fábricas como uma ameaça à integridade da família. Paulo não escreve isso para proibir as mulheres de trabalharem fora de casa. A expressão aqui tem o substantivo *oikourgos* [3626], "dona de casa", retratando a mulher no mesmo sentido que a joia da coroa da mulher descrita em Provérbios 31:10-31: ela é poderosa, laboriosa, parceira competente, totalmente engajada em cultivar o bem-estar da sua família e em construir um legado para a família!

A expressão *submissas ao marido* chama as mulheres mais novas a demonstrar deferência voluntária ao marido, uma deferência motivada pelo respeito merecido. Embora Paulo chame as mulheres mais novas a sujeitar sua vontade à liderança do marido, as condições de Efésios 5:22-30 se aplicam aqui. Nessa passagem, Paulo descreve uma relação simbiótica em que a liderança amorosa do marido é devotada a servir à esposa, o que inspira o tipo de respeito que torna um deleite para a esposa mostrar deferência de volta.

As mulheres mais novas, como os homens e mulheres mais velhos, são objeto de exame minucioso por parte do mundo que observa. Paulo lembra que a credibilidade da Palavra de Deus está em jogo. Os não cristãos podem não obedecer aos mandamentos de Deus, mas entendem o elo inerente entre a fé e o comportamento em meio aos cristãos... e esperam que os dois se harmonizem.

2:6-8

Os jovens

Paulo, ao voltar a atenção para os jovens, usa mais uma vez as palavras *de igual modo* e *equilibrados*. Como os jovens tendem a ser impetuosos e imprudentes, descontrolados em sua conduta, impulsivos e volúveis, Paulo diz na verdade: "Tito, ajude-os a aprender como usar os freios na vida. Ajude-os a entender como segurar a língua e controlar seu temperamento. Ajude-os a saber como refrear sua ambição e a se purgar da ganância. Mostre-lhes como dominar seus desejos e impulsos sexuais, como seguir a mente, em vez de as glândulas. Ensine-os a ser administradores responsáveis do dinheiro, em vez de dissipadores. Mostre-lhes as recompensas da liderança abnegada e a insensatez da busca autocentrada". E como será que Tito tinha de fazer isso? Pelo exemplo. Paulo exige boas obras, sã doutrina, dignidade (o mesmo termo usado para os homens mais velhos em 2:2) e *linguagem sadia* (veja nota sobre 2:2) que esteja acima de reprovação.

De acordo com Paulo, o cético e o falso mestre não encontram oportunidade de atacar o evangelho quando o comportamento piedoso, a linguagem sadia e a sã doutrina testemunham dele. Isso não é obrigação só do líder espiritual; essa integridade inatacável deve caracterizar a congregação inteira, homem e mulher da mesma forma, do idoso ao bebê.

2:9,10

Os servos

O segmento final da congregação cuja conduta autentica ou invalida o ensinamento genuíno de Cristo era constituído dos *servos*. Paulo, como em suas outras epístolas, contorna qualquer tentativa de revogar esse costume centenário, talvez por um de três motivos. Primeiro, talvez ele tenha dado atenção especial ao assunto em outro documento, agora perdido. Segundo, a prática no Império Romano passara a ser dominada pela servidão contratada por meio da qual a relação entre o servo e o senhor passou a ser o equivalente na Antiguidade a de empregado e patrão. Terceiro e mais provável, Paulo antevia que a fé genuína em Cristo, no fim, transformaria a cultura e acabaria por extinguir a escravidão. No fim, foi isso mesmo que aconteceu.

Seja qual for o motivo, se Paulo pretendia acabar com a instituição da escravidão, ele sabia que isso não aconteceria da noite para o dia. Ele encoraja Tito a perseguir a causa de Cristo na ilha de Creta estabelecendo e fortificando as igrejas, cuja conduta pode conquistar convertidos sem dizer uma palavra. Os servos tinham de administrar de forma fiel e consciente os bens de seus senhores com o mesmo empenho com que administrariam os seus. Mais uma vez, Paulo, como com outro grupo na igreja, deseja que o comportamento piedoso dos servos mostre *a beleza da doutrina de Deus*.

■ ■ ■

Uma história antiga de Francisco de Assis fala do dia em que ele disse a um de seus alunos: "Venha comigo, vamos descer até a vila e pregar para as pessoas que precisam do nosso salvador". E eles foram.

Quando chegaram à porta, eles pararam, inclinaram-se para falar palavras boas para um homem velho inválido e lhes deram água fresca e algumas moedas. A seguir, eles viram algumas crianças jogando bola no campo; então, eles se juntaram ao jogo delas e se divertiram com as crianças. Enquanto jogavam, uma viúva solitária observando na soleira da porta chamou a atenção deles. Quando terminaram o jogo, eles a visitaram, levando algumas palavras de conforto e encorajamento para a idosa senhora que vivia sozinha. Um homem jovem temeroso espreitava nas sombras, com vergonha do que fizera na noite anterior. Eles oraram com ele, falaram aberta e livremente com ele sobre o perdão, a graça e a misericórdia e o encorajaram a buscar um futuro mais produtivo. No caminho para a cidade, eles pararam em uma pequena loja e saudaram o comerciante, perguntaram sobre sua família e agradeceram por seu trabalho fiel ao longo dos anos.

Por fim, Francisco falou: "Vamos voltar". O noviço parou e disse: "Mas espere, quando vamos pregar?" O frade mais velho respondeu: "Cada passo que demos, cada palavra que dissemos, cada ato que fizemos foi um sermão".

A apresentação mais eficaz do evangelho começa com uma vida como a de Cristo. Por essa razão, o caráter definidor da igreja tem de ser de piedade autêntica todos os dias.

APLICAÇÃO
Tito 2:1-10
SOMOS OBSERVADOS

Todos somos observados. A parte mais desconcertante desse fato é que muitas vezes não lembramos que somos observados. Agora, o que as pessoas procuram enquanto observam?

Primeiro, há cínicos que procuram falhas e faltas e, com certeza, elas existem para ser encontradas. Nunca conheci um cristão que não tenha falhado em algo — dizer, fazer ou pensar algo que gostaria que não tivesse acontecido. Portanto, se um cínico está à procura de falha, ele encontrará alguma nas fileiras do povo de Deus. Esperamos que sejamos bastante realistas para reconhecê-la e dizer, tão logo percebamos: "Isso estava errado; desculpe-me. Por favor, perdoe-me. Eu não deveria ter dito isso. Não deveria ter feito isso". Quanto mais rápido fazemos isso, melhor fica tudo porque o Senhor é muito fiel em nos perdoar.

Segundo, há muitos mais observando para ver se o que dizemos e afirmamos acreditar é verdade. E a única forma de eles saberem é nos observando — não apenas ouvir, mas observar. E estou convencido de que não há testemunho mais poderoso de uma vida transformada que nossa autenticidade, nosso ser real.

É importante que aqueles de nós que ensinam sejam o que as pessoas acham que somos nos bastidores. Li em algum lugar que todos nós que somos professores não devemos ficar constrangidos se nossa família der motivos para que a cidade faça fofocas sobre nossos pequenos defeitos. Quem nos conhece a portas fechadas sabe a verdade. Minha família conhece melhor que ninguém minhas falhas, minhas fraquezas. E, se minha integridade não ofuscar essas falhas e fraquezas, sou um impostor.

Nós, conhecidos como professores da verdade, precisamos guardar o que falamos. O que falamos tem de ser adequado ou apropriado para a sã doutrina — ou seja, ensinamento saudável. Que suas palavras sejam íntegras e benéficas e tragam saúde emocional e espiritual. Sempre que ensinar, que seja uma palavra saudável para ajudar e encorajar.

As pessoas só observam aqueles de nós que ensinam; elas tomam notas da nossa vida. Lembram-se, formam opiniões, até mesmo nos imitam e citam. Elas nos veem como modelos. Isso inclui a forma como falamos com os outros a portas fechadas, entre os membros da nossa família, com nossos colegas no trabalho, com a vizinhança e com os indivíduos com quem fazemos negócios.

Somos observados. Suas palavras têm um impacto sobre as pessoas, portanto tenha cuidado com o que diz.

A MISSÃO DA IGREJA
(TITO 2:11—3:11)

De acordo com a teologia de Paulo, o *ser* sempre precede o *fazer*. Em outras palavras, o que fazemos é um resultado direto de quem somos, e quem somos determina o que escolhemos fazer. Por isso, as pessoas transformadas pela graça de Deus devem se comportar como Cristo. Além disso, os grupos desses indivíduos transformados deviam naturalmente se tornar mãos e pés, obedecendo fielmente às instruções de seu cabeça.

Nessa seção do manual pastoral de campo de Paulo, a verdade divina passa a ser o foco do apóstolo. Se os líderes da igreja são homens e mulheres fiéis cujo coração foi transformado pela graça de Deus, a mensagem e o ministério da congregação têm de refletir essa mesma graça no mundo. Infelizmente, a tarefa não será mais fácil para o povo de Deus do que o foi para o Filho de Deus durante seu tempo na terra.

Graça vigorosa
LEIA TITO 2:11-15

Onde quer que a graça exista, sempre haverá os que abusam dela. Veja, por exemplo, a graça na forma de liberdade. Os Estados Unidos garantem a todos os residentes o direito de falar abertamente, até mesmo para criticar, sem medo de perseguição ou punição. Tragicamente, algumas editoras de revistas transformam essa liberdade em licença para explorar as mulheres por lucro. As cortes relutam em acabar com esse claro abuso da liberdade de expressão por medo indevido de restringir a liberdade.

A liberdade tem limites. Mas esses limites não podem vir de uma autoridade externa, ou a liberdade deixa de ser liberdade. A liberdade completa pode permanecer sem limites só se as pessoas escolherem se limitar por meio do caráter piedoso. Como Benjamin Franklin observou com perspicácia para um amigo: "Só um povo virtuoso é capaz de ter liberdade. À medida que as nações são corrompidas e ficam depravadas, elas têm mais necessidade de mestres".[1]

É possível dizer a mesma coisa de outro tipo de graça: o amor. Paulo chama o amor de o maior de todos os atributos cristãos (1Co 13:13), contudo com que frequência vemos um cônjuge abusar do amor que recebe! Uma esposa devotada cuida fielmente do marido e educa os filhos só para seu amor voltar vazio, ser deixada para trás por causa da carreira ou das buscas egoístas. Um marido atencioso provê segurança e sustento para uma mulher que só encontra faltas, abandonando-o no fim pelos braços de outro homem.

Às vezes, "o amor tem de ser duro".[2] Às vezes, o amor tem de assumir uma posição firme a fim de impedir que o relacionamento se rompa.

O que é verdade para a liberdade e o que é verdade para o amor também é verdade para a graça salvífica de Deus. As pessoas abusam da graça desde o dia em que Deus decidiu não destruir Adão por seu pecado. Paulo, em sua epístola aos Romanos, descreve a resposta das mentes turvas à graça salvífica de Deus: *Permaneceremos no pecado para que a graça se destaque?* [...] *Havemos de pecar porque não estamos debaixo da lei, mas debaixo da graça?* (Rm 6:1,15).

A graça tem limites e, por isso, há momentos em que a graça tem de ser dura.

Paulo examina essa doutrina fundamental da igreja, pois ela afeta o cristão, desde o nascer de novo até a ressurreição:

- A graça pela salvação (2:11)
- A graça pela santificação (2:12)
- A graça na glorificação (2:13)
- A graça como redenção (2:14)

2:11

A graça pela salvação

A mudança de foco de Paulo para a mensagem da igreja começa com uma verdade fundamental. O termo *manifestou* traduz melhor o termo grego *epiphainō* [2014], do qual derivamos nossa palavra "epifania". A humanidade não recebeu a graça e a salvação depois de uma pesquisa diligente, nem pedindo ajuda nem por se aproximar de Deus. A graça de Deus se *manifestou* por iniciativa dele mesmo, motivado apenas por sua bondade, a despeito de nosso demérito. O criador, de forma espontânea e voluntária, desceu para salvar a humanidade da nossa condição pecaminosa autoimposta.

Paulo não está ensinando universalismo nesse versículo. A oferta de graça salvífica é estendida a *todos os homens*, contudo a maioria da raça humana declinará da salvação oferecida por ele — por mais inconcebível que isso seja!

2:12

A graça pela santificação

Na vida espiritual do cristão, a *salvação* refere-se ao passado, o momento do nascer de novo *do alto* (Jo 3:3-8; veja a nota sobre 3:3 na Nova Versão Internacional, "nascer de cima"). O termo "santificação" refere-se à condição atual do cristão como *separado para o propósito de Deus*. Essa condição atual, como a salvação, é Deus agindo em nosso favor, e não algo que fazemos por nós mesmos (Rm 8:28-39). Embora sejamos ordenados a moldar nosso comportamento para que corresponda à nossa identidade como instrumentos especialmente separados por Deus, o Senhor não nos deixa desempenhar essa tarefa sobrenatural por nossa conta. Essa graça que recebemos não só nos salva da condenação eterna do pecado, mas também nos "ensina".

O termo traduzido por *ensinando* é *paideuō* [3811], que é fundamentado no substantivo grego comum para "criancinha". Paulo podia ter escolhido a palavra *didaskō* [1321], que se refere à instrução que constrói o conhecimento. A palavra *paideuō* nos coloca no papel de criancinhas recebendo instrução de vida de pais amorosos. A nuança é importante. Com Deus, aprendemos como viver muito antes de estar preparados para o aprendizado por meio de livros.

Observe que recebemos instrução tanto negativa quanto positiva. Em outras palavras, somos ensinados sobre o que *não* fazer e sobre o que *devemos* fazer.

Da perspectiva negativa, aprendemos a rejeitar a *impiedade*, termo que vem da palavra grega *asebeia* [763]. O termo raiz é *sebomai* [4576], cujo significado original era "recuar diante de" ou "retroceder", como alguém faria na presença de uma divindade. Na época de Paulo, a palavra descrevia uma atitude de reverência ou adoração. O prefixo grego *a-* nega seja o que for que esteja ligado a ele, de modo que o termo *asebeia* se refere a um estilo de vida de irreverência, o que inevitavelmente produz desprezo por Deus.

A graça, além de rejeitar o comportamento que despreza Deus, ensina-nos a rejeitar as *paixões mundanas*. Paulo não usa essa expressão para condenar o prazer oriundo da riqueza, alimento, tecnologia ou outros deleites físicos. Em outra passagem, ele exorta os cristãos a rejeitarem o falso ensinamento de que os prazeres terrenos são necessariamente maus (Cl 2:20-23). Além disso, ele instruiu seu outro discípulo Timóteo a desfrutar tudo criado por Deus e a receber isso com ação de graças (1Tm 4:1-5). Em outras palavras, no espírito de sabedoria e gratidão para com o doador de todas as coisas boas, saboreie uma boa refeição, tenha prazer no entretenimento saudável, delicie-se com as maravilhas da tecnologia moderna e louve a Deus por toda a sua provisão.

Para Paulo, o *mundo* representa tudo que não está *em Cristo* ou é de Cristo (1Co 6:2; 2Co 4:3,4; 5:18-20; Gl 6:14; Ef 2:1-7,12,13; Cl 2:8). Por conseguinte, as *paixões mundanas* referem-se ao que o inimigo cobiça — as coisas que são pecaminosas por definição — ou ao tipo de anseio desesperado, idólatra, que leva ao pecado. O mundo deseja a riqueza como um meio de poder, autogratificação ou validação. A graça instrui o cristão a desfrutar a riqueza como uma dádiva de Deus. A graça nos treina para evitarmos o que o mundo deseja e evitar ansiar por algo com motivos iguais ao do mundo.

Em um sentido positivo, a graça ensina aos cristãos como deixar o comportamento fútil e destrutivo e buscar o que é *sóbri[o]* (de mente sã), *just[o]* (que é considerado bom na corte do céu) e *piedos[o]* (caracterizado pelo respeito por Deus ou reverência por ele).

A expressão final do versículo12, *nesta era presente* (NVI), salienta a tensão vivenciada pelos cristãos à medida que seu padrão de conduta vai contra a corrente do padrão do mundo.

2:13

A graça na glorificação

A salvação reflete no passado. A santificação considera o presente. A glorificação espera pelo futuro.

A palavra *esperança* sugere pensamento anelante. Uma criança poderia dizer: "Espero que alguém me dê um carro de controle remoto no meu aniversário". Ela pode ter seu desejo atendido ou não. A Bíblia, no entanto, usa o termo grego *elpis* [1680], cujo sentido é "expectativa confiante". Quando alguém compra uma passagem aérea, segura em sua mão a esperança — a expectativa confiante — de um assento reservado no voo. Paulo usa esse termo de um modo muito específico para descrever o dia futuro em que Jesus retornará para governar o mundo e renová-lo ao seu gosto.

A *glória* refere-se ao estado de coisas como Deus as deseja. Jesus falou de sua própria glorificação como o momento em que o caráter justo de Deus foi revelado por intermédio da ressurreição de seu Filho. No fim, os cristãos compartilharão a glória de Cristo (Rm 8:17; Cl 1:27; 3:4) quando receberem um corpo ressurreto como o dele (Fp 3:21). Nesse momento, o corpo dos cristãos será glorificado. Nosso corpo refletirá a plena imagem de Deus, a qual foi distorcida pela queda. Além disso, as lutas, batalhas, desapontamentos, fracassos, erros, desgostos, pesares e morte da *era presente* (NVI) serão substituídos pela era seguinte, em que não experimentaremos sofrimento, conflito, lágrimas, pesar e morte.

2:14

A graça como redenção

Paulo conclui seu breve discurso sobre a graça com as doutrinas da substituição e da redenção. Jesus tomou nosso lugar e pagou a pena por nosso pecado, de modo que ficamos livres da escravidão do pecado. Éramos servos do mal, compelidos a cumprir sua ordem. Mas Jesus nos tirou da escravidão para que não servíssemos mais ao antigo senhor.

Fomos comprados para sair da escravidão da *maldade* e agora somos propriedade de um novo senhor. Observe como Paulo descreve nossa nova atividade. Somos compelidos a fazer o mal sob o antigo senhor; sob o novo Senhor, as boas obras surgem do nosso interior, guiadas pelo *zelo*, que os gregos entendiam como "compromisso apaixonado" ou "entusiasmo". Os puritanos se referiam a essa drástica mudança interior de motivação como "o poder dos novos afetos".

No Texas, temos uma espécie de carvalho conhecida como "carvalho perene". O carvalho perene, ao contrário de seus primos, não perde as folhas no outono nem fica dormente durante o inverno. Ele fica verde o ano todo. O carvalho perene, no entanto, como acontece com todas as árvores, tem de descartar as folhas velhas e fazer crescer outras novas. Isso acontece quando o novo crescimento substitui o velho crescimento; as folhas novas tiram as folhas velhas dos galhos.

Da mesma maneira, os novos afetos substituem os antigos, e o cristão amadurece gradualmente em seu respeito e reverência pelo Senhor. Transformados a partir do interior, agimos sobre nossos desejos para agradar o Pai com boas obras, exatamente como seu Filho. Em um sentido muito real, superamos nosso desejo pelo pecado porque a graça de Deus nos salva, nos santifica continuamente e nos predestina para a glória (Rm 8:28-39).

2:15

Paulo encarrega Tito da responsabilidade de proclamar a verdade da graça para as igrejas e por intermédio destas, usando três imperativos fortes:

- *Laleō* [2980], "falar" — esse verbo envolve com frequência a fala casual. Em outras palavras, Paulo queria que Tito introduzisse em cada conversa esse ensinamento sobre a graça.
- *Parakaleō* [3870], "exortar" — nosso título para o Espírito Santo, "Paracleto", deriva desse verbo, que retrata o relacionamento particular de um treinador com seu atleta em treinamento. Paulo esperava que Tito transformasse esse ensinamento sobre a graça no regime de treinamento para os líderes e membros da igreja.
- *Elenchō* [1651], "corrigir, reprovar" — esse termo incorpora a ideia de substituir ideias incorretas por ideias corretas, muito parecido com um professor de matemática que mostra para o aluno o método correto de resolver um problema. Paulo desafia Tito a "provar", "convencer", "refutar" e "persuadir"[3] as igrejas para que abandonem o ensinamento falso e abracem a doutrina da graça.

Paulo encoraja Tito a manter a *autoridade* apostólica delegada a ele na carta que tem em mãos e a ler diante das congregações de Creta. Temos de lembrar que isso aconteceu antes de o Novo Testamento ser escrito e compilado. O ensinamento cristão acontecia por meio da palavra oral, de modo que o mestre autêntico precisava de autoridade apostólica para o separar dos mestres itinerantes que apresentavam suas próprias ideias como verdade divina. Hoje, o líder espiritual tem a autoridade da Escritura e se baseia nela, os 66 livros divinamente inspirados de verdade inerrante — a Bíblia.

■ ■ ■

Pregar a graça é um negócio perigoso. Alguns tentarão abusar da graça, encontrando na liberdade espiritual licença para cometer mais pecado, sem medo da disciplina divina (Rm 6:1,15). Os teólogos chamam essas pessoas de "legalistas". Mas a graça não pode ser restringida por leis nem deixar de ser graça (Gl 2:21). Por essa razão, quaisquer limites no comportamento têm de vir do interior da pessoa. Deus tem de dar a seu povo uma natureza como a dele, mesmo se for para eles viverem em completa liberdade, porém sem servir ao pecado. Parafraseando Benjamin Franklin: "Só uma pessoa *transformada* é capaz de ter liberdade".

Infelizmente, nenhum cristão é completamente transformado, e a maioria dos membros da igreja mal começou o processo de transformação. Isso significa que a graça e a liberdade são garantidas a pessoas que possuem pouca ou nenhuma moderação interior, um prospecto que pode ser aterrador para um líder espiritual. Acredite em mim! Depois de mais de cinco décadas no ministério pastoral, a tentação de cercar a graça com algumas restrições bem colocadas e apropriadas pode ser irresistível. É quando a graça tem de ser dura.

Nesses momentos, tive de lembrar a mim mesmo que o Senhor não chamou os pastores e presbíteros para se tornarem pais substitutos nem fiscais da congregação. Somos incapazes de "consertar" alguém! Ele chama homens piedosos e qualificados para proclamar a graça, a doutrina fundamental da igreja. Nosso trabalho é a proclamação; ele está no comando da transformação.

APLICAÇÃO

Tito 2:11-15
A PREGAÇÃO DA GRAÇA

A missão da igreja é se tornar um exemplo visível da graça de Deus para a humanidade. Temos de trazer essa "substância" sobrenatural que denominamos "graça" para a terra, de modo que ela seja vista, ouvida e vivenciada por todas as pessoas. Deus chama certos homens para deixar a vida comum a fim de que se tornem pastores, homens encarregados do privilégio impressionante do *aperfeiçoamento dos santos para a obra do ministério e para a edificação do corpo de Cristo* (Ef 4:12). Para esse fim, Paulo resume o trabalho de um pastor, explicando *o que* ele deve ensinar (Tt 2:12,13) e também *como* deve ensinar (2:15).

Com o risco de simplificar demais o papel do pastor, o conteúdo de sua instrução segue o da própria graça.

- A graça nos ensina como dar as costas ao pecado (2:12a).
- A graça nos ensina como levar uma vida piedosa (2:12b).
- A graça nos oferece a esperança de vitória sobre todo o mal em glória (2:13).

Quando reflito sobre minha pregação dos últimos cinquenta anos, posso dizer com honestidade que quase todo sermão que preguei e todas as lições que ensinei estão em uma dessas três categorias.

Agora, deixe-me fazer um pouquinho o papel de mentor enquanto dirijo os parágrafos seguintes especificamente aos pastores. Paulo explica *como* o pastor tem de transmitir essas verdades divinas usando três palavras: *fala, exorta* e *repreende*.

Fala — deixe as lições da graça fluírem por meio da conversa casual e autêntica com os indivíduos enquanto constrói um relacionamento com eles. Essas interações não devem se transformar em sermões improvisados nem em ocasiões para a instrução formal. Apenas seja você mesmo — transparente e natural. Não consigo dizer quantas vezes os membros da minha congregação lembram o que eu considerava uma conversa despreocupada, dizendo-me como minhas palavras se tornaram para eles o catalisador de importantes mudanças na vida. Invariavelmente, fico surpreso — e sempre gratificado.

Exorta — dedique-se à pregação expositiva. Por que o pastor escolheria pregar de qualquer outra maneira está além da minha compreensão. Embora a pregação expositiva exija muitas horas de estudo cuidadoso, acho-a muito menos estressante que tentar propor uma mensagem engenhosa a cada semana, vagamente ligada à Escritura, mas elaborada sobre minha própria sabedoria. Eu conseguiria sustentar essa situação por alguns meses, talvez, antes de esgotar as lições de vida pessoal para compartilhar.

Quando prego os livros da Bíblia, nunca tenho de especular o que pregarei de domingo a domingo e nunca tenho de provar o texto com minhas próprias observações e inteligência. Quando prego sobre um tópico, como o casamento ou a criação de filhos, cada sermão é derivado de uma passagem específica relacionada com o assunto. As mensagens são de Deus, bem como os princípios eternos que surgem durante o estudo, porque tudo vem diretamente da Palavra dele. E, se estudar bem e continuar aberto à orientação do Espírito Santo durante minha preparação, as aplicações quase se escrevem por si mesmas.

Repreende — comprometa-se com a confrontação gentil, mas firme, do erro sempre que ele aparecer. Confie em mim, ninguém odeia ter de fazer isso mais que eu. Os relacionamentos já são bastante difíceis sem ter de corrigir o ensino falho de alguém ou pedir a alguém com personalidade forte para ter cuidado com sua influência. Mas a aposta é inimaginavelmente alta enquanto nos preparamos para a eternidade. Repreender não implica ser briguento, sem tato ou autoritário. Se tiver cuidado em preservar a dignidade de um homem ou de uma mulher em erro, sua correção contornará as defesas da pessoa. Se você for gentil e humilde, a repreensão poderá ser eficaz. Então, acompanhe-a logo com uma afirmação sincera e encorajadora e — quem sabe? — você poderá ganhar um amigo para a vida toda.

Revelando o invisível

LEIA TITO 3:1-8

O planeta Terra é a casa de dois mundos muito reais. Habitamos um mundo visível e tangível que experimentamos por meio dos sentidos e medimos em unidades de tempo e espaço. Também habitamos um mundo eterno e intangível — invisível, ainda que tão real quanto o outro. Todo o povo de Deus compartilha duas cidadanias nesses reinos, porém muitos perdem de vista o mundo sobrenatural, talvez cegos pelas preocupações temporais ou escravizados pela tirania da urgência. O autor William Irwin Thompson compara essas pessoas com moscas andando através do teto da Capela Sistina, alegremente inconscientes dos contornos, formas e cores maravilhosos que estão acima delas (ou abaixo delas, por assim dizer). Elas não só não apreciam a magnificência do mundo em que habitam, mas também lhes falta a capacidade para reconhecer a própria cegueira.

Os cristãos, no julgamento inexplicável, todavia sábio, do Senhor recebemos a tarefa de revelar o universo invisível para nossa família, amigos, colegas, vizinhos e até mesmo inimigos sem visão. Ele comissionou sua igreja — os líderes e também os liderados — para instruir o mundo como um todo sobre a existência e os benefícios da graça. Além de falar, exortar e repreender (Tt 2:15), temos de demonstrar graça por meio do nosso comportamento.

Embora eu ache falar, exortar e repreender um trabalho desafiador, *viver* a verdade por meio de meus atos é muito mais difícil — contudo, muito mais eficaz. Convenhamos, o mundo não carece de conversa convincente e de porta-vozes notáveis; as pessoas precisam, sim, ver os resultados.

Aparentemente, nada mudou muito em dois milênios. Observe a repetição do termo *obra* ao longo da carta de Paulo a Tito, em particular nessa seção (1:16 [duas vezes]; 2:7,14; 3:1,8,14).

3:1

Paulo esperava que os cristãos obedecessem aos *governantes* e às *autoridades*, que representavam tanto os cargos de governo quanto as pessoas que os ocupavam. Suas ordens não deixam espaço para nada além da obediência total e submissa. Não apenas respeito, mas submissão às leis e diretrizes deles.

Admito que isso pode ser muito difícil. Alguns presidentes norte-americanos logo conquistam meu respeito, mas outros — para ser completamente honesto — tornam a obediência uma luta imensa. Sempre que acho que não consigo imaginar um líder menos merecedor no Salão Oval, lembro-me de que, quando Paulo escreveu essa carta, Nero comandava a maioria do mundo conhecido. Totalmente pagão. Moralmente destituído. Déspota, cruel, opressivo, homicida, injusto, sexualmente imoral e sádico. *Ele era corrompido até a alma.* Ninguém incorpora o espírito do anticristo mais que Nero. Contudo, Paulo exigia obediência a ele e exortava os cristãos a estar preparados para fazer boas obras.

Essa atitude contrasta de forma contundente com a da sociedade judaica tradicional, que estimulava a separação estrita da cultura local. Os israelitas, antes do Exílio, mantinham-se separados de seus vizinhos idólatras na terra prometida, por isso o Senhor os castigou por permitirem que a Babilônia os levasse para longe de casa. Os hebreus, enquanto estavam no cativeiro, aprenderam a manter sua identidade como povo da aliança de Deus, mesmo quando dividiam espaço com outras culturas capturadas. Mas, na época em que voltaram para a terra prometida, essa ética crucial de separação passara a ser uma obsessão. Assim, no século I, os judeus que viviam fora de Israel formavam comunidades coesas que relutavam em se submeter às leis e autoridades locais e tratavam a cultura local com desdém pouco velado. Os judeus, em vez de elevar Deus na mente das culturas pagãs e em vez de conquistar respeito e admiração como o povo da aliança de Deus, provocavam ódio.

O cristianismo, naquela época considerado uma seita do judaísmo, arriscava-se a perpetuar a mesma tensão contraproducente. Paulo estava preocupado com isso por bons motivos. De acordo com Tácito, historiador romano, Nero perseguiu os cristãos alguns anos depois "não tanto pelo crime imputado a eles de incendiar Roma quanto pelo ódio e inimizade deles pela espécie humana".[4] O apóstolo, naturalmente, queria proteger os cristãos da perseguição, mas também reconhecia que uma igreja não pode evangelizar de forma eficaz uma comunidade enquanto trata os não cristãos com desdém.

3:2

Além da submissão respeitosa às autoridades e até mesmo o apoio ao esforço delas, Paulo exorta à bondade com o próximo de quatro formas específicas.

Difamar é a tradução da palavra grega *blasphemeō* [987], da qual se origina nossa palavra "blasfêmia". Ela significa amaldiçoar, caluniar ou tratar alguém com desdém. A blasfêmia é qualquer modo de falar que desconsidera ou desrespeita a posição do outro. Mesmo o menos importante da humanidade merece respeito por nenhum outro motivo além do fato de que carrega a imagem de Deus, e este o valoriza tanto que enviou seu Filho para redimi-lo.

Em muitas famílias, os pais proíbem estritamente o uso da palavra "estúpido". Acho que é uma política sensata. Não consigo lembrar de quando o termo "estúpido" não foi usado para depreciar alguém.

O sentido literal do termo grego por trás da palavra *pacíficos* (NVI), *amachos* [269], é "que se abstêm de lutar". Uma pessoa assim se afasta das brigas; ela simplesmente decide não brigar, mesmo se conseguisse alguma vantagem com a briga.

Além disso, temos de ser *amáveis* (NVI). Essa declaração não sugere que temos de ser o capacho do mundo. Não encontro o conceito de "manso" no uso grego do termo *epieikēs* [1933]. O termo combina as ideias de "dignidade" e "razoabilidade". Aristóteles usava essa palavra para denotar consideração indulgente com as fraquezas humanas. A amabilidade honra o espírito da lei, em vez de se ater rigidamente à letra da lei:[5] Diz-se que um rei é gentil quando ele usa seu poder na medida apropriada para preservar o bem comum de seus súditos.

Alguns irmãos cidadãos do mundo visível não querem ficar em paz. Toda vizinhança (como toda escola) tem pelo menos uma pessoa que atormenta os outros, que não consegue viver sem deixar alguém por perto se sentindo miserável. Ser pacífico e amável não significa que temos de nos deitar quando somos empurrados. É possível se levantar para alguém que atormenta os outros sem partir para a briga ou sem responder de forma irracional.

A frase de Paulo *mostrando genuína mansidão para com todos* descreve de forma maravilhosa o espírito da graça. A cultura grega valorizava a "consideração" (*prautēs* [4240]) como uma qualidade de liderança refinada, uma marca de força.[6] Paulo se vale dessa ideia secular, acrescentando o ingrediente necessário do amor (1Co 4:21, passagem em que a mesma palavra grega é traduzida por *gentileza*). Nosso comportamento geral em relação aos outros tem de ser a cortesia humilde, demonstrada pelas respostas amáveis. Além disso, os cristãos têm de oferecer essa dignidade a *todos*, a expressão idiomática grega para "com todos" — independentemente de raça, cor de pele, religião ou falta de religião, inclinações políticas, posição econômica, salário, ocupação, educação ou condição civil. *Todas as pessoas de todos os lugares.*

3:3,4

Paulo coloca uma pequena conjunção de ligação, *gar* [1063] ("pois" ou "porque"), no texto para direcionar seus leitores direto ao motivo para estender a graça às autoridades e aos vizinhos não cristãos. Os pagãos do século I afirmariam o comportamento orientado pela graça descrito por ele, mas não pelos motivos que Paulo afirmava. Os gregos, e sobretudo os romanos, viam o comportamento amável e gentil como um meio para fins egoístas: progresso social e sentimento de superioridade moral.

É bem o oposto. Os cristãos estendem a graça porque nada os separa de seus governantes pagãos e vizinhos perdidos, a não ser a graça de Deus. Éramos *insensatos*, em vez de "equilibrados". Éramos *desobedientes*, em vez de "sujeitos aos governantes". Éramos *desencaminhados* e *servíamos a várias paixões e prazeres*, em vez de estar preparados para as boas obras. Éramos *rancorosos* e *odiávamos*, em vez de pacíficos, amáveis ou bons. *Mas* alguém mudou tudo isso. Alguém nos transformou. *A graça de Deus se manifestou* (2:11,12). A *bondade* e o *amor* de Cristo apareceram. Deus veio nos procurar, mesmo quando continuávamos nossas buscas rebeldes e egoístas.

3:5-7

Essa descrição detalhada da bondade e do amor de Deus anula qualquer sugestão de que os cristãos merecem algum crédito por seu lugar *em Cristo* ou por seu caráter aperfeiçoado. Deus, motivado apenas pela *bondade* e pelo *amor* (3:4), salvou-nos porque ele é bom, e não porque somos bons. Por causa de sua misericórdia, e não da nossa justiça.

Ele nos salvou primeiro *mediante o lavar da regeneração* e, depois, pelo lavar da *renovação*.

A *regeneração* nos Evangelhos refere-se à vida ressurreta e perfeita que os cristãos podem esperar na era por vir (Mt 19:28; cf. Mc 10:30; Lc 22:30). Quando Cristo retornar para reclamar o planeta Terra das garras do mal, ele purgará toda a criação do pecado e transformará o que restar. Nessa nova criação (Ap 21), todos que estão *em Cristo* serão recriados. Paulo usa essa imagem para declarar que o processo de recriação começa na vida dos cristãos. A regeneração nesta vida, antes da *era por vir* começa com Deus garantindo ao cristão uma nova natureza. A regeneração é o nascer de novo (cf. Jo 3:3-8).

Se a *regeneração* é o dom de uma nova natureza, então a *renovação* [...] *pelo Espírito Santo* nos ajuda a crescer nessa nova natureza. A regeneração ocorre de uma vez por todas no momento em que passamos a ter fé; a renovação ocorre progressivamente ao longo do tempo. Paulo não foca na nossa participação nesse processo, escolhendo salientar a graça de Deus na pessoa do Espírito Santo. As pessoas não podem renovar a si mesmas mais do que podem regenerar a si mesmas. É tudo obra de Deus.

O *que* (3:6) refere-se ao Espírito Santo. Recebemos o Espírito Santo por intermédio de Jesus Cristo. (Observe que Paulo chama Jesus de *salvador*, fazendo um paralelo deliberado com *Deus, nosso salvador* em 3:4.) Jesus salva aqueles que confiam nele *justifica[ndo-os]*. A justificação é o ato soberano de Deus por meio do qual ele declara que o pecador temente a Deus é justo, mesmo enquanto ainda estamos em estado pecaminoso, ainda envolvidos em atos periódicos de pecado. O Senhor, movido pela bondade, pelo amor e pela misericórdia, declara-nos justos na corte do céu por causa do que seu Filho fez em nosso nome, e não por causa do que podemos fazer por nós mesmos.

Deus salva, regenera, renova e justifica os cristãos a fim de garantir a posição deles como herdeiros do seu reino. Não apenas cidadãos na *cidade de Deus*, mas parceiros de Cristo (Rm 8:17). Como é *isso* para a graça?

3:8

Os especialistas em literatura grega afirmam que os versículos 4 a 7 formam uma longa sentença, arranjados em estrofes como poesia. Como em 1:1-4 e 2:11-15, é a verdade teológica bem embalada, é o evangelho apresentado de forma resumidíssima. Paulo chama essa passagem de *digna de crédito*, provavelmente porque esse estilo não era original dele. As sociedades da Antiguidade usavam com frequência artifícios poéticos, como a rima e a métrica, para ajudá-las a lembrar verdades importantes. Esse poema talvez tenha sido um artifício mnemônico muito antigo passado de igreja em igreja durante muitos anos. O apóstolo chamou outra declaração de *digna de crédito* em suas cartas a Timóteo (1Tm 1:15; 3:1; 4:9; 2Tm 2:11).

Paulo, exortando Tito a *proclam[ar] com firmeza* quando anunciar o evangelho, usa uma forma empática do verbo "confirmar". A voz de um só porta-voz da verdade teria de ser confiante e repetitiva contra as tantas vozes do erro na ilha de Creta. O mesmo seria verdade em qualquer outro lugar, pois afinal esse é o principal propósito de um pastor. Ele é responsável por proclamar a graça de forma clara e enfática. Não pode permitir que a relutância o atrase, não pode permitir que a hesitação o interrompa e não deve ser apologético. Se um pastor está sustentado pela autoridade da Palavra de Deus, pode se dar ao luxo de ser ousado.

O propósito supremo do ministério de Tito era que a crença correta produzisse *boas obras*. As igrejas evangélicas tendem a enfatizar a sã doutrina — e devem continuar a fazer isso. Mas a crença certa não leva automaticamente ao comportamento piedoso. Temo que fomos muitíssimo influenciados pelo modernismo, que coloca a fé na educação para reverter os males do mundo. "Encha a mente deles com conhecimento", diz o humanista, "e, cedo ou tarde, não terão escolha, a não ser se comportar da forma apropriada".

Os conhecimentos bíblico e teológico são ingredientes essenciais na transformação do cristão, mas a crença certa é apenas uma parte dela. O cristão tem de se tornar parte de uma comunhão de outros cristãos e se envolver ativamente no mundo na realização do bem. Esses também são ingredientes essenciais. E o Espírito Santo, de algum modo misterioso e sobrenatural, usa a verdade bíblica, a comunhão cristã e as boas obras para transformar o indivíduo.

De acordo com Romanos 8:28, Deus promete usar *todas as coisas* — as boas e as más circunstâncias — para produzir o bem em nós. Mas aqui Paulo exorta Tito e todos os pastores a suprir o povo de Deus só com os melhores ingredientes.

A declaração final de Paulo *Tais coisas são excelentes e proveitosas para os homens* indica uma preocupação maior que o bem-estar dos cristãos de Creta. Os não cristãos não veem, ou escolhem não reconhecer, o mundo invisível em que habitam. Eles permanecem cegos para sua responsabilidade para com o reino invisível, mas a cegueira deles, tragicamente, não fornecerá nenhuma defesa diante da corte do céu. Paulo queria que Tito fortalecesse as congregações não só para proteger e preservar os cristãos, mas para se tornarem um meio de curar a miopia dos não cristãos.

Um cristão torna visível o mundo invisível quando a sã doutrina e as boas obras trabalham juntas, quando a fé incita à ação, quando a graça recebida se torna graça distribuída.

APLICAÇÃO
Tito 3:1-8
O EVANGELISMO AUTÊNTICO

D. James Kennedy, em seu livro *Evangelismo explosivo*, relata uma história verdadeira:

> Certa vez vi um homem caminhar até uma mulher e dizer: "Como estão seus rins hoje?" Isso é verdade! Ouvi de fato o homem fazer essa pergunta. Qual foi a resposta dela? Ela bateu nele com a bolsa? Não, nada disso, ela falou o seguinte: "Oh, eles estão muito melhores hoje; obrigado, doutor". Ouvi sem querer essas palavras em um quarto de hospital. O médico adquirira o direito de fazer essa pergunta pessoal. Se duvidar disso, pare a próxima senhora que encontrar na rua e faça essa pergunta para ela e veja o que acontece.
>
> Tudo isso para dizer: precisamos adquirir o direito de fazer perguntas pessoais.[7]

Os cristãos tendem a se agrupar e raramente se associam com alguém que não seja do seu próprio grupo. Por essa razão, os de fora da igreja têm pouco motivo para achar que não serão julgados e condenados. Eles conhecem apenas a caricatura de Deus como um intimidador resmungão com raiva da diversão, por isso eles, naturalmente, assumem que somos como ele. (Infelizmente, alguns cristãos fazem pouca coisa para acabar com o mito.) Não é de admirar que temos tanta dificuldade em explicar o evangelho! Não adquirimos o direito de conversar sobre algo tão pessoal.

Deixe-me apresentar dois princípios a serem considerados enquanto você tenta revelar o reino invisível para as pessoas de sua vida.

Primeiro, *só a autenticidade e a integridade conseguem uma audiência*. Seja real. Não compre o mito de que sempre estar certo faz com que as pessoas queiram ouvir o que você tem a dizer. Reconheça seus erros. Se falou demais e ofendeu alguém, peça desculpas. Se estiver com raiva, ou confronte seu ofensor com tato ou deixe para lá o assunto. Se tiver uma opinião errada, admita. Ninguém gosta de quem acha que sabe tudo e ninguém confia em uma atitude do tipo sou mais santo que você.

Além disso, conduza sua vida com integridade. Isso significa que você fala a verdade e persiste em suas promessas. Esse é o tipo de santidade prática que todos respeitam, cristãos e não cristãos.

Segundo, *você não consegue convencer ninguém de uma verdade que você não vive.* Se quiser falar sobre o perdão de Deus, tem de ser modelo de perdão para os outros. Se quiser discutir o amor de Deus, então ame fielmente seu cônjuge como Cristo amou a igreja. As pessoas logo notam as inconsistências, mas com a mesma rapidez veem o caráter piedoso. Elas também são espertas o bastante para saber que, se realmente você acredita em algo, não tem problema para viver isso.

O lado difícil do ministério
LEIA TITO 3:9-11

Sustento há muito tempo que um pastor precisa ter duas qualidades comuns raramente encontradas em um homem: coração terno e pele grossa.

Cada chamado tem seus riscos ocupacionais, e o ministério pastoral não é exceção. J. Oswald Sanders, em seu excelente livro *Liderança espiritual*, escreve: "Aspirar à liderança no reino de Deus exige que estejamos dispostos a pagar um preço mais alto que os outros estão dispostos a pagar. O preço da verdadeira liderança é pesado, e quanto mais eficaz a liderança, maior o preço".[8] A liderança pastoral exige que um homem compartilhe os fardos pessoais do rebanho enquanto aguenta as críticas deles. Se ele não cultivar um coração terno, a compaixão do pastor logo ficará cauterizada, transformando-o em um burocrata eclesiástico cínico e esgotado. Infelizmente, cultivar um coração terno exige que o homem se torne continuamente vulnerável, sabendo muito bem o sofrimento pelo qual tem de passar.

O pastor, apesar da necessidade de se manter terno, não pode ignorar a segunda qualidade: uma pele grossa como a de um rinoceronte. Se não cultivar uma pele grossa e dura, as flechas do mal encontrarão um alvo fácil. A crítica cruel, a dissensão herética e as lutas profanas por poder — para mencionar apenas alguns projéteis profanos. O pastor de pele grossa reconhece que vive em um mundo caído no qual a verdade não se sustenta por si mesma; ela tem de ser apoiada pelo amor firme, tenaz e inflexível. Os inimigos da verdade travam uma batalha cruel e implacável para esmagar o evangelho, por isso os pastores têm de aprender a ser mais resistentes e mais determinados que seus agressores.

Paulo entendia que, embora todos os líderes lutassem com a crítica, a dissensão e as disputas por poder, aqueles engajados no ministério — em todos os planos e em todos os aspectos — passavam a ser alvos de alguns dos ataques mais cruéis e pessoalmente ofensivos. O apóstolo endurecido pela batalha queria preparar seu protegido mais jovem, Tito, para os conflitos que o aguardavam em Creta. Os anos do apóstolo na liderança espiritual o ensinaram que as pessoas amáveis, em vez de se manterem no princípio, acham mais fácil procurar agradar sua congregação, mas essa atitude só se sustenta no curto prazo. O sofrimento de longo prazo tanto para o ministro quanto para a igreja pode ser devastador.

A liderança espiritual eficaz faz tudo com compaixão, mas nunca à custa da convicção. A liderança espiritual eficaz nunca deixa de confrontar quando é necessário. Os cristãos que se desviam da verdade e se recusam a se arrepender vão, invariavelmente, à igreja apenas para disseminar a doença da divisão e da discórdia. Como o cirurgião tem de cortar o tecido doente, também os líderes da igreja têm de confrontar esses que podem infectar o corpo de Cristo inteiro com a discórdia e dividir a congregação em facções.

3:9

Paulo encarregou Tito da tarefa de proclamar o evangelho com segurança destemida de sua verdade e o encorajou a realizar sua missão com autoridade divinamente apontada (*a proclames com firmeza*, 3:8). *Mas*, adverte o apóstolo, *evite* três distrações teológicas mortais: *questões tolas, genealogias* e *discórdias e debates acerca da lei*. Enquanto a doutrina da graça salvífica de Deus (3:4-7) é *excelente e proveitosa* (3:8), os outros tópicos mencionados são *coisas vazias e inúteis*.

Paulo chama alguns debates teológicos de *questões tolas*, usando a palavra grega *mōros* [3474], da qual deriva a palavra inglesa *moron*, "idiota" ou "tolo". Quando se referem a uma pessoa, os termos significam "estúpido", "tolo" ou "sem senso". As ideias, conversas ou tópicos rotulados de *mōros* são insípidos, fúteis, vazios ou sem sentido. Quando Jesus apresentou a ilustração do sal que perdeu sua salinidade, Mateus e Lucas usaram a forma do verbo da mesma raiz, *mōrainō* [3471], com o sentido de "insípido" (Mt 5:13; Lc 14:34) — o sal "perde seu sentido".

A comunidade cristã tem de incluir o debate teológico saudável. Deus nos deu uns aos outros para desafiar nossas interpretações da Escritura e testar nossas conclusões teológicas. A melhor revista teológica não publicaria ensaios que não tivessem sido revisados por iguais, ou seja, examinados pelos colegas peritos. Alguns debates, no entanto, são sem sentido porque suas conclusões não influenciam nosso comportamento nem incitam o comportamento não bíblico.

Ninguém sabe com certeza que problema específico Paulo tinha em mente quando advertiu contra as *genealogias*. Sua carta a Timóteo coloca esse problema na mesma categoria de *fábulas* (1Tm 1:4), contra as quais ele advertiu em Tito 1:4. Alguns comentaristas sugerem que os cristãos primitivos viam superioridade espiritual na herança judaica. Afinal, a nova aliança surgiu da antiga.

A palavra traduzida por *discórdia, eris* [2054], significa "contenda" ou "disputa" na língua original, mas *debates* pode ser uma tradução sutil demais do termo grego *machē* [3163], que decididamente tem uma nuança mais violenta. O termo *machē* é usado com mais frequência para o combate físico e até mesmo para guerra. Tenho conhecimento de dois estudantes de seminário que foram disciplinados depois de a discussão deles sobre a doutrina da santificação virar uma briga de socos! *As discórdias e disputas acerca da lei* passaram a ser um passatempo nacional em Israel, o que levou à propagação da hipocrisia entre a elite religiosa.

Paulo, sem dúvida, fora um campeão peso pesado entre seus pares fariseus, por isso sabia melhor que a maioria a futilidade de se preocupar com as minúcias da Lei mosaica. Ele entendia que onde há luz, há insetos. Warren Wiersbe, um homem amadurecido pelos muitos anos de ministério, escreveu com sensatez: "Aprendi que os cristãos confessos que gostam de discutir sobre a Bíblia, em geral, estão encobrindo algum pecado em sua vida, são muito inseguros e, em geral, muito inseguros no trabalho ou em casa".[9] Os líderes espirituais têm de aprender a "evitar" ou "se afastar" dessas pessoas. Elas consomem seu tempo, exaurem sua energia e enfraquecem seu testemunho.

3:10

Embora o pastor tenha de evitar discussões sem sentido e dar espaço para alguma discussão improdutiva (o controle totalitário não é o objetivo), chega um momento em que a intervenção e a confrontação são necessárias. Depois de uma ou duas *exorta*[ções] (sentido literal, "admoestações" ou "ensinos corretivos"), de duas tentativas de endireitar a doutrina deformada de alguém, se esse indivíduo persiste na mesma conduta, prova ser um homem *que causa divisões*. O termo grego traduzido por *causa divisões* é *hairetikos* [141], que transliteramos para formar a palavra "herege". De acordo com Kenneth Wuest: "[Isso] significa 'adequado ou capaz de tomar ou escolher, cismático,

Do meu diário

Um dos dias mais tenebrosos que vivi

TITO 3:9

O calendário de mesa na minha sala de estudo na igreja ficou aberto na quarta-feira, 26 de abril de 2006. Passaram-se quatro dias, mas o calendário continuou congelado no momento em que meus ouvidos escutaram as palavras que achei quase impossível de acreditar. Nesse dia, meu mundo sofreu um abalo. Não quero soar muito dramático, mas esse dia passou a ser de fato um dia pessoal de infâmia. Ficará na lembrança como um dos dias mais tenebrosos da minha vida. Eis o que escrevi no meu diário quase uma semana depois ao refletir sobre essa data terrível, trágica.

Meu muito amado amigo e parceiro de ministério caiu. Seu mundo secreto e tenebroso de pecado foi exposto em toda a sua feiura. O adversário atingiu dois ministérios vitais com um golpe severo. Minha esposa e eu, de repente, perdemos companheiros confiáveis que eram tão dotados, contudo tão fracos e falhos. Lamentei pessoalmente a perda e a dor que ela trouxe a muitos que eu amava. Meu coração ficou partido em especial pelos dois cônjuges perplexos e arrasados e pelos membros da família deles.

Levará tempo para me curar, para todos nós nos recuperarmos. Não vamos apressar o processo. Haverá momentos em que nossos olhos ficarão marejados enquanto lembramos, refletimos e lamentamos. A dor revisita até a situação ser resolvida.

Finalmente sairemos de tudo isso. Vamos nos recuperar de nossa tristeza de partir o coração, e nossas cicatrizes interiores se curarão. Mas as marcas deles permanecerão como lembretes mudos de dias maravilhosos que agora são só lembranças; e de dias inocentes que agora são apenas sonhos. Estaremos mais velhos, mas muito mais sábios. Lembremos a nós mesmos que temos de prestar atenção para não cair, como esses dois amigos, que amávamos e perdemos, mas que ansiamos ver recuperados e restaurados.

E assim, quando voltar à minha mesa nessa próxima semana para continuar o trabalho sagrado de Deus, virarei a página do meu calendário para uma nova data, mas nunca esquecerei esse dia de infâmia. Estarei mais consciente que nunca de que, se pessoas tão dotadas e amáveis como meus dois amigos podem ser surpreendidos em uma falta, eu também posso. E, se não fosse pela incomparável graça de Deus e seu Espírito poderoso, isso já teria acontecido comigo e com todos que são queridos ao meu coração.

Meu querido Pai, ajuda-me a caminhar mais próximo do Senhor que nunca antes em minha vida. Quando for tentado de novo, que eu possa ser mais forte por causa da lembrança desse dia triste e tenebroso. Quando estiver sozinho, que eu fique cercado de lembretes de que vivo minha vida diante do Senhor, meu Deus, que é santo, santo, santo. E que eu e qualquer um de meus amigos jamais falhemos com o Senhor, que eu me lembre que teus grandes braços ainda estão abertos para os filhos pródigos que encontram seu caminho de volta, precisando ouvir sua voz dizer suave e ternamente: "Amo você e o perdoo. Bem-vindo de volta à casa". Oro em nome de Cristo. Amém.

faccioso'. Um herege, por conseguinte, é alguém que se recusa a aceitar a verdadeira doutrina conforme revelada na Bíblia e prefere escolher por si mesmo no que acredita".[10]

Passa a evitá-lo é uma ordem forte. Da mesma forma que o pastor tem de rejeitar as fábulas (1Tm 4:7) e rejeitar as controvérsias (2Tm 2:23), também tem de disciplinar alguém que cria facções na congregação. Após uma ou duas tentativas de endireitar uma mente que foi distorcida pelo pecado, o pastor tem de considerar o bem da comunidade e obrigar a pessoa facciosa a deixar a congregação.

3:11

Paulo chama essa pessoa de *pervert[ido]*. Hoje, a palavra em português desenvolveu uma nuança de "desvio sexual" que não é a intenção aqui. A palavra grega *ekstrephō* [1612] significa "inverter", "distorcer" ou "virar". Essa é a maneira do século I de Paulo dizer: "Você não pode ter razão com uma pessoa irracional". Além disso, esse pensamento às avessas provavelmente é fruto de pecado, o qual faz a pessoa trabalhar incansavelmente para justificar seus atos a fim de silenciar sua própria consciência. Mas, quanto mais a pessoa tenta calar sua consciência, mais bizarra a justificação se torna.

Paulo usa o tempo presente do verbo "pecar", declarando que a pessoa está em um padrão contínuo de irregularidades. A pessoa facciosa *está pecando* e sabe disso.

■ ■ ■

Como um líder espiritual, sobretudo o pastor, protege o rebanho de pessoas facciosas revela muito sobre seu coração e pele. Os pastores com pele de rinoceronte sem um coração terno se tornam capatazes totalitários e muitas vezes têm problemas de controle que no fim prejudicam a igreja. Paulo não pretendia que suas instruções transformassem a igreja em um estado policial em que nenhuma opinião dissidente fosse tolerada. Ele escreve essas instruções para proteger a igreja da corrupção interna. Nenhum pastor ou corpo de presbíteros deve ter prazer na remoção disciplinar de um irmão ou irmã. A remoção tem de ser conduzida em amor e sempre tendo em vista a restauração, e não a condenação (Gl 6:1,2).

Por sua vez, um pastor compreensivo, permissivo e que agrada as pessoas logo vê a igreja corroída e fraturada por dentro, a despeito da aparência externa de unidade. Ele, em vez de correr o risco de ofender alguém ou enfrentar crítica potencial, permite que o erro teológico solape a autoridade bíblica. No fim, os dissidentes adquirem poder suficiente para despedir o pastor ou deixam a congregação, levando metade da igreja com eles.

Se um pastor quiser manter a integridade da verdade bíblica em uma igreja, ele tem de amar essa congregação amando a verdade bíblica o bastante para correr o risco de ser mal compreendido e receber crítica negativa. Do contrário, ele deveria deixar o cargo e escolher outra vocação menos arriscada.

APLICAÇÃO
Tito 3:9-11
A REJEIÇÃO DE UM HOMEM FACCIOSO

Homens que causam divisões infestavam mais de uma igreja em que servi. Esses eram os indivíduos que pareciam se deliciar em atormentar minha vida... e também a dos outros. Isso me ajudou ao longo dos anos a lembrar que Paulo teve problemas com Alexandre, que trabalhava com bronze, que o prejudicara muito (2Tm 4:14); João teve de lidar com o teimoso Diótrefes, que se recusou a aceitar o que João disse (3Jo 1:9,10); e Neemias foi incansavelmente atormentado por Sambalate, Tobias e Gesém, aos quais chamou abertamente de inimigos (Ne 6:1). A Bíblia menciona outros encrenqueiros, mas pararei por aqui. Após mais de cinquenta anos no ministério pastoral, posso garantir a você que está envolvido de alguma forma com a liderança espiritual: não estamos sozinhos quando se trata de pessoas que conduzem sua vida de forma insensível e sem escrúpulos. Nada faz com que esses críticos deixem de resistir à nossa liderança, de questionar nossos motivos e de desrespeitar nosso papel. Eles podem ser absolutamente maldosos! Um de meus mentores — agora morto — não hesitava em chamá-los de "selvagens".

Em uma igreja pequena em que servi muitos anos atrás, um homem na liderança, por motivos que nunca entendi, tornou-me alvo de seus ataques — às vezes de maneiras sutis, outras vezes de modo ofensivamente verbal. Não ajudava o fato de ele carregar uma *Smith and Wesson* 38 consigo, que ele mantinha carregada (uma vez, ele tirou as balas da arma em cima da mesa do meu escritório, lembrando-me que ele estava armado). Essa é uma forma de intimidar um pastor jovem. Eu não era o único que o homem atormentava. Infelizmente, meus irmãos presbíteros também sabiam que ele era um homem faccioso *que causa divisões*, mas não seguimos a instrução de Paulo a Tito. Não demorou para o atormentador se tornar "o chefe da igreja". Em vez de adverti-lo duas vezes, de forma clara e firme, e, depois, removê-lo da comunhão da igreja (*passa a evitá-lo*), fico desapontado em admitir que toleramos sua atitude pecaminosa, as frequentes explosões de raiva e atos ultrajantes.

Lamento quando olho em retrospectiva e lembro da nossa resposta passiva e desobediente a esse tipo de pecado. Ele passou a ser o principal motivo para aquela pequena igreja ter dificuldade para crescer. Contudo, nenhum de nós teve a coragem de o confrontar e ter uma atitude corajosa contra sua transgressão.

Esse difícil lugar de ministério me ensinou bem. Aprendi minha lição! Transformei essa lição em uma política de *nunca mais* permitir que eu ou os outros sejamos intimidados e de *nunca* ficar observando e permitir que um homem faccioso solape a liderança de qualquer igreja em que sirvo. Ser um servo de Deus não exige que o pastor do rebanho se torne um capacho dos outros. Rejeite os que são facciosos. *Enfrente-os!* Do que você tem medo? Por que deixa isso continuar? Defender o que é certo quase sempre envolve risco, exige coragem e pode exigir sacrifício. Quando a poeira assentar depois da confrontação corajosa, não espere que alguém reconheça de imediato quem estava certo e quem estava errado. E não espere que seus apoiadores se levantem e aplaudam. As fileiras tendem a diminuir quando o trabalho difícil de disciplinar segue seu curso.

Passa[r] a evit[ar] um homem faccioso quase sempre gera protestos em voz alta de alguns e afirmação silenciosa da maioria. Acostume-se com isso. Se isso parece muito difícil ou muito forte ou se você se sente inseguro da sua motivação, leia Gálatas 1:10 — não deixe de responder à pergunta de Paulo: *Acaso busco eu agora a aprovação dos homens ou a de Deus?* (NVI).

Instrução final
(TITO 3:12-15)

Poderíamos facilmente ficar com uma impressão equivocada de Paulo se ouvíssemos aqueles que o veem apenas como um grande intelecto, uma mente com profundo entendimento teológico, um soldado disciplinado da cruz ou um veterano firme e apaixonado da batalha espiritual. Suas epístolas revelam um teólogo confiante, um espírito vigorosamente independente, um homem sem medo de desafios, disposto a entrar em territórios inexplorados por causa do evangelho.

Isso com certeza descreve Paulo, mas só um lado desse homem muito complexo. Se tudo que soubéssemos sobre Paulo viesse da primeira parte de suas epístolas — os segmentos iniciais de Romanos, sua epístola aos Efésios, a primeira parte de sua primeira epístola a Timóteo e boa parte dessa epístola a Tito —, ele poderia parecer formal, distante e talvez até mesmo frio.

As linhas finais das cartas de Paulo, no entanto, revelam um homem terno, que ama profundamente e reconhece prontamente sua necessidade de companhia. Tire um tempo para ler Romanos 16, 1Coríntios 16:27-24 e Colossenses 4:7-18, e você descobrirá um círculo notavelmente grande de amigos próximos, parceiros de ministério em quem Paulo investiu tempo, energia e afeto.

Como pastor, sinto-me especialmente atraído pelas linhas finais da carta de Paulo a Tito. Essa passagem forma uma fenda minúscula no tempo que nos oferece um vislumbre em seu círculo interno de aprendizes no ministério. Vejo esse grande homem de Deus interagir pessoal e profissionalmente com homens que serviram lado a lado com ele e se beneficiaram de sua tutoria. Imagine — um estágio com Paulo, o apóstolo!

A partir desses quatro últimos versículos da carta de Paulo, encontro três prioridades de ministério que todo ministro do evangelho tem de ter em perspectiva:

- *Estar juntos:* Deus nos criou para precisarmos dos outros.
- *Ajudar os outros:* a vida é enriquecida quando auxiliamos os outros.
- *Fazer o bem:* Deus nos redimiu para fazer o bem.

3:12

Paulo, na época em que escreveu, parece não ter certeza quanto ao homem que enviaria para Creta a fim de substituir Tito. Ele menciona dois candidatos: Ártemas e Tíquico.

O nome Ártemas pode ser a forma masculina do nome feminino Ártemis, a deusa da fertilidade adorada em Éfeso (também conhecida como Diana). Ou é mais provável que esse nome seja a contração de uma palavra grega composta que significa "dádiva de Ártemis". De todo jeito, os pais dele claramente veneravam a deusa pagã, sugerindo que ele veio à fé em Cristo de uma criação grega típica.

Sabemos um pouco mais sobre Tíquico, cujo nome significa "afortunado". Depois do alvoroço em Éfeso, Tíquico e outros membros da equipe de Paulo evangelizaram a Macedônia (At 20:1-4). No início do primeiro período de Paulo na prisão em Roma, este enviou Tíquico levando cartas em mãos para a igreja de Éfeso, recomendando-o como um *irmão amado e fiel ministro no Senhor* (Ef 6:21) e, depois, para a de Colossos como *irmão amado, fiel ministro e conservo no Senhor* (Cl 4:7). Durante o segundo período de Paulo na prisão em Roma, quando o apóstolo chamou Timóteo para ficar com ele durante seus últimos dias, ele explicou que todos os seus colegas mais jovens tinham partido, incluindo Tíquico, que ele enviara a Éfeso (2Tm 4:12).

Não temos certeza de que homem Paulo enviou para substituir Tito; sabemos apenas que ele confiava nos dois para completar o trabalho em Creta. Os dois, como Tito, eram gregos convertidos e muito provavelmente circuncidados, o que Paulo, sem dúvida, via como uma vantagem na batalha contra os judaizantes (Tt 1:10,11,14, 3:9; cf. At 15:1; Gl 2:11-13; 6:12-15; Fp 3:2,3).

Paulo orienta Tito para encontrá-lo em Nicópolis, onde planeja passar o inverno. O nome, compartilhado por diversas cidades do Império Romano, significa "cidade de vitória" em grego. O mais provável é que Paulo se referisse a Nicópolis de Acaia, uma colônia romana na costa ocidental da Grécia, do outro lado do mar Jônico, no extremo sul da Itália. Esse seria o lugar ideal para descansar e o ponto perfeito para iniciar sua visita a Roma como parte da pretendida jornada missionária para a Espanha (Rm 15:22-25), mas ele, em vez disso, chegou ali sob algemas (At 28:16,30,31). Paulo, após sua libertação e uma visita a Creta e outros lugares problemáticos, aparentemente esperava retomar sua missão rumo à fronteira ocidental.

Evidentemente seus planos foram interrompidos quando ele foi preso e enviado mais uma vez para Roma — só que dessa vez para ser executado.

3:13,14

Paulo encoraja Tito a prover para Zenas e Apolo, que talvez tenham levado a carta a Tito em seu caminho para Creta.

Paulo descreve Zenas como um *nomikos* [3544], o termo grego para advogado. Os estudiosos debatem se ele era um especialista na lei judaica ou representava clientes nas cortes romanas. Como "Zenas" significa "dado por Zeus", duvido que ele tenha sido treinado entre os fariseus; é mais provável que ele fosse um grego convertido ao cristianismo.

Apolo pode ser o orador e evangelista dotado que Priscila e Áquila mentorearam em Éfeso (At 18:24-28). Esse estudioso judeu cristão fora educado nas excelentes bibliotecas de Alexandria e cultivara um ministério único em que ele *com grande poder refutava publicamente os judeus, demonstrando pelas Escrituras que Jesus era o Cristo* (At 18:28). Não posso deixar de especular se Paulo pedira a ele para visitar Creta como parte de seu ministério não só para evangelizar os judeus, mas para acrescentar sua voz experiente à de Tito na refutação dos judaizantes.

Paulo pede a Tito para se empenhar *completamente* no cuidado com os dois evangelistas, o que significava com zelo e sem demora. Os que viajavam nos tempos antigos dependiam da hospitalidade de amigos de confiança. Paulo, evidentemente, viu uma oportunidade para ensinar o valor de ajudar o ministério confiado aos trabalhadores. Na verdade, ele disse: "Use essa oportunidade como um meio de ensinar aos cristãos como se envolver em boas obras".

3:15

Paulo conclui sua carta a Tito como começou, com uma afirmação da fé e graça que ligam os dois homens como irmãos e unem todos os cristãos de Creta. O *vós* em sua bênção é plural — "a turma toda" como costumamos dizer. Como a intenção era que a carta fosse lida em público, todos os irmãos e irmãs de Paulo na ilha receberam sua saudação pessoal.

APLICAÇÃO

Tito 3:12-15

JUNTE-SE À VITÓRIA

Conforme reflito no ministério de Paulo e em sua confiança nos outros para completá-lo, fico impressionado como o Senhor escolhe envolver as pessoas em seu trabalho sagrado. Deus não *tem* de envolver as pessoas. Ele poderia chamar suas hostes de anjos para fazer o trabalho com muito mais eficiência. Ele poderia piscar os olhos e tudo que deseja se tornaria realidade. Em vez disso, ele chama as pessoas para se tornarem instrumentos de sua graça e equipa a igreja para ser a porta-voz do evangelho. Ele convida a contribuição dos homens e mulheres que se submetem à sua soberania e permanecem fiéis a seu chamado. Se quer que uma mensagem seja declarada, ele usa lábios humanos. Se quer uma verdade escrita, ele inspira a mente humana e capacita mãos humanas. Se quer que a graça seja modelada, ele chama, salva, justifica, santifica e transforma as pessoas para se tornarem seu exemplo de misericórdia amorosa.

Que papel você aceitou no grande empreendimento do Senhor para redimir o mundo do pecado e do mal? A que chamado de Deus você respondeu, dizendo: "Estou aqui, Senhor, envia-me"? Você é chamado, sabe disso. Talvez não para o ministério vocacional de tempo integral. Mas, ainda assim, você é chamado.

Se não tem certeza do seu lugar no plano do Senhor, comece, como um primeiro passo, fazendo-se estas perguntas:

- Que erro precisa ser corrigido?
- Como Deus me equipou para ajudar a fazer a diferença — mesmo uma pequenina diferença?
- Quem pode responder a minhas perguntas ou me ajudar a começar?

Se você é como a maioria das pessoas, já respondeu a essas perguntas; simplesmente não as viu como uma indicação de um chamado divino para o ministério. Agora você não tem desculpa. Está na hora de dar um telefonema ou agendar uma visita.

Tenha coragem. Seja ousado. É bem possível que esse seja o convite do Senhor para você se juntar a ele em um grande trabalho. Ele não faz isso porque precisa de você. Ele lhe oferece essa oportunidade porque o ama. O Senhor permite que nos tornemos uma parte integral de sua vitória sobre o mal para que possamos compartilhar o espólio no fim dos dias. Portanto, porque ele nos deu o dom do ministério, clamaremos em uníssono: "*Nós* vencemos!"

NOTAS FINAIS

1TIMÓTEO

Introdução

1. Martin, Ralph P. e Davids, Peter H., eds. *Dictionary of the Later New Testament and Its Developments*. Downers Grove, IL: InterVarsity Press, 1997, s.v. "Centers of Christianity".
2. Goodwin, William W., ed. *Plutarch's morals*. Boston: Little, Brown, 1878, 5:414.
3. Sobre o templo e a adoração de Ártemis em Éfeso, veja Bromiley, Geoffrey W., ed. *The international standard Bible encyclopedia*. Ed. rev. Grand Rapids: Wm. B. Eerdmans, 1979-1988, 1:307.

Do apóstolo Paulo para o pastor Timóteo (1Tm 1:1-20)

1. "Mr. Spurgeon's Possible Successor", *The New York Times*, 18 de setembro de 1893, p. 1.
2. Winston Churchill em seu discurso na Harrow School, 29 de outubro de 1941.

O trabalho do ministro (1Tm 2:1—3:16)

1. Kittel, Gerhard e Friedrich, Gerhard, eds. *Theological dictionary of the New Testament: abridged in one volume*. Trad. Geoffrey W. Bromiley. Grand Rapids: Wm. B. Eerdmans, 1985, p. 59.
2. Sobre *episkopos*, veja ibid., p. 246-248.
3. DeHaan, Richard W. *Men sent from God*. Grand Rapids: Radio Bible Class, 1966, p. 26.
4. Vine, W. E., Unger, Merrill F. e White, William. *Vine's Complete expository dictionary of Old and New Testament words*. Nashville: Thomas Nelson, 1996, 2:503.
5. Ibid.

6   ROBERTS, Alexander, DONALDSON, James e COXE, A. Cleveland, eds. *The ante-nicenefathers: translations of the writings of the fathers down to A.D. 325*. Grand Rapids: Wm. B. Eerdmans, 1868, 10:247. [Clement of Rome (Clemente de Roma), *1 Clement* 61.]

7   Ibid., 1:168. [Justin Martyr (Justino Mártir), *First Apology* 17.]

8   Ibid., 2:66. [Tatian (Taciano), *Address to the greeks* 4.]

9   Ibid., 2:92. [Theophilus (Teófilo), *Apology to acrolytus* 1:11.]

10 Ibid., 3:42. [Tertullian (Tertuliano), *The apology* 33.]

11 Ibid., 5:463. [Cyprian (Cipriano), *Treatise V: Address to Demetrianus* 20.]

12 Ofereço um exame mais completo dessa questão em Straight Talk about Predestination (Romans 9:1-33), encontrado em minha obra *Insights on Romans*. Carol Stream, IL: Tyndale, 2015.

13 KITTEL e FRIEDRICH, eds. *Theological dictionary of the New Testament: abridged in one volume*, p. 585.

14 ELLIOTT, Elisabeth. *Shadow of the almighty*. San Francisco: HarperCollins, 2009, p. 53.

15 De acordo com estatística do Departamento do Trabalho de 2009.

16 BAUER, Walter et al. *A greek-english lexicon of the New Testament and other early christian literature*. Chicago: University of Chicago Press, 2000, p. 560.

17 KITTEL e FRIEDRICH, eds. *Theological dictionary of the New Testament: abridged in one volume*, p. 1150.

18 SCAZZERO, Peter. *The emotionally healthy church: a strategy for discipleship that actually changes lives*. Grand Rapids: Zondervan, 2003, p. 36.

19 ARISTOPHANES [Aristófanes], *Peace* 622; HERODOTUS [Heródoto], *History* 1:187; os dois são citados em VINCENT, Marvin Richardson. *Word Studies in the New Testament*. Nova York: Charles Scribner's Sons, 1887, 4:234.

20 KITTEL e FRIEDRICH, eds. *Theological dictionary of the New Testament: abridged in one volume*, p. 181.

Aquele que ministra (1Tm 4:1—6:21)

1   KITTEL e FRIEDRICH, eds., *Theological dictionary of the New Testament: abridged in one volume*, p. 1010.

² Veja ibid., p. 402.

³ Ibid., p. 404.

⁴ Sobre esse grupo de palavras gregas, veja ibid., p. 1235-1237.

⁵ Ibid., p. 1236.

⁶ Ibid., p. 423.

⁷ Ibid., p. 1010.

⁸ Mixná *Avot* 5:21.

⁹ Clemente também menciona seu tratado *On the Offices of bishops, presbyters, deacons, and widows*, mas este aparentemente está perdido para a história.

¹⁰ KITTEL e FRIEDRICH, eds. *Theological dictionary of the New Testament: abridged in one volume*, p. 221-222.

¹¹ Com o acusativo de pessoa.

¹² KITTEL e FRIEDRICH, eds. *Theological dictionary of the New Testament: abridged in one volume*, p. 222.

¹³ Veja BARTCHY, S. Scott, "Slavery: II. In the NT", em *The international standard Bible encyclopedia*. Ed. rev. Ed. Geoffrey W. Bromiley. Grand Rapids: Wm. B. Eerdmans, 1988, 4:543-546.

¹⁴ Ibid., 4:544; citação de WIEDEMANN, T. *Greek and Roman slavery*. Londres: Routledge, 1981, p. 2.

¹⁵ Ibid.

¹⁶ Ibid.

¹⁷ O termo traduzido por "justiça" na A21 é o grego *isot s* [2471], que significa "igualdade" ou "equidade".

¹⁸ KITTEL, Gerhard e FRIEDRICH, Gerhard, eds. *Theological dictionary of the New Testament*. Ed. e trad. Geoffrey W. Bromiley. Grand Rapids: Wm. B. Eerdmans, 1978, 4:143.

¹⁹ THAYER, Joseph Henry, ed. e trad. *A greek-english lexicon of the New Testament*. Nova York: Harper & Brothers, 1887, p. 84.

²⁰ COLTON, Charles Caleb, citado em *Onward to fame and fortune* de William M. Thayer. Nova York: The Christian Herald, 1897, p. 242.

²¹ STOWE, Harriet Beecher. *Uncle Tom's Cabin*. Boston: John P. Jewett, 1852, 2:247-248.

22. Um livro compilando a tradição oral e os ensinamentos dos rabis judeus reunidos ao longo dos séculos e, depois, compilados no século V d.C.

23. *Merriam-webster's collegiate dictionary*, 11. ed., s.vv. "contentment", "complacency".

24. WUEST, Kenneth S. *Wuest's word studies from the greek New Testament: for the english reader*. Grand Rapids: Wm. B. Eerdmans, 1984, 1Tm 6:6.

25. Traduções do Talmude, Midrash e Cabala. Washington, DC: M. Walter Dunne, 1901, p. 313.

26. *Anthologia Palatina* 9:152; citado em KITTEL e FRIEDRICH, eds. *Theological dictionary of the New Testament*, 5:593.

27. O modo de um verbo é determinado pela maneira em que a ação é pretendida pelo autor. O português tem três modos: O indicativo, o mais comum, expressa um fato. O imperativo expressa uma ordem ou pedido. O subjuntivo expressa um desejo, um potencial ou uma possibilidade teórica.

28. Veja KITTEL e FRIEDRICH, eds. *Theological dictionary of the New Testament*. Grand Rapids: Wm B. Eerdmans, 1988, 4:546.

29. Paulo usa a interjeição "ó" quatro vezes em Romanos (Rm 2:1,3; 9:20; 11:33), normalmente para se referir à humanidade em geral.

30. KITTEL e FRIEDRICH, eds. *Theological dictionary of the New Testament: abridged in one volume*, p. 1179.

31. PEIRCE, Benjamin. *A history of Harvard University, from is foundation, in the year 1636, to the period of the American Revolution*. Cambridge: Brown, Shattuck, 1833, apêndice, p. 5.

2TIMÓTEO

Introdução

1. TACITUS [Tácito]. *The works of Tacitus*. Vol. 2. 2. ed. Londres: T. Woodward and J. Peele, 1737, p. 698-699.

Palavras ternas de um mentor (2Tm 1:1-7)

1. CALVIN, John [Calvino, João]. *1 & 2 Timothy & Titus*. Wheaton, IL: Crossway Books, 1998, p. 72-73.

O passado e o presente (2Tm 1:8—2:26)

1. Johnson, Sam e Winebrenner, Jan. *Captive warriors: A Vietnam POW's Story*. College Station, TX: TAMU Press, 1992, p. 138-139.
2. Henley, William Ernest. "Invictus", *Modern british poetry*. Ed. Louis Untermeyer. Nova York: Harcourt, Brace & Company, 1920, p. 10.
3. Esses são alguns dos sentidos possíveis em que o objeto da preposição *kata* é o caso acusativo.
4. Kittel e Friedrich, eds. *Theological dictionary of the New Testament: abridged in one volume*, p. 430.
5. Edwards, Jonathan, citado em *The life of Jonathan Edwards* de S. E. Dwight. Nova York: G. & C. & H. Carvill, 1830, p. 68-73.
6. Kittel e Friedrich, eds. *Theological dictionary of the New Testament: abridged in one volume*, p. 1352.
7. Meyer, F. B. *Christ in Isaiah*. Londres: Morgan and Scott, 1917, p. 9.
8. Weil, Simone. *Gravity and grace*. Trad. Emma Craufurd. Abingdon: Routledge, 1987, p. xxvi.
9. Stott, John R. W. *The Message of 2 Timothy*. Downers Grove, IL: InterVarsity Press, 1973, p. 52.
10. Em um sentido geral, isso se aplica às mulheres e também aos homens, mas, em termos do cargo de pastor, Paulo usa "homens" no sentido restritivo.
11. Shakespeare, William, *Henrique V*, 4:3.
12. Arterburn, Stephen e Felton, Jack. *Toxic Faith: experiencing healing from painful spiritual abuse*. Colorado Springs: Waterbrook Press, 2001, p. 2-3.
13. Kittel e Friedrich, eds. *Theological dictionary of the New Testament*, 4:143.
14. Ibid., 8:112.
15. Para traduzir *yasar*, que tem uma grande gama semântica, incluindo "tornar o nível, suave, reto, justo, agradável, ereto".
16. Veja Bauer, Walter et al. *A greek-english Lexicon of the New Testament and other early christian literature*. 3. ed. Chicago: University of Chicago Press, 2000, s.v. *orthotome* , em que "abrir caminho em uma direção reta" é dado como o primeiro sentido do uso desse verbo com *hodos* em Provérbios.

17 "Exceedingly great and precious promises". Autor desconhecido. *A Selection of Hymns, from the best authors, intended to be an appendix to dr. Watts' Psalms and Hymns*. Ed. John Rippon. Burlington, NJ: Stephen C. Ustick, 1807, p. 127-128.

18 WIERSBE, Warren. *Preaching and teaching with imagination*. Grand Rapids: Baker Books, 2007, p. 52.

O futuro (2Tm 3:1—4:22)

1 Veja KITTEL e FRIEDRICH, eds. *Theological dictionary of the New Testament*, 9:236.

2 LOWELL, James Russell. "The Present Crisis", em *Poems* de James Russell Lowell. Vol. 2. Boston: Ticknor, Reed, and Fields, 1849, p. 57.

3 Veja KITTEL e FRIEDRICH, eds. *Theological dictionary of the New Testament: abridged in one volume*, p. 1231.

4 STOTT, John R. W. *2 Timothy: standing firm in truth*. Downers Grove, IL: InterVarsity Press, 1998, p. 88.

5 Como os nomes tradicionais dados aos magos na história de Natal, Gaspar, Melquior e Baltasar. A Escritura não fornece o nome dos magos e, pelo que sabemos, podia haver trinta ou trezentos deles!

6 LOWELL, *The present crisis*, p. 57.

7 WATKINS, Julian Lewis. *The 100 Greatest Advertisements, 1852-1958: Who wrote them and what they did*. Mineola, NY: Dover Publications, 2012, p. 1.

8 HILLARY, Sir Edmund, em *Shackleton's Boat Journey*, de F. A. Worsley. Nova York: W. W. Norton and Company, Inc., 1977, p. 12.

9 O Senhor encerrou o cânon da revelação especial quando João, o último dos apóstolos, morreu. O último livro canônico é Apocalipse.

10 SPURGEON, Charles Haddon citando Joseph Alleine, em *Lectures to my students: a selection from addresses delivered to the students of pastor's College, Metropolitan Tabernacle*. Nova York: Sheldon & Company, 1875, p. 42. [Publicado em português sob o título *Lições aos meus alunos*. 3. ed. São Paulo, SP: PES, s.d.]

11 Ibid.

12 KITTEL e FRIEDRICH, eds. *Theological dictionary of the New Testament: abridged in one volume*, p. 222.

¹³ Louw, Johannes P. e Nida, Eugene Albert. *Greek-english lexicon of the New Testament: based on semantic domains*. Edição eletrônica da 2. ed. Nova York: United Bible Societies, 1996, c1989, 1:307.

¹⁴ Veja Kittel e Friedrich, eds. *Theological dictionary of the New Testament: abridged in one volume*, p. 633-634.

¹⁵ Nouwen, Henri. *The inner voice of love*. Nova York: Image Books, 1999, p. 34. [Publicado em português sob o título *A voz íntima do amor*. 6. ed. São Paulo, SP: Paulinas, 1999.]

¹⁶ Jones, Thomas S., Jr. "Sometimes", em *The little book of modern verse: a selection from the work of contemporaneous american poets*. Ed. Jessie B. Rittenhouse. Boston: Houghton Mifflin Company, 1913, p. 89.

¹⁷ Mauriac, François. *Vipers' tangle*. Trad. Gerard Hopkins. Chicago: Loyola Press, 2005, p. 213. [Publicado em português sob o título *O nó de víboras*. 1. ed. Mem Martins, Portugal: Europa-America PT, 1975.]

¹⁸ Strabo [Estrabão], *Geography* 7:10 [*The geography of Strabo*. Loeb Classical Library. Cambridge, MA: Harvard University Press, 1924, 3:271].

¹⁹ Pollock, John. *The apostle: a life of Paul*. Colorado Springs: Victor Books, 1985, p. 307.

²⁰ Phillips, John. *Exploring the pastoral epistles: an expository commentary*. Grand Rapids: Kregel, 2004, p. 462-463.

TITO

Introdução e Tito 1:1-4

¹ Kittel e Friedrich, eds. *Theological dictionary of the New Testament: abridged in one volume*, p. 254.

² Ibid., p. 582.

³ Ibid., p. 1150.

⁴ Polybius [Políbio], *Histories* 12:6 [*The Histories of Polybius*. Loeb Classical Library. Cambridge, MA: Harvard University Press, 1922-1927, 1:269].

⁵ Strabo [Estrabão], *Geography* 7:5:10 [*The geography of Strabo*. Loeb Classical Library. Cambridge, MA: Harvard University Press, 1924, 3:271].

6   Scazzero, Peter. *The emotionally healthy church: a strategy for discipleship that actually changes lives*. Grand Rapids: Zondervan, 2003, p. 36.

7   Para aprender mais sobre a predestinação, veja minha exposição de Romanos 9:1-33 em *Insights on Romans*. Carol Stream, IL: Tyndale, 2015.

8   Defendo que as três frases proposicionais (*kata pistin* [...] [*kata*] *epign sin* [...] *ep'elpidi*...) modificam "servo" e "apóstolo", contudo seguem uma ordem lógica, uma construindo sobre a outra.

9   Edman, V. Raymond. *The disciplines of life*. Wheaton, IL: Scripture Press, 1948, p. 247-253.

10 Taylor, dr. e Mrs. Howard. *Hudson Taylor's spiritual secret*. Londres: China Inland Mission, 1955, p. 107.

A liderança da igreja (Tt 1:5—2:10)

1   Phillips, John. *Exploring the pastoral epistles: an expository commentary*. Grand Rapids: Kregel, 2004, p. 233.

2   Hughes, R. Kent e Chapell, Bryan. *1 & 2 Timothy and Titus: to guard the deposit*. Wheaton, IL: Crossway, 2000, p. 297.

3   Ibid., p. 296.

4   Getz, Gene. *The measure of a man*. Ventura, CA: Regal, 2004, p. 56. [Publicado em português sob o título *A medida de um homem espiritual*. São Paulo, SP: Abba Press, 2002.]

5   Kittel e Friedrich, eds. *Theological dictionary of the New Testament: abridged in one volume*, p. 169.

6   Ibid., p. 222.

7   Calvin, John [Calvino, João]. *1 & 2 Timothy & Titus*. Wheaton, IL: Crossway, 1998, p. 184.

8   Kittel e Friedrich, eds. *Theological dictionary of the New Testament*, 4:519.

9   Veja os comentários sobre 1Timóteo 6:3-5 no comentário acima.

10 Stott, John R. W. *The Message of 1 Timothy & Titus: guard the truth*. Downers Grove, IL: InterVarsity Press, 1996, p. 183.

11 Kittel e Friedrich, eds., *Theological dictionary of the New Testament: abridged in one volume*, p. 1150.

A missão da igreja (Tt 2:11—3:11)

1. FRANKLIN, Benjamin. *The writings of Benjamin Franklin*. Ed. Albert Henry Smyth. Nova York: Macmillan, 1907, 9:569.
2. DOBSON, James. *Love must be tough: new hope for families in crisis*. Dallas: Word, 1996.
3. KITTEL e FRIEDRICH, eds. *Theological dictionary of the New Testament: abridged in one volume*, p. 222.
4. TACITUS [Tácito]. *The Works of Tacitus*. 2. ed. Londres: T. Woodward and J. Peele, 1737, 2:698.
5. Veja KITTEL e FRIEDRICH, eds. *Theological dictionary of the New Testament*, 2:588-589.
6. Veja KITTEL e FRIEDRICH, eds. *Theological dictionary of the New Testament: abridged in one volume*, p. 929.
7. KENNEDY, D. James. *Evangelism Explosion*. 4. ed. Carol Stream, IL: Tyndale House Publishers, 1996, p. 56. [Publicado em português sob o título *Evangelismo explosivo*. Rio de Janeiro: Juerp, 1983.]
8. SANDERS, J. Oswald. *Spiritual leadership*. Chicago: Moody Press, 1994, p. 115. [Publicado em português sob o título *Liderança espiritual*. São Paulo, SP: Mundo Cristão, s.d.]
9. WIERSBE, Warren W. *The Bible exposition commentary*. Wheaton, IL: Victor Books, 1989, 2:268.
10. WUEST, Kenneth S. *Wuest's Word Studies from the greek New Testament: for the english reader*. Grand Rapids: Wm. B. Eerdmans, 1984, Tito 3:10.

Sua opinião é importante para nós.
Por gentileza, envie-nos seus comentários pelo e-mail:

editorial@hagnos.com.br

Visite nosso site:

www.hagnos.com.br